反思与会通

卓新平 著

中国社会科学出版社

图书在版编目(CIP)数据

反思与会通 / 卓新平著. —北京：中国社会科学出版社，2021.2
（宗教学新论）
ISBN 978-7-5203-7234-3

Ⅰ.①反… Ⅱ.①卓… Ⅲ.①宗教学—文集
Ⅳ.①B920-53

中国版本图书馆 CIP 数据核字（2020）第 175434 号

出 版 人	赵剑英
责任编辑	陈　彪
责任校对	王佳玉
责任印制	张雪娇

出　　版	中国社会科学出版社
社　　址	北京鼓楼西大街甲 158 号
邮　　编	100720
网　　址	http://www.csspw.cn
发 行 部	010-84083685
门 市 部	010-84029450
经　　销	新华书店及其他书店
印刷装订	北京市十月印刷有限公司
版　　次	2021 年 2 月第 1 版
印　　次	2021 年 2 月第 1 次印刷
开　　本	710×1000　1/16
印　　张	31.5
插　　页	2
字　　数	465 千字
定　　价	188.00 元

凡购买中国社会科学出版社图书，如有质量问题请与本社营销中心联系调换
电话：010-84083683
版权所有　侵权必究

"宗教学新论"总序

宗教是人类社会及思想史上最为复杂和神秘的现象之一。人类自具有自我意识以来，就一直在体验着宗教、观察着宗教、思考着宗教。宗教乃人类多元现象的呈现，表现在社会、政治、经济、信仰、思想、文化、艺术、科学、语言、民族、习俗、传媒等方面，形成了相关人群的社会传统及精神传承，构成了人类文明和民族文化的重要部分，铸就了人之群体的独特结构和人之个体的心理气质。在人类可以追溯的漫长历程中，不难察觉人与宗教共存、与信仰共舞的史实，从而使宗教有着"人类学常数"之说。因此，对宗教的审视和研究就代表着对人之社会认识、对人之自我体悟的重要内容。从人本及其社会出发，对宗教奥秘的探究则扩展到对无限微观世界和无垠宏观宇宙的认知及思索。

于是，人类学术史上就出现了专门研究这一人之社会及灵性现象的学科，此即我们在本研究系列所关注的宗教学。对宗教的各种观察研究古已有之，留下了大量历史记载和珍贵的参考文献，但以一种专业学科的方式来对宗教展开系统的学理探究，迄今则只有不足150年的历史。1873年，西方学者麦克斯·缪勒（F. Max Müller）出版《宗教学导论》一书，"宗教学"遂成为一门新兴人文学科的名称。不过，关于宗教学的内涵与外延，学术界一直存有争议，目前对这一学科的标准表达也仍然没有达成共识。在宗教学的发展过程中，涌现出一大批著名学者，也形成了各种学术流派，并且由最初的个人研究发展成为体系复杂的学科建制，出现了众多研究机构和高校院系，使宗教学在现代社会科学及人文学科领域中脱颖而出，成绩斐然。20 世纪初，宗教学在中国悄然诞生，一些文史哲专家率先将其研究视域扩大到宗教范围，以客观、中立、悬置信仰的立场和方法来重点对中国宗教历史问题进行探究，从而形成中国宗教学的基本理念及原则。随着中国现代学术的发展，宗教学不断壮大，已呈现出蔚为壮观之局面。

宗教学作为跨学科研究，其显著特点就是其研究视野开阔，方法多样，突出其跨宗教、跨文化、跨时代等跨学科比较的意趣。其在普遍关联的基础上深入探索，贯通时空，展示出其内向与外向发展的两大方向。这种"内向"趋势使宗教学成为"谋心"之学，关注人的内蕴世界及其精神特质，侧重点在于"以人为本"、直指人心，以人的"灵魂"理解达至"神明"关联，讨论"神圣""神秘"等精神信仰问题，有其内在的深蕴。而其"外向"关注则让宗教学有着"谋事"之学的亮相，与人的存在社会、自然环境、宇宙万象联系起来，成为染指政治、经济、法律、制度、社会、群体、国际关系等问题的现实学问，有其外在的广阔。而研究者自身的立足定位也会影响到其探索宗教的视角、立场和态度，这就势必涉及其国家、民族、地区、时代等处境关联。所以说，宗教学既体现出其超越性、跨越性、抽象性、客观性，也不可避免其主体存在和主观意识的复杂影响。在这种意义上，宗教学既是跨越国界的学问，也是具有国家、民族等担当的学科，有其各不相同的鲜明特色。除了政治立场、学术方法、时代背景的不同之外，甚至不同学派、不同学者所选用的研究材料、关注的研究对象也互不相同，差异颇大。由此而论，宗教学当然有着其继承与创新的使命，而我们中国学者发展出体现中国特色的宗教学自然也在情理之中。

基于上述考虑，笔者在此想以"宗教学新论"为题对之展开探讨，计划将这一项目作为对自己近四十年研究宗教学科之学术积累的整理、补充和提炼，其中会搜集自己已发表或尚未发表的学术论文，以及已收入相关论文集的论文和相关专著中的文论，加以较为周全的整合，形成相关研究著作出版，包括《经典与实践：论马克思主义宗教学》《唯真与求实：马克思主义宗教观中国化之探》《宗教学史论：宗教学的历史与体系》《宗教社会论》《宗教文明论》《宗教思想论》《世界宗教论》《中国宗教论》《基督教思想》《基督教文化》《中国基督教》《反思与会通》等；在马克思主义宗教观的指导下，梳理探究宗教学的历史和宗教学的体系，进而展开对世界宗教的全方位研究。其"新"之论，一在视野之新，以一种整体论的视域来纵观古今宗教研究的历史，横贯中外宗教学的范围；二在理论之新，即用中国特色社会主义理论的创新之举来重温马克思主义经典作家关于宗教之论，探究马克思主义宗教观在当代中国的新发展、新思路；三为方法之新，不仅批判性地沿用宗教学历史传统中比较科学、合理、行之有效的方法，而且对之加以新的考量，结合当代学术最新发展的成果来重新整合；四在反思之新，这就是重新审视自己以往的旧作，总结自己四十年之久宗教研究在理论与实践上的体悟、收获，以及经验和教训，在新的思考、新的形势下积极调适，增添新思和新言。当然，这一项目立足于思考、探索乃实情，而建构、创新则仅为尝试，且只代表自己一家之言，故此所谈"新论"乃是相对的、开放的、发展的，必须持有锲而不舍、止于至善的精神和毅力来继续往前开拓。由于这一研究项目涉及面广，研究难度较大，论述的内容也较多，需要充分的时间保证，也需要各方面的大力支持，故其进程本身就是不断得到合作、得到鼓励和支持的过程。

在此，作者还要衷心感谢文化名家暨"四个一批"人才工程领导小组将本课题列为"文化名家暨'四个一批'人才项目"计划！也特别感谢中国社会科学出版社在编辑出版本项目课题著作上的全力支持！

卓新平
2019 年 5 月

目　录

"宗教学新论"总序 …………………………………………（1）
前言 …………………………………………………………（1）

上编　反思：路难心静
（学术自述）

第一章　学术意识的萌芽 ……………………………………（5）
第二章　学术专业的训练 ……………………………………（27）
第三章　学术研究的实施 ……………………………………（49）
第四章　学术境界的追求 ……………………………………（84）

下编　会通：学友文序

第一部分　致辞

一　营造读书氛围，为重塑中华之魂提供气场 ……………（103）
二　博学多闻　培养学术兴趣 ………………………………（112）
三　第二届"宗教对话与和谐社会"学术研讨会致辞 ………（115）
四　"2010年民族宗教问题高层论坛暨中国宗教
　　学会年会"致辞 …………………………………………（118）
五　当今中国诸宗教之间的互动 ……………………………（121）
六　第三届当代中国宗教论坛暨《中国宗教报告 2010》

　　　　发布会开幕欢迎辞 …………………………………（126）
七　海峡两岸宗教与区域文化暨梅山宗教文化探究 …………（129）
八　"基督宗教与中外关系——从利玛窦到司徒雷登"
　　学术研讨会开幕致辞 …………………………………（132）
九　基督宗教与当代中国社会和谐 ……………………………（135）
十　"潮汕社会与基督教：历史与现况"国际学术
　　研讨会开幕致辞 ………………………………………（138）
十一　"潮汕社会与基督教：历史与现况"国际学术
　　　研讨会闭幕发言 ……………………………………（141）
十二　"新兴宗教发展趋势研讨会"开幕式致辞 ……………（144）
十三　"宗教与文化发展"高层论坛暨2012年中国宗教
　　　学会年会致辞 ………………………………………（146）
十四　"宗教·法律·社会"学术研讨会致辞 ………………（149）
十五　丝绸之路的灵性沟通 ……………………………………（151）
十六　海峡两岸"中国文化与宗教大同暨五台山
　　　佛教文化"研讨会致辞 ……………………………（153）
十七　"渤海视野：宗教与文化战略"学术研讨会致辞 ………（155）
十八　"宗教团体的治理"学术会议致辞 ……………………（158）
十九　"东南亚宗教与区域社会发展"研讨会致辞 …………（160）
二十　"宗教慈善与社会发展"论坛致辞 ……………………（164）
二十一　"中国社会科学论坛（2013·宗教学）"致辞 ………（167）
二十二　第二届"中美基督教领袖论坛"致辞 ………………（171）
二十三　"基督教与和谐社会建设国际论坛（2013）"致辞 …（173）
二十四　"世界宗教与文化战略"研讨会致辞 ………………（177）
二十五　"俄罗斯文化历史传统和俄罗斯与东亚国家的
　　　　关系研讨会"致辞 ………………………………（181）
二十六　"建所五十周年学术成果暨书画作品展"前言 ……（183）
二十七　"宗教与丝绸之路"高层论坛暨2014年中国
　　　　宗教学会年会致辞 ………………………………（186）

二十八　评坎特伯雷大主教韦尔比先生的演讲 …………（189）

二十九　祝贺宗教文化出版社创立和《中国宗教》
　　　　创刊20周年 ……………………………………（192）

三十　"中国基督宗教史专题学术研讨会"致辞 …………（194）

三十一　"中国基督宗教史专题学术研讨会"学术总结 ……（197）

三十二　关注宗教经典的翻译与研究 …………………（203）

三十三　金鲁贤主教——寻求超越的智者 ……………（208）

三十四　积极促进跨宗教对话 …………………………（210）

三十五　展开文明对话，共建人类命运共同体 ………（212）

三十六　吴轲阳画展寄语 ………………………………（215）

三十七　观夏吾角的热贡艺术精品有感 ………………（217）

三十八　英文季刊《中国宗教研究》创刊号发布会致辞 …（219）

三十九　中国宗教研究的重要贡献
　　　　——评鞠志强主编的《河北宗教史》丛书 ……（222）

四十　文化建设应该支持文化书院、学术书店的发展 …（225）

四十一　信仰如何形成文化 ……………………………（230）

四十二　祝贺宗教哲学研究社成立40周年 ……………（232）

四十三　跨界遐想与学术融合 …………………………（235）

四十四　纪念方立天老师 ………………………………（241）

四十五　在王卡先生追思会上的讲话 …………………（247）

第二部分　序言

一　《基督教神学思想导论》序言 ……………………（253）

二　《宗教研究指要》（修订版）序 ……………………（257）

三　《十字架上的盼望——莫尔特曼神学的辩证解读》序 …（261）

四　《刚恒毅与中国天主教的本地化》序 ……………（264）

五　《经济发展与宗教之关系》前言
　　（《基督宗教研究》第十三辑序） ……………………（268）

六　《基督宗教与中外关系》前言

（《基督宗教研究》第十四辑序）……………………（273）
七　　反思文化发展，促进社会和谐 ……………………………（279）
八　　《学者观德教》序 …………………………………………（283）
九　　《中国北方农村社会的民间信仰》序 ……………………（287）
十　　《道成肉身：基督教思想史》中译本序言 ………………（291）
十一　《古代经注》中文简体版序言 ……………………………（297）
十二　《马克思主义宗教观研究》序 ……………………………（301）
十三　《当代文学理论与圣经批评》序 …………………………（304）
十四　《个体生命的终极吟唱》序 ………………………………（307）
十五　《中国近代基督宗教教堂图录》序 ………………………（310）
十六　《佛法王庭的光辉》序 ……………………………………（315）
十七　《宗教与当代中国社会》序 ………………………………（320）
十八　《中国信仰社会学论稿》序 ………………………………（324）
十九　《世俗化与当代英国基督宗教》序 ………………………（329）
二十　《宗教与可持续社区研究》序 ……………………………（333）
二十一　《基督教传播与大众媒介》序 …………………………（337）
二十二　《基督宗教与近现代中国社会工作》序 ………………（341）
二十三　《试析艾香德的耶佛对话观》序 ………………………（344）
二十四　《心灵牧歌——新约百科赏析》序言 …………………（348）
二十五　《北京东岳庙志》序 ……………………………………（352）
二十六　"中国基督宗教重要文献汇编丛书"序 ………………（358）
二十七　《梅州香花仪式及其宗教艺术象征研究》序 …………（360）
二十八　《圣经翻译论稿》序 ……………………………………（364）
二十九　《王徵评传》序 …………………………………………（369）
三十　《河北宗教史》丛书序 ……………………………………（374）
三十一　《江苏基督教史》序 ……………………………………（378）
三十二　《基督教中国化探究》序 ………………………………（381）
三十三　《中西元典对读》序 ……………………………………（385）
三十四　《由人而圣而希天——清儒刘沅思想研究》序 ………（388）

三十五 《当代中国宗教学研究》序 …………………… （394）
三十六 《宗教与人类文明的发展取向》序 ……………… （398）
三十七 《中国基督教青年会史料汇编》序 ……………… （405）
三十八 《湖南地区信仰民俗的文化生态及保护研究》序 …… （411）
三十九 《马克思、恩格斯、列宁对无神论的阐释及
　　　　当代意义研究》序 ……………………………… （417）

附录一：卓新平著述目录 ……………………………… （421）
附录二：卓新平学术简历 ……………………………… （483）

前　言

1978年是我人生的一个重大转折，因为被中国社会科学院研究生院世界宗教研究系录取为宗教学专业基督教研究方向的硕士研究生，因而离开湖南来到北京，从此与宗教研究结缘，开始了一种全新的生活。时至今日，一晃已经过了42个年头，我也从年轻小伙子成了65岁的老人。记得在德国留学时，一般教授到了65岁就是荣退的时候了，通常同事及学生们会为之组织出版一部纪念文集，并以开新书发布会等方式向荣退教授表示敬意，总结其学术生涯。随后退了休的教授也就正式离开大学教席、去安度晚年了。没有料到，弹指一挥间，自己恰好也到了这个年龄了。

非常有趣的是，随着头发的变白，对自己的称谓在别人的口中也发生了变化。记得刚到北京时自己是宗教学研究系年龄最小的研究生，当年报考年龄可以放宽到40岁，我们系就有1938年、1939年出生的"老大哥"，大家都叫我"小卓"，我听得自在，也颇顺耳。在当时大家自称为"黄埔一期"的研究生中，30岁以下尤其是20岁出头的人也是"凤毛麟角"。自从带了研究生以后，学生们叫我"卓老师"，同事们觉得我是所里最早的一批研究生故而理所当然地称我"老卓"了；这样，"老"字在我的称呼中悄然出现，虽然当时听到"老"字心里会咯噔一下，有点"老老地"不服老的感觉，但久而久之也就习以为常了。然而最近这几年对自己震动较大，即刚刚习惯的"老卓"之称出现了换位，以前总是让别人对其他人要宽待一些，提倡"换位"思考。但对我的换位之称,"老卓"也就换成"卓老"了,看来也真的"老了";于是,近些年来一直在别扭中享受着"卓老"的待遇,随着这一称呼,开会、讲课时总会有人来要搀着自己上下台,挤地铁、公交时也会有年轻人主动给自己让座。自己刚来研究所时,大家都尊称任继愈所长为"任先生",因为任先生视力不好,通常会带着拐杖,渐渐同事们谈起任先生时会称他为"任公";当时还有一个老先生牙含章也被称作"牙公"。自己被人家称为"卓先生"的时候不多,恐怕也快要被人称为"卓公"了吧!或许我没有这种殊荣,也没有这个资格吧?但仍经常安慰自己,因为十多年前台湾的朋友第一次给我家打电话时曾如此询问:"请问是卓公馆吗?"当时真给自己吓了一跳,但现在想想,"公馆"是不可能的,但去掉"馆"字,离"卓公"还远吗?真的是但愿拄着拐杖也不要有人叫"卓公"了,其实还没有"老"时,自己不就早已"充公"了吗?很多年来人们就习惯把自己称为"公家人"了!自然,淘汰的规律谁也不可阻挡,顺应自然则应该是我们最好的"黄昏颂"了。

西方人习惯把"回忆录"题为"忏悔录",大概是因为西方人信奉基督教而有"原罪"感,一辈子都在不断"忏悔",这样"回忆录"也就成为"忏悔大全"了。说实话,我非常喜欢读西方学者写的"忏悔录"或"思想录",书中往往是以流畅的文笔倾吐其一辈子的感悟,既有着散文的优美,亦有着哲学的深邃,且充满思想的火花,让人目不暇接、美不胜收。回顾自我的一生,好似没有什么深刻的思想,不像流行的"咏老诗"所描述的"思想如大海般深沉",却也好像没有什么值得忏悔的,外面的褒贬就如同过眼烟云随聚随散,留不下深刻的印象和印痕。在学术生涯中奔波的人们或许会担心自己干错行、选错专业,因而在选择职业的十字路口时会显得犹豫不决。但我们那一代人几乎没有什么自己可以选择的余地,通常也只能是随缘,叫干啥就干啥,能不能干都得一试,同时也自然保留着一种任运而安的心境,不是"跟着感觉走"而是"随着命运行",也就有着不以成败论英雄的坦然。不记得是谁说过,有的专业会使其从事者脱颖而出,也有的人则会给其所从事的专业增光添彩。我不知道自己属于什么类型，但自从报名申请读宗教学专业起，好像自己就颇被误解，从此亦麻烦不断，始终处在被人指责、猜忌或嘲弄的漩涡之中，至今也感觉还没能得到真正解脱。因此，不敢说自己给宗教学增添了什么"光彩"，但自己经常"挂彩"倒是事实，好在还没有"光荣"，也终于能够熬到"荣退"的年龄。

由于受到德国学界这一影响，自己也无法"脱俗"，所以这几年也就开始回顾、总结自己40多年来的宗教学学术生涯，写写不算"回忆"的学术总结，虽没有"思想"，但问心无愧，绝不会"忏悔"！当然，也非常感谢"文化名家暨'四个一批'人才项目"给了我这样一个机会，逼着自己对几十年来走过的学术之路认真地"回头看"，由此也好给自己真实地"照照镜子"，看看自己42年的思索、探究和耕耘留有什么样的"人生辙印"。于此，或许会有一种"而笑独醒者，临流多苦辛"的感触。

基于这种总结性考量，本卷以自己的学术回顾为主，以"上编"作为一种自我反思及总结，故而题为"路难心静"，用以写出学术自述；既然"心静"，其表述或许会有不太合适的潇洒和飘逸，夹杂有可能本不该出现的调侃。在此也请谅解我的"率性而为"和"天性流露"。"下编"则以"会通"来搜集"学友文序"，并分为两个部分，其一为自己在各种学术场合的致辞或发言，其二则为自己给学界同仁所写的序言或相关文集的前言。其时限则基本上是自己2010年以来的新作，间或也有以往缺漏的补遗。最后则还补有一个"附录"，包括自己出版的著作和发表的文章之目录，以及自己的合著、翻译和主编的丛书系列等目录，旨在对自己一辈子的学术工作有一个交代。但若细想之，觉得自己依旧不够大气和洒脱，因为"人间事，如何是，去来休。自是不归归去，有谁留"；"今古事，英雄泪，老相催。长恨夕阳西去，晚潮回"。所以还需淡然面对人生，尽自己努力，但对自己的内心表露也别强求压抑，任运自如则足矣。

敝帚自珍，故就不怕见笑了。"君子坦荡荡"，这些文字虽然说不上是什么"智慧"，但至少能说明自己的"勤奋"。这里，是抱着有点复杂的心情来动笔，其处境与心境亦彼此关联和互动，人生现象故而需要有主客体结合的诠释，其既为客观之实，亦乃意识之流。但飘荡的思绪说不清：是否这就算是在给自己的宗教学学术生涯画个句号，还是在其可能没有终点的旅途来一下精神的小憩？学术史有时也可能为比较个性化的历史，其当事人至少也可以从一个侧面来给其史实折射出一种印象，因为毕竟其有过参与，故可以当仁不让地见证，个殊性地反映曾给其带来过心情激荡的难忘时日。笔者从事宗教学研究的这四十年，正是该学科最为活跃的时段，我们同时代的人体验过其发展的高潮，并随其过程一样有着风口浪尖、跌宕起伏的感触。自己最美好的时光在这一经历中匆匆度过，经过"文化大革命"耽误的我们起初就已经没有了那种"恰同学少年，风华正茂"的豪情，而只是想把失去的时间尽量补回来一点儿。随后光阴荏苒，同学们从"黄埔一期"到"黄昏余暇"的黄金岁月现也多已流失无返，只剩有"追忆似水年华"的绪余激情。所以，在挥毫泼墨、故作潇洒之际，难免会有一种"俱往矣"的感觉油然而生。回首往事，不一定能够准确地再现过往的历史，但也是自照镜子自寻思吧，于此或许就可以呼应那种"文章千古事，得失寸心知"的微妙心境。

今天的社会，有不少人叹息我们时代的思想大家太少、学术大作罕见，对我们在哲学社会科学领域的闯荡者施加了巨大的压力。但扪心自问，我们至少努力过，也一直没有停息在思想学术界的拼搏，其疲惫和创痛也只有自己知道。当下流行的口号是"创新"，可是其在人文领域谈何容易。骄傲的古希腊人自以为已经穷尽了关于世界及人生之问，于此早就挑衅性地宣称"太阳下面无新事"。两千多年来，哲学新思潮在不停地涌动，但在思维范式、研究方法上的根本突破的确也不多见，人们大多认为其发展并没有真正走出古往的"轴心时代"。同理，中国古代的诸子百家，迄今也仍被国人所津津乐道，至少在思想话语上尚未真正超越其接续。这就使得任何大胆创新者都须有其自知之明的斟酌。故此，掩卷自量，蓦然想起老子"不敢为天下先"的警言，因而纵令是敢于"霸蛮"的湖南人，在思想探索上也不敢究问自己将来能否续写新章。

上编
反思：路难心静
（学术自述）

学术史与相关学者的人生经历有着密切的关系，因此，从个人经历这个角度来回顾、审视学术史就有着独特的意义。现代研究中比较注意田野调查和"口述史"的撰写，而如果是当事人的直接回忆与陈述则会更有价值及可信性。中国的宗教学萌芽于20世纪初个别学者的努力，其中陈垣、汤用彤、陈寅恪等人功不可没，尤其是陈垣先生的宗教史研究为中国宗教学的奠立起过关键作用。而随着1964年世界宗教研究所的建立，中国宗教学真正成为一个学科体系，有了一个专门的研究宗教问题的学术团队，这一切的顺利进展、水到渠成则与任继愈先生所长期坚持的宗教研究直接关联。毛泽东主席就是因为在20世纪50年代末看到任先生的著作，并邀请任先生与之彻夜深谈之后才留下了对宗教研究之重要意义的深刻印象，于是才有毛主席1963年底的重要批示以及1964年委托任先生所实现的世界宗教研究所的建立。这一段历史是我们这一代学者自中国改革开放以来加入中国宗教学研究团队之后之所闻，可以说是中国宗教学当代发展的重要序曲。

世界宗教研究所成立不久，其成员就去参加"四清"等政治运动，随之是"文化大革命"的来临，故在"文化大革命"前几乎没有开展真正意义上的宗教研究工作。只是随着"文化大革命"的结束和1977年中国社会科学院脱离原来的中国科学院而独立建院，世界宗教研究所的科研工作才得以真正展开。

1978年，中国社会科学院研究生院建立并开始面向全国招收硕士研究生。世界宗教研究所也在该研究生院设立了世界宗教研究系，于1978年在全国招收了20多名硕士研究生，我作为其中年龄最小者也荣幸地进入了这一研究团队，成为中国社会科学院硕士研究生中所谓"黄埔一期"的一员。其后我们这第一批研究生或是留所从事研究工作，或是分配到全国各地的研究机构与高校从事科研及教学工作，或是出国留学浪迹异国他乡。到目前为止，世界宗教研究所第一届研究生尚未退休者仅剩下我一人。回顾过去40多年中国宗教学的发展历程，可以说我本人乃亲身见证并直接参与了这一发展。而且，在中国宗教学比较活跃的30来年中，自己作为世界宗教研究所的科研工作的主要组织者，对这一历史发展也起到过比较独特的作用。

因此，回顾自己的一生，与中国宗教学的研究发展已经结下了不解之缘。这种梳理一方面会对个我的人生经历做一个小结，另一方面则会涉及个我对中国宗教学研究的卷入、参与及作用，包括我本人遭受的挫折和宗教学遇到的困境，故也可能是对中国宗教学当代发展的一种个性折射，一种主体反映。当然这种自我回顾也很难全面，因而其局限性是不言而喻的，就权当是一种"自照镜子自画像"吧。在回顾个人信仰历史和社会变革历史时，古代基督教思想家奥古斯丁留下了两部名著：一部即反省自我、总结其一生信仰探求经历的《忏悔录》，故此使之成为西方人写"自传"的一种醒目的替代词；另一部则是奥古斯丁为了回应当时罗马的一些哲学家和知识精英指责基督教在罗马帝国的盛行而导致了这一古代帝国的衰败及濒临灭亡这一事件，书写下其大部头的著作《上帝之城》，阐述"世俗之城"的历史命运及与"上帝之城"的根本区别；故也被视为西方历史哲学的"开创之作"。这种"大气"和"站位"是其时代使然，自知无法与之比拟，但仍相信其另有价值和意义而可为之一试。所以，在此仅以一种"意识流"般的散论来触及自己的人生经历及其感触、感叹和感悟，给出一种个性化的描述及写照，希望由此能够唤起人们可以从一个比较突出"人性"和"人格"、讲究内在和内省的重要侧面来正确看待我们社会中的宗教现象，能够客观、理性，且尊重、同情地对待并支持中国当前已不可或缺的宗教学研究。

第一章

学术意识的萌芽

一 童年经历

我于1955年3月出生在湖南靠近湘西的慈利县城，原属常德管辖，在张家界设市之后归属张家界。老家的城乡风光就如著名作家沈从文的小说《边城》所描述的那样宁静、自然、秀丽、迷人，但在边远之域而罕有人知晓。感谢几位画家后来到这里的山区写生，展示出其云山雾罩之中的神奇风貌，家乡的美丽风景如今才得以世界闻名。尤其是高新技术三维电影《阿凡达》问世之后关于"哈利路亚山"的热议，更让张家界吸引了全球各地的众多游客。从深山老林到世界名胜，我的家乡在我们这一代见证了时代变迁。

在慈利县城笔者度过了最早的童年，四五岁时常听妈妈唱歌剧《五朵金花》和《刘三姐》中的歌曲，而且多在妈妈背着自己在家与幼儿园往返的途中享受到这种美妙的歌曲，觉得特别好听，因此也能跟着哼上几句，迄今仍未忘怀。那时好像还看过妈妈演《五朵金花》，"蝴蝶泉"因此给我留下了深刻印象，50多年后我们全家到大理时还专门去了蝴蝶泉，终于一睹其美丽真面，可惜那时妈妈已经过世多年了，不无遗憾。妈妈出身不好，外祖母是地主成分，据说与贺龙的第一位夫人蹇先任很熟，也认识《毛泽东选集》第一卷提及井冈山撤毛主席职务的杜修经。杜修经后来曾任常德师专副校长，但我入常德师专读书时他已被"打倒",成为学校养牛的"地富反坏右分子",日晒雨淋、风雨无阻的"牛郎倌"生活反而使他的身板非常结实,夏天赤着黝黑的上身在外放牛,使人很难把他与很早参加革命但犯了严重路线错误的"老资格人士"相联想;杜先生有时也与我聊天,说他在慈利当县长时还抱过那时还很小的我呢。说起他的经历他很无奈,提及他曾两次被开除出党时也会老泪横流,不知是深感悔恨,还是感叹命运的捉弄。经常会有各地革命圣地纪念馆的人员来访问他,希望从他那儿得到一些共产党人在湖南早期革命的口传资料。但我也很佩服他们那一代人的勇气,甚至在杜修经被"靠边站"的时期,记得好像还有一位他的老部下、据说当时已是某大军区副司令员的军人穿着军装来看望他。在"文化大革命"前,阶级界线划得还不很严重,因此外祖母偶尔还能在我家住住,记得有一次我从学校借来的《中国少年报》无意被外祖母当做废纸剪了做鞋底的样式,听我说要把报纸还给学校,她又从垃圾堆中找回报纸被剪掉的所有部分,非常耐心地将之重新粘贴修补成一张几乎完整的报纸送还给我!现在看来这种事情还真是难以想象。外祖母的仔细、认真,由此可见。"文化大革命"开始后,外祖母的儿女们不敢再接她在家里住,因为必须与剥削家庭"划清界限",于是外祖母只好靠在街上卖"醪糟"(我们家乡称为"甜酒")为生;父母亲带我们上街时看到外祖母则总要我们吃碗醪糟,顺便悄悄地多给她塞点钱。对于这段"不赡养老人"的经历,外祖母耿耿于怀,后来"文化大革命"快结束、形势缓和下来时,她曾写信把几个儿女臭骂了一顿。

在当时残酷的阶级斗争面前,哪有"孝心"可言呢!甚至连小学、初中时幼小的我也因为妈妈的成分问题而带有负罪感,不时想到向老师"坦白"交代,生怕"隐瞒不报"而犯错误;很多年后自己开始研究基督教,由此亦体悟到基督徒的"原罪感"是个什么滋味了。我父母单位在"文化大革命"期间不少人被"打倒",其中有领导、知识分子、转业军人、历史上的"右派"以及家庭"出身"不好的"地富反坏"分子等,被视为"牛鬼蛇神",他们不仅被"挂牌游街",还要被勒令集体唱"牛鬼蛇神嚎歌"。那时自己年少无知,也看他们唱此"嚎歌",因为有一个被"打倒"的是部队文工团转业的,故而让他担任指挥,这使我对此歌留下了深刻印象,迄今仍会想到他们当时那种不得已的苦唱:"我是牛鬼蛇神,我是人民的罪人,我有罪、我该死,我该死、我有罪,人民一定把我砸滥、砸碎,砸滥、砸碎!"但那位复员军人指挥似乎已经超然事外,把这首歌也作为一种自我超脱的精神享受来唱,经常还听他唱出了一种极为独特的生命"抖音"(结尾处的颤音)!"文化大革命"是对人民和文化的摧残,是中国当代历史中的一场"浩劫"。这种对人性的扭曲、对人格的摧残给中国人的精神留下了巨大的创伤。所以,我不认为今天还会有很多人真的希望再回到"文化大革命"时期。

  20世纪五六十年代,我的家乡是景美人穷,为生计而奔波的家乡父老乡亲们根本无暇,也没有心情欣赏周边的美景,他们可能连所谓"小资产阶级情调"的感觉都没有,处于"不疑灵境难闻见,尘心未尽思乡县"之状,肩负着巨大压力,向往着县城的生活,甚至可能根本就不懂这种游山玩水的情趣。奶奶经常带我们坐船从县城回乡下老家,因河水上游水流很急、逆水行船非常吃力,有不少纤夫在水下、河边拉船,他们都是黝黑的身躯、赤身裸体,听他们说如果穿衣服拉纤衣服会忽湿忽干,穿衣人反而容易得风湿病。我们在船上好奇而经常帮着划桨,"驾嗨、驾嗨"的号子声觉得比任何歌声都好听。这些年湖北神农架一些地方为了开发旅游,也用一些裸体的纤夫来吸引游客,据说引起了不少批评。我们那时所看到的纤夫拉船,却真是生命的赞歌。现在估计请人扮演也难达其真效。有一次我们回老家起得晚了一点儿误了大船,奶奶就带我们兄妹三人租一小船逆水而上,一叶轻舟河中漂游,三个孩童船边戏水,奶奶和船夫前后照应,真是一种别样的自然之娱、天人之乐。这种意境颇似常建《西山》诗云:"一身为轻舟,落日西山际。常随去帆影,远接长天势。物象归余清,林峦分夕丽。亭亭碧流暗,日入孤霞继。"但那时乡下生活也很清苦,记得小时候我曾随老乡上山砍柴,迎着曚昽晨曦出发,披着满天星斗归家,哪有什么诗情画意,只是感到山路太长、悬崖真陡、饮水难找、肚子好饿,根本就不会想到身边还有无限风光作陪、到处都是花香鸟语!有一次自己不小心在悬崖边摔了一跤，把仅大我几岁的叔叔吓得够呛。在叔叔眼里，我只是一个能吃却不会干活的"城里娃"而已。

　　大概6岁时，我跟着到农村工作的父亲去岩泊渡乡下上了小学，有时夏天涨水把去学校的道路淹了，大一些的孩子则会帮助我们划船过去。不久后又随父亲转到柳林铺公社，公社的办公楼建在一个高高的山坡上，旁边则是一个打谷场，我那时晚上经常一个人坐在空旷的打谷场上等着大人们找点吃的回来，青蛙自然是最好的猎物，有时却一无所获。夏夜繁星满天，而我孤独一人望着头上的星空发呆，"澹然望远空，如意方支颐"，故而也就有着种种疑问和胡思乱想，面对无垠而神秘的夜空第一次有了好奇和惊讶，可能就是世界观的萌芽，但当时可没有康德那样"头上的星空、心中的道德律"之思的哲学境界。后来人们指出哲学、宗教就出自好奇和惊讶，自己在追忆中也确有朦朦胧胧的某些感悟。那时吃不饱饭，我们三兄妹中我是老大，每顿饭却都是一两米，妈妈为了搞好兄妹间的平衡，在吃食堂蒸饭时会在我的饭钵中放较多的水，而给我弟弟的饭钵中却放水较少，蒸熟后我钵里的米饭很满但也很软，而弟弟的米饭却少而硬，我这哥哥的饭多，自己和弟弟当然就都没有意见了，没想到从此养成我爱"吃软饭"、我弟弟则爱吃硬饭的习惯！

　　由于"文化大革命"武斗，城里比较危险，而我又喜欢跑到外面武斗场边等人家打完枪后捡掉出来的空子弹壳，父母决定把我们兄妹三人送到乡下老家让爷爷奶奶照看。老家所在公社、大队被称为杉木桥、豹子垭，一听就像"深山老林"。公社所在地新修公路第一次开来一辆拖拉机时，吸引不少人将之围得水泄不通，几个老头儿、老太太还不停地问道："这么大的家伙吃的什么、要吃多少啊？"爷爷是个倔强的老人，为人很直，脾气不好，记得有一次雨天在水田扒秧，爷爷头上的斗笠被风刮下掉到水中，光光的头上淋着大雨，爷爷嘟哝着很不高兴地捡了起来重新戴在头上，没想到继而一阵风又把他的斗笠吹掉，这次爷爷大怒，把斗笠狠狠地按进水田泥中，昂着光秃秃的头冲着天空大声嚷了起来："你淋！你淋！老子今天让你淋个够！"

听说还有一次爷爷去山里砍柴,没想到被马蜂蜇了一下,这下子爷爷可不干了,连柴也不砍了,专门找到马蜂窝一把火将之烧掉这才解气!这种倔强的脾气传给了爸爸,也传给了我。我们父子俩性格都非常倔强,我到现在说话都不会转弯抹角,直来直去也不知道得罪了多少人。我8岁时离开农村回到了县城,但不久随父母调动来到了常德。爷爷有时也来常德住我们这儿,他最喜欢的就是去沅江边看江上驶过的大轮船,有次听到他喃喃自语:"唉,水太大了,没有看到轮船呀。"山里人见到水有着特别的情感,1981年我第一次去厦门,在厦门大学海边首次看到大海时也是激动不已,在海边足足呆了三四个小时,直到天黑才恋恋不舍地离开。我在上大学之前基本上没有离开过常德,只是在高中毕业时赖着硬上了学校运货的卡车去了一趟长沙,也顺便参观了革命圣地、毛主席的故乡韶山。那次是我第一次离开常德,也是第一次看到火车。最近老乡聊天,想起他们刚来北京时也曾骑自行车往返上百里去首都机场看飞机在机场是什么模样。在考研究生之前我也没有出过湖南,我父亲家属于土家族,回想自己身在封闭的大山区农村的这段童年经历,我后来也经常会自嘲"土到家了!"不过,学生不依不饶、得寸进尺,进而告诉我外面流行"土家掉渣饼",我遂一语道破,"不仅说我土到家了,更是土得掉渣了"!其实,我的老家也离革命老区不远,贺龙的故乡桑植县实际上就是红二方面军的发源地,所以曾被国民党骂过是"土匪""土匪窝"。我们当地有不少人跟随贺龙参加革命,因此离开家乡在外面当领导的也不少。记得父亲曾告诉我们兄妹,他小时候就见到过参加长征经过我们老家的红军,我们当时还幼稚地问父亲为什么没有跟随红军长征参加革命。那时还没有"红二代"之说,可我们是无意在做"红二代"之梦吧。当然,感谢改革开放,使我有机会走出湖南,随后又远游异国他乡,成为"土家族的洋博士",而这与终生不离故乡的康德则有着明显的不同。故此,同事总结说,"一土一洋为之道",可谓"大道至简"。

二 读书兴趣

我对于宗教研究的兴趣，始于"文化大革命"期间上大学的经历。1972年我高中毕业，正赶上当时所谓的"修教路线（修正主义教育路线）回潮"。大学开始恢复招生，虽然以招收"工农兵大学生"为主，但也给应届高中毕业生开了一线门缝，允许极少数高中生直接上大学。当时非常渴望读书的我一下子兴奋起来，希望能得到学校的推荐，因为我自己感到是班上的主要"班干部"，有着"品学兼优"的条件，各科成绩常名列前茅，文史知识也相对丰富。早在从慈利转到常德读小学二年级时，卫门口小学的校长看到我慈利小学全优的成绩单时曾不满地对我说："给你这么好的成绩，你们学校是不是包庇你呀？"当时我默默不言，也还不懂"包庇"其实是"袒护坏人"之意。但到我读到小学四年级时，这个小学就让我当了学校少先队的大队学习委员，这当时是给学习好的学生最高的殊荣了。小学时家穷买不起书，自己常去街上书摊站在别人身后蹭书看，这样也看了不少名著改编的连环画。刚到常德读小学时，我满口慈利话，弄得全班同学满堂大笑。但一年以后，同学们就会津津有味地听我复述课文，不再在意我的乡下口音了。虽然我是"文化大革命"时期进的中学，但学习成绩一直很好，也非常想有学习的机会。在还没有"复课闹革命"时，学校曾让我们几个年轻的初中生晚上值班"看管"被打倒靠边站的老师，其中就有我们中学的沈克家校长，据说他曾经参加《毛泽东选集》的英文翻译，在我们地方中学那就是了不起的外语人才了，我心中非常佩服他。那时他白天挨斗，晚上却安详、淡定地在日光灯下看书学习，恰好那时有一个老师挨斗想不开自杀了，我们晚上都非常紧张，生怕校长出什么问题；沈校长看出我们的心思，趁着没有大人在就把我们叫到身边悄悄地要我们睡觉去吧，说他不会寻短见的，如果真要想死，电线一拉就解决了，拦也拦不住的。他被"解放"后，我们几个喜欢英语的学生还专门去拜访他，对一些英语词汇的疑难问题，他也一一耐心作答。上高中时学校组织

"收黑书"运动,让学生把家中的"黑书"统统拿到学校上交、统一销毁,作为班干部的我负责收书上交,看到上交来的书籍、诗集,我感到这哪是"黑书"啊,几乎都是名著、好诗,自己忍不住利用还有一个晚上才上交的机会,贪婪地阅读、拼命地抄写。

中学期间我们开始学习英语,原来教俄语的老师也改教我们英语了。记得第一堂课是政治动员课,教我们的老师就是原来教俄语的熊老师,她嗓音很好,热爱文艺,在动员课上就激励我们说,"你们一定要学好外语,才能完成你们的神圣使命,这就是去华盛顿'军管'(因为美国是帝国主义),去莫斯科'支左'(因为苏联是修正主义)。"我们当时知道的"真相"就是:"世界上还有三分之二的人在受苦受难"、生活在"水深火热"之中,有待我们去"解放全人类"。后来我们又学会了"水深火热之中"的英文表达,即"in deep waters",老师还专门告诉我们,"水"(water)平常是用单数,因为水乃不可数名词,但用在"水深火热"之表达时则必须用"水"的复数,在后面加上 s,而成为复数之"水"(waters)。那时虽然提倡"复课闹革命",但大家"复课"的积极性不高,读书比较敷衍。比如,学习英语发音要求我们学习国际音标,但大家认为太复杂了,加之湖南人的地方方言口音多元存在,更不愿意用音标标音了,而其最简单的办法就是在英文单词后面附上相应的汉语作为标音,如英文"朋友"(friend)的汉语标音就是"不认得",朋友就是不认得,听起来虽然滑稽好笑,却一下子就记住了。所以,最近有人说英语源自中国古代的"大湘西",英语发音就是古代大湘西方言的转音,如英文的"黄色"(yellow)之发音就是来自当时"大湘西人"看到"叶落"变黄而联想起来的,听到此处,一下子就有了与"文化大革命"期间我们中学生用汉语给英语标注音之"英雄所见略同"的感觉了!我当时也曾是班上英语课的课代表,协助老师检查同学的英语水平,对于这种以汉语作为音标来标的做法也是无可奈何,只能听之任之。实际上,我们中学的课程基本上也就是敷衍学生,如教数学的老师课堂上甚至就是讲点"趣味数学",逗大家乐一乐就算了事。不过,大家虽然不愿意"复课",却很愿意学演唱革命样板戏，记得自己也经常被学校文艺宣传队的同学拖到市京剧院缠着扮演李玉和的演员教我们演样板戏。但我身材不好，演技欠佳，故而演不了英雄李玉和。不过学校文宣队也会因材适用，如我的嗓子较好，属于少数民族的那种"原生态"唱法，因此就安排我喊李玉和出狱的那一嗓子"带李玉和"，然后演李玉和的演员就会唱"狱警传，似狼嚎"，从此我就与"嚎"结下了缘分：在农村工作期间有时散会回村已经天黑，一人走山路只好唱歌壮胆，由此也养成了自己"原声态"的"嚎"歌习惯。当我考上研究生来到北京住进大学宿舍时，因为心情高兴第一次在宿舍洗漱间洗衣的时候不懂规矩而想高歌一首，没想到刚唱出一句，宿舍里就传出了抗议的制止声："谁在外面嚎啊！"这一下子吓得我几十年没敢再唱歌。前些年大家在集体活动时曾鼓励我唱歌助兴，我忍不住又放口开唱，这次大家拍手称赞，齐声喊"好"！可我因有心理阴影，怎么觉得大家为什么说的还是"嚎"啊！当时市剧团曾来学校招生，想让我去学唱戏；业余玩玩还行，而真走唱戏科班之路，家里却坚决不同意。不过家里也愿意我参军去当文艺兵，当时海政文工团和省军区文工团也来我们中学招过一次兵，但没看上我，说我"眼睛太小"。这可能是一种遗传吧，我儿子出生后，也有人说孩子长得不错，只是眼睛小了点，惹得孩子姥姥非常不高兴地回了一句：眼睛小也不少看事，将来可看大世界呢！

  那个荒唐的时期以"文盲"为傲，社会上后来还出了"白卷英雄"，所以经常洋相不断。有一次我们中学文宣队扮演李铁梅的学生来学校后，突然发现自己的钥匙丢在家里了进不了门，只好急急忙忙向负责文宣但还未到的李老师写了一个回家取钥匙的请假条留下后就急忙走了，李老师来后看到写着"季老帅，我要回家拿药死"字样的请假条后吓得不得了，以为这个学生神情恍惚要寻短见，立刻组织学生去寻找、制止，结果虚惊一场。那时学生水平差是很正常的，而好读书的学生只敢偷偷读，不敢张扬，如果真正达到较高水平连老师也不会相信。记得高中时，有一次语文老师在班上宣读了一篇写得非常不错的学生作文，他读完后就顺嘴说了一句："这不知道是从哪儿抄过来的吧"，马上就气得写这篇作文的女生痛哭不止。

那个时候，想读书真是一种奢望，而且不被大众所理解。初中、高中时我都被安排到了工厂、农村锻炼。那是学校的重中之重，初中有一个月我被安排到制酱厂，有些同学是送奶工；工厂安排我们两位同学与一个七十多岁的老人同住一屋，常德冬天没有室内供热，而且透风，晚上在瑟瑟北风中冻得发抖，老人冻得直叫唤，让我们过去给他暖身，我们俩吓得谁也不敢过去。工厂卫生条件不好，学工结束后我有很长时间不敢吃酱油、酱菜和粉丝。学农通常是安排夏天的"双抢"（收早稻、插夏秧）。有一次生产队安排我们插秧，城里的孩子不会插秧，既慢又不好，而且饭还吃得很多，气得生产队长怒骂我们。高中学工是在常德德山的工厂，给我安排的是"翻砂工"，是工厂最苦的工种，没有技术含量，但劳动强度大，那时工厂有句顺口溜："伟大的车工，万能的钳工，吊儿郎当的是电工，最倒霉的是翻砂工。"此外，学校安排的学军则是"野营拉练"，在一段时间内背被包急行军几十里地，也把城里"娇生惯养"的这帮学生娃折腾得够呛，在行军第一天就有不少人的脚上起了水泡、血泡。

由于学校几乎不安排系统的读书，反而增大了自己对读书的渴望。以这种对书的痴迷和求知的欲望，自己也眼巴巴地盼望有上学的机会。所以在高中毕业时听说有推荐上大学的可能，心情极为复杂且不安。但不久全校推荐了三个学生上大学，我们班上也有一名，但与我无缘。那时，高中毕业的其余学生都要"上山下乡"，我也只好与大家一道开始做下乡的准备。不知是作为一种"安慰"还是另外的"安排"，学校又通知我进常德师范的中学教师速成班学习。由于这一"柳暗花明"的新机遇，我又获得了新的学习机会。当时流行的学习理念是"学好数理化，走遍天下都不怕"，因此我在常德师范以学习数学为主，还当过数学课的课代表。那时我曾帮助数学老师整理恩格斯在《自然辩证法》《反杜林论》等著作中关于数学的论述。这是我第一次系统阅读马克思主义的经典著作，而且还按照老师的要求做了不少笔记。既然是从头到尾阅读，那时也就接触到恩格斯关于宗教的思想，这种论述尤其在

《反杜林论》中特别多。如果说我最早从书本中了解到宗教，那就非《反杜林论》莫属了。

但我当时真正的兴趣是在物理，因为我妈妈在常德教育局下属的教学仪器站工作，所以有这种接触仪器的便利条件。妈妈在"文化大革命"初对"造反派"整老干部看不惯，也想不通，结果被作为"保皇派"而挨批评，后来又干脆安排她下乡劳动"改造"，这样就离开了原来的单位，回城后重新安排工作遂到了教学仪器站。我在中学时就对各种物理仪器有着浓厚的兴趣，曾当过班上物理课代表，并在母亲同事的指导下学习过自己装收音机、修理钟表等。而教学仪器站楼下就是常德地区新华书店，当时书店曾来过一本关于人造地球卫星的专业书，还是中学生的我经过软磨硬泡终于让书店售货员将店里唯一的这本书卖给了我。囊中羞涩的母亲为了支持我的学习，也节衣缩食拿出钱来把同事用过的各种有关物理的旧书买下来供我使用。但进了常德师范才知道学校没有物理专业，了解了我的兴趣爱好的师范周校长非常热心，专门为我借来当时湖南师院的物理教材，让我自学，我们的班主任数学老师也对我多有鼓励。在平静的约三个月师范学习之后，新的机缘又一次降临。那时我家乡唯一的一所大专湖南常德师专（现改为湖南文理学院）因抓教学质量而有一位"工农兵大学生"退学，而我们班由校方推荐过去的一位同学因为实在不愿意学外语专业，故此仅在师专呆了不久就重又回到了师范。原来，应届高中毕业生上大学与"工农兵大学生"待遇不同，"工农兵大学生"可以选学任何专业，而应届毕业生上大学却只能学体育、音乐或外语这三个专业。师范的校长好心地问我愿不愿意去师专，不知内情的我因想学物理而高兴地答应，到了师专，我虽然几经努力却仍被告之只能学英语专业而别无选择。这样，我就走上了学外语专科之路，没想到从此永远告别了中学时代想学物理、从事自然科学研究之梦，但从此也养成了关注自然科学史的业余爱好。

因为进大学比别人晚上了约三个月的课，我到常德师专后非常勤奋，仅几个月就将学业赶上，但不久也就有了"白专"之嫌。那时的大学课程中一是政治学习和讨论较多，学生们经常公开或私下讨论，其中一个焦点问题就是"共产主义究竟是什么"。《国际歌》最后一句歌词"英特纳雄耐尔就一定要实现"曾让人们理解"英特纳雄耐尔"就是共产主义,其实"英特纳雄耐尔"是英语 International 的音译,原意本指"国际化"。现在"国际化"早已实现,而且人们已习惯用"全球化"来代称,但今天的世界贫富悬殊依然存在,国际冲突战争不断,"世界大同"仍然遥遥无期。因此,对共产主义的理解也是不断推进、深化的。当时我们班的同学大多来自农村,吃不饱饭是常事,所以有一个同学就说"共产主义就是每天都能吃饱饭",但另一个同学嫌这一回答要求太低,故补充说"共产主义就是每顿吃饱饭后还有一个苹果"。这种"饱饭共产主义"或"苹果共产主义"很容易使我们联想到以前苏联"土豆加牛肉"的"福利共产主义"。那时吃饭问题确实很严重,加之人们身体缺乏油水,且饭量还非常大。记得我上大学时非常喜欢吃湖南的米粉,没有肉的"光头"面或米粉(现在美名为"阳春面"),我一顿吃过三碗每碗三两的米粉。所以,改革开放后,我有一次去广西桂林出差,巧遇一个米粉自助餐饭店,故想试试自己对米粉的"夙爱",不料在吃第四两时基本上就撑不下去了。我在农村工作队时,公社为了照顾工作队员,每个月安排一次回公社汇报,这样可以吃上一顿有油水的午餐,通常为青椒炒肉;从队里到公社往返几十里地,但大家都趋之若鹜,因为实在太缺油水了。过去人们如果能买一点肉也是首挑肥肉,因为可以从中炼点大油留下来,吃饭时如果可以在没有油水的菜中放点大油,那就太香了。所以我刚来北京上研究生时,家里还专门让我带了一罐大油备吃饭时补点油水,结果成为同学们的笑料。所以我们那时在大学各种谈论中最多的话题就是"吃",真是应了"民以食为天"那句老话。二是体力劳动较多,"工农兵大学生"一周一天体力劳动,我们应届毕业生班则被安排每周两整天体力劳动,称为"补劳动课"。这样,每周的时间在这种日常安排的政治学习、生产劳动挤占下,基本上所留甚少。

所以,我最初曾想利用政治讨论的时间看业务书,但在挨了学校"工人代表"的批评后则改读马恩著作。每次政治讨论时我都会拿着一本马恩著作理直气壮地阅读。有一次小组政治讨论时,"工人代表"看见我又在读书,实在忍不住了就出面制止,我当时拿的是恩格斯所写的《英国工人阶级状况》,故声明自己是读马恩著作,生了气的"工人代表"大声斥责,说此时读马恩的书也不行,必须与大家一起讨论政治。主管教学的校长知道此事后也批评了我,并说我是"调皮捣蛋"。在"白专"压力下的我不敢再专心读英语专业书,而开始广泛涉猎。我们班有一位从长沙下放来我校的资深英语教师比较关心我的处境,她鼓励我多读各种书籍,指出要真正掌握一门语言就必须了解作为这门语言背景的文化,具有相应的文史哲知识。她还以"为学有如金字塔,既要博大又要高"的警言来给我提醒。这样,我就开始拼命地阅读学校图书馆所藏的各种文史哲书籍,一周读书达十本之多,视力也从入校时的1.5迅速下降,到第二学年就配上了眼镜,并从班上最后一排移到了第一排就座。本来我曾是学校篮球队的高分"投篮手",但因近视后看不清篮板而被校队淘汰。在那个"不读书"的年代,学校图书馆有了我这样一个热心读者当然很高兴,每年图书馆写总结,馆长都要对我借书读书加以肯定。当时学校有一个眼睛高度近视的中文老师来自北京,普通话说得很好听,上课也富有感情,给我留下了深刻印象。他讲张继《枫桥夜泊》"姑苏城外寒山寺,夜半钟声到客船"时会半闭着眼睛,嘴里慢慢地哼着"铛、铛",好像真有钟声从远方传来。他读苏东坡《赤壁怀古》"乱石穿空,惊涛拍岸,卷起千堆雪"时,也会情不自禁地用形声词"哗、哗"来表达水波抵岸的声音。他在课堂上还曾故弄玄虚地问大家"看"如何更准确地用英文来表达,故此反而使得学生们不敢轻易回答,然后他会微微一笑地说,最好的表达那当然就是直接用"eye"了!我很喜欢他的风格,因此有机会总是找他聊聊天,学学知识。此外,在学校也结识了一些青年教师,大家谈得比较投机,而且大都也各自胸怀壮志,只是有点生不逢时、怀才不遇的遗憾。

　　我在广泛阅读西方文史哲著作时发现,西方文化与宗教尤其是基督教有着不解之缘。从此我就渐渐对宗教产生了浓厚兴趣,有着某种"潜意识"的关注。这一过程也决定了我此后研究宗教的进路及其重点，即由关心文化而关注宗教，重点放在基督教与西方社会文化，并从广义的文化角度来研究整个宗教现象，因为我觉得宗教的发展是依附于人类文化而发展的，宗教与文化有着天然的关联。以了解基督教为主，那时自己的学习兴趣之余光也扫到过伊斯兰教及佛道教等。

应该说，我下决心读书始于在常德师范的教师速成班经历，那时失而复得的学习机会使我成了读书"狂人"，不顾别人的不解而独立单行。而真正喜欢上文科、关注社会科学的相关领域则是在常德师专的求学时期。当时自己年轻，记忆力超好，所以课堂上的课程上得很轻松，经常是三节课上完，第四节自习课时就可以把半天新学的英文课文一字不落地全部背诵下来，而且从来没有课文预习，课外时间都用来读别的书了。虽然那时学生可读的文科类著作很少，但我除了自己在图书馆借阅书籍之外，还找学校的一些关系较好的青年教师借一些"内部"书籍来看，多为翻译著作和社会科学类的书籍。通常是周六下午向老师借到书，利用周六、周日两个晚上和周日一整天在家读书，周一清早就必须还给老师；有时一个周末就要读两册或三册的成套书，确实很辛苦。连我的母亲都常常说我成了一个"大门不出、二门不迈"的"大家闺秀"。在学校也是如此，我们班上有两三个同学成了悄悄读书的"另类"。当时学校规定晚上十点熄灯，这样我们就只能或是在路灯下看书，或是躲在蚊帐中打开手电筒看书，而最佳办法是半夜偷偷溜到教室里点上自备的煤油灯看书。我们班教室在三楼，而那位说我"调皮捣蛋"的校长就住在二楼。我们只能轻手轻脚地走进教室夜读，而那时的宿舍房没有卫生间，一旦校长夜里跑下楼到外面上厕所，我们几个同学听到楼梯声就吓得马上吹灭煤油灯静等，直到校长回到房间重入梦乡，我们才开始继续学习。

可是当时学校重视、关注的仍然还是学生的"学农、学工、学军"，所以在我们短短的两年半读书时间还安排了至少三个月的上述"三学"。我们"学农"是在常德县的蔡家岗公社，即我们班后来集体下放劳动锻炼的地方。下放后发现那儿离我们初中毕业后一些同学被分配工作的一个工厂只有十几里地，故而时不时偷偷带着下放的同学们跑到那个工厂看露天电影，记得《闪闪的红星》这个电影就是在此工厂所看，而且记忆深刻，到现在电影里面的歌曲几乎还都会唱。我们"学工"安排的是湘西钨矿，在此矿山我们下过地下十几层的地下采矿隧道，观摩过炼金出金的过程，也知道了什么是"矽肺病人"。在钨矿时我们还爬山越岭去过附近深山老林中的一个"花香湾"山村，沿着只能一人通过的山路走好几个小时才来到村里。村民是清朝时躲兵荒战乱而移民者的后裔，当时吃了村民提供的"金银饭"（一半大米、一半玉米），了解到一位女教师独自一人扎根山村教书育人的感人事迹。而我们"学军"则安排到了部队农场。我从初中就有想当兵之梦，小时候一个人在家玩时也喜欢把床上、桌子、椅子上摆满象棋子、军棋子，甚至用硬纸板剪出来的"部队"去布阵打仗。我曾写信请求一个在县武装部工作的远房亲戚帮助我当兵，也曾在高中时利用为新兵值勤的机会缠着接兵的干部让他们把我也带走。中学时有为数不多的同学作为红军子弟而没有毕业就去当兵，成为大家羡慕的对象。但这次真的到了部队农场，早上听着军号起床下田，晚上听过军号收工睡觉，除了有军号陪伴之外，也感到跟农民没有什么区别。

上大学从同学那儿，我借到了湖南师院、北京大学的英语教材或相关读物，看到了一些英文原版书和教材，也获得少量哲学社会科学的著作。此时我知道了中国科学院有一批文史哲领域的名家，而且还有一个有点"神秘"色彩的世界宗教研究所。那时也接触到任继愈先生撰写的《中国哲学史简编》，并阅读到当时还没有出齐的任先生主编四卷本《中国哲学史》（当时已出三册），从而也从书本中接触到佛教、道教及儒家思想。在那没有复印机的时代，抄书留存就成为我极大的乐趣。两年下来，不知不觉竟然抄满了十几个笔记本。抄书的内容不仅包括英语专科书籍，而且更多是文史哲书籍的记录，记得也把一本自然科学发展的编年史抄得差不多了。在中国社会科学院工作以后，研究生院曾经让我们给博士生出点自己最喜欢读的书籍目录，我给出的目录中的不少书就是这个时期读的，如捷克著名作家伏契克的《绞刑下的报告》、王国维的《人间词话》等。所以，前几年著名硬笔书法家庞中华先生来我所讲演时说他自己练字练得手指上起了老茧,我也戏谑自己虽然字没练出来,却也抄书抄出了老茧!大学读书期间,自己不仅抄书、记笔记,而且当时还养成了写日记的习惯,但由于这些日记、笔记中有太多"文化大革命"流行的"豪言壮语"、空洞口号,自己来北京前觉得不合时宜,且惨不忍睹,故下决心全部销毁处理,不留痕迹,以便在改革开始的新时代做一个全新之人,也希望是一个平静而实在的人。现在回想没留下这些历史的真实印痕还真是有点后悔了。

三 走向社会

常德师专毕业后,我们还是下农村补了一年劳动课之后才分配工作,我则被荣幸地留校任教。我们班仅留了两个人,一位是我们的支部书记,一位是我,因此同学们评论说是留了一个"红专"、一个"白专"。但刚宣布留校,校办就通知我们俩人都参加农村工作队,从不久前的"接受贫下中农再教育"转变为去"教育贫下中农"。这对我们班支部书记来说是强项,对我却是软肋。工作队期间我们的书记经常受表扬,作先进事迹报告,我却是一个默默无语、默默无闻的边缘角色。这一去就又是接近三年的光阴。这次下乡与第一年的"劳动补课"已截然不同,因为集体下放去"劳动补课"没有孤独感,同学们在一起毕竟很热闹。而此次基本上是我一个人深入农村,真正体会到农村的贫穷、农民生活的艰辛、农业发展的落后。很小时候我们就学会了一首歌"我有一个理想,一个美好的理想:等我长大了要把农民当,要把农民当"!但真的"当了农民"、体会到农村的困苦,这个"理想"就"破灭"了,成了"噩梦"。当时的知青都想尽早回城,农村的年轻人也想去城里工作,那时可没有现在的农民工啊!记得我们村有一个刚刚复员回到农村的退伍兵就曾愤愤不平地说道:"凭什么就得让我们一辈子在农村啊"?现在改革开放条件好了,少数先富起来的人在农村买了一些地,建起了别墅,种点果木庄稼,过起田园诗一般的生活。大概这才是我们小时候歌中所唱"当农民"的"理想"吧。

我刚下农村时曾带了一些专业书想抽时间自习，但在与农民同吃同住同劳动后，马上就感到农民太苦，对我们却又很热情，这样就唤醒了自己"朴素的阶级感情"，从心底里觉得在此种处境中还抽时间来学习实在于良心不忍、与环境和使命不符，因而有着一种"负罪感"，于是也就自觉地放弃了自学的念头，真正开始与农民打成一片。当时年轻而富有热情的我曾一度写下"扎根农村一辈子"的申请书，但终因放不下"学习"情结而未上交，否则可能就不是今天的我了。记得20世纪80年代我在德国留学时曾遇到一批来自北京的"文革知青"，其中有一位女士在上山下乡之前曾作为北京知青代表在天安门广场人民英雄纪念碑前宣誓"扎根农村一辈子"，"文化大革命"结束回城后却深感被那个时代所愚弄，所以出国以后就连再回国工作的考虑也都干脆没有了。"知青"是那个时代的奇特现象，是我们这一代人多数人的命运，也是一种拼搏、贡献和悲壮。所以大家说起那段经历，总会有一种极为复杂的情怀，一方面觉得往事不堪回首，另一方面却也不能简单释怀，多少都有一些缅怀，甚或也会为之说不清地、莫名地发呆。

农村的三四年间开始真正接触社会、认识社会，也观察到一些民间信仰现象。那时中学毕业即下放的同学们务农两年后陆续回城，远在农村的我感到前所未有的孤寂。我们工作队有重点蹲点安排，也有一般性蹲点安排，重点生产队有两到三位工作队员，而我们作为一般性蹲点的全大队只有两名工作队员。我们工作组长身体有病而经常回城，全大队经常就剩下我一个工作队员，有时大队支部书记也闹点情绪，所以常去公社开会的只有我一人。公社书记常戏称我"一代加二代"，即一代（替）工作组长，二代（替）大队支部书记。当时一人在农村做群众工作、解决村民各种纠纷，甚至帮助协调处理好婆媳关系等家庭矛盾，而且还介绍进步青年入党，过足了"党外布尔什维克"的瘾。有一次我们工作队员从公社开完会回村，路遇雷阵雨，便躲到一家农户的堂屋内避雨，我坐在有线广播的喇叭下方，恰巧上面屋顶漏雨，于是我就起身移开，刚刚挪窝，就听到"咔嚓"一声巨响，一道闪电劈下一团大火球，就落在我原来所坐的地方。后来才了解到这道闪电在全公社劈坏了十几座农房，我们大队小学的墙壁也被劈垮了半截。对照后来的人生经历，也真有"大难不死必有后福"的味道。那时大队晚上开完会后经常摸黑走夜路回住户家，我眼睛近视被人称为"瞎子"，故而路上不慎摔倒是常事。有一次与也有点近视的大队副书记一起回生产队，两人因路滑而同时摔倒，于是他就说起了俏皮话来自我解嘲：我们就两个瞎子，且同时摔倒。他还知道三个瞎子同路而先后摔倒的故事：三个瞎子同路而行，路遇前面一个大坑而不知，第一个瞎子摔倒在坑里而不吭声，结果第二个摔倒也没吭声，待第三个瞎子摔入坑里后，大家开始埋怨、辩解。第一个瞎子解释说：甲子乙丑丙寅丁，不知前面有个坑；第二个瞎子回应道：甲子乙丑怒中火，先绊你来后绊我；第三个瞎子则当和事佬：不管甲子不甲子，同坑就绊三瞎子！当时生活、工作虽然非常辛苦，但大家情绪仍然比较乐观。

在最初到农村任工作队员时，我大病初愈、身体很虚，一下子就参加繁重的农业劳动，加之收工回农户家后还要帮住户挑水干活，真感到吃不消。当是觉得看书学习的梦是做不成了，必须面对的现实是生存挣扎。雨季来临，屋外大雨，屋内稻草房顶漏雨，蚊帐顶上铺的塑料布成了堰塞湖底；一旦塑料布破，像酱油颜色一般的积水就会从天而降，因此晚上还需时不时起来用瓢舀水，以缓解天湖的压力。还有一次，秋天快熟的稻田闹虫灾，遍地的虫子太多了，我们只好伸手去捉，没想到不知是什么虫毒性特大，手一碰上就会起一个水泡。此外，生产队为了烧砖卖钱，我也参加其内，有一次搬运石煤岩因不小心而砸掉了自己手指的整个指甲，由此体会到十指连心之疼。为了学会生存和方便与人交往，我在农村也学会了抽烟，一抽三年多，但限于经济状况每天只能抽一包，因此1977年回城后马上就戒掉了。烟的价格很贵，但给国家贡献的利润税收也很高。前几年我去国家烟草总局党校讲课时，自我介绍说也曾抽过几年烟，台下报以我雷鸣般的掌声。几年社会经验使自己获益匪浅，这一时期自己虽然做不了学问，吃足了苦头，却体会到社会底层民众的疾苦，意识到自己那点苦之历练乃微不足道，由此而认识到人们在痛苦、困难之际所需要的精神支撑和安慰，也认识到社会之态及人之心态的错综复杂，此后我基本告别了理想主义而比较欣赏现实主义，这对于自己后来研究社会科学，特别是理解宗教很有帮助，如我选择硕士论文的研究对象就是一位基督教现实主义思想家；面对现实、正视现实且经历现实，也的确是我的重要人生体验。

四　考研波折

1977年底，前后在农村劳动、工作快三年半的我终于从农村回到了学校，此时自己虽然已有肩挑百余斤之力，长满老茧的手却已握不住笔。记忆力从以前的过目不忘到此后的丢三落四，学习外语的黄金时代从此也一去不复返了。所以，后来在社科院工作中，我对研究生毕业后马上离开专业岗位去"挂职锻炼"一至两年是持保留意见的，除非是将来从事必须接触实际的社会工作或担任领导干部那确有必要，因为乃一种体验和热身；其余情况若离开本专业两年后再回到本专业，可能是一种"智力的浪费"，以前的基本功可能至少丢掉三分之一或者更多，就是以后的努力也多会事倍功半；而与没有挂职的同行相比则或是被淘汰，或是基本上只能在别人后面徒劳猛追。或许，特别聪慧者与比较笨拙的同行相比会有例外。我个人性格比较直，敢于讲真话、实话，因此经常在院工作会议的讨论中不习惯那些不痛不痒、虚言应付的发言，而直接谈出自己的上述看法，于是往往出现讨论的转折，后来的同志发言接着也就敢讲真话、不绕开问题了。记得有一次我发完言后中间休息，负责小组记录的两位年轻同志走到我面前和我交流说，他们就是正在挂职的，而挂完两年职之后他们也在考虑转行或干脆去做行政工作，因为专业基本上遗忘，而搞专业研究也很难再赶上他们那些没有挂职而一直在研究部门或高校工作的同学们了。因此，实事求是地讲，那么"挂职"安排确实不应该一刀切。

从农村回单位之后，学校终于决定派我到湖南大学进修三个月，给了我重操学业的宝贵机会。住在长沙湘江边上，我每天早上跑步到岳麓山边的爱晚亭锻炼，在课余则到山下广场设在自卑亭的大学图书馆借书处为自学借还图书。自卑亭为岳麓山登山之始，取"登高自卑"之意，源自《礼记·中庸》"引远必自迩""登高必自卑"的说法。这极符合我当时人生和求学的心境，即以自卑之情，来从头自下求知。在长沙三个月的进修期间，我除了完成湖大英训班的课程、到湖南师范学院英语系插班旁听之外，还从自卑亭借到"文化大革命"前大学英语专业四年的八册教材自学。在进修期间曾经考虑调到新成立的湘潭大学工作，我们同一进修班的湘潭大学谷老师答应帮我打听一下，但回信说人家不需要工农兵大学生，自己听后一下子就像泄了气的皮球傻在那儿了。如果再不想办法努力精进，那么我们这一代人的命运将会是被改革开放的时代所淘汰。在那年人们积极准备"文化大革命"后全国恢复高考第一回大考的热情鼓舞下，我的读书梦重又浮现，听说大学和研究机构也开始恢复招收研究生，心情格外激动，生出跃跃欲试之念，既然不可能再上大学，那就试试考研吧。在友人的介绍和推荐下，我知道了中国社会科学院世界宗教研究所招收宗教学研究生，于是就根据自己的英语专科背景和对西方文化的了解报考了宗教学基督教专业硕士研究生，开始为考研做准备。

不料当时的学校领导知道我报名考研后大为恼火，还是那位说我"调皮捣蛋"的校长找我谈话，一见面就劈头盖脸地问道："你想干什么，想去当和尚啊？"还没等我反应过来，他又进而指责说："你就是要当和尚也不要当洋和尚啊！"这就是当时社会一些舆论对我们考宗教学基督教研究专业的认识和评价！从此，我的外号就从"洋和尚"一直喊到"小神父"，也为宗教学专业研究付出了沉重的心理代价。中国社会上对宗教的误解和偏见也影响到对宗教研究者的不利或轻蔑看法，四十年来，自己多次被人笑称为"和尚""神父"，多次遇到对自己的研究嘲笑、轻视、不屑一顾的眼神或言论；不少人干脆把我们的研究视为另类，觉得我们这些研究者是"脑子进了水""精神有毛病"！甚至我的中学班主任对我研究宗教也是百思而不得其解，经常替我感到可惜。在世界宗教研究所工作后，有两件事给我留下深刻印象。一是我去复旦大学作学术讲座时谈到了我的上述经历，结果报告结束后两名学宗教学专业的女生告诉我她们的遭遇，本来考上复旦大学是很值得骄傲的事情，却因学了宗教学而抬不起头来，两人放假回乡时就听到村里人对她们指指点点，说"那两个小尼姑回来了"！二是我去武汉大学访问，宗教学系的老师告诉我，武汉大学哲学本科生是学完一年才分科，两位分配上宗教学系的女同学因想不通而哭了一通宵。正是有了这些切身体验，我才会反复呼吁在我们的社会让宗教"脱敏"，希望人们要"善待宗教"；也正是这种人生经历，使我渐渐有了"宠辱不惊"的平常心。当年为了让当地领导支持我考研，自认为有点人脉的妈妈带我去教育局求人，但到处都是冷漠或嘲讽，一向开朗的妈妈也受到巨大的心理打击，从此感到莫名的压抑，甚至当知道我考上研究生的消息后也再难高兴得起来。妈妈后来有了老年抑郁，可能也与这一刺激有关。

在我考研报上名之后，学校为了以示警诫，令我到一所县城中学作为借调人员下放半年，以借中学一位曾去非洲给援非农民当过翻译的老师去师专任教，随之还派一位副校长亲自"押送"我去中学。其实这既是对我的惩罚，也是一种明显的人格羞辱，因为当时我正给77级即"文化大革命"结束后首届通过高考而入学的大学生上课。我们班近40名学生中有约三分之一年龄比我大，约三分之一与我同龄，仅约三分之一的年龄比我小，因此我很紧张，全力备课以达教学的最佳效果，而且也正被学生们所认可。刚进入教书之佳境，不料关键时刻却被学校领导叫去县里代课，而且恰好还是我在农村工作过的那个县。我因想不通而向当时接待我们的中学校长和教务长讲述了自己要考研的情况，两位中学领导听后通情达理，当时就决定说，"你既然已是我们中学的人员，由我们负责你的工作安排，那么我们就给你放两个月的假，回家复习考研吧！"这一"绝处逢生"使我又带着行李坐着同一辆车与那位与我同行但尴尬而一言不发的副校长回到了常德，然后我一头躲在家里复习，不再去师专上课。5月份考研初试完的第二天清早，我就自己买票坐长途汽车去了那所县城中学，并以知恩图报的心情拼命教课，辅导准备高考的学生。直至接到来京考研复试的通知后，我带着感激的心情才离开那曾有我农村工作两年，又有我中学特殊教学几个月这种不凡人生经历的小县，从此开始走出常德，走出湖南，并且走向世界。

但现在回头想来，当年学校领导对我的嘲讽和批评其实乃为"很及时"的提醒和警告，实际上也是对我走上研究宗教之路的客观劝阻，也无意中点穿了这一研究的艰辛和不利。但这些领导估计没有意识到，这种打压也有可能就会"埋没人才"，使人才难以脱颖而出，使我们的学术研究少了一些成就或"精彩"呢！据说当时我们学校的党委书记碰巧不在单位，他回校后听到我考研的遭遇，与其他校领导则有着不同看法，对我有所同情。我当时年少"无知而无畏"，只是想在考研上一意孤行、毫不后悔，故才破釜沉舟、孤注一掷地走上了这条艰难之路。我那时的确人生阅历不够，不知道其利害关系，只是希望有更好的学习机会把耽误的近四年时间多少能够补回来一些，而没有考虑学什么专业、不学什么专业，尤其没想到学宗教学还会那样遭人反感，所以也就注定了在这条费力不讨好的路上要吃够苦头了。当时就有学校的同事很关心地问我，万一我考研失败、学校领导要收拾我，我会不会选择自杀？我就说绝没有考虑这种选择，但会准备被下放底层、浪迹天涯吧。而且，对自己的母校我还是以德报怨来回敬，留学回国后我曾专门回到常德师专作过讲座；此后学校在"专升本"、努力准备迎接上级检查的过程中，曾专门来北京找我帮忙请赵朴初先生题写校名，因为学校前面就是常德最有名的创税大户常德卷烟厂，而其厂名就是启功先生所题，而常德师专是一个教育文化单位，故其题名者身份不应低于启功先生啊，学校的领导因此压力也很大。我接待校领导后非常同情他们的想法，所以想方设法联系赵朴初先生求其墨宝；非常感谢赵朴初先生非常慷慨地题写了"常德师专"四个大字，解决了这一难题，从此也使我对赵朴初先生更加敬重。母校专升本成功，后来又改名"湖南文理学院"，而其校名题字我也一如既往地尽力帮助解决。我从来没有为了自己本人找名人求过字，但为了母校我却尽了一而再之力。现在一算，在这条道上走了近42年，从报名考研后立即遭到师专校长的指责，到前不久网络媒体上仍然还有对我拼命维护宗教学的"孤臣孽子"之情怀的批判，也真是走了一条充满骂名和陷阱、费力却不讨好的艰难之路！

在离开学校之前，或许学校领导突然发现了我的"价值"，于是在我在校所余下的时间段内安排了满满的工作，除了教学之外，还安排了我参加省招生工作，这样使我在离开湖南之前有机会去了湖南其他地方和其他高校，特别是去湘西招生，在吉首大学的时日，我感到特别的亲切。正是这次招生之旅，使我这个湖南人在离开湖南之前更多地认识了湖南，更好地了解了自己的家乡。

应该说，对于宗教的研究出于无意和偶然，好似冥冥之中一种命运的安排而入了这一行。年轻时充满好奇感，拼命地涉猎各个领域，吸收各种知识，加上那个时期选择余地有限，不知不觉地就闯入了宗教学研究领域，而且注定一生都得奉献给这一学科了。虽然最初时期自己在书本上读到不少关于宗教的知识，在农村中也碰见一些现在看来即属于宗教信仰的现象，但当时并没有意识到今后就会对之展开专门的研究，而且是要为之奉献一生。有时自己静下心来也想，如果不搞这一行，或许还有更好的发展？改行的机会其实也是随时都有的，但我自己湖南人的秉性和受德国教育训练的习惯，可以说导致了自己的固执、死板、执着、一条道走到黑的性格。人们常说，性格决定命运，这话或许不假。不过，细细想来，自己参加宗教学这一行，或多或少为我国宗教学的发展也有些许贡献吧！至少自己从所经历的世界眼光来看，宗教研究其实对我们国家不仅非常必要，而且还是特别的重要，只是意识到这一点的人太少了。现在才明白了毛泽东主席为什么在20世纪五六十年代称赞任继愈先生的宗教研究如"凤毛麟角"，难能可贵。我们的历史、文化，特别是我们国家在世界上的地位，都是不可缺少宗教学研究的。面对各种困境，以及迄今仍未中止的误解及批评，我想自己研究宗教也只能持无怨无悔的态度来淡然处之了。我想，只要人类还存在，那么宗教学则就能在褒贬毁誉中永生。我们从事宗教学的个体学者，也不过就是其历史长河中的一滴水珠、充其量一朵浪花而已。那就让我们争取做一朵灵动、潇洒的浪花吧。

第二章

学术专业的训练

一 北京读研

来到北京三年读研，对我而言是一种"重生"。我对待学业基本上可以用如饥似渴、如痴如醉来形容。丢了近四年的时间没有学习的机会，而现在竟然来到首都北京，而且进入中国哲学社会科学的最高机构来从事专业学习，真感到是在梦境之中，是自己学术生涯中巨大的翻身解放。我在1978年入校的世界宗教研究系硕士研究生中年龄最小，那时的中国社会科学院大师如林，同学中也藏龙卧虎，因此既有动力，更感压力，只能以拼命求学来报答这一春临大地的时代，报答慧眼识人的恩师，报答热情推荐的朋友，报答给我机会的乡亲，也报答为我考研而受足心理煎熬的母亲。我们最初借住在北京师范大学，而上课则在北京师范大学、北京大学、中国社会科学院这三处跑动，借阅专业图书还使我熟悉了当时设在白云观的世界宗教研究所图书馆，免费对我们开放的北京图书馆、北大图书馆，以及在王府井附近的中国科学院图书馆社会科学分馆等。北京师范大学为我们属于中国社会科学院的研究生也提供了良好的学习、生活条件，大学图书馆向我们开放，通宵亮灯的教室给我们自习。那时的学生们为了在图书馆占座学习，多次把图书馆的玻璃门挤破。当图书馆晚上十点左右关门后，我们就会到夜宵食堂吃碗热面或喝杯小酒，然后转到可以通宵自习的教室继续夜读。我们中国社会科学院研究生院也自搭了简易毡房作为教室，晚上室内生个火炉，让大家有学习之地。回忆起这段经历，真是让人激动难忘。

由于当时的大学本科及专科本来就没有宗教学专业，我们的读研从专业意义上实际乃从零开始，但感谢北京作为首都有着极佳的学术文化氛围，我们有机会在哲学社会科学，尤其是人文领域得到系统训练。当时设在北师大的中国社会科学院研究生院为全院研究生开设了大课，请来各个领域在国内最著名的专家授课，我们在这一层面曾听到周扬、于光远、许涤新、唐弢、宦乡、王佐良、傅惟慈等名家的报告，留下了深刻印象。在世界宗教研究系的课程则为开放性的，我们至少可以旁听本院其他系的课程，如北京师大的相关课程以及北京大学和中国人民大学的一些课程，记得当时听过哲学所汝信、邢贲思、李泽厚等老师的哲学、美学课，北京大学张世英、朱德生、任华、陈启伟等老师的西方哲学课，朱龙华老师的世界历史课，中国人民大学郑杭生老师的社会学课等。我所听过的世界宗教研究系本系的课程有任继愈先生讲授的中国哲学史、佛教史、古汉语，赵复三先生讲授的基督教史，高望之先生讲授的犹太教概论，牙含章先生讲授的中国无神论史，吕大吉先生讲授的宗教学理论及外国无神论史，金宜久先生的伊斯兰教史，以及逻辑学、道教、东正教、宗教心理学等；加之当时广泛的阅读，自己觉得一下子就掉进了知识的海洋，有着久旱逢甘霖般的痛快。

高望之老师那时从北大调到了我们所，后来还担任过我们基督教研究室主任和科研处处长。他一生经历坎坷，据说年轻时他先后在上海的圣约翰大学和北京的清华大学读书，当过地下党员，中华人民共和国成立后曾在北大的校长办公室担过重任，那时他西服革履、倜傥潇洒，不料后来被打成右派，从而改做翻译和资料工作，并且变得少言寡语，说话迟缓，衣着也就不修边幅了，其面容也给人一种颇为痛苦之感。他住进崇文门社科院宿舍后离研究所比较近，因为当时修建社科院办公大楼而全所搬入了就在崇文门的社科宾馆，所以清早来所时我常看见他独自在外锻炼身体。据说有一次他烧不开水来所求教，人家上门一看原来只是煤气火没有开大而已，估计是他第一次用煤气而过于谨慎所致。他虽然生活上较呆，学问却做得不错，知识面很广，且至少精通英、法两门外语。后来他与著名钢琴家巫漪丽结婚，当时是中央乐团李德伦指挥为他们主持婚礼，从此才看到他罕见的笑容。我去德国后他移居美国旧金山，等我第一次去美国开会时再见到他已经时隔十多年之久。我们见面非常高兴，他还点评了我会议主题发言时说的英文太硬，一听就是带着德语味的英文。我后来去旧金山还在他家住过一晚，他热情地为我做饭，还非让我这个学生睡在床上而他却睡沙发，使我非常感动。他告诉说在网上看到美国国会山图书馆有一本他想借出来一用的中国古籍，但图书馆告诉他此书为珍本而不外借，却没想到图书馆反而免费把该书的复印本寄给了他。他在美国告诉了我们几个学生他身世的一个秘密，说他年轻时就已受洗入教，当时因为行的是浸礼而全身浸入水中，结果因为水太凉事后还重感冒了一场。后来听说他在美国去世，老师客死他乡，让学生也非常难过。通过他以及我导师的亲身经历，我早就知道中国基督徒有许多人加入共产党参加中国革命的这些事实，对此中外学者有不少研究，出版了相关著作。这些人的经历丰富而曲折，留有许多感人的故事。这种信仰意向上的复杂交织，其实也很值得实事求是地客观研究。在自己的探究经历中，也有触及不少这种情况的人士，其中一些人的处境也颇为复杂和艰难。例如，在 2016 年，我的导师在"文化大革命"初的 1967 年求助上级帮助他保护其身份的信函已被公开拍卖，且在网上流露传开。当时他们夫妻俩都遇到了这一难题且无处求助。所以，一些想当然的看法，与中国革命的复杂现实相距得实在太远。

我在研究生院第一学期就通过了全院的英文考试，可以不必再修英文，于是我选了法语作为第二外语，与不少研究英美文学的研究生成为同学。一开始在语音阶段我的发音不准，老师没有看上眼，但转入语法和阅读学习后我进步迅速，老师这才刮目相看。在二外学习结束考试时，我竟然考得全班第一。当时学习法语的动机是想研究新经院哲学即新托马斯主义的主要代表法国人马利坦等人，但后来再没有获得这种研究机会，所学法语也基本上忘得一干二净。

来到世界宗教研究所之后，才知道中国社会科学院有十多个涉及国际问题的研究所是毛泽东主席亲自批准建立的，而世界宗教研究所是其中唯一由毛泽东主席建议设立的。毛泽东主席于1963年12月30日对中央外事小组"关于加强对外研究的请示报告"作了重要批示，其中特别指出：对世界三大宗教，至今影响着广大人口，我们却没有知识，国内没有一个马克思主义者领导的研究机构，任继愈用历史唯物主义写的论佛学的文章犹如凤毛麟角，不批判神学就不能写好哲学史，也不能写好文学史、世界史。根据这一重要批示，周恩来总理对开展宗教研究也作了具体指示：要研究世界三大宗教的理论、现状和历史，包括它们的起源、教义、教派、经典等。在毛泽东主席和党中央的亲切关怀和直接指示下，任继愈先生于1964年组建成立了世界宗教研究所，我国从此有了以马克思主义为指导专门研究世界宗教的学术机构。知道我们研究所的这一历史，大家当然也非常自豪，无论是学什么专业，大家都找到毛泽东主席谈到的任继愈先生所著《汉唐佛教思想论集》来学习，并津津乐道地讨论任继愈先生在此书最后所指出的马克思主义研究宗教问题最基本的"三把钥匙"。三年的研究生学习，使我对中国社会科学院尤其是世界宗教研究所也充满了感情，但没有想到此后大半生就在世界宗教研究所了，而自己最大的精力、最宝贵的时间也投入到世界宗教研究所及中国宗教学的建设发展了。虽然后来的道路走得有点坎坷，但基本上持守着无怨无悔的平静心态。

在基督教研究专业领域，导师给我们四位研究生进行了专业方向分工，包括天主教研究、基督教现状研究、中国基督教史研究，因为我年龄最小且分专业方向时我碰巧不在场而派给我较难的专业，即基督教思想研究。导师为人谨慎，经常提醒我们要低调做人，这或许就与宗教研究相关吧。如何"低调"呢？大家想到了"低着头做人""为人谦卑、礼让"等，而业内据传导师私下也有一句调侃之言："老爷子穿开裆裤，装孙子！？"此后我也一直比较小心谨慎。硕士研究生毕业答辩时比较紧张，回答问题时无意中手指了起来；后来同学笑话我、说我很傲，答辩时竟敢拿手指指着导师们；我说，哪敢了，都是紧张闹的。

1988年底回国后挤公交、挤地铁时经常被人踩了脚，我都会习惯性地脱口说一句"对不起"！有一次被踩脚后又习惯性地如此说，结果被一小青年骂了一句："神经病！被踩了还说对不起，那我再补踩你一脚了！"

　　1981年我们这届研究生毕业，我也顺利获得哲学硕士学位。最初我的硕士论文写了10万字，导师看了一半就退了回来让我重写，理由一是太长，二是缺少对所研究对象美国神学家莱因霍尔德·尼布尔的批判。后来我把论文缩减到不足5万字，又加了不少批判语言才算过关。原来曾可惜不少内容白写了，没想到十年后美国天普大学教授傅伟勋主编"世界哲学家丛书"、请我写一部研究尼布尔的专著，这些学术资料就都派上用场了，于1992年在台湾出版了一部约12万字的《尼布尔》专著。当时中国研究宗教的气候可说是早春二月、乍暖还寒。记得我们硕士毕业庆祝会前我和另一位同学随单位司机去采购东西，当时大家很穷，没有所谓"谢师宴"之说，就一点茶叶、小吃、水果也得由单位报销；在付款开发票时售货员就问，"开什么单位呀？"我们说"开宗教所"，售货员就很惊讶地看着我们说，"那你们是和尚啊！"此时同来的司机反应很快，马上就指着我们两位研究生说，"他们两个是，我可不是！"那时社会仍有一种谈到宗教就避而远之的感觉，即使在北京也与我的老家没有两样。

　　硕士毕业后我被分配留所在基督教研究室工作，刚毕业就被研究室派到南方与同事们一道出差，去南方调查地方基督教发展情况。我们一行五人，因我最小而负责财务、后勤，当时我身上带着两千块钱，那是"巨资"，连睡觉都睡不踏实。我们的第一站是上海，当时还在上海社科院工作的曹圣洁牧师亲自来火车站接我们，我另一位导师郑建业先生专门设家宴为我们接风。随后，我们调研了上海的基督教和天主教，去了不少教堂，与许多信徒展开座谈，也走访了一些其他宗教场所。我们带队的老同志取名赫鲁，原名是什么已经记不起来了。他是老燕京大学社会学系毕业的，与当时全国妇联主席雷洁琼是大学同学，他解放前就参加革命，曾在国家体育运动委员会工作，但后来被打成"右派"，到劳改农场几十年后才被"平反",故也是刚来所工作不久。所以他非常"机灵",那时坐火车没有对号入座一说,位少人多、谁挤上谁坐,本来我想上火车后能够为他"占个座",没想到我们四个年轻一些的都没有挤上座,而他自己倒是挤上了座,让我们很感惭愧。但他安慰我们说,这是生活练就的本领,例如小偷根本就别想偷到他的任何东西。我们到杭州安置下来后,他交代我们不许去游西湖,还写诗说什么"为事业、不玩游";不过他只是被安排临时负责一下,并没有真正的行政权威,故而我们四人就悄悄地参观了一下西湖。赫鲁同志说自己回北大(现北大校址即原来的燕京大学)讲课,同学们都说他不是"赫鲁晓夫",而是不识时务的"堂·吉诃德",并称他为"堂先生"!我们也都感到他不像"右派",而明显是地地道道的"左派"啊!他是我的老乡,但是湖南湘乡一带的,我基本上听不懂他的话,包括他所说的普通话也很难懂。他非常勤奋,我们那时出差只能住集体合间,包括赫鲁同志也只能与我们住在一起;只是在杭州时地方同志为了照顾他给他安排了一次单间,这才使我们有机会开溜去看了西湖。住在一起时他清早都起得很早,然后在房间里小声念英语,他念得很快,而且夹着湖南方言,让我一句都没有听懂,故而使我对他非常敬佩,毕竟是老教会大学(燕京大学是美国人办的教会大学)的毕业生嘛!不过,有意思的是,后来我们所请一位美国教授作学术报告,由我来翻译,报告后进入提问、讨论环节,赫鲁先生第一个站起来提问,就像连珠炮一样直接用英文说了一大堆,我在佩服之余却没有听懂,心想那就请美国教授直接回答吧,但没想到的是这位美国人眼睛直直地望着我等待翻译,我说他讲的是英语,不料这个美国人向我摇摇头,用他会讲的中文说了一句"听不懂"。这下让我乐了,原来这个美国人和我一样,都一句也没有听懂我们这位老先生讲的英语啊!在温州时,我们不仅调查了城市、乡村基督教发展的情况,与刚恢复的爱国教会进行交流,而且也在地方宗教局同志的允许下,单独与当时不愿和爱国教会合作的所谓"地下教会"的基督徒见面座谈,他们告诉我们,其实他们在"文化大革命"后期已经恢复了宗教活动,不过是处于"地下"状况而已;鉴于"文化大革命"期间所经历的遭遇，他们因而持有怀疑和顾忌，不愿与政府及爱国教会合作。这次调研给我深刻印象：就连"文化大革命"这样的高压也没能"消灭"宗教，只是会使它转入地下而已。所以我后来坚持主张对宗教应积极引导而不同意打压，意识到打压宗教只能是适得其反，而不可能根本解决宗教问题。从温州之后我们兵分两路，赫鲁带另一位出生于广东的同志去广州，而我们剩下的三位则在一位原来在团中央工作过且是福建人的同事带队之下去了福州、厦门等地。福建的同志知道我们带队者是福建老乡，又是曾在胡耀邦总书记身边工作过的人，对我们热情款待，使我们的调研获得圆满成功。

回到北京后，我的导师那时已经调到院部工作，他就让我去院外事局挂职，希望能够培养我的"办事能力"而不至于太书呆子气。当时的外事局长是王光美同志，导师介绍我是湖南人时，王光美局长还非常高兴地说"那我们是半个老乡了"，因为刘少奇就是湖南人，他的故乡在1963年之前与我的老家属于同一个地区。但在外事局挂职没有多久，任继愈所长觉得可能对我的专业研究会耽误时间、有不利影响，故又让我回到所里从事研究工作。可以说，任先生和导师对我的学术都是无微不至地关怀，让我深受感动。记得在1981年有一次有欧洲的外宾来访我所，让我担任翻译工作，任先生宴请外宾，请季羡林先生作陪，宴席上有茅台酒，我第一次见到茅台酒非常好奇，也就悄悄地喝了一小杯尝尝。但这个细节被任先生看见了，散席后他关心地告诫我，以后不要学喝酒啊！这句话我牢牢记着，一直就没再喝白酒，直到20年后的2001年到中共中央党校学习，这才在同学们的"怂恿"下"破了戒"，但也只敢稍稍地"浅尝辄止"。

在研究所我马上就得到了一个外事接待任务，丁光训主教的一位老朋友、加拿大多伦多神学院的一位美国教授白理明（Raymond Whitehead，我们当时戏称他"白头"）访问中国。他毕业于美国纽约协和神学院，博士论文是《毛泽东的伦理思想》，"文化大革命"期间曾五次来中国访问，而且受到过周恩来总理的接见，用现在时髦的话来说，是一个铁杆"毛粉"。他不理解中国人为什么要否定"文化大革命"，他认为那种"理想"很好嘛。那时他的女儿在北京邮电学院进修,穿着一身解放军的军装,特别惹眼;他还把他在香港领养的一个孤儿当作女儿,这次也带到中国来了。他的计划是先在上海社会科学院作学术报告,然后来北京既到我所作学术访问,又要遍访各界人士,以解答他的疑问、解开他心里的疙瘩。于是,我先去上海热身,陪白理明教授参观、看戏,做其生活翻译,而他在上海社会科学院宗教所的讲座则由沈以藩先生翻译。他来北京后,我除了做他的讲座的学术翻译之外,还随他访问各个相关单位,他想直接听到各界人士对"文化大革命"的反应,除了知识分子之外,他还问了工人、农民、军人、企业家等行业人士的见解,记得那时他还拜访了雷洁琼女士等知名人士,去过全国妇联、清华、北大等单位。甚至有一次他带着两个女儿想看长城日出,清晨三四点就出发去八达岭,不料天气预报不准,去后大雨滂沱,根本看不到日出,于是他就非要我找早来的游人与他交谈,用他的口气就是以"随机"方式来了解真实情况。这次访问估计对他触动很大,以后他不再询问"文化大革命"的情况,也没有再公开赞赏"文化大革命"的"理想"了。但我们迄今还保持着联系。那时除了外事接待之外,我的主要精力是学习英语,参加中国社会科学院的英文进修班,准备出国留学深造。

二 德国留学

留在所里工作后一开始并没有具体科研任务,而研究所也打算让我出国留学深造。为了公平竞争,所里组织了留所相关研究生英文考试及专业考试,那时我忙着接待外宾而根本没有时间准备,但考试时我仍然是第一个交卷,后来院里打分的老师告诉说别的考生英语水平根本就不在我这一档次,而专业考试的老师也说我的答问颇有新意、见解独到。这样,我也算"脱颖而出",获得了出国留学的候选资格。但后来我去德国留学,也纯属阴差阳错、歪打正着。最初曾经原定公派我去加拿大多伦多大学留学,那儿是世界中世纪哲学研究最好的机构之一,但赶上我当时还没有毕业,单位有异议而改派他人,失去了机会;后来则计划安排我去美国留学，我自己最初曾考虑德鲁大学，因为对方提供了可能的机会；但导师说帮我联系芝加哥大学，因为美国宗教学最有名气的就是芝加哥学派和哈佛学派，那时两派的领军学者一是在芝加哥大学的伊利亚德教授，另一位则是在哈佛大学的史密斯教授，而正好伊利亚德的同事百川三夫等教授与我所有一点联系，故而可能会找到去芝加哥大学留学的机会。为此，我曾参加中国社会科学院组织的出国人员英语培训班，在80多位学员中，我曾在班上"托福"模拟考试考了第一，在后来参加教育部的出国英语考试中也与另一位在香港出生的学员成为这个培训班参考人员中的并列第一名。

但研究所最后决定改派我去联邦德国留学，其理由是德国的学术口碑很好，德国是哲学的故乡，包括德国的哲学、神学、宗教学研究都处于世界领先地位，而我当时年轻还可以多学一门外语等，而直接原因却是当时来我所访问的德方人员主动提供了奖学金，希望我所派人去德国留学。导师推荐了我之后，德方直接帮我联系好了慕尼黑大学，找好了指导老师。我问国内导师应如何进行专业准备，导师借给我一大厚本英文的《世界文明史》让我通读，并要我最好还能读读英文翻译的四书五经。

因为不了解情况，我拿到德国慕尼黑大学的入学通知书后一看是同年下半年入学，于是就主动放弃了教育部安排我去上海同济大学脱产学习德语一年的机会，急急忙忙托人找了一位私人老师教了一点德语基础就闯到了德国。到了慕尼黑才知道入学还需通过大学德语考试，我于1983年5月底到达慕尼黑，大学入学德文考试是同年9月，而这时离大学考试时间就只有三个多月了。慕尼黑大学当时在读学生5万多人，是西德那时学生人数最多的大学，据说其语言考试很严，许多外国学生都是先到其他城市上语言学校，考试入当地大学就读一年后再转学到慕尼黑大学就读。而中国来的文科学生一般都是学习德语专业的，而其他专业的学者、学生也至少要学完一年语言之后再去考试。同学生宿舍的中国留学人员感受到了我的压力，向我们使馆教育处的同志汇报了我的情况，然而那位同志看似安慰、实有压力地回答说，"没有关系，考不过就回国吧"。听到这一回答的转达，我不甘心，倔劲又上来了，决心一试，就来次拼搏吧。于是，我在忙完入住、办居留手续后，在6月初联系到大学的德语辅导班就读，为大学考试紧锣密鼓地准备：上午听课，下午完成作业，傍晚上大街或公园找人练会话，晚上看电视练听力直至深夜，而为多记德语单词甚至还翻烂了一本5万多字的德语辞典。其辅导班的课程安排是一年后参加大学考试，先上四个月的初级班，然后初级班考试通过入中级一班再学四个月，最后进入中级二班就有资格参加考试了，但通常其课程也是四个月。为此，我上了一个月的初级班就申请初级班结业考试，并以考试优良的成绩进入中级一班，在学了两个月后听说可以申请跳级，于是请任课老师推荐我跳入中级二班，终于有资格参加入学考试。在中级二班学习不到半个月就去参加大学入学语言考试，并且又参加口试而终于顺利通过。学习语言期间为了补齐不会听说的短板，我傍晚常去宿舍附近的英国公园想找德国人练习对话，但德国人一般都比较高傲，基本上不会搭理我们这些初学者，有一次终于碰见一个非常热情的中年人，聊了几句后才知道他是来自捷克的移民，急着找人练习德语，没想到我们两个初学者竟然碰到一起了。当听到我三个月德语学习就能通过大学考试的消息后，一位已到德国两年的中国留学生特地来找我打探考试的诀窍。我和他开玩笑说："那你就找个德国女朋友来帮助你提高德语吧！"但他满腹疑云地回答道："可我的老婆就是德国人啊！"原来他是与去中国的德国女生结婚后被带到德国的。他的这个意外之答却一下子让我转不过弯、说不出话来。当时尽快练好德语听说的捷径就是看德语电视，我们学生宿舍有一个公用电视室，晚上基本上被我们几个中国留学生所占据。而当时播放最多，看起来和听起来比较省事的则是美国西部牛仔片的德文译制版，等看得太多、摸出了规律，大家就开始了调侃，最后有一位研究美学的老师总结说，"左联：英雄美女大洋马，右联：开枪接吻打群架，横批：西部影片！"虽然当时大家的生活比较清苦，学习压力较大，但也学会了适当地找机会加以释放。

入了慕尼黑大学以后第一次去上课，自觉德国人要求很严，故西装革履地去了教室,这才发现学生们穿得都很随便,只有教授才西服领带俱全,弄得我很尴尬。教授让大家欢迎我时,同学们都是一只手敲桌子,又吓了我一跳。第一次出国很觉新鲜、不知轻重,许多生活常识也准备不足。有一次教授带我们赴远郊游,然后去他家晚餐,步行六七个小时后快到他家之前,看到一个修道院卖慕尼黑出名的黑啤酒,又热又渴的我一口气喝了三大扎(平日我最多能喝一小杯),当时感到解渴解热真过瘾,但没想到刚入教授家里的院子,啤酒的后劲就上来了,难受得我在教授家小院草地上只想打滚。这次知道了啤酒的厉害,此后五年多在德国我也基本上不沾啤酒。回国后不少人好奇地问我为什么不会喝啤酒,因为德国也是啤酒的故乡,特别是慕尼黑每年十月的"啤酒节"全世界闻名,节日期间慕名而来慕尼黑喝啤酒的人数比慕尼黑本城的人口数还要多,但他们都没有想到我曾有如此的"醉酒"经历。

　　为了按照研究所让我五年读完博士学位的要求,我订了一个计划并向德国导师汇报。导师平静地回答说,"你可以在五年内争取修完学分,然后回国去写论文,等什么时候写好论文,然后再来德国参加答辩吧。"根据德国教育部门的相关规定,已拿到硕士毕业文凭的外国留学生一般首先要到大学外事处和各系考试委员会得到承认或部分承认其学历的许可,才能获得读博士的资格。通常在有些教育制度与西德相似的国家毕业的留学生和攻读个别较特殊专业者能够直接读博士,而中国留学生由于国内没有与之相同的研讨班教学制度,一般则需要部分或全部补齐学分才能写博士论文,有些专业甚至还需要参加一种博士资格考试。当时在德国大学和其联邦及各州文化教育部有一份中国大学的名录,如果中国学生在国内所上的大学在这份名录中,认证学历就比较方便。我在国内是中国社会科学院研究生院硕士毕业,但当时我们的研究生院是新成立的,尚不在其名录之中,结果我的学历就被送到波恩的联邦教育部去认证,几经折腾才部分承认,即在修完全部硕士、博士学分的前提下可以直接写博士论文;此外,我在中国的学历是哲学硕士,因此在慕尼黑大学只能以哲学为主科,其他专业可以作为副科来修,这样,我就在哲学系以基督教思想研究和宗教哲学专业为主科了,而这也是慕尼黑大学在本专业领域最为有名的"瓜尔蒂尼教席",其讲座教授最早是专门为瓜尔蒂尼所设,第二任为著名天主教哲学家及神学家卡尔·拉纳,但他因为讲课并不十分成功而转到他校,由我的导师毕塞尔担任第三任教授,毕塞尔教授退休后因找不到合适的哲学家接任而让曾经担任过巴伐利亚州文化部、教育部部长的迈耶尔教授接任,讲座专业名称后来也相应改为基督教世界观与文化理论。

在学科安排上,德国大学一般要求文科学生选一门主科、两门副科,并且都得通过考试才能毕业。根据国内研究的专业需要,我的留学主科全称是哲学系哲学研究所的基督教世界观与宗教哲学专业,第一副科在神学系宗教学研究所读比较宗教学专业,第二副科在文化科学哲学系东亚研究所读海外汉学专业,搞中西文化比较研究。德国文科这种学科设计的优点是,学生知识面较广,为今后就业或转行提供了灵活性。例如,攻读硕士的学生首先应上初级研讨班。一般而言,至少主科要修两个初级研讨班的学分、每一副科各修一个初级研讨班的学分后,才有资格申请升级考试或上高级研讨班的课程。读完初级班的时间通常为两年,然后可进入高级研讨班学习。申请硕士考试的学生必须至少修完主科两个高级研讨班的学分、每一副科各一个高级研讨班的学分(即至少四个高级班学分)才能到考试委员会申请考试,通常应提前半年申请,可以提前交硕士论文,也可在笔试之前交上。论文题目由学生在选修高级研讨班时找导师商定。硕士考试分为笔试和口试两种,笔试主要为主科,时间一至二小时;而口试分为主科和副科,主科为一小时,每一副科各半小时。口试主要了解学生在有关专业上的知识深度和广度,其内容可能与硕士论文毫无关系。所以德国的硕士、博士口试就叫口试,而不是我们所理解的硕士论文或博士论文答辩。论文上交后由导师打分,然后考试委员会将论文评分、笔试和三科口试成绩相综合算出总分,通知考生。这样,学生一般只知道总分成绩。当然,笔试和口试的单科成绩有时也能打听到,或者在考完后由主考教授告诉学生。硕士和博士考试综合成绩的总分可分为 4 分(不及格)、3 分(及格)、2 分(良好)、1 分(优秀)和 0.5 分(特优、即满分)这五等。只有总分在 2 分以上者才可申请继续攻读博士学位。读博士学位者必须修完主科 4 个高级研讨班学分、两门副科各 2 个高级研讨班学分，共 8 个高级班学分，比硕士多一倍。学生可边写论文边修学分，也可在修完学分后再写论文，此即我的德国导师让我在五年内修完学分之意，这样就可以让我随之回国去慢慢地写论文，其时间不限。

为了满足博士生修学分的需要，教授也专门开有无固定主题的博士生研讨班，其学分与高级研讨班学分功效一样。博士论文题目由学生与导师一道商定，学生在写作前应向导师出示论文提纲，征求意见。博士生必须提前半年向考试委员会申请考试，申请时除了交上所需要的全部学分证明外，还须交上两份已经打印好、装订成册的博士论文。博士考试只有口试，其中主科为两个小时，两门副科各一小时。博士论文除交导师打分外，还由考试委员会指定另一位教授打分。最后由考试委员会综合论文评分和三科口试成绩算出总分，通知学生，发给成绩证书。通过考试者的博士资格按规定从通过最后一门口试的那一天算起，但博士学位证书则必须等考生上交完所需数量的博士论文后才能颁发。德国大学对硕士、博士论文的页数有一大概性规定，通常硕士论文应为 A4 纸 150 页左右，博士论文应为 300 页左右。硕士论文不用成批打印上交，而博士论文必须打印 120 份上交考试委员会，由大学分送到国家和各大学图书馆。如果博士论文能在某一学术出版社公开出版发行，且在出版时标明为某大学某系的博士毕业论文，则只需上交给考试委员会 5 本样书，留校保存。根据上述规定，我在三年内完成了博士主、副科所需的全部 8 个高级研讨班学分，用半年完成了博士论文，另外又用半年准备口试，结果主科口试得到 0.5 分，各科综合成绩总分为 1 分，以优异成绩顺利毕业。当我在四年内完成所有学分、博士论文和答辩后，这位德国导师很有感慨，说我是一个非常谦虚、低调的人，没想到我有这么多的知识储备和如此高的研究悟性，对我倍加赞扬，并热情地将我的博士论文纳入他主编的学术丛书中出版。在他所带的博士生中，还没有这么快就按照大学要求读完博士学位的，更不用说刚来时还不会德语的外国留学生。在他身边至少有十位来自亚洲的博士研究生，有一位韩国学生已读了十年都还没有什么时候可能毕业的迹象；而且，我的博士论文在两位审稿导师那儿也都是一次通过，所以让他们多少有些惊讶。其实，梅花香自苦寒来，我并没有什么天赋，而只是付出了比德国学生更大的艰辛，因为每篇学分论文连写带修改，至少都会三易其稿。几年后望着堆了几麻袋的论文草稿，我真正体会到报告文学《哥德巴赫猜想》所描述的数学家陈景润的执着和辛劳。虽然有这么多的论文草稿，但我在德读博期间却没有公开发表一篇论文，而且学校也没有如此要求，自己把所有精力都集中在专业基础知识的训练和博士论文的撰写上了，而慕尼黑大学本学科的博士答辩也几乎不涉及学生的博士论文本身，所考范围就是学生平常读研期间的专业学术积累和知识把握，以及由此形成的独到学术见解及理论观点。这种教育方式明显有其扎实和优势之处。现在国内读博只有三年时间，却还要学生在读期间发表够级别刊物的论文，这会直接分散学生撰写博士论文的精力，占去其潜心研究的时间，属于学术方面的"急功近利"和"大跃进"式的冒进，从专业学术发展来看确实感到有些滑稽、荒唐，也不知道怎样就形成了这样奇怪的规定，而且还要求无条件地执行。在学术道路上如果基础不牢则走不太远。其实，大多数留学生选择了"慢读"的方式，也是有一定道理的。只是我认识的一些来自中国台湾、韩国等亚洲国家及地区的留学生一读就是十年、二十年，最后读着读着就留在德国了，其中有些人后来根本就没有完成学业，这在我看来就难以理解。不过，他们对我的"快读"方式也很是诧异和不解。当然，反思自己当年的选择可能确有不妥之处，只是自己从国内需要及单位要求而不得已为之。如果能够"慢读"，我则可以至少再花三年时间把专业要求的相关古典语言如古希伯来语、古希腊语和拉丁文比较系统地学学，至少能有基本的掌握；对于一个起初连德语都不会的外国留学生而言，十年读完这一文科博士学位也是非常合理的。所以说，对我自己无奈选择的"快读"，也只能是留在自己内心的永久遗憾了。

德国被称为"哲学的故乡"，我很喜欢德国学术界的思辨氛围，自己感到在德国留学哲学专业也就像是在"哲学家之路"的徜徉，很有意境、触动颇多。在寻觅古代先贤的踪迹时，我也借游历德国最早大学诞生之地海德堡之际，曾专门攀走过其郊外山林之中著名的"哲学家之路"，并写过具有随笔性的相关感触："漫步在哲学家之路，思想随着山风而飘荡、聚散。古今中外的哲学家和思想家对于'路'都有着独特的感情。屈原在其《离骚》中留下了'路漫漫其修远兮，吾将上下而求索'的千古绝句。鲁迅先生在其《故乡》一文中也曾有过'其实地上本没有路，走的人多了，也便成了路'的至理名言。马克思关于只有在崎岖的小路上勇于攀登的人才有希望到达光辉顶点之精辟分析，曾激励了几代人的艰苦奋斗、锲而不舍。而现代哲人海德格尔那脍炙人口的《林中路》亦诗化了哲学，给人带来幽邃之美。"① 的确，漫步在其上就会充满与这些哲学大家"同路"的感觉。当然，要想与这些思想先驱"同步"，则仍需付出巨大的努力。参观欧洲各地的名胜古迹，发发思古之幽情，也是当时留德时期的一大乐趣。利用假期，我还跑了不少地方，正是以这种"行万里路"的精神，到发生过历史大事之地去身临其境，方才会有"人事有代谢，往来成古今。江山留胜迹，我辈复登临"之共鸣。

为了争取我的博士论文在德国出版，我又花了一年时间修改、润色、编辑、校对论文。其间因为自己的学习时间已比过去宽松，所以受我国驻德使馆教育处委托一度担任了中国留学生慕尼黑党支部书记工作，并与当地中国留学生会一起组织了慕尼黑的"中国文化周"活动，包括一场音乐会、一场文艺联欢以及一场乒乓球表演赛等，当时我们尽力联系了在德国留学或定居的著名艺术家、运动员参加"中国文化周"活动，慕尼黑最大的报纸《南德日报》还专门有过报道。在这段时间，我也开始撰写中文学术著作，为回国工作做好准备。

做留学生党支部工作，则得力于我在国内社会工作中所获得的经验。早在我农村工作时期就曾申请加入中国共产党，而且我还动员、"介绍"了当地村里的政治队长入党，除了不能举手表决之外，其余工

---

① 见拙著《神圣与世俗之间》，黑龙江人民出版社2004年版，第193页。

作基本上都由我来承办，但当时根本没有人关心我本人争取入党的这一努力。记得我们的工作队长是一位年轻的团委书记，有一次我随生产队的手扶拖拉机去县城卖砖，碰巧遇到队长坐面包车去县城开会，他只是和我开玩笑说："你的官比我还大呀！因为你坐的车比我小啊！"与货车相比，那时"官"越大，坐的车也就越小（小轿车）。他除了关心各大队的粮食等农作物产量之外，其余都不关心。工作队当时流行一句话：只要有了粮棉油，一切经验在里头！农村的这段经历曾一度使我心灰意冷，不再关心政治；但考研来到北京的第一天，我就感到了心灵的震撼，来北京站接我们新生的是研究生院的党委副书记，听说他是副军级的领导，却坐在一个小马扎上迎接我们新生，一下子就感到这个党真伟大。所以，我在上研究生时经同学介绍也加入了中国共产党。记得当年支部吸收我入党时有党员同志说过这样的话，现在考验你如何还看不出来，你肯定会出国留学，所以考验你的关键就是在于将来你学成后是否回国。虽然当年动员、介绍我入党的一些同学相继到国外定居，但我自己可以说一直是"不忘初心，牢记使命"，出国留学就抱定了尽快学成归国的决心，没有被任何挽留、邀请所动摇。而且，在慕尼黑时我们党组织活动是不公开的，直接受我国驻德大使馆党组织领导。使馆同志看我进入出版论文阶段，时间相对轻松一些，所以就动员我出面负责慕尼黑留学生党支部的工作。

在那段时间德国的情况还是比较复杂的，记得有一次德国方面不顾中国反对而要邀请达赖喇嘛访问德国，准备从蒂宾根入境，为此我国驻德使馆向我们通报了这一情况，并希望动员各方力量来减少其负面影响。为此，我也专门联系了蒂宾根大学及当地教会的朋友，给他们讲明其利害关系，并希望他们出面做一做有利于我方的工作。在各方的共同努力下，那次德方终于把达赖喇嘛入境蒂宾根的时间安排在半夜，而且也只是在半夜时对之作了简单报道。在涉藏问题上，德国人有着非常复杂的心境，有一次在波恩附近德国天主教举行的学术研讨会上，我发完言后有一个"藏独"分子提出了颇为挑衅性的问题，我义正词严、口气很重地给予坚决反驳；到会议休息期间有好几个德国神父过来询问我，说我平时温文尔雅、态度温和，怎么在会上回答那一问题时言辞尖锐、显得有些"凶"啊？我回答说，在祖国统一问题上没有什么好商量的，我们坚决反对任何形式的分裂行为。后来我回国后有一次应邀访问德国，碰到达赖喇嘛又在德国活动，我在当时学术会议上就直接批评一些德国人在这一问题上持有偏见，并且打了个比方说，我来免费给大家作报告，结果只来了50多个德国人，而靠卖门票给达赖喇嘛筹措资金、让其作报告，德国人却去了近5万人，这也是你们德国人根本不公平、持有偏见的选择。虽然这一比较不一定恰当，却也说得在场的德国人哑口无言。

应该说，出国深造是我人生经历中的一个重大变化，而留学之后决定回国则是自己当时一个重大的选择。在国外一旦学有所成，而且适应了国外生活环境之后，是选择回国还是留在外面，对留学生而言都是一个需要认真考虑和面对的问题。当时不少中国留学生已经有车有房，用开玩笑的话说，已经享受到国内副部级的待遇，过上了国内21世纪的生活。有些人甚至一出国就作了不再回国的打算，甚至包括不少公费留学生。我自己虽然是拿的国外奖学金，却都自觉按照国内留学人员的标准将超出部分上交给使馆，而归国时也是自购机票，没有要求国家的任何补贴。后来的留学回国人员可以享受到各种补贴或待遇，我当时回国根本就没有考虑到这些因素。有些人曾经说我是因为拿了国内的留学经费而讲良心才回国，其实我除了出国机票之外当时没有拿国家一分钱，而且主动给中国使馆上交了两年多德国提供的奖学金超过中国留学生标准的经费，所以决定回国与其说是自己的"良心"，不如说是自己的"党性"起了关键作用。

与自然科学研究尤其是科技研究不同，我所从事的宗教研究在改革开放初期的中国乃鲜为人知的学科，而且就是在文科中也是国内最为敏感的学科之一。与我同在一个基金会的中国留学人员也只有我一人学习这一专业，他们或是留在德国，或是选择去了美国或澳大利亚，几乎都留在了国外，除我之外基本上都没有回国，甚至我回国后导师又推荐的一位中国学生后来也没有按期回国。但我这一"硕果仅存"也使德国该基金会感到欣慰和解脱，他们的律师几次拜访我都不相信我真会回到中国，因为他负责追回那些留在德国且工作、生活都很不错的中国留学生的奖学金，这是他们的制度及当时的合同所规定的。当他得知我真的回到中国之后，还专门写出并发表了对我的采访报告。

自己在国内就读硕士学位时就因宗教学专业而曾遇到别人的种种不解或误解，碰到不少令人啼笑皆非的尴尬局面。而在西方国家，宗教研究却是一门领域很广、参与人员很多且很受人尊重的学科，有着许多相关研究和工作的机会。当我四年之中拿下博士学位后，德国导师就让我留下来继续做德国特有的教授资格论文研究，因为他身边就有几个从韩国来的非本专业的毕业生在随他读博士后，这种教授资格论文最长可以做八年，一般也要求至少做三年。我的博士导师毕塞尔教授当时是慕尼黑大学最有影响的教授之一，他的教课也成为该校的一个品牌。他的前任、著名天主教神学家卡尔·拉纳讲课因为过于艰涩、枯燥而听者甚寡，故感到实在难以为继而仅待了三年就离开了慕尼黑大学。而我的导师上课之前半个多小时就有人去占座，经常200多人的教室挤得水泄不通，学校不得不临时改换可以容纳五六百人的最大教室来供他讲课。而且听他课的以老年人为多，所以慕尼黑大学在我导师退休后不得不又办了一个老年大学，请我的导师担任老年大学的校长，据统计在这所老年大学注册的就有六七千人。为了保障我导师的科研和教学工作，学校为他专门配备了两个助手加一个秘书，并有专项经费。我的德国导师一生共出版了50多部学术著作，十多部讲道集，其中有不少著作就是由他口述而由其秘书记录下来，再由他整理、修改和完善记录稿而写成的，故此才有这样的快速度、高效率。德国高校甚至可以为担任系主任或相关领域的著名教授专门配备两个秘书，以帮助他们的学术研究及科研工作。我国研究中世纪经院哲学泰斗托马斯·阿奎那的著名学者段德智先生，在其翻译的托马斯名著《反异教大全》之"汉译者总序"中也曾指出："托马斯著作等身，如果将其著作汉译出来，恐怕有两千万字之多。但其写作生涯却并不太长，只不过20年之久。他之所以能够在如此短暂的写作生涯期间取得如此众多的学术成果，在很大程度上得益于他的学术秘书的帮助。据说，托马斯一生'亲笔书写的著作'很少，其著作大部分是由他'口授'，由其秘书'记录'而成的。"[1] 我院哲学所研究托马斯的专家傅乐安亦证实，托马斯的著作"亲笔书写的较少，三分之二是口授，由秘书记录"。[2] 记得我刚回国时参加院里会议讨论如何使我院专家能够减轻负担、多出成果，我就曾头脑简单地提出过为资深学者配备学术秘书的建议，并指出这是德国学术界的经验和惯例，但会上没有人吭声，会后有人悄声告诉我是"犯傻"，因为配备秘书在中国是一种"待遇"，只有副部级以上领导才有此"资格"，我一下子无言以对。后来当我每月工资大概能挣两千时，有一位在社会闯荡上很有经验的同事告诉我，可以考虑在社会上聘请秘书以减轻我的学术及工作负担，于是我好奇地问了一句大概的费用，那位同事回答说，如果按照我目前既要能干又要懂外语的标准，估计月薪需要五千。我一听乐了，开玩笑说让他介绍我出去给别人当秘书吧！其实，自己后来从事研究所行政工作二十多年，实际上意味着自己不仅没有能够"享受"到有学术秘书帮助的待遇，反而是为研究所干了二十多年的行政秘书工作。

我的博士导师不会开车，但经常骑着他的摩托自行车到各处讲课，据说破纪录的是他一周最多的讲课次数达二十多次。而且他还是当地著名的天主教神父，慕尼黑大学的天主教堂专门为他设立了每周日的讲道，有时还有现场转播。他把他的大部分学术专著都赠送给了我，但其讲道集一本也没给我，他说我需要专注于学术研究，而没有必要听他或看他的讲道，由此把学界学术和个人信仰分得比较明确。所以，我想留在他的身边继续几年研究是根本不成问题的。但这一切都丝毫没有让我按期回国的决定有过任何犹豫或动摇。我回国后导师还多次派他的好朋友伯克博士来北京看望我，询问我的情况。伯克博士在蒋南翔担任教育

---

[1] 托马斯·阿奎那：《反异教大全》第1卷，段德智译，商务印书馆2017年版，第 iii 页。

[2] 傅乐安：《托马斯·阿奎那传》，河北人民出版社1997年版，第35页。

部部长时就与我国教育部有密切联系，是改革开放初期我国职业高等教育的积极引进者和推动者，《光明日报》就此曾有大半版关于伯克博士的专门报道。我的导师曾担任欧洲科学艺术研究院世界宗教学部主任，其中成员还包括曾当过前任教宗本笃十六世的拉辛格等人；在我导师去世前，德国就已经为其设立了以他命名的基金会。此外，当时美国也有大学提供了让我去读博士后的机会，甚至有美国学者还和我调侃，说我可以把我的硕士论文写成英文，在美国再读一个博士学位。而国内单位则表达了让我尽快回国的愿望，我也毫不动摇地坚决选择了及时回国工作。我后来访问美国时专程去过芝加哥大学，告诉他们我失去了在芝加哥大学读博的机会，但仍会认真研究伊利亚德的宗教学术思想理论和芝加哥学派。此外，我也去过几次哈佛大学，与其世界宗教研究中心主任沙里文教授等学者建立过学术联系，我们研究所也一度与之有过合作，向该中心派出过访问学者。

当时我国驻德使馆教育处在慕尼黑组织留学人员会议，动员已经学成的人员回国，尤其是希望学习自然科学的人才能够尽早回国服务。但当时会上无人表态，场面比较尴尬；在这种情况下，我主动表述了马上归国服务的意向，选择了回国工作这条道路。当时使馆的同志非常高兴，回到当时西德首都波恩不久就联系了《人民日报》（海外版）的记者来专门采访我，并很快发表了"半路出家，学贯中西"的采访报告。后来才听说国内同仁对这一标题颇为反感，因为没有人敢说自己"学贯中西"的。其实这也不过是记者为了促成我尽快回国的激将法而已，自己还是有自知之明的，从来没有这样想过，也根本不会这样来自我认为，他人对之其实也不必过于认真或太在意媒体之说。1988年，在我的博士论文正式出版后，我按照要求回到了祖国，从而成为中国大陆改革开放以来第一位在国外读完宗教研究方面博士学位的学者，也是这一领域第一位学成回国的学者。在慕尼黑大学，中国改革开放以来从中国内地来留学文科的学生，我是第二位拿到文科博士学位的；第一位是德语专业以德语作为外国语教学方向的博士，但其后来选择去了美国并在美国定居。由于上述学术、文化、思想和传统的强大差别，虽有许多中国人后来在国外也读完了宗教研究方面的博士学位，但大多数人选择留在了国外，迄今真正回国的仍似凤毛麟角。

应该说，五年多的德国留学生涯，使我受到学术上的系统训练，为我的专业研究打下了坚实的学术基础，我自己也感受到一种质的突破。这一时期虽然我几乎没有公开发表任何学术论文，却有着系统、深入的专业阅读，以及对本领域各种国际研讨会的积极参与。在德国期间，我几乎参听了大学里与自己专业相关的所有学术讲座，其中关于马克思思想学说的系列讲座以及著名解释学专家伽达默尔和里克尔两人的对谈，给我留下了非常深刻的印象。记得当时慕尼黑大学学生抗议学校规定读硕士学位的年限，把大学主楼围了起来；但听讲座的人仍然挤满了大礼堂，有人想搀着高龄的伽达默尔走上讲台，被伽达默尔一把推开，坚决要自己走到台上。在外地组织的各种大小专业会议，只要是有条件、有可能，我都会参加。在读书方面，也是尽量广泛阅读，而回国之后也就再也没有机会像在德国那样有密集的时间读书了。俗言道：看万卷书，行万里路。我利用在德国的机会也去欧洲各国参观访问，在集体组团参观时我甚至还当过翻译，虽然自己德语口语并非那么地道，但因为有丰富的文史知识而理解、翻译比较到位，所以翻译效果也较好，很受大家的欢迎。

德国是马克思主义的故乡，因此我也利用留德学习的机会专门去马克思的故乡特里尔参观马克思故居，那儿也有德国社会民主党专门设立的一个研究中心，北京大学有一位金老师曾留学特里尔专门研究马克思，我们还曾在他的家里小住。此外，我也专程去过恩格斯的故乡乌帕塔，那儿已经没有专门介绍恩格斯的纪念馆了，但有一个介绍当地社会发展，尤其是其纺织工业发展变迁的纪念馆，馆中陈列有不少关于恩格斯生平、著述、活动的图片及文字解说，故而也至少能够捕捉到恩格斯早年生活的蛛丝马迹。恩格斯曾在他父亲的工厂实习，因而了解到工人阶级的困苦，或许是不方便在其父亲工厂调研的原因，恩格斯选择去英国社会基层调研，并写出了他那本著名的、我在上大学时就曾读到的《英国工人阶级状况》一书。因为自己研究宗教，故此我也利用在德国的便利条件查阅了马克思、恩格斯、列宁论宗教的德文、英文著作，包括不少尚未翻译成中文的内容，同时也参阅了其他学者关于马克思主义宗教观的研究评议，以前慕尼黑曾有一个专门研究苏联的研究中心，出版了不少著作，其中也包括从俄文翻译成德文的著作，通过这些著述我也了解到德国等西方国家对苏联及东欧社会主义国家宗教情况的研究。回国后，我在宗教学探讨中因而也非常重视研究马克思主义，我对一些误解或无知之说也只能是一笑了之。有人可能自认为自己哲学水平很高，故曾在我拿到博士学位后直接问我哲学水平如何，有什么学术成果来证明，让我无以回答，只好说我拿到的就是德国著名大学的哲学博士学位，但不知道自己哲学水平究竟如何。其实国内也刚刚有哲学硕士和博士学位呢！想想原因，我有时会调侃地自我解嘲说，大概是我留学的大学名称的中文翻译没有译好吧？"慕尼黑"在德文原文中读 München，直接音译应该是"明星"，那我应该就是"明星大学"的哲学博士，多么响亮，多么自豪啊！可是现在的音译是根据其英文 Munich 而译成"慕尼黑"，结果就成为"抹你黑"了，"明星大学"读成了"抹你黑大学"，不把你"抹黑"才怪呢！历史上有许多地名的外译表述留下了遗憾，远不如最初的高雅。如"康桥"比"剑桥"更富有诗意；而比起"佛罗伦萨"，"翡冷翠"则更具神韵。西方曾有学者抱怨中文翻译"佛教""伊斯兰教"用了"单人"旁，但汉译"犹太教"却用了"反犬"旁，觉得不太公平。当然，这只是一句调侃的戏言而已，而个中的酸甜苦辣也只有自己知道。但不管怎样说，五年多的留德系统专业训练，使我从此有了自己的学术思考、研究规划及基本立论，按照国内导师的说法即具备了"哲学头脑"。此时自己的知识之积淀、视域之开拓以及思想之敏锐，已远远超越了过去的境界。

第三章

学术研究的实施

一 学术拼搏

1988年底，我带着在德国购买的上千公斤专业图书资料回到了北京。特别奇特的是我从海运寄来的专业书籍几乎完整无缺地运回了国内，只是丢失了两包其他属于生活、休闲书籍范围的邮件。从学外语到读专业，此时我已经学了十几年，感到不能"只进不出"了，因为国内单位领导也强调有外语水平、有博士学位那都是虚的，根本不管用，真的则是看你的出版，看你发表的东西；也有国内同学说我考试还行，写东西则不行或不见得行；故而的确有着"要么出版、要么出局"（Publish or perish，我的国内导师将之译为"要么出版，要么完蛋"）的压力，于是觉得也应该写点东西了。留学期间我虽然出版了用德文所写的博士论文，但没有发表一篇中文论文。在国内申请评职称时，就有评委宣布说他们"看不懂德文著作，不知水平究竟如何"等议论而将我否定。而我认为，用中文写东西还是回到国内好，一来在国内我可以继续从事本专业研究，不必像留在国外的人那样因为职位不稳定而必须为了生计四处奔波，二来用母语写作自然还是更为得心应手一些。此时的心境，可以用歌德所写过的诗句来表达："我已经成熟，不再沉迷于梦幻；但我又还年轻，难以生活中无梦。"我当时也有过梦想，但不希望是"阿尔普之梦"（德文Alptraum，意即"噩梦"）。因此，我决定醉心于自己的专业研究、致力于著书立说；本来我就酷爱读书嘛，而且也不想过多去关注外面的事务。

我当时回国之际曾受到一些关注，教育部有同志曾建议我去大学工作，但基于自己对中国社会科学院的感激和"忠诚"而没有动这种"跳槽"的念头。鉴于科研人员待遇不高、收入较少之状，其实业内也流行有一句话："人才人才，在流动中发财！"即所谓俗言"水往低处流，人向高处走"，人在流动中可以挑选最好的条件、最佳的位置，把自己的可用"价值"得以最大的发挥！最近这些年流动的价码更高了，从年薪60万元、80万元，到100万元甚至200万元不等，此外还有给你住房的诱惑等优惠条件。但对这种"流俗"，自己乃不屑一顾，仍然选择了坐冷板凳的科研工作。

那时，欧美同学会、《神州学人》杂志也对我比较关注，经常邀请我参加他们组织的各种会议，为其杂志写稿，并把我作为其杂志的封面人物来介绍。那张封面照片是同期留学慕尼黑的一个中国学者所拍摄的雪景照，他颇有审美情趣，且喜欢摄影，故而拍得相当不错。与此照片相比较，我后来就不再愿意多给自己拍照了，但后来也确实很难找到给自己拍得比较好的照片了，以后一旦有关方面要我提交比较好的自照，对我来说都是一件头痛的事情。刚回国时欧美同学会还希望我在社科院系统发展欧美同学会青年委员会的成员，发给我一大沓表格；但由于实在太忙，不仅没有替欧美同学会发展一个成员，连我本人最终也没有入其青年委员会机构。因此我对当时非常关心我的《神州学人》杂志及欧美同学会一直持有内疚之心、感激之情。他们后来又再采访我时，考虑到学科的敏感性，我采取了感谢之态，但婉言谢绝，并向他们推荐了其他更合适的"海归"学者。

当时我给自己设定的研究计划大致分为三类：一是重点研究基督教的思想文化，以思想史、神学史研究为主攻目标，兼及基督教研究的其他方面；二是作为基础的宗教学研究，既探讨宗教学学科发展史、其分支学科和研究方法，又特别关注宗教学理论和方法在中国现实中的运用及改进；三是摸索、探究宗教与文化的关系，宗教与人类社会的关联，以及宗教在不同时代、不同区域、不同民族中的生存与发展，捕捉宗教的奥秘和真谛。当然，回国后自己研究的侧重已与在德国时明显不同，德国学术界讨论得比较专、比较细和比较深的一些学术问题，在国内学术界几乎没有涉及，大家在这些方面的兴趣似乎也不很大。这样，自己学术研究的实施也就基本定位于国内的学术话语处境之中。

要想实施这些研究计划，中国社会科学院世界宗教研究所当然是最理想之处。回国之初虽然不很顺利，仍然咬咬牙坚持了下来。但当时还是比较麻木，没有意识到宗教研究在国内的敏感程度颇大。由于我回国前《人民日报》（海外版）已有报道，并指明我是研究基督教的，结果回国不久就有相关公安部门的同志来调查，并按照当时多数中国人的思维逻辑直截了当地问我："你既然研究基督教，那么你肯定就是基督徒吧？"我一时没有反应过来，无言以答，面对这种尴尬的场面，我所在座的党委书记马上起来打圆场，对询问的同志介绍我的身份说："我来介绍一下，我所这位回国研究人员曾是中共慕尼黑地下市委书记！"这样询问的同志才随之也顺着回应说：那就是自己人了！当时全国政协民族宗教委员会也曾请我去座谈，一些宗教领袖对我研究宗教学到博士学位后回国感到非常高兴，有的人甚至说还收藏了那份报道我学成回国的报纸。当时北京的社会氛围并不太好，我为了上户口，在北京由北到东再往南、以当时的社科院留院人员集体住地北京地质大学、其户口所在望京派出所以及建国门内社科院院部为必去的三地，前后跑了十来趟才得以解决。在最后一次之前的那次办理中，终于有一位女警察同志出于同情说，你下一次来一定就给你办了；所以当我最后一次去办理时本来由另外一位男警察同志办理，当他还说让我下次来办时，恰巧那位女警察同志就在旁边，我看着她在就没有吭声，也没有离开，这时她终于开口说：给他办了吧。事情耽误使我回国半年没有领到"粮票"，这是当时购粮食的凭证。回国初没有住房，只得到处借住搬迁，最后搬入社科院院部后面老外文所楼房的临时集体宿舍，晚上看见老鼠在我装书的麻袋之间来回跳跃，觅食，我不由得想起马克思那句"送给老鼠的牙齿批判"（大概如此表述）的名言了。国内导师为此曾半开玩笑地鼓励说,"我送给你《圣经》中的一句话:忍耐到底,必定得救!"当回国半年后我终于在八宝山南边分得一套两居室住房时,喜欢开玩笑的同事忍不住乐了,如此对我说道:"这下太好了,你不仅得了救,而且还一步到位了!"当两年后我搬离八宝山对面的鲁谷小区,别人问及为什么时,则轮到我开玩笑回答说:"因为我进八宝山的级别还不够啊!"生活上和精神上的这些困难,使我意识到探索宗教信仰、弄清其意义及作用,在我们国家的确不易,但对当前而言这种研究其实还是特别需要的。

因为"光荣归国",不少部门还是对我特别青睐,经常请我参加各种回国留学人员的座谈会。当时社会比较注重经济发展,收入的多少成为个人是否成功的重要标志。回国留学生也很难脱俗。记得《群言》杂志组织了十个留学人员的座谈会,其中大多为学习理工科的,他们有的观点就是强调如果所学知识不能"挣钱",那就算白学了。我听后只能哑言。我们这一行出书经常不挣钱,还要倒贴钱。有一次我们谈论写了一本书还要自己再贴上3万元才能出版,旁边的小孩一听乐了,说你们脑子进水了吧,精神不正常,建议去安定医院(精神科)查查毛病。还有一次人事部组织留学生工作会议,请了我们十个归国留学生参加,其中学文科的仅有两人,他们学自然科学尤其是医学的都说自己如何受欢迎,经常被人高薪聘请,如果去做手术或研究课题也有很高的报酬。我和夫人掩面一笑,在小组会上说我们回国工作后基本上是要倒贴,好在在德国也攒了一点马克能补贴家用,所以我们的私房话就是"吃资本主义,干社会主义,想共产主义!"没想到小组听会的一位副部长把这句话拿到总结大会上去表扬,当时真是臊得我们无地自容。

虽然是"海归",但我仍保持着"土家"的朴素本色。刚回国时穿着一身破棉袄来院里开会,远远被外事局一位领导瞅见,问我所科研处的同志,"那是谁啊?"听回答说是刚从德国回来的卓新平,他不禁脱口而出,"怎么还那么土啊?"他当时还不知道我是"土家族",其实我也不知道,我这个"土家族"是我父亲在我回国后毫无商量、坚决要我改的,为此给我准备好了一切修改民族成分的必需材料。我这不修边幅很符合"土"字，记得北京在申奥成功后鼓励市民好好学习外语，以便为北京奥运服务；在此期间我住北京望京，那时理发店很少，理一次发要等好几个小时，我心疼时间而简单行事，当时街边经常会有退休的老理发师骑着自行车、带个小板凳来为路人理发；他赚点小钱、我图个方便，故也经常在路边理发；有一次我正在路边理发，老理发师突然发现有一个老外出于好奇正向我们拍照，老理发师觉悟很高，让我马上喊话制止老外以维护"国格"，因为在路边理发的基本属于社会底层，是很土的行为而不登大雅之堂；于是我用英文和那老外沟通，老外说了几句英文后我就觉得那是德国人讲的英文，随之马上改用德文和他交谈，他感到有点意外也就以德文作答；这时我听出他的方言口音，接着就问他是不是来自巴伐利亚州，臊得他不好意思，脸上一阵红白，因为一个在北京街头理发的中国人竟然能够讲标准德语，而他说的却是"方言"，临离开时他不由自主地夸了一句"北京人外语水平真高"！还有一次是夏天，中央电视台约我和一位领导去录制节目，我和领导约好在电视台门口集合，当我从地铁军博出站口出来时发现有小商贩出售10元一个的小包，于是买了一个小包并顺手把搭在肩上的西服塞了进去。在电视台门口，从车上下来、拿着挂在衣架上西服的那位领导一看见我就急了，说这么严肃的事情你为什么不穿正装？我听后赶忙从小包里拿出西服抖了一抖说在这儿呢，此时我发现领导用异样的眼神看了我一眼没再吭声。节目播出后，有一天那位领导见到我后非常好奇地问我说："我在电视节目中看了，你从小包里拽出来穿上的西服为什么竟然没有褶子？"我会心地回答说："您那西服是纯毛料的，不小心皱了就有褶子；我那西服是化纤的，抖一抖就整齐了！"听完此说，领导哈哈大笑，从此把我此事作为了非常善意的笑料。

　　无论情况如何复杂，从事宗教研究、探索人的内心信仰世界，需要研究者本身保持一种"平常心"，坚持一个目标，而不要患得患失。回国后，我就是以这种"平常心"来参与国内学术的发展建设，以"学术投入"及其"学术成果"来反映自己的学术个性和特点，力争国内学术界的认可和认同，以便共同为使宗教学在国内从一门"敏感学科"

发展为一门大家能够理解其意义和必要的"重要学科"而努力。由于是从一种学问、文化的进路切入宗教，我对宗教总是持一种"理想主义""唯美主义"的理解，有着比现实宗教现象更高的期望，因此对宗教现状并不满意，且多有批评。我的这种"不切实际"也常常受到业内朋友的反批评，被指责为一种"苛求"或"奢望"，太脱离现实。但我总想，人若有理想就会有希望，有期盼就会有追求。当然，我们也必须冷静地分析宗教在现实社会中的复杂表现，及其与各种因素的多元交织，从哲学意义上的"浪漫"之思转向社会学调查上的"实证"之探。作为学者，我们对于学问的探究应基于其客观性，且不能越过这种客观性，同时也必须承认，学者对学理、世界、人生的看法则不可避免地会有其主体性或主观性，会顽强地表现出其学术个性。

　　探索信仰，与其他研究的最根本不同，就是在其研究中如何摆正客体与主体、客观与主观、观察与参与的位置。对此，无论是在德国留学期间，还是回国之后，我都强调要有一种客观、中立、科学的宗教学之研究定位。当然，与纯外在性、表层批判的那种研究态度不同，我认为应对信仰者持一种尊重的态度，对之有同情性理解，应入乎其内、出乎其外，既要有深入钻研，也要有超越审视。因此，我比较注重在中国学术界促成宗教学的健康发展，突出其学科的系统性、完整性和专业性，提倡运用宗教学的必要研究方法，在学科规范化的前提下积极创新，摸出中国宗教学的独特发展道路。我主张在宗教学研究上搞好两个结合，一是尊重宗教学作为学科的学术传统，搞好宗教学与研究西方思想文化的结合；二是显示中国问题意识，搞好宗教学与注重中国思想文化的结合。在基督教研究方面，我特别关注并强调中国当代社会及学术氛围的独特，因此强调其研究定位和态度与海外同样的学科研究的不同本质；中国学术界的基督教研究主要是"学术"、"学问"、"学院"和"学者"型的研究，应更多坚持宗教学的立场和方法，从而与基于信仰及其宗教传承的海外研究显出区别。在这种学科研究中，我们是"学者"而不是"信仰者"，虽能理解"信者"的激情，却必须保持"学者"的冷静。不过，这种在学理上对"神学"的不同理解和定位不是封闭性的，而是对话性的，有着研究的开放性和开明性，其时空视域也要远远大于基督教自身的"神学"理解及宣称。

自己在这方面曾有过具有超脱及超越意义的"学术神学"之探讨，即认为在基督教仅作为少数人的信仰的中国，"神学"及其研究不可能仅仅为"教会的思考"，而应有更广泛的蕴涵。关注中国学术现实，则会发现"教会之外有神学"，此即一种"学术神学"。早在柏拉图第一个使用"神学"一词时，这一表述就具有"学术"蕴涵，因为"神学"最初乃指"关于神的言说""逻辑推理"和"探究"，而不是"信仰神的论证"。柏拉图开创"学院"的目的之一，就是让"学者"来研究"神"（终极实在）这一门"学问"。自从基督教创立以来，"神学"成为其"信仰的体系"，并被限定在其"教会"传统之内。但尽管如此，"神学"的跨越性和突破性仍在一定程度上得以保留，如与基督教神学体系密切关联的经院哲学就既是在"学院"中所宣讲的学说，又属于始自古希腊哲学、超出基督教传统的"永恒哲学"。回溯并反思这一历史，也自然会感到在中国社会文化氛围中，一种与"教会神学"相区别的学术神学既有可能，也有必要。当代中国的宗教研究乃基于其宗教学的发展，它随之也使中国学术界的"神学"研究成为可能。可以说这是"神学"在中国学术界的一种"返璞归真"，回到其本初面目。但这种基于宗教学理论体系和研究方法、运用宗教学研究资源，并在中国非教会传统处境中所展开的神学研究只可能是"学术神学"，而且也势必会与宗教学紧密结合，并受到宗教学研究方法、学术立场的深入影响。这种旨在"研究神的学问"的"学术神学"虽与作为"信仰神的学问"的"教会神学"迥异，却是对后者的重要补充和丰富，二者也可以有着建设性、创造性的对话。但由于自己在这一研究领域时间太少、成就不多，对之故而不足挂齿，现仍在继续摸索之中。也正是这种对"神学"的"新解"或"回归原端"之思，却遇到来自两个不同方面的批评。来自基督教界的批评大概是认为"神学"乃"教会"的"专利"，因为丁光训主教等人曾说"神学是教会在思考"，因而与教外人士无关，学界不该插手。来自一些强调"无神论"的观点则批评说，对"神学"只能"批判"而无其他,如果肯定神学则会丧失学术立场,是向宗教信仰的让步,所以有人坚持认为用了"神学"这一术语本身就是一种错误的倾向。但这两种批评其实都是不让学界学者去染指神学,而如果若无这种研究则可能会造成的缺失以及马克思所强调的对批判神学的社会政治转向等关键问题,则没有人去真正关注或研究,甚至在触及"神学"时根本就不去考虑马克思主义宗教观所强调的相关关联。这样,我也感到这种批评本身也是很成问题的,故此采取了据理力争的正常学术争鸣的态度。

在信仰研究领域,尤其要体现"君子和而不同"的精神,鼓励"百花齐放、百家争鸣"的学术商讨。所谓"和"与"同"之分寸把握,在此包含两个层面的内容:首先,各种文化和社会背景中的人们拥有不同的信仰及文化视角、观点是一种客观事实。真理的客观内容虽然是绝对的,但人们对真理的认识和把握是相对的、多层面、多角度的。其次,追求真理的人应该尊重不同的认识和经验,应该怀抱一种求同存异以求对话的宽容态度,不要武断地认为唯独自己才掌握所有真理,而要看到真理探索之途的开明性、开放性和开拓性,这样才能弥补个人认知的有限。事实上,各种宗教现象本身在某种程度上说就是文化对话及融合的产物,以基督教为例,它以古希伯来文化和古希腊文化为基本,在古罗马帝国时代经历了古代地中海世界多种文化的相聚与碰撞,并在这种跨文化的进程中积极参与了西方文化的构建,形成了自己较为固定的文化特色。而且基督教的这种跨文化运动并未因其进入中古欧洲大一统的基督教世界而终止。相反,其跨文化的对话仍在继续,多文化的重构也不断进行。这种宗教与文化间的对话及融合理论同样也可用于对于宗教的学术研究上面,最近几年,中国当代的基督教研究正一扫数百年来中国学术界的冷淡之风和沉寂之态,开创一个客观、真实、科学研究的全新时代。这种科学态度使我们的研究不再限于历史上由于文化冲突、政治较量而出现的偏颇,也不再是一种排他性、非此即彼的视角,而表现出"海纳百川,有容乃大"的胸襟,让不同信仰背景、政治立场和文化取向的人们以一种彼此沟通、相互了解的态度来真诚对话,切磋、商榷。因此，我们不应规定某一种模式，也不能强求某一种取向，学术的繁荣就在于"双百"方针的贯彻落实，就在于以"文"会友、以"学"互通，由此而达一种共在的和谐。总之，对我而言，中西宗教和思想文化比较研究是一种理解的艺术、沟通的智慧，这种沟通不仅有益于中华民族，而且有益于全世界人民。

信仰探索中的一大问题就是宗教理解的问题，以此为题，我曾专门写书对之加以探究。宗教是什么？如果不弄清对宗教"怎么看"的问题，则无法解决对宗教"怎么办"的问题。因为研究者之间存在主体差异，造成他们对其研究客体理解上的不同，因此出现了哲理性、社会性以及信仰性等多种多样的"宗教"定义。这种"宗教"理解从抽象意义上可以概括如下：宗教是人类以超然信仰来克服或升华其有限自我的价值体系、社会形态和实践行为。当然，这种表述亦不一定完整和准确，只是我个人的见解。雅思贝尔斯在谈到人类历史上的"轴心时代"时曾称此间出现的巨大思想变化和社会改革为人类社会的"精神化"，而这种"精神化"的特点则在于"人"通过反思"意识到整体的存在、自我和自我的限度"，即自我的有限性。其实雅思贝尔斯这里已在哲理层面对我们的宗教理解提供了基本思路。"宗教"即对终极"整体"的认知和敬仰，对"自我"有限的承认及其超越的尝试。这里并没有涉及宗教的社会组织层面，其社团组织建构固然重要，却并不一定是在理解宗教上最为关键之点。非常值得思考的是，很多中国人都认为中国是非宗教民族，觉得宗教与自己无缘。其实，一个民族在寻求自身发展时，总要试图追溯其价值源头，以获得潜在的精神力量，这源头往往就是宗教，对于神圣的憧憬是每个民族普遍的追求，中国的传统文化中同样具备这种精神因素。当彻底否定宗教之后，中国人的精神世界并没有得到完全新的重建，却出现了精神空虚、空白和麻木的状况。所以说，终极性、神圣感这些宗教意蕴上的因素，也仍然是不少中国人所需要的。探索信仰、理解宗教，则必须从社会表层进入到人的内心之深层。

我们所从事的"宗教学"本身，正是对宗教这一人类精神及社会现象的起源、演化、性质、规律、作用等进行描述性和规范性研究的学科。它在中国大陆学界是一门新兴学问，其早期发展较注重以史料搜集、考据见长的宗教史学，之后又关注以思辨、推理为方法的宗教哲学，最近几年又出现了以调研、分析人类群体为特色的宗教社会学和宗教人类学。宗教学在研究范式上的创新或突破应体现在其不同领域、不同方法的比较、沟通上，以及由此而达成的打通、结合相关学科的"科际整合"，这样可实现对宗教多层次、全方位的综合性、整体性研究。目前中国宗教学学科的发展正在逐步向这个目标接近，其在中国处境中也理应有更多新的领域可供我们去发现和开拓。作为较新的学科，宗教学在世界学术范围里是一个大的学科，尤其在海外人文社会科学领域中占有很大比重，很有发展潜力；而中国的宗教学发展现状尚与其学术大国的身份不符，故而特别需要各方的理解和支持，以便使之得到进一步开放、发展。在跨学科研究的视域中，应把宗教学作为一门独立学科来看待、来发展，而不要让它因依附于其他学科而受到限制、拘束。当代中国作为一个政治、经济和文化强国，其宗教学应不再是"险学"，而必须是"显学"。从宗教学科自身的发展来说，中国宗教学要做的事情仍然很多，其发展前景亦较为广远。如果说中国宗教学的初创阶段是"积累资料，培养人才"，那么我们目前的发展则应该是由此向"系统研究，创建学派"的目标过渡。中国宗教学在学习、吸纳、借鉴西方宗教学的基础上，在占有资料、拥有一批学有专长的人才的条件下，应该建立起中国人自己在宗教学方面的话语体系和理论构架，从而形成宗教学的中国学派或中国体系。当然，要实现这一目标谈何容易，我们现在应该有意识地朝着这个目标努力。所以，除了自己的宗教研究，我在回国后也非常注意宗教学术活动的组织工作，特别是各种学术会议的召开。对此，我曾戏称为"我会故我在"！

宗教学因其跨学科特色而领域很广，应研究的问题亦很多；在这一领域，我们应提倡"学术性"或"学问性"的研究与"社会性"或"政治性"的研究并驾齐驱、各有所长，而彼此又应双向互动，相互补充和完善。例如，宗教学研究与社会主义和谐社会的构建之间的关系问题在这方面就很具代表性。各种宗教信仰中均蕴含着丰富的思想文化内容，它们对于社会上各种力量和因素的和谐共在，和平共处，和睦共荣，和合共生有着独特的贡献，但如果处理不当，其导致的负面影响也会很大。中国是一个多种宗教信仰共存的国家，对于各种宗教现象的研究，无疑有助于各种宗教间的交流与对话，从而为社会主义和谐社会的构建贡献其特有的力量。所以，我们在此需要弘扬的是宗教的正能量、正功能，让其对话而不是对抗，交流而不是冲突，融合而不是分裂。目前对于宗教的研究有着政界、教界和学界三种力量，他们研究的角度和方法不同，彼此的认知及见解也经常出现差异。其中政界关心的主要是宗教政治，教界关心的主要是其宗教信仰本身，学界关心的则主要是对宗教现象的学术研究。三者因共同的研究对象而密切联系，因不同的侧重点而彼此殊异，因而，我始终主张各种研究力量对各自的立场、方法和作为应表示相应的理解、谅解和尊重，进而才有可能形成一种真正意义上的动态的良性互动和有机共构，达成某种在和谐氛围中的整合，这不能不说是构建社会主义和谐社会的努力在我们宗教学科内部的体现。

但是，在这种信仰及宗教之探中，我们也清醒地认识到宗教的和平理想在其现实奉行中并非一帆风顺，它因错综复杂的社会政治、经济、文化等因素而使理想与现实之间仍存有较大的距离。但两者其实并不矛盾，原因有两个：一方面，宗教往往以其超然的审视而承认人世的相对和有限，因此对世界上的矛盾、冲突是不回避的。当然，另一方面还有一个更根本的原因，宗教冲突多以其民族、历史、社会、经济冲突为根源，所以应在社会、历史中揭开宗教冲突的秘密，找寻解决冲突的办法。要解决宗教间的冲突，从根本上说要解决这种矛盾发端的历史、社会、经济根源，另外还要积极营造一种宗教对话、理解、和谐的气氛。这也是我们宗教研究非常重要的立足点。而且，我们的宗教探究实际上也包括做人的工作，如关涉中国传统宗教的问题也与中华民族的团结、共识、文化亲情等有关系。记得我曾随我所研究中国民间信仰的学者一起去东南亚的新、马、泰三国访问，了解源自中国的民间宗教在海外华人中的存在及发展之状。每到一地都受到当地华侨的热烈欢迎，他们甚至打出了"欢迎中国全国人大常委卓新平"的横幅，但随之也就把我推到了问题的风口浪尖之上。这些华侨内心深处仍保留着其"中国心"，中国文化精神已经深深刻在其骨子里面了。在新加坡访问的最初之时，当地华人还在"你们中国人、我们新加坡人"地分殊表白，但没两天大家都熟悉了，他们遂忘了其"新加坡"身份，与我们一道随意地宣称"我们中国人"了。在这些生活在东南亚的华人华侨看来，其民间宗教信仰是他们的祖先从中国带出来的，这是他们的精神生命之所系，是他们"乡恋""乡愁""乡思"的真情流露。但当他们真的回到中国去信仰寻根时，却找不到了，而且其宗教信仰在其发源地却被根本否定和遭到批判，这使他们失望、失落、迷茫、惆怅。他们向我直截了当、非常尖锐地提出了这些问题，着急等待着我给他们比较满意的回答。这对于我的难度有多大就可想而知了。我只好向他们作耐心的解释，既要坚持我们国内的所定原则，又不能伤害了他们的感情，更不能使他们对祖国失望。面对暂时不可逾越的理解鸿沟，我只能建议海外华人基于其宗教信仰而多做善事、多做好事，把精力先放在"做仆人""做慈善"上面来，并用《敖包相会》的歌词来让他们"耐心地等待"。在泰国，我积极鼓励这些海外华人向汶川地震后的赈灾工作捐款捐物。由于我国驻外使馆的同志不了解这些宗教而不敢轻易接受这些"善款"，我就积极地充当了"二传手"，来把这些华人的捐款转到了使馆同志的手上。说实话，我们现在有一些人并不太在意海外华人的情感，也不太尊重其宗教，甚至包括不尊重其先祖从中国带出去而被海外华人信奉、持守至今的中国传统宗教。这种漠视若不能得以及时纠正，最终会使我们自己吃亏的。当前海外华人已经有好几千万人，据统计仅美国就拥有约550万华人，而海外华人约有一半以上是居住在东南亚一带，已形成巨大的社会影响。这些海外华人与我们有着千丝万缕的广泛联系，而且也直接影响到我们的国际交往。如果我们忽视这些海外华人的存在及其精神诉求，则可能导致其失望、寒心，逐渐使之放弃对我们的血脉亲情和故土向往，不再有其弥足珍贵的"远方之恋"。由此而导致的"孤立"不仅会使我们失去海外华人，而且也会因此而失去与其他民族及国家沟通的这一重要桥梁和纽带。

基督教是目前世界上信教人数最多、社会影响最大的宗教,其历史悠久,内容丰富,与整个人类文明史的发展密切关联。然而在目前中国的宗教学研究中,基督教研究是最为薄弱、最为敏感、最有争议的领域之一。但也正是在这一意义上,这一领域的研究亦最需要加强、最需要扩大和深化,故而亟须加强,让人们从"不解"到"理解",从一种"敏感"认识到一种"意义"认知,从而也使这门学科从充满危险的"险"学发展到一种平安、和谐之研究,成为大众所认知并认可的"显"学。基督教研究的全面展开,这一学科的广泛发展,是我们历史的使命和我们时代的要求,需要大家的积极参与和共同努力。

在宗教学整体大面上的基本研究这一基础上,我将自己宗教研究的重点放在了基督教的研究上面。西方占主导地位的宗教是基督教,这是世界第一大宗教,在中国有上千年的影响,尤其是近年改革开放以后影响明显增大,信徒逐渐增多,这是不争的事实。但是应该承认,东西方文化、政治制度、意识形态的冲突还存在,基督教的研究在中国故而有其特殊的敏感性,正因为它的敏感,和社会存在的事实,也就具有我们对它进行研究的迫切性与必要性。通过研究基督教,可以使中国人客观正确地认识这一宗教,了解它在历史上的沿革变化,了解它在中国的发展变迁,从而得以更好地促进中西文化对话、交流,促进各国人民的相互理解和友谊。所以对基督教研究除了学理上的研究之外,还有促进文化沟通、文化对话的综合性价值。我们的研究使世界上广大基督徒和宗教界的朋友得以正确认识中国,了解中国的学术事业,了解中国的文化,了解中国的国情和未来的发展,因而可为我国的改革开放创造一个良好的外部环境。

基督教历史悠久,影响广远,在一定程度上为欧美社会的构建提供了精神理念,为其可持续发展提供着精神动力。我们必须下大力量对这种价值观念和文化形态进行深入研究,这对中国对外开放、走向世界是必要的。对此,我在自己的研究中尤其颇为深刻地体会到了这一点。当然，我们也要看到，基督教与中国社会文化的相遇在历史上曾经有过冲突；基督教在华传教亦曾与西方殖民主义和帝国主义对华侵略相关联。对于这一史实，我们一方面不应该回避，另一方面，应将它同中国与西方的整个关系史相联系，即用历史来说明宗教，而不是用宗教来说明历史。我早已认识到，这一问题的根本解决，取决于中国与欧美各国及其社会文化的关系如何发展；而在这一进程中，我们必须加强而不是放松或放弃对基督教的研究。如果单从文化和价值观念层面的交流来讲，中国学者从事中西宗教和思想文化比较研究既是一种必然，更是一种自然。若回顾中国历史则不难发现，中国社会发展、文化鼎盛的时期都是中国对外开放、广纳贤士、博采众长、集思广益的时期。我们今天正赶上中国在当代形势下的这种开放时期，这是中国走向世界、能自立于世界民族之林的机遇期，也是世界重新认识中国、使中国在世界舞台上有更大作为的机遇期。所以，我们今天从事中西思想文化比较研究，正是为这两个机遇期的有机吻合起着筑路架桥的作用。尽管会有人对之不解、误解或不屑一顾，我们仍应坚持下去——因为这种沟通不仅有益于中华民族，而且有益于全世界人民。至于基督教对中国社会发展的意义问题，这也是我苦苦思索、刻意求解的关切所在，基督教作为一种信仰体系、价值体系和思想文化体系，对世界文明的进程有着多层次、全方位的影响，其对中国社会现代化的意义自然也是多方面的，比如基督教原罪观、拯救观、超越观、终极观、普世观等，对于我们的文化及价值观念都具有一定的借鉴作用。不过，在中国社会文化处境中，基督教也必须实现其"中国化"，即适应并贡献于当代中国社会。这种达成基督教"中国化"的努力，在自己的研究中亦乃重中之重。我们学界在当代中国社会处境中最早提到基督教"中国化"的问题，以促进基督教适应并融入中国文化。可以说，在众多宗教研究中，基督教的研究最为敏感，而且也最容易被人们所误会，但正因为如此，其研究才更有意义。在自己的整体研究中，基督教的研究占有较大比重，其原因也就在此中。

二 "险学""险途"

我自 1992 年通过院里考试而被破格评为研究员，为此所里的老同志一定要我出面担任所里行政工作，本着自知之明，我是一再推辞，因为对我而言本来就无韩愈那种"居闲食不足，从仕力难任"的犹豫，自己有着在"学业"上的庞大计划，时间本来就觉不够，而"仕途"对我而言乃未知的险途，主观上本无意去尝试。但所领导一句话让我哑然，即说他自己比我年长近 20 岁，我却已经先于他而成为研究员，我不出来为所里服务显然说不过去，由此推辞无果后而不得不答应一试，于 1993 年担任了负责学术业务的副所长。由此，从自己个人的研究进而转向对全所研究工作的关注和参与，也就逐渐从学术研究者转型为学术活动的组织者。回顾起来也颇多感想，从 1988 年底回国到 1993 年担任研究所科研及行政管理工作，自己只有个我集中时间、精力展开钻研的五年潇洒自由的"黄金时间"，此后就不得不卷入行政事务，不得不关注宗教现实问题及其政策理论，由此也开始与党和国家相关职能部门如统战部、宗教事务局等广泛交往。但随着这种"卷入"程度加深、时间积久，也逐渐出现了对我"批评"的麻烦问题，这是我未曾料及的。在"宗教"基本问题及现实关联的研究上，无意中会发现其卷入越深、探究得越多，遇到的分歧、批评也就会越来越多、越来越尖锐。所以，在这一方面个人的努力恰恰可能会与其期望达到的效果成反比，这与其他研究领域耕耘与收获成正比的特点却是截然不同的。这种事情做得越多、麻烦会惹得越大的反差，也使我从此对之感受复杂，难以言表。于此，颇有一种"知我者，谓我心忧。不知我者，谓我何求"的酸楚。当然，深究起来还是自己的境界不够高，毕竟不是"仙人"，无法达到毛泽东主席豪迈所言的"无限风光在险峰"之境。

我担任副所长后开始利用各种学术关系及个人的人脉资源来组织研究所的各种国际学术会议及交流活动。此前组织国际学术会议很难，我所除了与日本的合作在佛教研究方面活动较多、相对顺利之外，其他方面则较难推动。我自 1994 年开始组织比较有规模的国际学术研讨会，从此就很难收住了。这样，我就从以往个人的学术单干而转为带动大家一起来推动宗教学术研究的发展，而且尽了我的最大努力来发掘各种资源及可能来拓展研究所的学术研究及国际国内学术交流与合作。此后不仅有基督教研究的系列会议，而且在其他宗教研究上也时有开拓。随着我 1998 年担任研究所所长，以及不久后当选为中国宗教学会会长，宗教学术研究方面的拓展也越来越多。这些研究触及新兴宗教、民间信仰、中梵关系等敏感话题，也引起许多方面的高度重视和积极合作。

例如，我们在 2000 年、2001 年组织的国际学术研讨会就引起了世界的关注，其涉及的内容及参会人员，都直接促进了中梵关系等领域的积极发展。2000 年的国际学术会议由我们研究所与意大利米兰天主教大学合作举行，意大利方参会人员中有埃特凯加雷枢机主教，当时正处于罗马教宗约翰-保罗二世将要宣布"封圣"的非常敏感时期，为此由我直接接待埃特凯加雷枢机主教的访问，也想借此机会与他就相关问题加以沟通。我在首都机场接到他后，在路上可能是遇到意大利总统访华的车队经过，我们的车靠边让道时他嘟噜了一句："他在意大利要向我表示敬意，我在中国却要给他让道。"在去旅馆的车上以及会议期间，我就"封圣"问题向他表示了中国的不满以及可能导致的不利后果，问他是否可能劝说教宗放弃或至少不要在"十一"中国人的国庆节有此伤害中国人感情的事件发生。埃特凯加雷则解释说，年初中国天主教的"自选自圣"之后，搁置了许多年的台湾天主教主教团有关"封圣"的提议在梵蒂冈获得通过，此事梵蒂冈在 2 月、3 月就放出来风声，5 月、6 月则宣布要着手实施，但在 7 月才得到中国方面比较正式的反对抗议，故此刻"为时已晚""难以挽回"了，因为教廷已向全世界宣布，而且"十一"也是天主教的一个"合适"的"圣日"，故而任何改变都会触及教廷及教宗的权威和影响等敏感问题。我进而表达了自己的不满说："如果我们能够改变这一决定，我们俩可能会成为历史上的英雄，看来我们都无缘英雄了！"不过，埃特凯加雷也表示一定会把中国的不满及不利后果告诉教宗，使他能够有所考虑而改变中梵关系这一僵局。我们的国际会议期间及之后，埃特凯加雷进而与中国有关部门及其领导就梵蒂冈行将"封圣"等事宜进行了相关讨论。

2000年10月1日，梵蒂冈不顾中国反对而强行将涉及中国近代历史问题的120人"封圣"，其中就包括导致第二次"鸦片战争"爆发之事件的法国马神甫等人，由此使中梵关系明显倒退，其对话、接触也一度停止。不过，教宗约翰－保罗二世在听了埃特凯加雷的访华汇报之后，也有一个象征性的让步姿态，他随之于10月2日又发表了讲话，其中就隐含着对中国的歉疚之意。但此时我们"愤怒的"中国人已经不再听他会说些什么了。

"封圣"事件发生后的第二年即2001年为意大利耶稣会传教士利玛窦进入北京的四百周年纪念，如何评价利玛窦更因为"封圣"事件而变得敏感。本来，天主教和意大利都不太重视利玛窦，我们去利玛窦故乡马切拉塔学术访问时曾问当地人知不知道利玛窦，回答基本上都是不知道，所以说当时利玛窦的知名度在其家乡远不如在中国之广，因为中国人比较认同利玛窦"入乡随俗"、积极主动融入中华文化的努力。于是，国际上就流传着2001年梵蒂冈可能为利玛窦"封圣"之说，有的甚至解释说这是教宗因为"封圣"得罪中国后的一种弥补，结果使整个国际舆论都聚焦到利玛窦议题上来。本来，我们研究所早就与美国旧金山大学利玛窦中西文化历史研究所策划在2001年十月中旬（10月14—17日）组织召开北京"明末清初中西文化交流国际学术研讨会"，而且早已获得批准；却不料因此变故而成为国际舆论所"强迫"认为的"利玛窦纪念会议"，为此不少国际机构也都表示要与我们合作。例如，香港城市大学校长亲自带队来我所拜访，得知这一会议信息后一定要与我们合作联合办会。我表示因为已有美国合作单位，建议他们与美方协商加以稳妥处理。但因为美方合作单位坚决不同意他们的介入，故此香港城市大学决定在香港召开一个几乎同一题材、几乎同一时间的国际研讨会，而且时间就比我们的会议仅仅早一两天，这样就使与会代表必须作出非此即彼的明确选择，而无法两会兼顾。所以，这曾被业内戏称为"擂台会"！饶有意思的是，香港会议组织与会者来北京利玛窦墓参观，时间上也与我们北京会议安排的参观时间"巧遇"，两会代表在利玛窦墓相遇，由此而获握手言和之效。

与此同时，意大利方面也表示要与我所合作，并提出非常优惠的条件，即让在中国参会的学者会后去意大利罗马继续参加他们的研讨会，并且由他们负责全部费用。不过，我们没有答应他们的要求，故也没有参加他们于十月下旬在罗马召开的纪念利玛窦抵北京四百周年国际学术研讨会。而中国学者也只有三四位答应参加罗马的会议。本来，我们在北京召开的会议甚至意大利前总统等重要人物都表示要来参加，不过后来因故而未成行。为了避免会议论题的敏感性，我们在北京的会议有意大量减少了关于利玛窦的话题，整个会议只有一篇文章《利玛窦所贡"西琴"研究》提及利玛窦之名。尽管如此，我们的会议还是成为2001年涉及中梵关系的热点和亮点。据传教宗约翰-保罗二世还专门出席罗马的这次会议，并发表了论及中梵关系、天主教问题的讲话。不过，与会中国代表却因为"误车"而"碰巧"没有出席教宗讲话的会场。此乃"有意"还是"无意"，大家为此议论纷纷。或许因为认识到"封圣"问题的严重性，教宗约翰-保罗二世在其会议讲话中明确表示"教会成员在中国的行为并非绝无过失"，"因为这些过去的过错和缺陷，我深感惋惜，我很遗憾这些不幸的事情竟在有些人的心里造成了天主教会对中国人民缺乏尊敬和重视的印象，使他们以为天主教会对中国怀有敌意。因为这一切，我向所有或多或少自觉被天主教徒的这类行为所伤害的人们，请求宽恕和原谅"。[①]

这些学术参与和组织工作使我们研究所在许多国际问题上都处于第一线，同时也使我们的学术声誉大大提升。我经常因为临时原因不能出国或去外地开会，则经常有会议主办方因我而专门推迟了会期，重新调整会议日期并为参会者重订机票和安排食宿，重订会场及会议日程，令我也感到很不好意思。而在复杂的学术及对外关系中，我们也是积极去处理好。有一次一位德国学者因接触了中国天主教的地下教会而不再被

---

① 见《天主教海外动态资料》2001年第23期，上海光启社，第16页。

中国政府允许在中国长期居住，德方知道后专门安排当时访华的德国总统和外长先后到这位德国学者任教的北京德国学校去参观，而且准备让国际媒体大肆炒作此事，甚至也考虑要中止中国驻德使馆某一工作人员的长期居住许可。后来通过我们的努力，及时有效地止住了德方的媒体炒作，也避免了中止中方人员在德居住的可能外交纠纷，最终让这位德国学者静静地、悄悄地离开了中国。在相关宗教的探究中，我们也充分意识到了"讲政治"的重要性和必要性，并以我们的微薄努力做无名英雄，帮助国家有效、稳妥地处理好一些涉及宗教的敏感国际问题。在2000年，我还作为唯一的学术顾问随我国宗教领袖代表团出席了在纽约联合国总部举行的"世界宗教及精神领袖寻求世界和平大会"，在会前我与国家宗教局负责人王作安先生共同努力，在不到一个月就组织编辑出版了专题文集《宗教：关切世界和平——献给在联合国召开的"宗教与精神领袖世界和平千年大会"》；在会上我曾协助中国代表团团长傅铁山主教修改、完善其发言稿，并带着藏传佛教领袖嘉木样活佛在大会上退席以抗议会议组织者安排达赖喇嘛的代表出席发言。正是这些工作原因，使我对宗教及宗教领袖有着面对面的了解，也得以开展深层次的沟通。

随着自己1992年被破格评为研究员，开始得到一些部门的关注和重视，当年全院破格评为正研的仅有4人，也算是一种殊荣了。也正是这一年，我被送到社科院办的中央直属机关党校学习了半年；被邀请参加中宣部组织的学术界、新闻界、文化界知名人士的暑期度假活动，认识了不少社会翘楚。当大家比较熟悉之后著名演员肖雄还开玩笑对我说，远看你还纳闷这老爷们为什么耳朵上还扎个眼儿，近看才知道原来你耳垂上有个痣啊！当时我与哲学所刘奔同住一屋，聊天才知道他原来是日本遗孤，没想到现在成了中国哲学界的知名人士。对我的情况，《神州学人》《中华英才》等都曾有图文并茂的报道，尤其是《神州学人》还给我登过封面照片，弄得我一直在"追忆似水年华"、陶醉于年轻时的照片而再也不愿照相了；人们问及为什么不愿照相时，我曾戏谑"因为此后的照片是看一眼后悔半天了"。这些媒体人对我寄予厚望，但也可能让他们真的失望了。

有一年我"荣幸"地被中央电视台"东方时空"中"东方之子"栏目所选中，其采访的节目策划即对比较杰出的十位从海外留学回国的中青年学者进行专访，其中有九位是自然科学领域的佼佼者，而属于社会科学、人文领域的就我一个。策划人知道我是研究宗教的，故对社科院书架林立的氛围不太满意，主张让我不要在社会科学院这种学究性的高楼深院接受访谈，而硬把我们拉到教堂去拍外景。这一系列节目最后唯独我的专访没被播出，大家在电视上看到了九位自然科学领域的"海归"，剩下我一个就成了社会科学领域的"海带"。知情者问起我原因，我说估计是宗教问题太敏感、有关政审通不过吧。后来碰巧与中央电视台的一位副台长在一起开会，我就顺便问起此事，他哈哈一笑答道："那就是我把这个节目枪毙的，宗教问题多敏感啊。"看来谁也不愿自惹麻烦。以前我也曾去中央电视台录过节目，他们不是说我"形象不好"、就是说我"太晕镜头"，基本上不会成功。不过，我也有在中央电视台"出风头"的"风光时节"。那时开始大批邪教"法轮功"，我作为宗教研究所所长在人们看来那是"当仁不让"了，虽然我特别强调"邪教不是宗教"，却也频频让我出镜头，几乎在中央电视一台"焦点访谈"以及二台、四台和湖南经视台都曾亮过相，这次他们换了一种态度，说我形象不错，讲得也好了！但结果是被法轮功盯上了，从此给我的恐吓电话、电邮和信件不断，前两年的恐吓信甚至宣布我是被他们编了号的"通缉犯"了。这也让人们更加认清了邪教的本质。其实我们所的国际研讨会很受国际媒体关注，但因为话题敏感而我们就严禁采访。有一次我们所的同志为制止境外记者的非法采访还与之发生了肢体冲突。不过，我们这一领域的许多学者一旦离开宗教学而接受或参加其他媒体活动，有不少就都成了电视明星或著名主持人，如多次领导其团体参加国际大学生电视辩论赛而夺冠、载誉而归的那位大学教授，就是我们宗教学、哲学领域的著名学者。

1993年我担任研究所副所长不久，于1994年就被派去参加中央党校省部班民族宗教理论专题研讨学习，首次享受了一次"部级待遇"。

在1998年担任研究所所长之后,这种学习培训等"培养"就更多了,如曾参加首届"四个一批"的学习,2001年又被送往中央党校中青班脱产专门学习一年等。我自己其实深有自知之明,知道自己就是一个书呆子,并不适应做行政管理工作,因此当领导派我去"培养""深造"学习时,自己也尽量请领导安排其他更加合适的同志去,但领导就是认定我必须参加,故也只好服从而去认真学习了。这些学习培训对我来说当然很有收获,学到了许多社会政治层面的重要知识,使自己更加清楚地了解了世情和国情,为此付出不少时间也值得。在培训班上,同学们当然深知被派来培训的深层意义,不过大家交流说班上最多会有三分之一能够升任领导,这些同志才是班里的"分子""骄子",而其余三分之二则是"分母",但不少人认为能够脱离烦琐、繁重的行政工作来集中培训一年也很不错,因为对其而言这既是一种培训、提高,也是一种休息、休养,故而不管怎样也就乐得甘当"分母"吧,并聊以自慰地调侃说毕竟也是"分母"的辈分,应该要有相应的姿态和气度,那就是应该高兴、积极地让这些出类拔萃之"分子""骄子"们尽快进步吧,因为这些进步也是学习所带来的效果,是全班的骄傲之所在。

宗教研究敏感复杂,自己担任研究所所长深感责任重大,担心不能胜任,有如履薄冰、战战兢兢之感,因此自打当上副所长起就一直缠着院领导及院人事部门请他们尽早免掉自己的职务、让我回归科研队伍。一般人都很难理解我的心态,因为通常找领导及相关部门的多是为了"升迁",而没有像我这样缠着领导是为了希望让自己"下台"的。但没想到五年副所长之后不仅没有被免掉,反而还要我当上了所长,这种"爱你没商量"使自己的任务和责任也都加重了;在当了一届即五年所长后我曾在2003年借去英国做一年访问学者之机请院里免掉我的所长职务,但院里不愿免掉我的职务,反而要我每三个月之内回国工作一段再出去,这样可以符合不免职的相关规定,否则不同意我出国进修。这样,每次希望院里免掉我的职务都被否定,而每过四年我就提前找相关领导和部门要求下届换届时一定把我免掉,甚至这几年基本上每年都会去缠着领导及相关部门请求免职,其充足理由就是自己早已超过担任相关行政职务的规定年限，但结果不仅没有让我提前从行政工作上解脱，反而却是当了约二十个年头的所长才得以免职，而且听说竟然还成了院里在一个所担任所长最久的人了，有其他研究所所长曾开玩笑让我就此去申请吉尼斯纪录，但我听说这一纪录最近已经被其他研究所的相关同仁打破了，看来对我而言这一玩笑也算是解脱了。

由于宗教问题的复杂性，我们在国际交往中也必须学会处理好各种棘手问题。例如，2000年8月在南非德班召开的国际宗教史协会第十八届国际会议，由于中国内地没有派出代表团出席大会，会议接纳了中国台湾的宗教学会为其正式成员。而我们获知后立即与国际宗教史协会严正交涉，其回复是这一问题的最终处理必须提交给下次大会来解决。于是，2005年3月在日本东京召开的国际宗教史协会第十九届国际会议就成为处理这一问题的焦点时刻。这次大会是日本在近五十年后第二次主办国际宗教史大会，日本也是唯一举办过国际宗教史大会的亚洲国家。这次会议是国际宗教史协会历史上迄今最大规模的会议，来自61个国家和地区的大约1700人与会。会议主题为"宗教与社会：21世纪的议事日程"。我作为中国宗教学会主席这次率中国代表团与会，为大会学术委员会成员之一，除参加大会学术报告及大会学术讲演之外，一个重要任务就是要稳妥处理好国际组织中坚持"一个中国"原则的问题。一到东京，我就马上找到国际宗教史协会的秘书长交涉这一问题，我们当时的基本原则是来自台湾的宗教学会参加国际宗教史协会的前提是不能出现"一中一台"问题，所以，来自台湾的宗教学会必须在其名称前面加上"中国"或"中华"，即以"中国台湾宗教学会"或"中华台湾宗教学会"（即英文名称中必须要加上China或Chinese的明确表述）之名才能作为国际宗教史协会的成员存在；国际宗教史协会与台湾的学者交涉后的回复是，当时台湾当局不允许他们在学会名称前冠以"中国"或"中华"之名。很显然，台湾当局当时在陈水扁掌控下"台独"趋向非常露骨，故使许多问题的解决难度加大。针对台湾方面的这一回应，我不得不向国际宗教史协会表明要通过大会程序取消台湾方面的正式成员资格，否则我们中国宗教学会就会退出国际宗教史协会。在这一压力下，国际宗教史学会不得不通过全体大会表决的方式取消了台湾方面的正式成员资格，解决了避免出现"一中一台"这一重大问题。其实，我们与来自台湾的宗教学者本来都是比较好的朋友，尤其是我本人与当时带领台湾学者参会的其学会负责人也是私交很好的朋友，早在我留学慕尼黑期间就通过朋友的介绍认识了这位当时在美国哈佛大学读博的台湾宗教学界的后起之秀。但经此"东京之变"后，这位朋友在台湾的宗教学会负责人的职位被免掉，他来北京访问也不再与我联系。而我在台湾宗教研究学术界也留下了"打压台湾宗教学界"的骂名及恶名，这也使我此后不再方便去台湾与这些学者继续深入交往。听说我的这位朋友已在 2019 年因病去世，真是不胜伤感、让人悲叹。尽管个人由此东京之行而经受了来自台湾方面的误解和反感，但这一事情上我毕竟坚持了原则，维护了"一个中国"的国家大局；所以，也就坦然对待此后的发展及后果了。当学术问题及其关系与国家利益密切关联时，当我们学者处于"一线"、前沿的风口浪尖而不可后退时，那也就毫不犹豫、必须有着"轻生奉国不为难，战苦身多旧箭瘢"的担当了。

其实，就涉及个人方面，我一直坚持着"低调""谦卑"这一原则，尽量希望能够与人无争。在担任所长这 20 多年，我几乎没有申请任何仅涉及我个人的评奖等荣誉事宜，这些场合我尽量躲在后面，一般开会也是尽量靠边、靠后，从来就不想要引人注目；有一次被院领导发现后询问缘由，我回答说我们研究宗教的都知道处于谦卑之位，故此有着"溜边、靠后、让人"这三原则，领导听后很"感动"，因而开玩笑地说帮我纠正一下，即改变为"溜边、靠后、上天堂时让人"！这位领导在七八年前找我谈话，正式通知我已不在"后备干部"之列，因为我已经超龄，按照组织部门的规定，3 月 31 日之前出生的算大一岁，4 月 1 日之后出生的算小一岁，故此"多一天都不行"；他还非常关切地问我，作为候选干部，听说"你已经候了几届了？"候了几届我确实不知道，而碰巧我就是 3 月 31 日出生的，尽管被归为年龄上大一岁，但我仍然非常感谢我的妈妈，要知道如果迟一天出生，那真赶上 4 月 1 日就是"愚人节"了，连打电话告诉别人是过生日都会被人误解为开玩笑呢。其实自己对这种"升迁"看得很淡，本来从一开始就没有这种"奢望"，而只是希望能够专心搞好学术研究工作，为25年行政工作所牺牲的科研时间也就没法去计算了。了解我的同事都知道，我最喜欢听的一首歌就是降央卓玛唱的《请你喝一杯下马酒》。有一次去内蒙古访问，蒙古族朋友热情好客，喜欢以唱歌来欢迎客人，我让同事给点《请你喝一杯下马酒》这首歌唱唱，但他们就是不唱，同事在紧逼之下告诉我，人家没有在领导面前唱请喝下马酒的情况，这是忌讳；我知道后仍然坚持他们唱这首歌，并说自己就最喜欢尽早"下马"了，迫于无奈，他们终于唱了此歌，但还是把"下马酒"改成了"吉祥酒"。扪心自问，社会上人们常被误解也属正常，前不久我过生日那天在微信上看到有中师同学说在过生日，也就凑热闹说"我也过生日"，此刻正好有微信来说道家始祖老子阴历生日也是这天，故此又在微信中加了一句"老子今天也过生日"，瞬间批评声音直接传来，说我平常都比较低调，今天过生日怎么就这样"狂妄"了，竟然对同学、朋友以"老子"自称，给人"老子天下第一"的不好印象；我一看知道误解了，马上在微信中补充说"中国古代哲学家老子今天也过生日"，这才平息一场小小的误解风波。由此想来，或许自己以前说话、写作也有不太注意的地方，故而遭到不少误解和批评。

作为研究所的所长，我最注意的就是宗教研究的政治方向和学术方法。政治方向就是要坚持马克思主义宗教观，坚持中国共产党长期以来形成的统一战线理论及实践，坚持改革开放以来我们党和政府关于宗教工作的系列指示精神，坚持新时代中国特色社会主义的宗教理论，并且身体力行在这一方面贯彻落实。本来我自己的专业是基督教研究，但自担任所长行政职务以来，我带头参加了马克思主义基本观点的重要理论工程，并作为马克思主义宗教观首席专家来发挥这一研究的主要作用，目前已经个人写了3部研究马克思主义宗教观的专著，发表了研究马克思主义宗教观和宣传我党宗教理论政策的众多文章，并且主编了一批这一领域研究的系列丛书。但尽管如此，仍然有人批评我在宗教研究中没有足够重视"方向"问题，故而需要更多强调以马克思主义来指导；其实，我想说这些要求应该一视同仁、大家共勉，都需反思一下自己在马克思主义宗教观领域有多少研究著述，做了哪些工作；对于马克思主义宗教观和马克思主义宗教学都理应科学、扎实地探究，既要在方向、方法上集思广益，也应允许学术探索的百花齐放。如果是真正严肃、严格、认真、求真的学者，对这种学术的批评或争鸣都应该冷静地想一想、仔细地比较一下、认真地对之研究，而不可"随心所欲"地想当然，更不该把自己臆想的观点强加在被批评者的头上。我们学者也需要保持学者所必有的人格、风气、公平、正直和科学精神。

自 2009 年任继愈先生去世，宗教学领域的批评逐渐多了起来。起初风起于本所的争论，后则影响到社会的舆论。第一轮批评所关注的是在宗教研究中如何坚持研究马克思主义的问题。其实我们院和研究所都非常注意以马克思主义来指导我们的研究。国家马克思主义经典作家理论研究工程的三个主要召集人中有两位就是我们的院领导，而我恰好就是这一理论工程中马克思主义经典作家关于宗教的基本观点子课题研究的首席专家，在这一课题中我的每一篇论及马克思主义宗教观的文章都要经过 5 位专家审核，其中就有我们的院领导。而且这一课题结项，在出版的约 20 部著作中，可能只有我"主编"的那部是我独立完成的，不只是"主编"，而是"独著"，为此还得到了课题负责单位及其主要负责人的表扬，在新书出版发布会上请我专门发言。在这一批评及争议中，我很希望相关学者能够看看我出版的相关研究马克思主义宗教观的著作及文章，有着积极而实质性的交流与沟通。

在学术方法上，我一直也一贯强调宗教学研究的基本方法就是"悬置"任何宗教信仰，以客观、科学、辩证、实证的方法来研究宗教，坚持马克思主义的指导和历史唯物主义、辩证唯物主义的方法，实事求是，以理服人。同样，我强调宗教学研究必须理论联系实际，一方面认真学习经典、原典，研习原著和第一手文献；另一方面则必须深入社会实践工作，做好社会调研和田野调查。研究宗教必须接触宗教，否则纯纸上谈兵则会贻笑大方。而对待中国社会主义社会的当代宗教现象，则更要悟透马克思主义宗教观的基本精神，结合时空变化来科学把握，要客观观察，深入了解，不可浮光掠影、道听途说。在每次相关会议尤其是每年的中国宗教学年会上，我都特别强调上述观点及方法，突出宗教学与基督教神学及其他宗教研究的根本不同。但令人惊异的是，第二轮批评的焦点则正是涉及宗教学与神学的关系问题，有的批评甚至直接针对我而断定"宗教学就是神学"乃是"你自己"说的，并且有"文"为证，借此来否定宗教学；于是我不得不找到自己的"原文"来对照，这才弄明白原来我是说，从宗教学的历史发展来看，宗教学在西方学术界起初是属于神学的，但后来则逐渐脱离神学独立发展为一门全新的学科。原来批评者把我原话的后半句给裁掉了，结果就根本改变了其原意。如果是严肃的学术批评，在学术上则应该言之有据，不可断章取义。学术批评和争论应该讲一点基本的学术良心和公平正义。还有人批评我有着"好社会就会产生好宗教"的错误观点，这是批评者归纳我关于宗教与社会之关系的观点所得出来的逻辑；实际上，宗教与社会密切关联，宗教的存在及其性质与其所处之社会直接有关，这都是马克思主义宗教观的基本思想，其前因后果逻辑清晰。这里就会引起如下反问："难道好社会也只能产生坏宗教吗？而只能产生坏宗教的社会还会是一个好社会吗？"对中国社会主义社会中宗教存在的积极评价并不意味着就有宗教情绪或"宗教信仰"；其实，我虽然一贯强调对宗教要有同情心、要包容和正确理解，即要"善待"宗教、让宗教"脱敏"，但我也一直公开表明我是一个无神论者，我作为共产党员也一直在努力做一个马克思主义科学无神论者。至于我主要研究基督教，对基督教强调同情性理解、客观科学地研究，而且有不少基督徒朋友，但我也一直公开表明我不是基督徒，甚至连所谓的"文化基督徒"都不是。在德国留学期间，德国有神父、牧师找中国人传教，让他们参加圣经"查经班"，但他们从来就不敢来让我参加，因为知道他们的基督教知识、圣经知识比我这个无神论者要差不少，故有自知之明。我第一次去加拿大温哥华访问，当地华人基督徒如车轮战一样围着我劝我信教，并表示由此会帮助我办移民、解决生活及工作问题，但我从来不为所动；而当地由中国内地去北美留学而成为基督徒或牧师的人劝我信教时，我反而劝他们回国工作，经常是不欢而散。所以对那些捕风捉影、异想天开的想法及说法，我都不禁暗暗好笑。特别是当我们提出"基督教中国化"的主张后，美国有华人基督徒指责我们是世界基督教的"罪人"、是帮中国政府"说话"时，不知那些有上述猜测的批评者作何想法？是否有兴趣想想这些问题？

对照这种现象，与其找一些不靠谱或明显歪曲的理由来展开批评，还不如节省时间把自己的学问扎扎实实、踏踏实实地做好！如果大家都是研究宗教问题的学者，那么我们就应该齐心合力把中国的宗教学建设好，把中国的宗教问题真正解决好。实质上，宗教学按其本质属于哲学人文学科，研究的是形而上、人之精神及情感层面的内容，是一种"虚学""抽象之学"，故其探究的自由空间本来应该是很大的，并没有必要那么敏感。至于宗教学的"社会科学"属性即政治层面的意义，则只是其"学以致用"的拓宽、扩展而已。于此，则必须结合实际，紧靠社会；我们需要仔细分析、讲透道理的是，究竟哪种方法、举措能够从全局、长远来看，更有利于我们国家的社会和谐、持久发展、民族团结、繁荣昌盛，并让世界认可、认同和敬佩、点赞。这才是真正的大局，也才是宗教学的真正"智库"作用。

至于宗教学与无神论研究的关系，我一直认为无神论研究属于宗教学范围的相关学科，宗教学当然要开展无神论研究，马克思主义无神论就属于马克思主义宗教观的范围，而且只有马克思主义无神论才是真正的科学无神论，其余的无神论自然可以有宗教学的探究。在学术研究上，我坚持无神论研究一定要体现出其高的学术水平，要充满其"科学"意义，甚至《科学与无神论》杂志的名称就是当时我们力排众议而坚持下来的，因为有相关领导和单位曾经建议不用"无神论"之称，而采用"科学与神"等名称，甚至曾表示如果有"无神论"字眼他们就不接这一杂志；但我觉得必须旗帜鲜明地突出"无神论"这一表述，并且其研究也必须与科学方法密切关联，故才确定了这一杂志的目前之名。我衷心希望在当年我自己主张创立且坚持采用此名的这一杂志上能多有高水平的学术文章发表。而推出相关批评文章，则需要留意究竟批的是什么，其批评有没有道理，是否出于学术公平、公正，是否做到了言之有据、实事求是。当然，学界应该有正常的学术批评和争鸣，以坚持真理，提高学术研究的水平。但我们也应该警惕、防范学术批评中出现政治上的大批判和不实之词。如果这种不实事求是的做法能够得以盛行，那么我们势必担心学术界及社会舆论可能确实存在问题了。

所以说，我认为世界宗教研究所这些年研究的方向、方法从整体、大局来看是没有问题的，是经得起检验的，是坚持马克思主义、紧跟党中央，与时俱进的。我一直呼吁大家要爱护、呵护我们研究所这个学术大家庭。至于学者个人的学术观点，我则保持"百花齐放、百家争鸣"的态度，甚至对我本人的批评我也持包容态度，保留其不准确之处，表现出最大的善意；我会采取学术讨论、商榷的方法来与之沟通，可以实事求是、据理力争、以理服人，但我不同意在学术研究上任何上纲上线、戴帽子、打棍子的做法。有些问题需要冷静思考、深入调研、弄清真实情况，例如关于宗教信徒与政党的关系问题是列宁提出并说明的，列宁这一观点的论述著作在今天中国社会仍在公开出版发行而无任何批评或调整，也没有任何正式说法宣称取消列宁的这些观点，更没有任何对列宁这些观点的公开批评。而且，我和国内一些资深学者一样也曾研究过国际上其他共产党与宗教的关系，梳理过中国共产党历史上的政教关系。这种政教关系问题在现实社会中是无法回避的，需要科学而睿智地面对及处理，以便找到有利于民族团结、社会和谐的最佳之途。如果确实想要彻底说清或解决这类问题，那么提出相关批评者可以自己在理论层面看看马克思主义经典作家和中国共产党第一代领袖的相关且明确的论述，在实践层面了解一下各国共产党的相关政策，尤其是中国共产党从过去至当今的相关做法，在组织层面也可从统战部、组织部等相关部门获取相关信息。做到这些方面的调研就足够清楚说明这一问题的谁是谁非了。前不久网上曾批评我要以"士"的担当来捍卫宗教学是一种"孤臣孽子"情怀,殊不知宗教学是习近平总书记2016年"5·17"重要讲话所强调的支撑我国哲学社会科学的11个重要学科之一,我们宗教研究者当然应该以一种"担当"精神来捍卫宗教学、发展宗教学。我当时作为世界宗教研究所所长写这种类型的文章乃义不容辞、当仁不让。这也是紧跟习近平总书记"5·17"重要讲话精神的表态。让我无可奈何的是,有些媒体并没有调研和求证就很轻率地批评我了,而且一些批评的立论不准,本来就是错误的批评。这些媒体是否也应该反思一下自己的社会责任,克服浮躁的工作作风,不可用"标题党"来逞一时之快,以防范造成对社会舆论的误导。其实如果相关媒体果真对我进行相关批评感兴趣,我就善意地建议这些媒体做些调研和统计,看看我近十年来对学习马克思主义宗教观、学习党的宗教工作基本方针以及学习习近平新时代社会主义宗教理论和"5·17"重要讲话精神出版了多少著作、发表了多少文章?而那些在贵媒体登记亮相批评我者又究竟出版、发表了多少这类著作及文章?有对比和对照才会有客观的鉴别、公正的评断。至少应该把相关问题弄清楚之后、真正分出是非了再选边站队吧。"没有调查就没有发言权",这点起码的道理,我们的媒体应该懂吧!

而且更有点让人郁闷的是,现在一些网络媒体可以不负责任甚至公开指名道姓地,而且是错误地批评人却几乎无人过问,造成社会舆论的混乱及人们认知上的困惑。而且有些媒体倾向性很强,对与之不同意见的回应或讨论却马上会有各种方式的劝阻,有失媒体站位的公平和公道,这确实也是我所难以理解的。学术批评的平台应该是公平的、敞开的,不可以厚此薄彼,而应一视同仁。有一学术期刊登了一篇批评我的文章,我看到后找到其编辑部希望也能登一篇我的回应文章,该编辑部不好拒绝而答应下来,但拿到我的文章后立即就给了那位批评者,等他也写好回应文章后与我那篇文章一同发表;而让人哭笑不得的是该编辑部把我的文章后面部分删掉了,却给那篇批评者的文章仍保留了其回应我被删掉部分的内容。但他们在刊登最初那篇批评我的文章时却丝毫没有给我打任何招呼。有时我的确百思而不得其解,我们所一直坚持的是马克思主义的观点、是党中央的当下指示精神，这本来就没有错嘛！批评者的观点正确与否不可仅听一面之词，至少应该找来被批评的文章仔细看看内容，加以比较鉴别之后再考虑是否推出相关文章。被批评者并非必然就带着"原罪"，至少也得给其一个回应、自我辩护的机会。既然可以出现公开报刊等媒体的批评，那么至少也应该给被批评者回应、解释的机会，保持学术平台最基本的公平、公正。可惜现在人们可能多会选择明哲保身、与世无争来面对，结果让自己这些年来确实有着"高处不胜寒"的孤独感觉，甚至不免有点"寒心"。其实，不少争论涉及的问题都是关涉到宗教学的发展与否、生死攸关，学界如果事不关己、高高挂起，表面看来好似与世无争、但求无过，但实际上事态的发展可能会直接影响到这些"不为所动"的学者本身，而且现在其不利后果在逐渐显现，已直接影响到宗教学的生死存亡。所以说这种麻木不仅会害了这一学科，而且同样也会害了麻木者自己。其实，在这十年来我本人从来没有挑起过这种争论，而且认为也没有必要去钻这种"牛角尖"，因为对我的批评并没有实质性学术内容，而其在意识形态及政治领域的批评或是根本不准确，或是误解及故意误解，基本上也站不住脚。但我不能以沉默来放任这种错误的批评在社会舆论上形成误导，妨碍宗教学科的正常、健康发展，因为现在也要求我们大家都应对错误思潮展开批评。所以，批评者应该出于社会公心及学术良心，说清真理并坚持真理，但与其以学术之名而实为推动这种非学术性的"干扰"，还不如大家沉下心来脚踏实地认真研究一些真正的学术问题、社会问题，从学术视角来积极解决我国社会的具体宗教问题。宗教学近来出现的萎缩，应该引起大家的警醒了。

这些年来我在宗教研究及宗教工作中感到比较困惑的一点，就是在涉及宗教问题的一些重要节点上，往往有些似是而非的声音在媒体中占了上风，无形中在社会上造成了误导却不被人察觉，人们对于出现的民意上之潜在伤害也比较麻木。在涉及民族宗教工作及其研究的岗位，本来其专业性、知识性其实很强，若无系统、深入的专门学习研究就匆忙上岗实际上对这些工作的正确开展并不利。故此，我曾不断呼吁在民族宗教工作上应该先培训、后上岗。我也遇到过一些部门的领导，他们原来并不是很关注民族宗教工作，甚至还曾拿我研究宗教来开过玩笑，其内心对我们所从事的民族宗教工作及研究实际上是不以为然的；但命运的玩笑是过了一些时段他们却因转岗或升迁而进入统战部门、民族宗教部门或政协民宗委等领导岗位，而其对民族宗教工作的态度也随之从原来不感兴趣而转为强调要对之重视，并发表相关工作"指示"精神。我相信这些干部能力很强，有的人也会积极学习以能及时适应并胜任民族宗教工作，但这种专业也不可能使他们马上就无师自通、转眼即为民族宗教问题的专家权威。这样，在相关领域，我们希望在其位者应该谋好其政，防止出现一些外行或无知的观点，而相关媒体或机构也不能仅仅根据官本位来判断是非、选边站队，更不能让真正从事相关研究的学界人士只有弱话语权甚至无话语权。所以，如果我们的社会能够真正尊重知识、尊重专业人才，是否在相关专业领域也该反思一下那种不尊重学术、不认真分析研究而随波逐流的思维惯性或游戏规则，以便能够尽量减少在这些特殊领域因外行领导内行、唯人但不唯真而可能导致的失误或损失。大好河山固若金汤，但往往"千里之堤溃于蚁穴"，如果仅抱着"事定犹须待阖棺"的态度那就晚而无用了。我们的民族宗教工作及其研究不仅是为了当下，更是为了未来中华民族的千秋大业。如果因为掌握权力而觉得学而无用，甚至认为长期从事专业研究的人员"弱智"，那么就可能潜移默化地摧毁我们的整个知识体系、学术体系，形成我们的文化"弱化"之势。往往因为不懂民族宗教问题，故而其在面临时就可能干脆采取回避、躲避的态度。当前中国宗教学面临着其发展的困境，一些部门包括研究机构或高校的相关领导却恰恰采取了上述回避、躲避的态度；既然不懂且有风险，那么他们就非常简单、一刀切地要减少，甚至停止相关研究，而深知这些研究之重要性的学者却没有权力来改变这种决定，由此反而出现了失去其研究权利的被动局面，其结果则是导致我国宗教学的萎缩、削弱。因此，中国宗教学的发展当下非常需要一个宽松和关爱的社会环境，希望能够多有一些理解和支持；包括相关领域的研究者本身也应该多潜心学问、做好科学的研究工作，而不是自己无所作为却在别人那儿大做文章；如果业内有人热衷于找岔子、钻空子、戴帽子、打棍子，则势必加剧大家小心翼翼、如临深渊、如履薄冰、谨小慎微的心情，不敢探索、难有作为，这样只会严重妨碍宗教学的正常及顺利发展。

就此而论，我们中国宗教学的发展已经到了关键时刻，本来这一学科有习近平总书记和党中央的大力支持，在当前是应该大有作为的。习近平总书记"5·17"重要讲话精神对于我们宗教学界而言是"新春"的朗现，在经历了"早春二月"之冬寒的残留之后，已经呈现出"春风淡荡景悠悠，莺啭高枝燕入楼"的清新之景，所以我们也没有理由退缩，现在应该是激流勇进的关键时刻了。中国宗教学的生存及发展，在最高领导人发出明确的号召之后，则需要宗教学界全体成员的积极行动和最大努力。我们不能坐等"春光"的临照，而应该积极打造出这种"满园春色"。于此，我也有着虽"退岗"但未"卸任"的精神，准备来继续与学界同仁们共同努力，防止出现上述宗教学萎缩这一本不应该的"悖论"。当今学者虽然可能不再有"出师一表通今古"之才，却仍保留着"位卑未敢忘忧国"的情怀。学术之重要，恰如钱穆所言，如欲复兴国家，复兴文化，首当复兴学术，"学术兴则文化兴"①。所以我们在中国宗教学术研究上也需迎难而上、当仁不让；中国知识分子必须要有担当精神，必须意识到自己坚持真理、维护社会正义、对中华民族负责的使命，必须保持"君子人格"及"士文化"核心的风骨、尊严和脊梁。当然，我很清楚"树欲静而风不止"，会有充分的思想准备来迎接今后可能出现的仍然针对当下宗教学科及我本人的那种无休止或车轮战式的"死缠烂打"、揪住不放。当然，我们应该持冷静、合理的应对态度。但只是希望批评者们也能够扪心自问，对其提出的批评可讲讲自己的学术良心，看看是否符合社会公道和公平，弄清楚其想表现的应该是学术公正、社会公义，而不可过于偏离。此外，也衷心希望我们

---

① 参见钱穆《现代中国学术论衡》，九州出版社 2012 年版，序；钱穆《中国学术通义》，九州出版社 2011 年版，序。

的学术界、我们的社会舆论今后应该坚持伸张正义，把握好正确的舆论导向，而有责任担当的学者则更不要持事不关己、麻木不仁的消极态度。最近读到牟钟鉴先生的新作《君子人格六讲》，颇有感触。牟先生强调"重铸君子人格、造就道德群英"的重要和必要，指出"有仁义"乃"立人之基"，"有涵养"为"美人之性"，"有操守"而"挺人之脊"，"有容量"则"扩人之胸"，"有坦诚"能"存人之真"，"有担当"要"尽人之责"。这种"君子人格"所剩不多，的确值得提倡、弘扬。"君子人格""士之风骨"是中国知识分子的"灵魂"所在，不可丢失。

现在我们国家在哲学社会科学领域正突出我们自己的学科体系、学术体系和话语体系建设，宗教学也已逐渐摆脱西方宗教学传统影响而在开辟自己的道路，进入世界学术的中心舞台。自己最近也新承担了"新时代中国特色宗教学基本理论问题研究"课题，这属于国家社科基金"加快构建中国特色哲学社会科学学科体系、学术体系、话语体系"研究专项的重大研究课题，故而深感责任很重、压力很大。本来指望结束现有课题之后，我就不再接新的课题，给自己留下更多的休闲时间。不料"满眼青山未得过，镜中无那鬓丝何。只言旋老转无事，欲到中年事更多"，甚至老年也难有无事之闲。不过，我现在已经退居二线，不再直接面对或要回答一些现实敏感、有分歧的问题了，所以衷心希望能够还给我一个静心、潜心、专心研究学问的外在氛围，好使自己得以全力以赴、专心致志地研究中国宗教学的学科、学术及话语体系，在世界学术舞台上说出我们中国学者的新意。回国以来，我已出版了 30 多部学术著作，发表了 500 多篇论文；我对当前重核心期刊论文、轻学术专著的倾向是颇持保留意见的。回顾哲学社会科学尤其是人文学科，真正在历史上有影响、留得住的还是优秀的学术著作，但现在我们的学术成果评价体系对学术著作过于轻看，有的人觉得"大部头"的学术著作多为"粗制滥造"，还不如一篇论文；殊不知一部严肃的学术著作会是多少篇论文才能构成，会要付出比一篇论文多少倍的心血！甚至如果就学术水平而论，世界上许多学界名家也都是著作等身而绝非"一本书主义",他们的众多著作也多为"精品"且流传久远、影响巨大,并非"粗制滥造",亦非昙花一现。所以说,如果研究者学术水平高,研究认真,写得多也同样会是"精品",应该鼓励、支持、帮助这样的学者多出成果、出好成果;而如果研究者学术水平低,且研究马虎,即令只写出一篇论文也有可能仍是学术"垃圾"。"血管里流出的是血,而水管里流出的只能是水。"并不在于其有多少。而且,有不少科研人才还是在繁重的行政工作下挤时间、钻空子来从事学术研究,更是难能可贵。这里,我们对雷锋同志的"钉子精神",对其"钻劲""挤劲"也会有特别的理解。记得我国内导师被调到院部工作之后,一直不忘其学术研究。那时我每天早上看到他骑着自行车来院里上班,车筐上装着他的书稿等材料,告诉我说,他想上班时忙里偷闲写写他想写的学术文稿,但下午下班时,我见到他推着自行车出门,车筐里还是那些稿件,我问他写了多少,他摇摇头无言以对,表情上透出他的无奈。有一次天冷上班他没有找到手套,顺手拿了一双袜子戴在手上骑自行车,在单位看见我还摆摆手苦笑了一下说,"没想到戴着袜子照样还能骑自行车!"所谓"能者多劳""双肩挑"的学者从事学问研究有着更多的艰辛,其思路经常被打断,文章也只能断断续续地抽空来写。记得我刚当副所长那会儿,耽误自己半小时都觉得非常心疼,但后来也就麻木了,只能给行政工作让步,因为大家的事情丝毫也不能耽误;而自己的研究也就只能找出多少时间就做多少事吧。以前我对自己完成写作任务很自信,但多项科研计划只能延期完成之后给我打击很大,也就再也找不到那种自信了。因此我们对于学术成果不能一刀切,也不能简单地以论文还是著作来分出学术水平的高下优劣。自宗教学奠立以来,我们就一直鼓励要多出成果、多出精品,尽快赶上国际学术界的研究水平。但对于什么才是好的学术成果,一直分歧很大,见解各异,难达共识。当然,在这一领域也不可能达到绝对共识,而更重要的是要建立我们自己的一家之言,形成我们自己独立而科学的研究体系和学术流派。因此,我们宗教学领域的研究者乃任重而道远,气可鼓而不可泄。为了这一使命,二十多年的行政工作也没有使我放弃专业、放下业务工作,而是一直在勤奋钻研、笔耕不辍,在不少研究领域都在争取始终站在学科发展的前沿。而现在又吹响了文化强国的集结号,自己深感仍需放下包袱克时艰、马不停蹄往前奔。

第四章

学术境界的追求

一 以学为生

对我而言，学术研究为自己生命的主要构成，我常说"学术即生活，生活即学术"，以此"立志投身学术"，将学术作为自己的终生追求。所以，我最大的乐趣就是爱书、购书、藏书、读书、写书，以书为伴，以书为乐，视读书为自己生命进程的最基本内容。而且，我也的确经历了"学问变化气质"的重大改变。我把"以善待人，以真求学"作为自己的理想追求，视此为人生之美。当然，作为湖南人，也有自己的湖湘性格。有人描述曾国藩时曾说他坚持"骨头要硬，姿态要低，存心要善"，这或许就是湖湘性格的一种生动写照吧，也是我所向往的气质和意境。为此，我曾在中国社会科学院组织过湖湘读书会，与人合作尝试过创办《湖湘文化》学刊，以及动员在京湘人组织湖湘文化研究会等，虽然这一切并没有成功，但毕竟也透露出我们湖湘学人的心迹。我自己常想，在学术界一个基本的姿态就应该是与人为善、彼此善待。但在坚持我自己的学术观点上则不论遇到多大的压力都会毫不动摇、据理力争，只服从真理；我坚持从不主动"惹事"但也"不怕事"这一原则；在过去十年来关涉我的学术观点之争中，没有任何一次争议是我挑起来的，而对于过于明显的不实之词或负面影响，我同样也毫不动摇、毫无畏惧地亮明我自己的观点，既"有容乃大"，也"无欲则刚"。所以，曾有人觉得我温文尔雅如"上海人"，但在学术争鸣面前却"变了样"！但也有人指出我没有变样，而只是回归了"湖湘人"的本性。学术研究及交流也包括人与人之间的沟通、理解和宽容。对此，我也有着许多让我十分感动及意外的经历。

记得我在20世纪90年代末有一次去美国访问，先是去旧金山大学参加一个学术会议，然后应邀飞纽约去做一个学术讲座。那时还不流行手机，座机电话一般也都留的是办公室电话号码。在纽约的接待单位说好由一位精通中文的办事人员来机场接我，因为那是我第一次去纽约。既然有人接，我也就没有打听具体旅馆地址，平常则是通过办公室电话来联系。不料那位朋友因为临时有事无法来机场接我，故而提前给我在旧金山大学的联系人打了电话、告诉了地址，让我自己打车去旅馆。由于会议事务太多，在旧金山的朋友彻底把这件事给忘掉了，根本就没有告诉我。结果我晚上飞抵纽约纽阿克机场等了一个多小时，不见人接，而打电话给两边的办公室都无人接听。我记得第二天上午十点还安排有我的讲座，着急之间突然想起联系人好像说过住一个带"青年"（Youth）字眼的旅馆，于是我找到机场大巴购票处，请他们帮忙在购票时打听一下具体旅馆，一位女士打开电话簿查到纽约带"青年"字眼的旅馆有近20来个，于是非常耐心地一个一个地电话询问，当打了十来个电话时终于有一个旅馆告诉说有我的预订，此时已是半夜十一点多，这样我终于知道该坐哪趟大巴去哪个旅馆了，算是有惊无险。到达旅馆时已近深夜两点，但总算没有耽误第二天的讲座。从这件小事上我也领略了其服务人员的耐心尽职，第一次来纽约曾留下了很好的印象。不过，也像我们这儿一样，其工作人员的素质是参差不齐的，因为我后来在纽约也遇到过出租车因距离去处太近而拒载的事情。

那次在纽约我第一次进入犹太教会堂观察其宗教礼拜活动，而接待我的正是美国犹太教领袖施奈尔大拉比。他后来在克林顿任总统时期曾作为美国第一次宗教领袖代表团的团长受克林顿委托率团来华访问，而其第一站就是来我们所座谈。当时出于谨慎考虑，院里不让记者来采访，甚至把听到消息赶来的中央电视台的记者都挡在了中国社会科学院

(以下简称"社科院")大门之外。不料出于疏忽，把一个小报的记者误以为是美国代表团随员而放了进来，这位小姑娘记者后来非常得意地在其报纸上发了她的所谓"独家"采访新闻。在那次即施奈尔他们在中国的第一次座谈中，他们就提出了想见江泽民主席的请求，当时负责接待美国代表团一行的是我国原驻加拿大的张大使，在汇报他们的请求后，第二天下午我们就听到了江泽民主席接见美国宗教领袖代表团的消息，这也充分说明我国对中美关系的高度重视。在这次访问初期，施奈尔曾对我说，第一次座谈选在社科院就是为了找到对话的感觉，形成对话的气氛。在他回国后给美国总统所写的汇报报告中，肯定了这次访问，并对中国社会的宗教状况给予了非常积极的评价。此后美国宗教领袖访华代表团的第二次、第三次来华，也都专门安排了与我们中国社科院相关学者的座谈对话。

在 2004 年我去德国蒂宾根大学作学术演讲时，主办方为了表示对我的尊重，特别安排了在讲座开始和中间休息时的室内乐四重奏。当时参加讲座的中国访问学者都感到高兴和惊讶，事后一位北大著名教授和我说起此事还感叹说，自己参加过许多次学术讲座，但这种以四重奏开始的学术讲座却极为罕见。2012 年，美国一所大学邀请我去华盛顿参加学术研讨会，表示如果我能与会，他们将全费邀请我方四位学者，同时会议日期可根据我的时间安排来敲定。在离开会大约只有两个星期时，我突然接到上级通知须参加重要座谈而不许请假出访，我怀着十分不安的心情通知美方，对不能与会表示歉意。但对方是诚心相邀，费了很大周折重新调整了我们在华盛顿的会期，更改了与会者的航班，仍坚持让我参会。这些经历让我深感不同宗教、不同民族和不同国度的人们可以通过学术交流而增进了解、增加友谊，跨越彼此沟通中可能出现的障碍或困境。当然这种礼遇也不可多得，因为这种改变造成的损失可能是巨大的。我还有一次相反的经历，就是日本学者邀请我赴日专题讲演，在已经组织好两场会议、安排好会场、与会人员、回应教授以及给我的往返机票等事宜之后，也只有一个来星期我就该出访了，却也是突然接到通知不让出国；而此次对方急了，打来长途电话询问，当确认我不能出席之后挂掉电话，迄今已四年之久不再理我；我颇知这一结局伤人之深，但也的确无可奈何，只能默默地道歉。总之，在宗教学术研究中，我从来就主张对话而不是对抗、沟通而不是指责、互补而不是排拒、融贯而不是争斗。我深知，因为处理不当而造成的心理伤害，是根本无法弥补的。随着我自2008年以来参加全国人大常委会的工作，学术研究的时间更少了，尤其是出国学术访问及交流会受到一定影响，因而自己也逐渐主动减少了这些与外界的学术交往及合作。但我一直坚信，我所参加的国际学术合作，从我本人来看一直是成功的，也是比较"出彩"的。

2013年10月初我去希腊罗德岛参加了"文明对话——世界公众论坛"，这个论坛有来自世界60多个国家的600多位代表与会，表现出国际社会对文明对话的高度重视，而且，这一称为"罗德岛论坛"的文明对话已连续召开了十一届，以俄罗斯为主，但也反映出世界各地有识之士对这一问题的持久关注和不懈努力。中国这次参会是由宋庆龄基金会牵头，以前中国代表是以观察员的身份与会，而这次则是第一次正式参会。宋庆龄基金会请我出面担任中国学术代表团团长，并在论坛大会作主旨发言，此外还要组织一个专门的中国文化圆桌会议，以及参加与论坛组织方俄罗斯有关人士的工作座谈等。我努力完成了这一切工作，得到了与会者及新闻媒体的好评。

我还积极参加了太湖世界文化论坛组织的国际会议等工作。在中国，特别是在意大利和法国，我们组织的国际学术会议得到了意大利前总理普罗迪（Romano Prodi）、法国前总理拉法兰（Jean–Pierre Raffarin）等国际著名人物的大力支持，在中华人民共和国成立70年之际，拉法兰还被中国政府授予了"友谊勋章"。我参加了这些国际会议的策划和办会工作，于2011年、2013年、2014年、2016年、2018年分别在苏州、杭州、上海、澳门、北京出席其年会，不仅多次主持其大会开幕式，而且也多次有专题发言。此外，我在意大利博洛尼亚、法国巴黎等会议上也有积极的参与。这些学术活动中自然不离宗教学研究，而通过这些研究世界文明的论坛，我们则旨在办好这个促进中外文化交流的开放性、包容性和多元化的高端平台，实质性推动世界不同文明的对话与合作。

摩门教徒洪博培（Jon Huntsman）、米特·罗姆尼（Willard Mitt Romney）近些年来在美国政治中比较活跃，二人先后参加过美国总统竞选。但洪博培在其竞选时曾口无遮拦，竟然提出了"扳倒中国"（take China down）之论，给中国人民留下了极坏的印象。为此，我在美国访问、出席国际会议期间，还专门会见了摩门教的上层领导人士，提醒他们洪博培的这种说法既伤害了中国人民，也会给中国人对摩门教的印象带来负面影响。他们起初还辩解这只是洪博培的个人观点，他有其自由，而不能代表其宗教；但我强调，在中国人的印象中，人们只知道这是洪博培的观点，而这位摩门教信徒的观点在其教内及国内的沉默反应，也可能就是摩门教所默认的观点，故此自然也会给摩门教带来负面影响。对方听后觉得颇有道理，表示会从其内部加强管理，旨在维护或促进这种中美之间的积极交往。我曾去美国杨伯翰大学出席过一次国际学术研讨会，会议主旨发言只安排了我和原来犹他州州长、当时担任美国卫生部长的一位摩门教信徒；虽然当时他带着几个保镖出席会议，但我依然保持了不卑不亢的态度，他为此也表示出对我的尊重。

在提出"基督教中国化"的主张后，我有一次去美国加州大学圣地亚哥分校参加国际学术会议，上午海外学者及宗教界人士对"基督教中国化"之说非常不满、多有批评，于是下午我们组织了专场回应会议，就像答记者问那样，我们回应、解答了中美学者所关心的问题，在"基督教中国化"方面达成了共识。会后国外学者纷纷与我握手，表示理解了我们所言之"中国化"，今后要在这一方面积极合作。

还有一次，我在美国加州大学圣地亚哥分校参加由该校和中国复旦大学联合组织的国际学术研讨会，期间大学请我作了一场专题学术报告，亦非常成功。后来有一次我在上海复旦大学参加会议，复旦大学的党委副书记非常兴奋地告诉我，他去美国加州大学圣地亚哥分校学术访问时，大家都告诉他，说我那次讲座报告是效果最好、反映最好的一场。

其实就在我大概1994年第一次访美出席在俄勒冈州召开的"美国传教士对中国的影响"国际会议时,就曾面对过巨大的压力。在当时上千人出席的大会上,我与美国著名中国问题专家裴士丹(Daniel Bays)教授同被邀请作主题讲演并作大会总结发言,面对众多对中国爱国教会的指责、批评,我力排众议、据理力争,替中国爱国教会说话,伸张正义,支持中国基督徒的爱国爱教行为,获得了大会的理解和许多参会者的认同。我的发言当时"美国之音"也有报道,有着很好的影响。而在21世纪以来我与美国亚联董学术合作期间,也为中国学界争取最大利益,因为其本金的约70%是中美建交之际中国政府作为20世纪50年代没收美国在华教会大学的资金回返,我一直认为这笔钱理应最大效益地为中国服务,为此难度再大也得争取。自中国改革开放以来,亚联董与我国教育部和社科院都有过合作,曾资助过中国许多大学的图书馆建设,而其赞助的中国留学生和访问学者回国率与美国的其他赴美项目相比也是最高的。我认为,美国人民及其基督徒并非铁板一块,做他们理解、支持中华民族尤其是当代中国的工作是非常值得的,也是应该持之以恒的。

中国宗教问题是世人所关注的热点问题之一,为此我还就相关问题接受过不少对话及采访,如美国知名中国问题专家罗伯特·库恩就曾专门采访过我,并写过相应报道。记得有一次是英国广播公司的一位著名节目主持人来社科院与我对话,因为谈得高兴而拖长了时间,于是邀请我去社科院附近的长安大厦共进午餐,饭后负责组织这次座谈的花旗银行亚洲部负责人叫服务员来结账时,没想到饭店只接受现金而不能刷卡,弄得这批外国人非常尴尬,大家东拼西凑总算凑齐了七八百元现金埋了单。记得当时这位花旗银行的亚洲负责人曾对饭店的人说,刷不了卡就别办餐馆了,小心我们把你们饭馆收购了办成银行!现在长安大厦里面果真有了一家花旗银行的营业所,不知是否与此有关。为了摆脱刷不了卡的尴尬,这位花旗银行亚洲部负责人还告诉我他们花旗银行的一位全球负责人在北京遇到的类似尴尬:有一次这位负责人与中国一位部级领导座谈完后请其在国际俱乐部吃饭,没想到国际俱乐部当时也只收现金而刷不了卡，以致这位领导问身边的秘书带没带现金来，好帮助结账。那位负责人只好马上把中国客人请走，而让这位花旗银行亚洲事务负责人留下来处理埋单问题。如今中国人已普遍使用信用卡，刷卡结账甚至可能已为世界第一。这一巨变当时谁能想到呢！我喜欢这种对话、交流的形式，通过不同视域的交汇，会对己、对彼了解得更为透彻。"闻道幽深石涧寺，不逢流水亦难知。"各种观点的交流、交汇或交锋，会使这些观点去伪存真、去粗取精，更加完整和成熟。

在这些学术交往及合作中，许多成功的背后实际上显示的是我的智力、实力，是为中国宗教学发展所作出的个人努力，也是我以学为生的积极结果。我为此而全力以赴，所透支的是我自己的体力和健康，但也为之而在所不惜，从来就无怨无悔。在中国社会科学院建院20周年的纪念大会上，院里邀请杨向奎作为老一代学者代表、经济所的刘所长作为中年学者代表、我作为青年学者代表发言，而我其实与刘所长乃同一届硕士研究生毕业，当我谈起自己读研经历和在社科院老八号楼的活动后，许多社科院的老同志都向我说不像青年学者之谈，我只好如实告诉：我是不得已而当了一次"大龄青年"。光阴荏苒，转瞬又过了20多年，目前在社科院尚未退休的同志中，我或许也已经成为在社科院资历最久者之一了。

当前，人类的宗教已形成"全球性"的发展，中国是"地球村"的一员而不是在其外生存。因此，我们应该认真思考和对待眼前的宗教，看到它不再是中国社会中"被边缘化"的现象。党中央对这一问题也高度重视。党的"十七大"召开后不久，就于2007年12月组织了中共中央第十七届政治局第二次集体学习，邀请我与牟钟鉴教授共同就"当代世界宗教和加强我国宗教工作"问题进行了讲解；报告后还有非常热烈的讨论和互动，胡锦涛同志作了重要的总结讲话。这些年来，我也多次参加一些省市领导组织的中心学习，讲解习近平总书记关于宗教工作的系列指示精神和党的宗教工作会议精神，受到普遍好评。

关于人类未来的发展走向，现在是众说纷纭、看法不一。有人说21世纪是东方的世纪，但我不赞成这种单边之说。21世纪应是东方与西方更多地接触、对话的世纪,双方通过文化互补,最后达到共同发展。相反,现在对抗的趋势已越来越严重,未来发展并不容乐观。我们现在所看到的全球化的趋势,表明了将来的世界文化包括宗教文化是一种你中有我、我中有你的交织在一起共同发展的局面。宗教及其文化不是独立存在的,它与一个国家的社会、政治、经济密切相连。随着"地球村"的到来,世界正在变小,各国家和各民族以及各宗教之间的交往将越来越密切,信息会更灵通。未来的宗教,彼此之间的交融互渗更为明显,更加包容,更强调和平共处,所以,彼此对话、相互理解将成为主流。对话是通途,对立无出路,对抗则双衰。但是宗教或文化的冲突在21世纪也不可能根本消失,宗教对社会政治的卷入,宗教与相关民族的情结,同样需要我们高度警惕和积极防范。我们应该承认宗教是人类精神生活的一部分,看到世界上绝大多数人都信奉各种宗教,这种灵性生命力在21世纪还会延续,甚至在某些方面还会有所发展。宗教诉求及相关情怀在我们当代社会仍在潜移默化地存在和表现,我们一定要以一种自然而平静的心态来看待这种具有传统民情性质的宗教现象。最近在武汉等地突然爆发的新型冠状病毒感染的肺炎,再一次对中华民族形成严峻考验,同时也涌现出许多可歌可泣、令人感动的英雄事迹。而其中有一个细节也无意显露出宗教意识之在,即为抢救病人而在武汉夜以继日抢建的医院以"火神山""雷神山"命名,实际上也表露了民众为战胜疫情、消除病魔的一种独特祈愿,是一种精神安慰和期盼,而其名称中蕴含有中国传统宗教信仰的潜在之意,亦是不言而喻的。人类迄今并不能彻底摆脱这种超越物质意义的精神需求和心灵寄托,中国人亦不例外。而且,我们也清楚地看到,在历次抗击灾害时,如汶川地震和这次抗击新型冠状病毒疫情等,我国的宗教界都是多次慷慨解囊、积极送钱送物来支援;对于党和政府的相关要求和规定,我国爱国宗教团体也总是自觉服从、认真执行;而我们的社会也理应对之有公平、合理的评价,不可"铁石心肠"对此无动于衷。这也是我反复强调要"善待"宗教的原因。正确对待宗教是中华民族社会和谐的需要,也是建好人类命运共同体的需要。所以说,相关宗教灵性认知的元素在中国社会中的潜在乃是无法克服、也没有必要去克服的。对民族精神要素的体认，则必然会有中国文化传统所倡导的"家，国，天下"胸怀及超越自我的精神境界。

二 整体圆融

中国文化是"海纳百川，有容乃大"的文化，"开放""吸纳""融通""整合"为其显著特色，由此达其"圆融""和谐""和合"之境界。我们自己首先要有"中国"意识和定位。"中国"一词的最早表达来自西周初期的青铜器何尊铭文，记载武王灭商后"余其宅兹中国，自之薛（乂）民"，《尚书》也有"华夏，谓中国也"的记载。自从具有"中国"这种自我意识之后，中国人的文化性格、文化特质则成为我们要找寻、要论证的。这其中就需要一种对比、沟通，以达其整体圆融。因此，这种学术本身也是一种理解的艺术、沟通的智慧。尽管会有人对之不解、误解或不屑一顾，我们认准目标，就应该坚持到底。受东方传统的智慧启发，在宗教及其他哲学社会科学研究的思维方法上，我特别主张一种"整体思维"。研究宗教，必须从一种人类大文化的角度来阐述，以一种统摄世界的整体思维来审视，这就涉及人类文化、文明、思维、语言、方法论等方面的问题，其基本精神就是要对人类文明加以整体审视，防止以偏概全。而对宗教文化的认识，也需要在这种整体思维的框架中来展开。因此，这一审视需要古今中外思想认知的全面会聚及有机结合，形成在人类精神意蕴上的综合与总结。这种整体圆融的思维基于包括中国的东方智慧，以弥补西方思维中"二元分殊""二元对立"之不足。未来我们将力争在这一方面能有更多的开拓，取得更大的进展。中国智慧不仅清楚"二元对立"，而且更强调"二元关联"，中华"太极"文化的奥妙就在于对立双方的有机共构，不可分割，即"阴中有阳、阳中有阴"，并没有绝对的阴阳分殊。"天人之际""无有之间"是一种关系的共构，故而对立统一。西方思想乃对立论、"一分为二"，中国思想则为关系论、"合二为一"。"道生一"是"从无到有"，"一生二"为"对立统一"，"二生三"指"间性关系"，因"三"而使"二"得以关联、达成共构，成为"三位一体"，所以，"三"乃代表着对立、分离之"二"得以整合共在的"关联""关系"。"二"无"三"而分殊、孤立，"二"成"三"则可"三生万物"，形成一切关系、变化、发展。这里，"三"乃代表着"道成肉身""无成为有"这种对立转化得以发生之"成"，中华文化即一种"大成"智慧，其重点关注的即对立、分殊的"二""之外"或"之间"使其"二"得以成为一体共在的"三"。对立双方加其关联之"成"即为"三"。"三"即"二"之间变化、发展、生成的关联过程，为其动态的呈现，反映出中华思想文化原本就有的辩证意义。这里，中国的思维就是把其重心放在对立统一、二元共构得以实现的"三"所代表的"关系"、所表达的"成为"之上，揭示"三生万物"的奥秘之所在。正是这种"三"之关联才实现了"圆融"，达成了"整体"。

为了推动这种整体思维，以之来审视整个人类文明的历史、发展与现状，我最近还提出了一种"擘雅"理念，组织"擘雅研修"，希望中国学者在做各个领域的专家、大家之际，也应充分体现出其"文化味"和高雅情趣，表达出"巨擘雅趣，品书院聚"的志向。当代世界的科技发展、视野开阔，使人们更加综合性地来观察、分析、研究我们人类视线可达的世界，把自然现象、生命现象、精神现象作为一体共构、主客交融的世界来对待。因此，学科分殊也只是相对性的，人们既要看到其专业性，却也不要被其范畴局限。这样，我们审视、研究宗教也应该持有这种境界，有更博大的胸怀。世界除了其存在之真，也有其审视之美，而以一种柔性思维、弹性观念、宽容心境来对待我们的在之真和观之美，这就是善。人生做到"水穷云起"（王维诗云"行到水穷处，坐看云起时"）、"潇洒任运""善待共存"，即乃"上善若水"之境。

宗教在其信仰、教义上倡导一种超然的审视，但同时也承认人世的相对和有限，因此对其矛盾、冲突亦不应回避。在"神""俗"之间乃"圣"，所以许多宗教都追求一种"圣人"境界，或称"圣徒"或为"圣贤"，这样在现实与超越之间就有路可寻，鼓励大家具有"筚路蓝缕，以启山林"的开创精神。宗教存在是超然与今世、理想与现实的复杂共组。对此，我们用"礼之用，和为贵""远人不服，修文德以来之"等"中国经验"对当今世界或许会有一定启迪。具体而言，在解决宗教冲突的过程中，除了实实在在地解决相关历史、社会问题之外，还必须倡导积极的宗教对话、包容的精神理解、和谐的信仰共存。只有这样做才可能保持社会的平衡，促进和谐社会的构建。因此，我对于如何处理好中国社会与宗教的关系，有着"开放性""开明性""疏导性""对话性""包容性""化解性""理解性"的认知态度，在具体管理举措上则主张"规范化""有序化""公平化""透明化"和"法治化"的应对办法。让宗教"在阳光下"存在，应该对之"拉进来管"，而不要使之"推出去乱"。我们应该肯定宗教追求升华的精、气、神，鼓励其在社会上推动真、善、美、圣，承认其向往超凡脱俗、止于至善的高雅情趣。在中国文化氛围中要善待宗教，尤其是善待承载着中华信仰精神的儒家（或"儒教"）。我们的文化复兴要"复根"，要留住中华民族精神之根。在精神、文化方面，我们的社会已经提出了要"善待宗教"的说法，这就要求人们对宗教应该"体现尊重""注重包容""彰显平等""积极引导"和"有效保护"，这是对宗教非常积极的理解及管理态度。我们应该顺着这一思路将之贯彻，使之落实。

　　我在研究宗教中还有一种主张，即尽早让宗教"脱敏"，使我们的社会能以一种"平常心"来看待宗教。尽管四十多年来吃尽了这种"敏感"的苦头，却仍然是"不忘初心"。不过，有人也认为宗教问题根本就不可能"脱敏"，强调只有当宗教没有了，其敏感也才会真正消失。如果是这样，那就只有一直与宗教保持张力吧，由此恐怕也就没有什么"和谐"社会可言，而只能始终处于敏感而紧张的社会氛围之中了。其实，宗教本来就是普通老百姓安身立命的一种正常生存方式，是中国人精神生活的有机构成。当我们要求"大力弘扬民族精神和时代精神""丰富人民精神世界，增强人民精神力量"时，只要引导得当，信仰及宗教是可以发挥其积极作用的；而想根本消除民众的这种精神状况则几乎没有可能。同理，我们"建设优秀传统文化传承体系，弘扬中华优秀传统文化"，也必须涵括信仰及宗教。我们没有必要在信仰及宗教的问题上与自己的文化传统和当今社会现实过不去，也没有必要在这种认知及实践中与全世界绝大多数信仰者过不去。实际上，当代中国人中之所以会出现贬低宗教的现象，一个重要心结就是不少人坚信中国古代没有宗教，认为宗教就是外来的。其实这种看法根本就不符合事实，而且也没有历史根据，站不住脚。针对这种观点，我近年写过《中国人的宗教信仰》一书，对之摆事实、引史料，加以具体分析和评论。没想到此书很受欢迎，出版后已多次印刷，被翻译成英文后在国际上也很受关注。目前我有多本独著或主编的著作被译成英文、德文、越南文等，自己的学术观点之影响正在不断扩大，因而也欢迎更大范围的各种回应、商榷和批评。

我觉得，在当前中国社会主义制度下，我们的党和政府当然没有必要以行政手段来发展宗教；但面对今天已经发展起来、而且在群众中已经占有一定比重的信众，我们对之是"统"还是"分"，是"和"还是"斗"，是"疏"还是"堵"，是"拉"还是"推"，则会检验我们的执政理念和实践智慧。我认为，"宗教作为政治力量，应该成为我们自己政治力量的组成部分；宗教作为社会系统，应该成为我们当今和谐社会的有机建构；宗教作为文化传承，应该成为我们弘扬中华文化的积极因素；宗教作为灵性信仰，应该成为我们重建精神家园的重要构成"。不少人不同意这种说法，认为宗教从其社会性、文化性以及灵性等方面都只能是当代中国社会的消极面和负面因素，只能逐渐被"淘汰"而决不可以得到"弘扬"，故此实际上也就无法"积极引导"。所以，他们认为在今天中国社会主义社会中对宗教的贬损、否定、消除和批判乃理所当然，是其正能量的表现。仅从目前的表面舆论来看，在这种理解中，我可能仍然是处于少数派的地位。但我不觉得自己的理解有问题，因为我们过去对待宗教已经习惯于"斗""批""打"，"否定"宗教远比"肯定"宗教来得容易，但带来的负面效果及损失却会更大；尽管在处理宗教事务中的"极左"态度已经在过去给我们的事业带来了严重的损失，但许多人仍然"宁左毋右"，有着习惯性的"左"倾。

这种看法及做法将来会给我们的社会发展带来潜在的危机，但对之察觉或认识到的人仍然不多；故而这也是我深深的忧虑之所在，但愿是"杞人忧天"吧。

或许，也有人认为在当前世界走向对抗的时代就应该"丢掉幻想，准备斗争"，甚至有人预言在未来十年或二十年之内可能真会爆发战争。既然"战争"作为"流血的政治"，就不再有那种绵绵温情、优柔寡断。其实国际形势并非那么简单，也没有泾渭分明、一清二楚的国际关系。最近美国定点清除伊朗"圣城军"指挥官苏莱曼尼，以及伊朗随之"报复"而导弹"攻击"伊拉克美军基地，个中奥秘及微妙希望大家能够看出或悟出一些端倪。包括最近美国"涉港""涉疆"等举措及我们的回应，都值得认真研究和深思。但无论什么未来或结局，我们自己练好内功、真正团结才是最为关键的。在"二战"时期，曾坚决反对宗教的苏维埃政权也果断地调整政策，转而支持东正教会与政府合作。既然宗教有着这种潜能，那么我们为什么就不能高瞻远瞩、未雨绸缪呢？即使从最简单的优选法来看，团结、引导宗教都要比敌视、打压宗教要更强、更合算。所以，见仁见智都需冷静的审视、琢磨、权衡、掂量，一步若错则可能步步皆输。这样，时左时右或是左是右，还会有颇为复杂的博弈。在一种见风使舵、随波逐流的世风下，我深知自己的坚持和执着可能会有着意想不到的困难及艰辛。既然如此，我也会坚持走自己的路，让别人去说吧，历史自会作出见证，无须个人去徒劳折腾。在此，当然应该凸显出中华文化传统中君子的人格、君子的风骨。

或许，上述想法无意高估了自己。人之评估，采用何种参照系加以比较才会知道重要与否。地球在遥远的飞船镜头里只不过是宇宙中一粒微不足道的尘埃，而原子在微观世界中却又有无限的涵容。记得自己在德国北部的沃尔芬比特尔中世纪与近代经典图书馆做访问学者时，一到周末就有了一种孤寂的恐惧感，因为小镇的人都度假去了，整个镇上空空荡荡，了无人迹，只剩凸显的个我，不由得联想起其镇名之中的"狼"（Wolf）字在古代与荒郊野外的关联，直到镇中心看到有个别游人走过，才有些许安慰。而回到北京尤其是到王府井的步行街走走，立马就想到自己不过乃漫漫人群、碌碌人生中的一员,是不足挂齿的"小小的我"而已。帕斯卡尔在其《思想录》中也曾论及人的无限与渺小,感慨其伟大与微不足道。于此则忽然想到"虚名白尽人头,问来往,何时是休。潮落潮生,吴山越岭,依旧临流"的感悟。

掩卷细思,自己已经走过人生的大部历程,所余时间显然不多了,但需要做的事情仍然很多,所以必须集中精力做"应该""可为"之事。对此,人贵有自知之明。"我知世无幻,了无干世意。世知我无堪,亦无责我事。"我希望自己今后的研究能够更加"超脱"一些,如此,所余人生或许也就能够更加"洒脱"一些。而这可能仅是自己的一厢情愿、难切实际,但至少能有这样一种愿景为己参考。我希望能够以整体之视域来更深入、更思辨地考虑一些与宇宙、人生、精神世界关联密切的哲学、信仰之类的问题,其中"宗教"也只是一种考量而已,应将之置于多维文化之中来鉴别、定位。当然,任何学理性思考作为一家之言都不必去奢望其社会影响、现实作用,自己还是应该持有"只管耕耘、不问收获"的平常心态,集中精力做好自己在做之事。中国文化传统相信"谋事在人,成事在天",天若成其事则可达"天人合一""天人一体"之境。此即中国文化所追求的最高境界。人类的基本学问就是"究天人之际",而按照钱穆先生之言,"天命"若能与"人生"和合为一,则达到了最高贵最伟大的"天人之境"。中国古代人正是把"天即是人,人即是天,一切人生尽是天命的天人合一观"视为一种宗教信仰来对待。中国人之所以如此,正在于现实中的真实"人生"毕竟很难与"天命"绝对吻合。虽然许多结局乃"天命"如此,却并不尽"人意",非人之真正所愿。所以,"天若有情天亦老,人间正道是沧桑",世人故也只能是"尽人事,听天命"而已。既然有"天命"之"约束",人也就不可过于奢望,而应该意识到自己的历史定位及可能局限,在尽自己最大努力之际,与时代的需求密切结合起来,以达顺应"天命"之效。任何成功,都不离天时、地利、人和之主客观条件。我们要把"有所为"做好,在"有所不为"上持一种洒脱之状。一个人的能力有限,但不能因为有限而不去努力、不去争取,而必须有

"谋事在人""尽人事"的责任意识和积极作为，同时也以冷静之心把其结果留给"成事在天""顺天命"。为此，在中国文化精神的理解中，人的存在及其境界就是要以"道法自然"的生活态度来面世，由此进而去体悟或感悟精神上的"超脱"及"超越"。

（原载卓新平《信仰探索》，首都师范大学出版社2015年版，本文有补充。）

下编
会通：学友文序

第一部分　致辞

一

营造读书氛围，为重塑中华之魂提供气场

新年伊始，有这么多朋友来社科书店参加读书沙龙，真是很感动。这些天发生的一些事情，使我联想起自己在学术层面的许多所闻所感。一是媒体报道中国近些年来已有上万家书店倒闭、关门；二是最近在上海听说复旦大学的哲学教师张庆熊先生面对空无一人的教室而震怒，因为本应听他课的三十多位武警学员为了给电影《色·戒》男主角在复旦演讲的场地维持秩序而集体缺课。我们中国今天的物质生活确实已好了很多，国民生产总值也占到了世界第二位，但我们的民族魂在哪里？我们的精、气、神是什么？好像没有太多的人在关注，而对之较真的人则更少。党的十七届六中全会号召我们要弘扬中华文化，推动文化发展和文化繁荣。但我担心的是人们好像把重心转向了对文化产业发展的关心，而真正开始风行的也主要是通俗文化、功利文化，至于具有精神底蕴、思想深度的文化追求却未得到真正的重视。今天的读书风气受到了网络文化、网络阅读的冲击，整个社会的读书兴趣下滑已是不争的事实。虽有号召社会读书的呼喊，但其效果仍然不尽如人意，对读书的社会关注从宏观来看也很少很少。我们今天的社会转型时期也是中华民族的精神回归、灵魂重塑的难得机遇和关键时刻；因此我们的社会媒体和大众舆论应该被引向对全民读书的提倡及拯救，而不要将主要精力放在具有"煽情"特点的吸引大众参与，甚至倾心于娱乐"选星""创星"和"捧星"的宣传。可以说，我们要想真正提高中华民族的文化气质

和精神境界，能够自豪且具有竞争力地自立于世界文化之林，则有必要呼吁、号召全民读书，让社会营造出积极的读书氛围，尤其是让越来越多的人读高雅之书、学术之书，以便能为重塑中华文化之魂、体现我们的文化自知、自觉和自强提供必要而有利的气场。

就我们学术圈的人士而言，则应有强烈的责任感、使命感。我们现在谈得较多的是要创新、突破，要出新思想，达到高水平。其实，这首先需要有"百花齐放、百家争鸣"的学术活跃，然后才可能出真知灼见，有创新思想。所以，我们的创新一是需要突破国外的模式，目前这种模式对我们的影响实在太大，甚至已经束缚了我们本来应该已经活跃起来、可以获得解放的思想；二是需要突破传统的模式，对于自我传统之深厚积淀的偏爱不能泛滥为溺爱，我们在处理、对待自我的传统时必须张弛有度、弃扬适当，持有开放、进取心态。只有在参考并超越这两种模式的前提下，我们才可能真正做到有所创新，走出一条适应当今形势的新路。为了真正实现我们的学术创新，我想，我们应该努力的，一是在学术标准上门槛要高，强调高雅的学术品德、形成良好的学术风气，坚持科学的学术方法，具有严谨的学术态度；二是在学术探索上门槛要低，提倡"百家争鸣、百花齐放"，让学者有思想性、发挥想象力，对其研讨的事物持有好奇心、怀疑态和惊讶感，允许学者有"奇谈怪论"、发"奇光异彩"。那种在学术问题上给人戴帽子、打棍子的做法，只会把学术研究逼上绝路，让思想火花熄灭，尤其是在我们社会科学院，应该对这种窒息大胆学术探讨的"文化大革命"遗风坚决说"不"！作为学者，我们的学术实际上就是我们日常生活的主要组成部分，学术已经成为我们的生活方式、生存态度、生命感受，也带给我们精神享受，折射出我们时代的文化写照；而且，学术追求让我们能够形成这一人文社会科学研究群体，表达了我们的社会共在和思想共识。所以，我们这些人所表现出的爱文化、爱学术的忘我精神，就好似有着一股宗教般的激情。"文以载道"，这已是我们安身立命的生存现实和人生境界。中国学者是我们中华民族文化探究的先行者、摸索者和保护者，我们为此也应有一种文化追求上的殉道精神、创新意识，要敢为人先、勇立潮头。

这次组织读书沙龙，我本来只是想为了促成它而出点微薄之力，将自己最近完成的一套学术散论丛书送给大家笑纳。没想到社科书店的黄老师和读书沙龙的组织者却要让我讲讲，不由得使自己害怕是否有自我炒作之嫌，更怕大家由此而笑话我自不量力。其实，这些散论的确很散，不足挂齿，不值一谈。当然，它们也反映出我自己学术生活的一个侧面，揭示出看似苦、累或复杂的学术活动给我带来的一种乐趣、充实和收获；或许，这也说明学术应从点滴做起，同样能在这些点滴中折射出学术的觉悟和真谛。通过这些散论的表述，我得以把自己零碎的做学问时间连成了一线，已使我的读书、谈书和写书乐趣串在了一块。

在这六本散论中，《学苑漫谈》是讲演集，其实质是与众人一起读书、谈书、评书。我的体会是与众人谈书能使我们作为脑力劳动个体户的研究者不再孤立，也驱赶了孤独，在群言中能集思广益，受到启迪、感染和鼓励。在讲演中可以感受校园气氛，获得那种教学相长的惊喜。今天社会相关阶层已在形成"读书班"之风，各种形式的读书班、读书会异彩纷呈，而我的所谓讲演也大多是这些读书班给我提供了机会，结交了很多知音。这些读书人来自各个不同行业，虽兴趣各异却共有求知兴趣，而且大家的文化层次都很高，志向也极为远大。我基本上是三句话不离本行，几乎每次都是讲宗教，但所触及的有不同宗教和不同宗教层面，以及其广延的社会、文化领域，悠长的历史、现实延续。讲演的准备就是一个多读书、猛补课的机会，让自己体会到讲"一碗水"和准备"一桶水"这种比喻的意义。其实，这些讲演并非独白，而是有问有答、有碰撞、有回应，讲者同样有许多意外收获和知识上的提高。如果时间允许，我很愿意参加这样的讲演，由此让我和大家多了许多讨论、交流，也获得了求同或达和的共识及共鸣。而且，在人们对宗教探讨感兴趣、对宗教问题有思考的氛围中，我们这一边缘、敏感学科的从业者就不再感到孤单，而是获得了学苑、家园的温暖。

《以文会友》是序文集，这实际上就是读书心得、读书札记，而且对我来说也充满着成为学界朋友新书第一个读者或最早读者之一的那种"先睹为快"的快感和愉悦，虽然写"序"是给别人看的，在一定程度上起到一个对此阅读的介绍、引导或导读作用，但"序"者必须首先是其"读"者，"序"即读后感，因而其本身就是一种思想、观点的沟通和交流，文人以"文"会友，这在写序的过程中对此感受特别强烈。这些"序"本身就是与读书密切关联的学习、领会、消化、融合的过程，从"读"而走近作者、体会作者，进而以"写"来与作者对话，其中有回应、有争论、有悟出的新意、有"接着说"的延续。"写"是有感而发，言其理解、领悟、联想，以及所受到的启发和自我思绪的发挥。自己在给中国宗教学领域的这些学者朋友新作的写序过程中，可以深刻感到中国宗教研究自我国改革开放以来的不凡历史、曲折过程。尽管这里所涉及的著述和以此为主而有的感触不过是反映这一当代中国宗教学创新发展的"吉光片羽"，仍能让人们享受到这伟大时代的独特"光辉"。宗教学著作的出版非常不容易，几乎每本书在问世前都要经历审读之关，多有波折。而我之所以会不自量力地去写这些"序"，实际上也有在宗教学界"见义勇为"的原因，即设法去减轻这些作者们"闯关"的难度，尤其是给我们这一领域的学术新秀们多一些鼓励，多一种支持。

《心曲神韵》是随感集，书名受到泰戈尔一本诗集中译名《心笛神韵》的启发，"心曲"虽不成悠扬的"笛"声，却也是自我思绪的自然流露，而且自感也在追求那种思无所羁、旨在超越的"神韵"。这些文章大多是"逼出来"的"急就章"，而且不少还是在即席发言之后的回忆补记。其写作场景也多在机场休息室、长途飞机上，以及开会的宾馆和出差的途中。不过，这种随遇而发、随感而言却是自己真实思想和学术见解的自然陈述，在其"自然"之中仍有"道法"。宗教学在今日中国是"可道"之道，却也绝非"常道"。随感、断想、意识流、沉思录，是颇有文学色彩的哲思，这些"小文"可能谈不上"文雅"，却有着爱智求睿的努力。它们反映了当代中国宗教研究的不同"场景"和这些同仁们聚会时的学术氛围，折射出相关学者的学术性格及性情。在写作这些文章时，我的立意为"文"小而"志"大，以学者的眼光和笔触论及社会文化中的不少热点问题、敏感问题，对物质层面虽实而精神层面仍虚的现状发点议论、做些补救,而自己的思想聚焦也表达了自己的明确态度和期盼。因为没有真正把握能否以微薄之力来促进我们社会的美好发展,故而只能以己之"心曲"来求社会共识、精神共享的"神韵"。

《间性探幽》是对话集,从两人谈、四人谈到众人谈,旨在"间"性(Between)中深层次地了解对话的双方,在细微之处来"通幽",实现彼此的真正"走近"。人类社会的矛盾、冲突虽多为政治、经济、民族、宗教等原因,却也不乏双方不解、误解的复杂因素。人与人之间,往往会有理解难、"难于上青天"的感叹,到处都会有误表、误听、误解之存在,故此才有解释学被视为理解的艺术之原端,我所取的书名受到去年贺岁片《非诚勿扰2》片尾曲"最好不相见"以及由此流传的六世达赖喇嘛仓央嘉措"但曾相见便相知"等诗文的启发。所谓"相"就是"间"性的动态表达,"间"为关系定位,为空间性布局,"相"为关系互动,为时间性变动。人际相遇的最多方式即"间"性对话,"间"性沟通,进入这种"间"性是一种未知,也是一种冒险,"间"性之"相"就是这种探险之旅,其体验可能是"苦涩",是"随缘",也可能是"乐趣",是"喜悦"。今天中国社会对待宗教的态度,在一定程度上反映了对宗教的不解或误解,许多人不去细看、洞观,没有对话、沟通,而盲目地并单边地批判宗教,否定宗教。而要解决这一问题,则有必要把当事人拉入宗教与世界,尤其是宗教与中国的这种"间"性之中,并让尽可能多的人们听到其"间"性对话。我希望这种对话是敞开的、澄明的,以对话来求得人间真谛、真道之在,这样让我们在对待人生、社会和宗教时,能够更真实、更客观、更透彻、更开明一些。

《西哲剪影》是以"爱智"为题而对我所特别感兴趣的西方哲学家加以素描,其中也多触及我所关注的宗教、无神论等问题,思想、理论的形成要靠人,会体现人的个性、特色。人是最重要、最主要的创造者。所以,我个人认为思想虽会形成体制,却要靠思想家个人的追求,是一种悟、磨的慢功夫,其开窍、解蔽的偶然或必然很难事先构设。所以在思想领域做集体项目很难成就思想大家和严谨、统一的思想体系，这基本上是个体户的行为，是人之个性的奥秘，而且其在文史哲的创新中颇为普遍。当然，这一领域的资料整理、历史勾勒可以靠集体攻关、联合项目来实现，它主要是积累、搜集、回顾和反思，而思想学术创新则可能主要由个人来完成，靠一种学术个性的历练。所以，在西哲研究中我对作为个我的思想家、哲学家会油然起敬，深深感受到其孤独中的伟大，佩服其单行独立而达到的成就。在谈到中国思想文化发展时，有些人认为中国思想的前途乃在于摆脱宗教、进入哲学。但以我在研究西方哲学家中所得到的体会来看，宗教与哲学在方法论上会有一些区别，但在人类所向往的终极追求、超越境界上却并无泾渭分明之别。因此，在阅读、理解西方哲学家时，我们有必要细心关注科学、哲学、宗教这三大领域的复杂关联，它们之间的历史冲突有些是认识层面的，但更多的往往是政治层面的。所以在探究人类之谜、宇宙之谜等终极问题时，要慎言它们的根本区别，应多找其复杂关联。除了探究西方哲学家的思想，我也喜欢窥视这些人群的人性。而其学术与人生的结合，则往往可以用"苦难辉煌"来表述。他们多有悲惨人生或孤寂人生，与他们的思想成就及其广远影响截然不同。或许，这也给我们研究哲学的人带来一些"同病相怜"之感，当然也会因其"哲学的慰藉"而得以超脱、释然。思想家往往是孤独、孤寂、孤立的，和者甚寡，高处不胜寒。但同样也能"会当凌绝顶，一览众山小"。所以，做哲学家必须要有"水穷云起"的胸襟，在复杂的现实中要寻求"空谷幽兰"之隐。达不到此境或心力衰竭则有可能步入抑郁或精神崩溃的险境。西哲中有些哲学家成功了，但他们也真的把精神搞垮了。当然，写这些人物剪影的目的，也是希望不知哲学有何用的社会对哲学、哲学家能有一些理解和宽容，允许他们在思想之探上单行独立，书真知灼见。我们需要中国当今的伟大思想和思想家，所以希望大家爱智慧、爱哲人，让新的思想能够脱颖而出。西方政客撒切尔说到中国当今发展时曾安慰西方世界说："你们根本不用担心那个'大国'，因为它在未来几十年，甚至一百年内，无法给世界提供任何新思想。"这种表述可以反映西方舆论在对华态度上的一种精神、心态上的狂傲。我们要迎接西方在文化软实力层面上对我们的这种挑战，使撒切尔之类再不敢如此胡言。

《田野写真》是由四个调研报告及其附录构成的调研集，基于今天中国宗教及宗教研究的现状讲了自己想说的真话，提供了一些话题和思考，力求悟真、求真和写真。当代中国社会已有许多新的发展、社会结构发生了变化，社会阶层出现了重组，社会文化产生了转型，人们的生活、追求和心态也与以往有着明显的不同。所以，我想从一个宗教专业研究者的角度来试图真实地观察、描述今天的社会变迁，更好地促进我们的社会建设和文化发展。我的一个深切体会是，宗教是人们鲜活的生活，既有传统的积淀，也有当今的体验。中国已是中国共产党执政七十年的国家，中华人民共和国成立后我们社会、政治上的变化实际上告诉我们对宗教的批判"已经结束"。马克思主义经典作家的宗教批判在根本上立足于社会批判、政治批判，而不是宗教批判本身。如果今天仍强调中国的宗教"不好"或"落后"，则实际上在指责我们当今社会"不好"，认为是社会"出了大问题"，其实质则是要破坏、重组这个社会。我想，我们今天的宗教研究，是为了呵护、建设我们的和谐社会，是使我们的执政党有尽可能多的朋友和同盟军，而不是制造分歧、挑起矛盾，让社会陷入内乱。这里的确有一个如何思考、构设我们今天文化战略的问题。今天对中国宗教究竟应怎样看、怎么办的问题，目前分歧很大、争议尖锐。我们学术界是弱势群体，并不占有话语权。但我们的立足点应是尽可能让我们自己的社会和谐，使我们的文化有其自知、自觉，让中国的国际地位稳固，消解内外阻力，力争长治久安。对此，我谈了一些自己的想法，涉及一些前沿领域和敏感问题，讲了不少真话。中国社会在今后五至十年乃非常关键的发展时期，从文化战略和文化软实力构建的意义上，我想从中国之"士"的角度，以知识分子的良心，出自对国家发展的关心，在这关键时刻理应直言、敢言。当然，我的所言也是开放性、商讨性、探索性、前瞻性的，欢迎回应、辩论、批评、补充和完善。我们真正应该做的，就是回到社会真实，找出指引方向的真理。

在当今中国社会转型时期，更需要学术界对社会发展的人文关怀。

文化发展不能只盯着通俗文化、仅注重文化产业，而要竭力提高大众文化的品位，升华民众的精神境界，否则"通俗"就会蜕化为"庸俗"，文化"物化"而只剩躯体、没了灵魂。我们社会的"物质"发展已经达到相当高的程度了，而文化精神的支撑却明显不足。我们迄今只有思想输入，很少有思想输出，而能够输出的那一点点也是我们的老祖宗所留下来的，吃的是老本，而没能立新功。目前我们已从资本、资金、技术和产品等的输入转向其对外输出，但对我们的文化弘扬、国家影响真正起支撑、决定作用的应是思想的输出，是给世界提供中华民族的精神财富，形成我们国家真正起作用的核心竞争力。我们的社会整体建设一定要防止外表华丽、内部朽坏、有体而无魂的窘境。我们今天强调文化精神意义上的"固本化外"，但究竟有哪些"本"需要"固"，有哪些"外"能够"化"，都并不十分清晰。在一定程度上，我们的文化发展可能会陷入盲区，在其方向的辨识上仍然非常模糊。党的十七届六中全会精神给了我们文化发展的指引和警示。而今天在相关领域的理解或解读上对之尚有偏差，也不能排除会出现偏离的危险，结果可能会失去中国文化重建及繁荣的这一大好且重要的时机。我们的社会今天仍然没有根本改变轻人文、少读书的状况，人民群众对文化的需求虽然正向着多元方向发展，但文化流俗的嬗变却使不少人离维系社会共在所必需的精神追求已越来越远。媒体推荐的、大众接收的已越来越多是"快餐文化""娱乐文化""广告文化"和"作秀文化"，表面华丽娇艳，却缺乏精神灵魂。当前我们的文化战略并不十分清楚，相关文化举措中也缺少精、气、神的构设。所以，我们决不可因为今天表面上的多元文化繁荣而产生"莺歌燕舞"的陶醉，而需要有"危机四伏"的警觉。回顾百年发展，我们对自己的传统已破坏得太多，从外面的文化中也引进得够多了，但在构建自己的新文化、形成当代中华思想精神体系上却做得太少太少了，今天社会生活中出现的"少德""无道"现象，已在不断敲响警钟，甚至已有震耳欲聋的音响效果。我们今天文化佳境和文明优势的形成，不能靠任何"文化工程"来简单地突击完成，而必须是不断熏染、润物无声、潜移默化的结果。这在很大程度上依赖于全民提倡人文精神、关注人文发展的社会氛围及共有气场,因此,我们要向全民提倡、推广读书教育、博雅教育,培育我们民族的优雅精神,形成我们民众的"重文"气质。一个民族如果灵魂脱体、精神朽坏、素质下降,其再强大的外壳也难以避免其坍塌。所以,今天的文化发展及文化繁荣,其核心应是弘扬文化精神,关键在于找回中华文化之魂。为此,中国的读书人群体必须坚持并力争扩大,我们的书店应坚持为中华民族提供精神驿站和思想家园,使我们的文化创新努力能不断得到知识的调适和充实,能够思域开阔、博采众长。在我自己所从事的宗教学研究领域,我是在以"守土有责"的学者使命和义务来坚持读书、写书,希望从宗教这一领域切入我们的文化关注及文化战略,旨在理顺我国社会、文化中的宗教关系,维系并发展中国的和谐社会。必须坦言,这领域"水太深""雷太多",难以坚持却也贵在坚持。在这敏感雷区四十多年的摸爬滚打中,自己也留下了不少断想和散论,结集在此,其意蕴是既向大家求教,亦向大家求助。

我对社科书店的心语

藏于深巷的社科书店,对于学者来说具有独特的吸引力。来这儿觅书,具有一种曲径通幽的感觉。多彩的图书,持续着我们求学的激情;典雅的环境,带来了我们心灵的幽静;从这里我们走向博大的寰宇,回归深邃的颠境;我们以品书来究天人之际,悟道德之蕴,思虚实之意,获存灭之理。在这里我们徜徉于梦想与真实之间,求性本之透,避空幻之破,在水穷云起中直面世界,穿越江湖,超越自我,升华心灵。所以,社科书店以其知识的厚重、精神的富庶而持久地吸引着我们这些书乡的游子,是我们人生之旅中休憩的驿站,静谧的港湾。在社科书店这一神圣与真实之界,永存有我们的仰慕和敬意。

(本文系作者2016年初参加社科书店沙龙的发言讲稿,原载黄德志主编《书香岁月》,中国社会科学出版社2018年版。)

二

博学多闻　培养学术兴趣

　　研究学问是我一辈子的志趣所在，也已经成为我的本能、我的生命活力之彰显。"学术即人生"，舍此无奢求。要说我在治学方面的体会和经验，其实也没什么玄妙的道理。首先，就是要博学多闻，培养学术兴趣，打好研究基础，形成敏锐的观察力和发现问题的能力。好奇心是人之探究的精神根源，其被世界的奇妙所折服而产生出的惊讶感，则乃人之信仰的主体根本。好奇心和惊讶感遂为人之"天人之究"的巨大动力。而人的理性则让人的研究得以冷静分类、科学构建。实际上，在研究的具体阶段应重点突出，强调专攻深究，力争既系统又细致；抓住关键点，用时连成线，影响一大片。至于具体谈到人文社会学科，我认为尤其要在知识上和研究上体现出金字塔的结构，做到博大而精深。如果说自然科学可以奇峰突起，社会科学则不然，无其厚重则无其拔尖。

　　治学与人生息息相关。在生活中要保持一种"平常心"，坚持一个目标，不要患得患失。这在我的治学过程中同样发生着作用，刚刚从国外留学回到国内工作的时候，遇到很多困难，有人劝我再度出国。但既然已经选择了回国，而且人已回到了国内，已是义无反顾，不该考虑退路、犹豫多变，而必须面对现实，走自己的路。虽然我后来曾有机会于1990年重返慕尼黑进修三个月，2003年更是获得全家去英国伯明翰访学一学年的机会，但都是毫不犹豫地按期归国，对外方主动提出的延长邀请亦毫不心动。这样我以一颗"不变心"来参与国内学术的发展建设,以"学术投入"及"学术成果"来反映自己的学术个性和特点,力争国内学术界的认可和认同,同时亦有力推动国内宗教学的快速发展,与国际接轨且影响世界学术舞台,以便共同为使宗教学研究在国内从一门"敏感学科"发展为一门大家能够理解其意义和必要的"重要学科"而努力。因此,研究一门学科,研究者一定要有"定力",要耐得住寂寞,持之以恒,在"一专"的基础上才可能进而发挥其"多能"。这对于哲学社会科学尤其必要。当然,我们会发现有一批学界"侠客",可以"打一枪换一个地方",甚至能够在相关领域掀起波澜、引起震动。不过,这样的"天才"毕竟稀少,不值得去羡慕,也更不要去模仿。只有踏踏实实走自己的路,通过日积月累的努力,方可获得真正的成就和成功。

宗教研究与其他社会科学及人文学科的根本不同,就在于其研究对象"宗教"不只是思想意识形态,而更重要的则是一大批具有宗教信仰的鲜活人群也自然成为我们的研究对象,这样,研究对象与研究者之间也存在一定的互动关系,存在一种"信仰之维"的面对及处理。曾经有人问我研究宗教对个人的思想精神有无影响,其实这个问题很不好回答。我以培根在《论学问》中所说的"学问锻炼天性""学问变化气质"(Abeunt studia mores,即"学问入于性格")回答他,肯定了这种影响;这里不是指宗教信仰本身的影响,而是在研究宗教的过程中自己的一些感悟和想法,当然也不排除对宗教精神中相关元素的认知、思索、探究。一方面,由于是从一种学问、文化的进路切入宗教,我对宗教总是持一种"理想主义""唯美主义"的理解,有着比现实宗教现象更高的期望;在现实宗教的存在中,我觉得其现状离其理想之境尚相距甚远,宗教界自我努力的潜力仍很大。我的这种"不切实际"也常常受到业内朋友的批评,被指责为一种"苛求"或"奢望",太脱离现实。但我总想,人若有理想就会有希望,有期盼就会有追求。既然有精神追求,就应该有其与众不同之处,否则就与"世俗"场景毫无两样了。当然,另一方面,我的人生观势必也会对我的治学及研究的方法、角度起到很大的作用。研究学问，尤其是研究宗教、哲学，理应有一种超脱之气质，追求一种超越、升华，因而可能还与研究其他学问不同。比如，其他学科之探，并没有作为其特殊研究对象的人群；而宗教研究则不然，必须与宗教信仰者打交道，而且其中还有不少精英人士，在学问、人品、社会担当等方面都是出类拔萃之辈。所以，宗教学不只是书本与人之间的学问，还是人与人之间的学问，更是精神沟通、交锋的学问。于此，学者对于学问的探究应基于其客观性，且不能越过这种客观性，但学者对学理、世界、人生的看法则不可避免地会有其主体性或主观性，会超越其所处的时代及社会。

所以，宗教研究者既要注意到其研究及其研究对象的独特性、个殊性，在社会科学领域可以类比的情况极少，又要看到宗教的普遍关联，在人类社会生活中的普遍存在，从而加强跨学科研究、纵横比较的学术能力。平常注意"杂学"知识的吸收，获得"通识"教育的优长，都会达"开卷有益"之效。应该说，博学多闻乃是从事社会科学、人文学科研究者的一种基本素质。

[参见卓新平《神圣与世俗之间》（文集），黑龙江人民出版社2004年版。]

三

第二届"宗教对话与和谐社会"学术研讨会致辞

首先，请允许我代表中国社会科学院世界宗教研究所和中国宗教学会及我个人，对兰州大学百年华诞表示热烈祝贺！对兰州大学哲学社会学院、兰州大学宗教文化研究中心和香港文化更新研究中心合作召开第二届"宗教对话与和谐社会"学术研讨会表示衷心感谢！

在文化纷争迷雾的困扰中，在政治冲突战火的熏蒸下，人类社会在紧张的生存挣扎中有着几乎透不过气来的压抑感。虽然科技越来越先进，生活方式越来越多元，人们却轻松不起来。资源在枯竭、能源在减少，地球在变形，争夺在加剧，人们在怀疑能否对未来还抱有乐观的前瞻。加上最近金融及经济危机的打击，财富、成就、荣耀、拥有似乎如过眼烟云，亦很难给人们带来好心情。在这种窘境中，人类该怎么办？我们应向何处去？陷入低谷的人们甚至希望经济危机能早日见底而得以回升，却怎么也找不到触底的感觉。直线思维的文化模式在大起大落中无法踏实、难免恐慌，遂有人把眼光投向了东方，而且主要是投向了中国。曾经有人如此总结百年国际社会发展及与中国的关系说：20世纪四五十年代，社会主义救了中国；20世纪八九十年代，中国救了社会主义；而到了21世纪初，西方出现经济危机，中国却甚至有了能"救"资本主义的能力！这实际上是对中国经济实力在国际社会中能起到重大作用的充分肯定。对中国帮助恢复世界经济、克服经济危机充满希望。在这种寄托和期盼中可以看出国际社会对中国当前"硬实力"和"软实力"的充分肯定。

当今的中国虽然不会再说"风景这边独好"的惊人之语,却仍保持着其处惊不乱、沉着应对的镇定和勇于力挽狂澜、对国际社会高度负责的大气。这种文化信心和精神底蕴即来自中华文化含蓄而不张扬、久远而不衰萎的"和谐"真谛。"和谐"构成了中华文化现实主义和浪漫主义的双翼,使之飞越过了五千多年的时空却仍然充满着潜力和后劲。面对今天世界的纷争、冲突和危机,中国向国际社会发出了"构建和谐社会、发展和谐世界"的呼唤,希望以其引起的共鸣、和声来应对世界危机、走出人类发展的当前困境。

在经过了"阶级斗争"、民族冲突的打打杀杀、风风雨雨之后,人们重新要找寻和谐,希求心灵的安宁、平静。蓦然回首,才发现"和谐"乃是中华文化的精髓及本真之所在。而这种"和谐"又与宗教资源有着不解之缘,没有宗教和谐就不可能真正实现社会和谐。这让人想起了西方学者孔汉思的名言:"没有宗教和平则没有世界和平,没有宗教对话则没有宗教和平。"[1] 这样,我们就把宗教、对话、和谐、和平这些关键词连成了一条主线。或许,我们在此能够听到人类精神生活、社会发展真正的主旋律。仅此而论,我们在兰州大学举行的这一"宗教对话与和谐社会"研讨会就已充分说明了其现实意义、历史意义、政治意义和文化意义。

中国西北是中西文化交流"丝绸之路"的主要地域,在历史上有着其宗教对话的地缘优势,而且也曾呈现过"丝绸之路"宗教和谐的盛况。这种多宗教对话、多文化和谐的历史资源弥足珍贵,值得我们发掘、梳理,再现并升华。在宗教之间的关系上,其本质并不是要必然反映"文明的冲突",相反,其带来的文化交流、信仰理解、民族沟通、社会进步才是应大书特书的华章。我们的怀旧和回溯古人并不旨在思古

---

[1] 参见孔汉思《世界伦理规划》(Hans Küng: *Projekt Weltethos*, Piper, München 1990, p. 13)第13页。

幽情，而乃警示、告诫今世，宗教之间的关系早已有过对话、完全可以融洽。其和谐共存不能只是在史籍中留存的余晖，而要求我们返璞归真、回到正道，制止宗教之间或以宗教之名的你争我夺、刀光剑影，展示宗教和平对话、交流的历史主流，还世界一种和谐、一个太平。

本来，宗教在人类历史上曾被视为一种精神超越和文化升华，在今天却被一部分人，尤其在参与中国近现代社会发展进程的部分知识分子中被视为一种流俗、隳沉，故而多少失去了其神圣的光环和神奇的魅力，似乎难以胜任构建和谐社会、促进世界和平的使命。对此，教内外双方都应该深刻反思、总结经验教训，以能争取宗教重树其"神圣"的形象，重获"神圣"的意义，而社会也能对宗教有更积极的评价、更加欢迎宗教在当今社会、文化建设中的参与和贡献。神圣与世俗之间永远应是一种良性互动，不断升华、不断超越，人应力争一种"神圣"的生活，而不可退回到蛮荒、让文明之轮倒转，滥用科技手段来再现茹毛饮血的野性。因此，宗教体现出文明，旨在推动历史的往前发展，自然有必要与其社会相适应、求和谐，成为其社会存在与发展的积极因素。

文明的历程如何走来，宗教对话曾怎样开展。这些探询把我们带到了兰州，让我们触动到其厚重的文化积淀。在对中华文明发展历史的回顾、反省上，人们常说一千年内要多看北京，两千年左右要多访西安，而超过两千年则应常到甘肃来寻路探迹，用心来感受昔日古道的繁忙、古城的辉煌。所以，我们今天又回到了甘肃，又在兰州谈起古老却常新的话题。可以说，等待我们的既有西出阳关面对大漠戈壁那种探赜索隐的历史凝重，更有玉门春风迎来丝路花雨那样继往开来的今朝豪情。其实，经过历史长河的沐浴、社会变迁的洗礼，人类今天理应更有构建和谐的实在需求、成熟经验及其积极实施的潇洒、浪漫和超脱。这才应该是真正的人本、人道和人生。因此，我们应积极参与宗教对话，努力建设和谐社会。预祝我们的研讨会圆满成功！

（本文为2009年在甘肃兰州大学第二届"宗教对话与和谐社会"学术研讨会上的致辞）

四

"2010年民族宗教问题高层论坛暨中国宗教学会年会"致辞

由甘肃省委统战部、西北民族大学、中国宗教学会和中国统一战线理论研究会民族宗教理论甘肃研究基地联合主办的"2010年民族宗教问题高层论坛暨中国宗教学会年会"今天在西北民大榆中校区顺利召开，我在此谨代表中国宗教学会和中国社会科学院世界宗教研究所向来自全国各地的专家学者和各界朋友表示热烈欢迎！向中央统战部、国家宗教局、国家民委、中共社会主义学院、甘肃省委统战部等部门领导的大力支持和西北民族大学对会议的精心筹备及对与会代表的热情接待表示衷心感谢！并借此机会向西北民族大学建校六十周年校庆表示热烈祝贺！

作为今年全国民族宗教问题研究高层论坛，以及今年中国宗教学会年会的主题，我们将在今后两天内就"当代中国宗教若干重大理论与政策问题研究"展开研讨。自2001年全国宗教工作会议以来，我国的宗教理论和宗教政策研究取得了巨大成就，中国的宗教信仰自由和宗教理解在全世界都令人瞩目，并受到好评。不过，随着我国改革开放的不断深化，当代社会转型期间的社会问题、社会矛盾也有新的显现，中国宗教现状同样出现了一些新情况、新问题。这些现象非常值得我们从事民族宗教理论及实践工作的人员深入思考、认真研究。面对新的形势，为了解决新的问题，党和政府无疑会在全面调查、科学研究的基础上提出新的理论、推出新的举措。我们作为党和政府在民族宗教领域的思想库、智囊团，在这一时期理应有所思索、有所作为，前瞻未来发展，提供建设性的见解。

这次高层论坛和宗教学会年会将认真研讨中国宗教的现状及发展趋势，在"全球化"国际氛围和"改革开放"国内处境中我国宗教工作所面临的挑战与机遇，我们在这一形势下应如何构建具有中国特色的马克思主义宗教观和社会主义宗教理论体系，以此来解决我们当前所面临的一些重大理论、政策问题，更好地贯彻落实宗教信仰自由政策，依法、科学管理宗教事务，妥善处理政教关系，树立良好的国际形象，积极引导宗教与社会主义社会相适应，在我国经济发展及社会和谐中发挥积极作用，避免不利影响。因此，我们的研讨必须科学、务实、客观。针对中国当前宗教现状及其国际环境，我们对宗教的认识、理解和研究应着眼于积极引导，向"建设性""建构性"的宗教与社会关系发展上努力，即团结、争取广大宗教群众，使之成为中国社会的和谐力量、稳定因素。这样，我们就应在社会主义社会这一基本结构中来理解信教群众是我们国家群众基础的重要组成部分，将宗教组织视为我国社会结构，尤其是基层社会构建中的有机构成。我们的宗教研究和宗教工作应化解矛盾而不是激化矛盾，是争取群众而不是将之推开，更不是让其嬗变为我们的对立面、敌对面。在此，我们的建言献策、理论思考一定要实事求是，客观地观察问题、有效地解决问题，而不能停留在从本本到本本、从观点到观点，教条主义的结果无补于现实问题的解决，甚至会导致局面的恶化。当然，作为高层论坛，我们的研讨应鼓励百家争鸣、欢迎百花齐放，在不同观点、见解、思想的对话、交流、碰撞、沟通中发现真理、找出真理、见证真理。这里，我们的研讨毕竟只是建言、献策，而不是定言、决策，可以商榷、反省。一旦党和政府在这一新形势下经过充分酝酿、认真研究和全面考虑而有了新决策和定论，对相关问题作出了新的解说和规定，那么我们则应坚决服从、积极宣传，尽到我们宗教学理论和实际工作者的职责。

这次论坛是一个相互学习、积极交流的难得机会。在甘肃古老的大地上我们深深感受到中华文化的厚重与博大精深，在黄河滚滚东流的景观面前我们对中国的未来、人类的前景亦充满希望和信心。这一充满灵气、蕴含着灵性的土地会给我们带来启迪，充实我们的政治智慧和社会机敏。最后，预祝我们的论坛年会取得圆满成功！谢谢大家！

（本文为在甘肃"2010年民族宗教问题高层论坛暨中国宗教学会年会"上的发言）

五

当今中国诸宗教之间的互动

首先，请允许我代表中国社会科学院世界宗教研究所和中国宗教学会，向复旦大学哲学学院"利徐学社"的筹建表示热烈祝贺，也对"利徐学社"邀请我参加在"世博会"期间举办的"文明对话与全球挑战"国际论坛表示衷心感谢！

2010年5月11日是利玛窦在北京逝世400周年纪念日，利玛窦在明末来到中国，开创了中西文化对话的一个时代。我们今天在上海以国际论坛的方式展开中外交流与沟通，也是富有独特意义的纪念利玛窦活动。上海是徐光启的故乡，而利玛窦与徐光启的交游和友谊，则是四百多年来广为流传的中欧文化交流的一段佳话。徐光启正是受利玛窦的影响而成为中国近代"放眼看世界"的第一人，并且积极、坚定地支持了中西宗教对话与理解。在这一意义上，可以说利玛窦和徐光启都是宗教文明对话的"先知"和"先驱"。

在这一特殊的纪念日子，我联想到文化交流中宗教之间对话和互动的不易及曲折。从中国历史上来看，我们既有过儒佛道三教的沟通与融合，同样也曾发生过各教之间的矛盾与冲突。这就是说，在人类的宗教共存中，不可避免宗教的多样性和多元化如何共处的问题。虽然宋明理学曾揭示出儒佛道三教合流的积极态势，其历史时期的社会仍充满着三教之间相互排斥、彼此抗争的张力。而利玛窦等耶稣会传教士由"西僧"形象改为"西儒"、主张"补儒易佛"的经历，也说明当时基督教在华卷入了与佛、道的对话及冲突。这样，中国历史上各教之间的相遇与碰撞、对话与对抗，已经为当今中国诸宗教之间的互动留下了积淀，埋下了伏笔，提供了经验和教训。

在当代"全球化"的世界氛围中，不少人从宗教之间的冲突、纷争看到了"文明冲突"的悲观景象，将之视为颇为严峻的"全球挑战"。正是因为这种处境，不少有识之士才积极倡导"文明对话"、全力推进"宗教和平"。但"后冷战"时期世界政治、经济格局的变化，以及民族、宗教问题的凸显，使上述努力的进展并不顺利。虽然"网络时代"的信息畅通使人们彼此更容易接近，而以往的隔膜却并没有消失，不同民族、国度和宗教之间的猜忌、误解和不信任感甚至还在加大。也正是在这种情况下，改革开放的当代中国在其"多元一体"的国情下提出了构建和谐社会的设想，并以此来积极促进世界和谐发展。

社会和谐中的重要一环，即宗教之间的和谐。尽管当今中国诸宗教之间仍存有一些沟通、交往上的问题，但总体来看，宗教之间的和谐共融仍在当今世界呈现出"风景这边独好"的景观。在过去30多年的历程中，中国各宗教从复苏走向复兴，达到了空前的发展。其宗教文化的绚丽多姿正见证着中国当代的"文艺复兴"，甚至令观察着它的世人感到惊讶、叹为观止。与此同时，各宗教之间的互动、沟通亦开始加强，由此就形成了中国当代宗教对话的生动局面。综合来看，当今中国诸宗教之间的互动体现在如下方面。

其一，当今中国诸宗教有着政治层面的共在与合作。中国政教关系保持了传统意义上"政主教从"的一些特色，在政治权威的影响及协调下，各宗教和平共处、协商共事，表现出其"多元通和""入世尚德"的意向及姿态。这种政治层面的互动在组织建构上展示在各级政协中宗教委员会各教代表的共处及协商，宗教界人士对人大、政协工作的参与，政府在政治活动及决策过程中对各教代表的通告及相应的座谈、讨论，以及在维护国家、民族利益时各宗教组织及其代表的亮相、表态等。在当今中国政治生活中，诸宗教人士共聚、协商、对话的机缘非常多，这种各宗教在政治意义上的积极互动、联合，已经成为当今中国"政通人和"的重要象征和标志之一。

其二，当今中国诸宗教有着社会层面的共识与统一。尽管当代中国宗教在其多元发展的态势中已经出现"教外有教、教内有派"的复杂局面，然而其社会建构上"大一统"的格局基本上保存，并仍在相当有效地运转，发挥着其中国宗教的形象作用。中国当今法律允许、社会公认的"五大宗教"都有其全国性的统一组织，各自都形成了在整个中国社会的辐射和联络，有着覆盖全国的社会组织系统和信息网络体系，如中国佛协、道协、伊协、基督教全国两会和中国天主教爱国会等。这些宗教组织在各级政府的支持下在社会责任和义务的履行上有着积极合作和良性互动，如在社会援助、赈济救灾上的协调合作、共同参与，已给全社会留下了很好的口碑。此外，各教代表组织了宗教和平委员会，为维护世界和平而联合开会、出访、发表声明及呼吁，表现出其精诚合作。2000年，中国各大宗教领袖联合组团出席在美国纽约的联合国总部召开的"宗教与精神领袖世界和平千年大会"，给世界宗教界留下了深刻印象。而在其他国际性的宗教维护和平等活动中，中国宗教界也显得非常活跃。这种社会的宗教共在表现出当代中国宗教的亲和力和认同感，使中国和谐社会的构建中明显地体现出各宗教的共同参与和积极作用。

其三，当今中国诸宗教有着信仰层面的对话与交流。上述政治层面和社会层面为中国诸宗教之间的互动提供了重要平台，营造了良好氛围，使其共在、合作机遇增多，沟通增强，由此可促进相互了解和彼此理解，更多地达成共识。当然，对宗教信仰而言，这种政治和社会层面的接触仍然是表层，而未真正触及各自信仰本真的深层。应该说，在宗教信仰的深层上仍存有认知上的差异和不同，其误解和隔阂也不可能在短时期内完全消除。为此，在信仰上的互动就显得格外重要。如果说，在政治和社会层面诸宗教之间的互动可以回避多宗教之间的信仰对话问题，致力于政治参与和社会工作上的精诚合作，那么在信仰层面则无法回避、必须直面。中国的政治层面在与宗教交往时有如下典型表述，即"政治上积极合作，信仰上相互尊重"。这种尊重有时要靠保持距离、不触及深层次问题来维系。但表层互动、共在毕竟只是权宜之计，并不可能解决根本问题，而触及这些问题的积极姿态则正是信仰对话。这样，我们则从宗教社会学意义深化到信仰社会学的意义。宗教对话要解决的是宗教多元化和信仰多样性的社会及精神共处问题，这不仅涉及政治论、社会论问题，而且有着知识论意义上的相遇与沟通。在中国"一体多元"的传统中，在宗教信仰的沟通上曾经有"求同存异""和而不同""各美其美""美美与共"等尝试，积累了很多经验，形成了求和谐、达中和、力争融贯、聚合的模式。但在这些尝试中如何树立本土意识、怎样吸纳外来因素，尚没有取得最为理想的解决办法。例如，在当今中国诸宗教的本土性、民族性和国际性或普世性的问题上，仍存在不少分歧或误解。在"一体多元"这种大一统的大格局下，中国各宗教的互动在社会、政治因素的影响下表现出一种"扶本化外"的意向，但在谁是"本"、谁为"外"、如何"扶"、怎样"化"的问题上看法各异，矛盾明显，其主次、本外之分正影响到中国宗教和谐如何建构、多元宗教怎样在华存在发展的重大问题。其最佳解决方式仍在摸索、探测之中。在政治、社会合作的基础上，中国各大宗教通过学术界的参与、促进及合作，在近些年来已尝试开展了各种宗教对话活动，尝试在信仰本真这一深层上进行互动。仅我所知的宗教对话有在上海、兰州等地展开的基督教与伊斯兰教的对话，在北京、香港等地展开的佛教与基督教对话、佛教与伊斯兰教的对话，以及在江浙、西安、香港等地展开的佛教与道教对话、道教与基督教对话等。这些对话已经取得初步成效，各大宗教的领袖、代表和学者能坐在一起静心谈论、共同对话，虽然尚未达到实质性突破，却也给人一种颇为乐观的愿景。各教人士在表达自己的观点、陈述其信仰本真精神的同时，也表现出对其他宗教观点的倾听、关注和理解，已经超出对话初期那种"共在中的独白"状态，渐进佳境。为了让世界更平安、生活更美好，中国诸宗教之间的这种真诚对话和积极互动理应得到鼓励，也能继续进行。

在"全球化"的影响下，中国当代宗教的存在与发展已在突破"五大宗教"之限，各宗教内部的多元发展也已成为新的态势。在这种状态下，海纳百川，包容理解，多元对话显得格外重要。其与社会的关系正给人一种要么共同和谐存在，要么影响社会安定团结的张力。为了巩固大好形势，缓解多元共构而有的张力，已有中国学者提出了在当今中国尝试构建"宗教共同体"的设想。这种"宗教共同体"既是一种精神理想，也应该使之成为一种社会实践。今天，在保持"多元"的前提下，我们已有了政治、经济乃至法律意义上的"共同体"，或许以多元共构为特色的文化、宗教"共同体"也是一种我们应该努力的方向。这是利玛窦、徐光启在四百年前曾有过的尝试，也是今天上海"世博会"所展示的现实。让我们保持这种和谐对话的态势，使我们的美好愿景早日实现。

（本文为2010年在上海复旦大学"文明对话与全球挑战"国际论坛上的发言）

六

第三届当代中国宗教论坛暨《中国宗教报告2010》发布会开幕欢迎辞

今天我们会聚在北京，举行第三届当代中国宗教论坛，同时将发布《中国宗教报告2010》，这对于我们关注当代中国发展、研究宗教现实问题有着独特意义。随着中国改革开放的纵深发展，宗教在当代中国已呈现出多元发展的态势，宗教在中国社会文化中的定位、意义、理解和处境也越来越引起人们的重视和探究。自进入20世纪以来，中国社会尤其是其知识界、思想界对宗教本身及中国与宗教的关系有着种种看法和说法，其理论和舆论不仅在很大程度上影响到中国政治界对宗教的审视和举措，而且在非常广泛的范围中对中国人及中国社会的宗教观点、宗教态度和宗教舍取形成某些导向和暗示。这样，在世界范围中正常存在的宗教在中国就显得"不正常"，宗教性作为人的"常态"对中国人而言却变得"非正常"。这种认知在中国处于封闭状况时曾习以为常、不足为怪。然而，随着中国当代的改革开放，当代中国人前所未有地打开国门多层次、全方位地看世界，于是就发现并注意到中国宗教"问题"的特殊、与众不同。当代中国政治上的拨乱反正，引领中国学术界在宗教问题上也进行了深入、系统的探讨，开始深入、认真地思索、思考和阐述、论证宗教所涉及的中国与全世界、宗教性所关联的中华民族与整个人类社会的关系问题。三十余年的思想，遂使进入21世纪的中国政治界、思想界和学术界等系统、全面地研究宗教，尤其是探究当代中国宗教显得自然、必然、水到渠成。

从 2008 年开始，中国社会科学院世界宗教研究所形成每年组织全国范围的"当代中国宗教论坛"、发布《中国宗教报告》的惯例，并使之成为本研究所当代中国宗教问题研究的一大亮点。当然，宗教问题，尤其是当代中国宗教问题的探究有其复杂性、敏感性，因为其研讨、论述充满着前沿性、前瞻性、探索性、开放性。根据中国社会科学院的基本定位，我们首先是以马克思主义宗教观来指导我们对当代中国宗教问题的研究，其基本立场、态度和方法就是调查研究、实事求是、客观公正；其次是要以高标准学术水平来对待、看待我们的调研，体现出其大胆探索、勇于创新、不断充实、力求完善的追求和要求；最后是应以科学调研的最新成果来为党和国家当好思想库、智囊团。为此，我们当代中国宗教研究的自我意识和恰当定位即建言献策，以便为党中央、国务院的定言决策提供参考、背景、借鉴和思路。就学术界本身的研究而言，对于当代中国宗教的研讨也应该是"百花齐放、百家争鸣"，允许学者发表其见解，积极促成对话、沟通和交流。如果学术咨询只允许一种声音，那么从学术界也很难听到真实的声音。学术界理应"求同存异"或"和而不同"，坚持客观、科学、公正、宽容。而在政治层面关涉宗教的决策、政策、规定和举措，则应"三思而后行"，做到慎重、稳妥、正确、有效。正是基于这些思考和认识，我们认为当代中国宗教问题研究必须以对宗教界及其相关社会层面的深入调研为基础，必须调动全国政界、学界相关领导、专家、学者和专职或专业工作人员的积极性，走开放调研、集思广益之路。而这正是我们坚持认真组织当代中国宗教论坛的目的和意义之所在。

为此，我们组织了三届当代中国宗教论坛，而且其研讨视野更为开阔，所达到的认识也更加深入、更为深刻。在第三届当代中国宗教论坛上，我们将系统讨论当代中国宗教研究中的重大理论问题和政策问题，认真分析当代中国宗教态势的新变化及新动向，努力阐明中国与世界互动关系中的宗教因素及影响。特别值得一提的是，在本次"中国宗教报告"的发布上，我们不仅会系统阐述当前中国各大宗教的发展状况及态势，而且还将首次专门发布中国基督教入户问卷调查的报告，以系统调研、科学分析的方式来指出当前我国基督徒人数及其所占人口比例等情况。这样，就对国内外政治界、学术界、宗教界等社会各界所关注的当代中国基督教发展问题，给出了一个基本"说法"。

总之，我们对当代中国宗教问题的调研既富有意义，亦充满挑战，值得我们持之以恒，继续认真、深入调研下去，以便不断能有新发现、新成果，做到与时俱进、开拓创新。为此，我谨代表中国社会科学院世界宗教研究所向各位领导、各位学者和各界朋友的大力支持表示衷心的感谢！向大家在百忙之中抽出时间来积极与会表示热烈的欢迎！并预祝我们第三届当代中国宗教论坛暨《中国宗教报告2010》发布会取得圆满成功！

（本文为北京《中国宗教报告2010》发布会致辞）

七

海峡两岸宗教与区域文化暨梅山宗教文化探究

经过为期五天的学术研讨和学术考察，我们在蚩尤故里文化之乡新化接近了"2010年海峡两岸宗教与区域文化暨梅山宗教文化研讨会"的尾声。这次研讨会共收到了约50篇学术论文，研讨范围广泛、特点突出，从中华传统的信仰文化到全球化时代的世界宗教包括新兴宗教等都多有涉及，既展示了世界各地宗教存在及发展的社会状况和生态景观，又对一些重点区域的宗教文化进行了深入探究，从世界宗教的视野逐渐转入中华宗教文化，并进而走向湖湘宗教文化，直到昨天下午和今天专门研讨的梅山宗教文化，对全球化和地域化的宗教有着广泛的涉猎。特别值得强调的是，研讨会非常明显地以一种全球地域化的思路而突出了区域文化，有许多典型个案研究。

简括而言，这次研讨和考察有如下一些特点：一是基于经典研究，与会学者对相关古典文献进行了新的发掘和解读，涉及的经典包括《庄子·秋水》，郭店《老子》《道德经》《太上玄灵北斗本命延生真经》《史记》《汉书》等，其阐释和论说都颇有新意。二是追溯源远流长的中华宗教文化传统，如对中华文化天帝信仰发展的回顾，对南蛮上古远祖蚩尤及相关族源和社群迁徙的追寻，对商周殉葬文化的论析，对道家、道教起源之概述，对上古"山川群神"、水神、山岳崇拜及山岳祀典制度之形成的梳理等。三是对宗教精神、灵性、哲理、智慧的思考，如对礼之意义、郭象宇宙生化论所揭示的玄冥之境，新时代的宗教灵知精神、生命教育等，都有独特的阐述。四是关注区域文化与整体文化的关联，如对某种文化从区域文化发展成为宇宙文化的思考，对区域文化与全球风险社会关联的研究，对各种宗教共在共存生态平衡的散议等。五是注重宗教与社会发展的关系，为此有基于社会调查、田野考察的学术报告，如对浙江灵媒信仰现象的调研，对华山与社会间互动的研析，对台北市碧山岩开漳圣王庙的考察等。六是对宗教祭祀仪式、民俗信仰现象有专门研究，如对重庆"还霄愿"、新化还都猖大愿、新宁跳鼓坛等祭祀仪式，对真武信仰、关公崇拜、文昌信仰的发展演变，以及对湘黔傩戏等，都有生动、具体的描述。七是突出对梅山宗教文化的系统、全面探讨，对"梅山教"、梅山祖灵蚩尤，对梅山民间信仰等都有深入的阐述。八是学术研讨与田野考察密切结合，与会学者从长沙到南岳，再到新化，对衡山儒释道宗教文化、梅山宗教文化等都有相应的田野调研，因而丰富了我们的认知，开拓了研究视野。为此，我们今后将会对梅山文化有特别的关注。当然，与会学者所涉及的研究领域更多更广，实际上已超出了上述各个方面的涵括。

这次研讨会在学术互动上体现出三大特点，一是会议研讨与田野考察互动，二是海峡两岸学者积极互动，三是来自全国各地的学者与湖南学者，尤其是与湖南当地研究梅山宗教文化学者的积极互动。这些互动扩大了与会学者之间的了解，促进了学术交流，增加了学者之间的友谊。由于这些结合和互动方式是一种新的探索，增加了会议组织的难度，也增多了与会学者，尤其是从祖国宝岛台湾远道而来的各位朋友的辛苦，因此，如有不尽如人意、不足之处，敬请各位学者、各位朋友的海涵、谅解！

这次研讨会由中国社会科学院世界宗教研究所、中华宗教哲学研究社、湖南省社会科学院哲学研究所共同主办，由湖南省社会科学院宗教文化研究中心、湖南省新化县人民政府承办，会议得到了中国社会科学院领导，湖南省人民政府和省政协、省台湾事务办公室、省宗教事务局、省社会科学院、南岳区人民政府、娄底市委、市政府和市政协，以及新化县委、县人民政府等各级领导的大力支持，还得到了湖南省佛教界的高僧大德、省道教界的高道大德等宗教界人士的热情关心和湖南省一些企业界的热心帮助。在主办方精诚合作下，在承办方尤其是省社科院哲学所所长万里等同仁的积极努力和辛勤工作下，在各级领导大力支持、各界朋友热心帮助下，我们的研讨会和学术考察取得了圆满成功，在此，我谨代表中国社会科学院世界宗教研究所向各位领导、各位学者、各界朋友表示衷心的感谢！

（本文为2010年7月8日在湖南新化"海峡两岸宗教与区域文化暨梅山宗教文化研讨会"上的总结发言）

八

"基督宗教与中外关系——从利玛窦到司徒雷登"学术研讨会开幕致辞

在大家的热情关心和努力及支持下，我们中国社会科学院基督教研究中心出面组织主办的中国学者基督教研究年会已经坚持了十多年，现在又迎来了其第十四次会议的召开。在这一简短的开幕式上，我谨代表主办方向大家的光临表示热烈欢迎、并向支持我们会议的合作单位加拿大维真学院、香港中文大学、香港浸会大学基督宗教研究中心、道风汉语神学基督教文化研究所、香港中文大学天主教研究中心，以及基督教教育基金会等表示衷心感谢！

今年研讨会以"基督宗教与中外关系"为主题，旨在梳理从意大利耶稣会传教士利玛窦（1552—1610年）到美国新教传教士司徒雷登（1876—1962年）这一漫长历史进程中基督教在中外关系中的作用及对中外交流的影响。大家知道，今年是利玛窦在北京逝世四百周年的纪念年。利玛窦明末来华传教，是传教士中主动认同中国文化、积极融入中国文化的典型代表，其"入乡随俗"、文化适应之举曾使当时的中欧关系有过积极的良性互动，带动了中外文化交流。然而好景不长，天主教内外反对"利玛窦规矩"的争论终于酿成"中国礼仪之争"，从而使中欧关系重新交恶，清朝的中国封建社会亦重新缩回闭关锁国的保守格局之中。而且，对利玛窦的臧否成为了历史敏感问题，天主教方面迟迟不敢或不愿给利玛窦这一有过积极贡献的传教士"封圣"，而中国方面也

八 "基督宗教与中外关系——从利玛窦到司徒雷登"学术研讨会开幕致辞

对利玛窦的评价慎之又慎。2001年为利玛窦进京传教四百周年纪念，当时海内外都对相关纪念活动极为敏感，其学术研讨亦不例外。

鉴于2001年的教训，我们研究中心"不敢为天下先"，在今年纪念利玛窦逝世四百周年上并没有率先的作为。但没想到"峰回路转""柳暗花明"，先是中国国家文物局与意大利大使馆合作的"中外交流的使者——利玛窦图片展"在首都博物馆隆重而高调开展，并在上海世博会和南京连续展出，随之有复旦大学成立"利徐学社"的国际研讨会公开亮相。这样才打消我的顾忌，开始考虑相关学术研究的活动，但已错过最佳时机，拖到年底终于才在这次研讨会上提出"利玛窦"之名。而与此同时，在利玛窦入华传教的第一站广东肇庆也正在名正言顺地举行纪念利玛窦的学术研讨会。对比之下，我自有"起个大早赶个晚集"之感，落后于时代之愧，不过毕竟还没有拖过具有这一历史意义的今年。

司徒雷登曾是1949年之前美国"扶蒋反共"政策的象征性人物，也是美国传教士与外交官的奇特结合。司徒雷登自称"籍贯浙江，生长杭州，祖墓在西湖"，在华一生经历了传教士、燕京大学校长、美国驻华大使三个阶段，从而在基督教与中美关系中有着深深的影响，留下了历史烙印。最近燕大校友、著名革命家黄华先生的去世和隆重追悼，又使我想到司徒雷登的另一种经历。人民解放军占领南京后，当时的苏联驻华大使馆都随国民党撤到了广州，但身为美国驻华大使的司徒雷登却留在了南京。在时任解放军外办负责人黄华的联系下，他准备北上面见毛泽东和周恩来，据说都已准备好了专机；只因美国政府反对司徒雷登这一举措他才未能北上，只好随之返回美国，毛主席为此写了著名的《别了，司徒雷登》一文。于此，司徒雷登在中国现代历史上、在中美关系中则成了不可改变的负面人物了。

历史有时会因偶然的缘故而改变其发展轨迹，可以猜想，如果司徒雷登当时不去请示美国政府，而敢冒险先去见了中共领导人，再向美国政府汇报，或许中美关系的格局在那个时期会有戏剧性的变化！但历史就是历史，无法假设，没有猜想。今天的局面也是同样的道理，若没有当下的一搏，历史走向何方亦很难说。司徒雷登回国后被美国政府冷遇，从此基本上处于边缘化的地位，甚至生活都无着落，如果不是受其中国秘书傅泾波一家的照顾，结局势必很惨。傅泾波的女儿傅海澜于 2002 年得知杭州司徒雷登故居修复的消息后，决定把其家收藏的一批司徒雷登的遗物捐赠给杭州司徒雷登故居，这批遗物于 2006 年运抵杭州。2008 年，司徒雷登骨灰也迁回杭州安葬，这对当今中美关系发展亦意味深长。因此，我们现在讨论基督教与中外关系，总结经验教训，展望未来发展，尤其是结合这一主题，理应水到渠成。当然，我们研讨会的"神仙会"风格依旧，仍会以开放式之态向各种主题的研讨敞开。这次研讨会又有许多专家学者、青年学生和各界朋友踊跃参加或前来旁听。因会议条件有限，招待不到、照顾不足之处尚请大家多加原谅！

（本文为 2010 年北京"基督宗教与中外关系——从利玛窦到司徒雷登"学术研讨会致辞）

九

基督宗教与当代中国社会和谐

　　由北京大学宗教文化研究院承办的第六届"基督宗教在当代中国的社会作用及其影响"高级论坛在北京密云开幕,这标志着大陆和港澳学者关于基督教与中国社会关系的研讨又迈上了一个更新、更高的台阶,展示出我们政界、教界、学界这三界朋友在推动基督教积极参与中国社会建设、文化建设的新思路、新贡献。

　　随着"全球化"背景下中国社会的不断开放和经济社会建设的深入发展,中国在当代世界的作用已明显增强,影响亦迅速扩大。而人们也越来越达到了这一共识,即中国的社会和谐、繁荣发展需要宗教的积极参与和重要贡献。宗教与社会的适应、协调、和谐共构,将为我们的可持续发展提供"潜在的精神力量",形成我们的文化在走向世界、影响世界时的"软实力"、感染力和文化魅力。

　　在实现宗教与中国社会的和谐中,基督教的选择和作用举足轻重,至关重要。众所周知,基督教在中国社会的漫长发展中既积累了适应中国文化、达成其在华本土化、本色化的宝贵经验,也经历了文化冲突、碰撞的深刻教训。必须承认,基督教与中国社会的和谐、融洽尚未达其理想"化境",故而仍需要我们不断探索、积极努力。应该看到,基督教与中国社会的真正和谐、共构,有待于二者的双向适应、相互认同、积极互动。一方面,基督教在中国社会的生存发展,要尊重、适应、认同具有五千多年悠久历史的中国思想文化,在参与、融会、化入中国文化中完成其在华的文化转型和范式更新，成为中华文化中密不可分的重要组成部分，因而就必须不再满足于或停留在其"外来的""异质的"文化身份上；也就是说，中国基督教不应该是不融于中国文化体系的"他者"。对此，利玛窦、李提摩太等来华传教士已有积极的探讨并提供了重要启迪和宝贵经验。其实，基督教对中国文化的适应、融入并不纯为消极的、被动的，其过程本身及其达到的成功已是对中国文化的积极重构和发展式更新。从佛教融入中国文化、成为中华文化的重要构建这一历史经验中，我们就可以看到这种文化的"融贯""融通""圆融"之境乃是双向的、互利的、共赢的。因此，在这一意义上，我认为具有"谦卑"精神的基督教应向佛教学习，尽早完成、达成这一在华本土化的"化境"。或许正是出于这一考虑，我们的研讨会也有佛教、道教等宗教界学者的积极参与，也讨论到佛道等宗教与当代中国社会关系的问题。

另一方面，中国社会文化自古以来就是开放性、包容性、吸纳性的；如果没有"海纳百川、有容乃大"的境界和气魄，就没有今日中国文化的繁荣发展和中华民族的多元共构、也难达其"厚德载物"之气势。这样，中国社会文化对待基督教的态度也决不可以是排拒的、怀疑的、敌视的。如果采取排斥、抵制约占世界人口三分之一的基督教，那将是中国文化战略上的重大失误和失策，会愧对我们五千年发展的文化智慧和民族气魄。所以，中国社会文化完全应该以积极的、开放的、开明的态度来对待、包容、融合基督教，以此为媒介用世界其他优秀文明因素来充实、壮大、更新自我，这才是提升"各美其美"、达到"美美与共"的上乘境界，才能真正体现中华文化的本真和精髓。本来，人类文化中就没有纯而又纯的"本土文化"，文化的灵魂和活力就在于不断交流、吸纳、扬弃和升华。我们在保持中华文化的精神遗产和悠久传统时，应看到其多元共构的绚丽多彩和不断吸纳、涵容各种文化精华的旺盛生命力，这样在我们今天的文化建设中就不会守旧、保守、封闭和防堵，而会以一种积极、轻盈之态欢迎、吸纳并重构外来文化，形成自我超越、自我完善的文化更新。"构建和谐社会"的理念为当代中国展示对世界的和善、对各国人民的友好、对各种思想、文化、信仰的交流提供了一个精彩、壮丽的大舞台,北京奥运会,上海世博会,多次世界佛教论坛,匠心独运的道德经及道教论坛等,就是在这一舞台上正不断演出的一场场好戏。我想,我们这种积极、主动的舞姿一定会感动世界,感染世风。

我们已经步入一个多元的、开放的、全球一体的现代世界,中国社会文化的开放发展已没有退路,也不能倒退。今天世界的和谐、人类的和平,关键就在于人们如何智慧地、有效地处理各自利益、价值的不同,从中达成可能共赢的共在和共构。对于中国社会的和谐,基督教文化与中国文化的对话、交流、沟通、融汇已到了关键时刻,这就是我们所处的"当代"之独特意义。正因为我们曾错过历史的机遇、留下了历史的遗憾,所以我们更应重视当代,抓住当代机遇,在当代面对并解决历史留下的问题、难题,而这就是我们对人类历史的最好答案和重要贡献。历史再次给了我们共同构建和谐世界的机会,为此,我们都是积极的参与者而不要当消极的旁观者。当然,各种文化差异仍在,矛盾、困惑尚存,求同存异的"共识"未达,不同而和的景观也还只是一种憧憬,这也正是我们高级论坛应持续研讨的真正意义之所在,正是在对谈、对话中,那种反映分歧的对峙、对抗才会逐渐化解、根本消除。人类共在的智慧可以在对话中得以淋漓尽致地发挥。以这种心境,我预祝并坚信我们这次研讨会将取得圆满成功。

(本文为 2010 年 11 月 22 日在北京"基督宗教在当代中国的社会作用及其影响"高级论坛上的发言)

十

"潮汕社会与基督教：历史与现况"国际学术研讨会开幕致辞

在香港和内地各界朋友的热情关心下，由香港中文大学基督教研究中心和汕头大学文学院基督教研究中心联合举办的"潮汕社会与基督教：历史与现况"国际学术研讨会今天在美丽的香港中文大学校园隆重开幕；为此，请允许我代表中国社会科学院世界宗教研究所，中国宗教学会及我本人对研讨会的召开表示热烈祝贺！

基督教与中国社会文化的关系，一直是中国学界、教界和政界都非常关心的问题和研究上的重大课题。基督教如何在中国达其理想的本色化、处境化，从而实现其"中国化"，仍有待人们的深入探讨和中国教会的积极努力。这种对基督教与中国社会关系的宏观把握和整体审视，并不是空洞的、任意的，而必须基于对各地方、各地区社会与基督教的双向互动及由此形成的教社关系之微观研究和具体界说。因此，区域性、地区性研究就显得特别重要。汕头大学文学院基督教研究中心的成立，为研究中国基督教的区域性发展和地方特色提供了有力保证和重要力量。本来，华南基督教历史对于整个中国基督教史的研究就有着举足轻重的作用，而潮汕社会与基督教关系的探讨也是华南基督教研究的重中之重。汕头大学向这一研究领域的拓展、倾斜，故而有着重要的学术意义和社会现实意义。香港中文大学在基督教研究领域中力量雄厚、专家如云，其基督教研究中心在其发展历程中也是成就突出、硕果累累。

十 "潮汕社会与基督教:历史与现况"国际学术研讨会开幕致辞 139

可以说,这两个研究中心的合作会发挥优势互补、共进双赢的作用,有力推动华南地区基督教历史及相关社会文化发展的研究。因此,衷心希望这两个中心今后会有更多的合作,取得更大的成就。

在当今中国宗教探究中,对基督教的分析、理解,对于整个宗教理解、教社关系和政教关系的理解,都有着非常重要、极为关键的作用。如果不根本解决对基督教的认知问题,整个中国社会的宗教认识就仍会存疑,就走不出对待宗教问题上已经存在的历史谜团和僵局。目前中国社会及其民众对基督教的理解仍然存有许多疑云,缺乏一种平常心境和认知态度上的正常性,对相关问题的来龙去脉也未能真正梳理清楚,从而对基督教在华生存与发展有着不同程度的猜忌、存疑,甚至排斥。但中国的改革开放,为我们拨乱反正提供了重要机遇,也对我们重新客观、科学地认识和评价基督教提供了各种可能和宽松的空间。过去对来华传教士是全盘否定,今天在逐渐恢复正常,对之客观分析,一分为二,既有批评理由,也有肯定之处,如人们正重新找回对柏格理(Samuel Polland)等在中国基层社会文化建设中献身的传教士的敬重和佩服,就是这种辩证认识之例。过去曾对教会大学的人才培养一概否认,而最近对刚过世的原燕京大学校友黄华先生的追悼和纪念,又唤醒人们正视、肯定教会大学为中国各界包括中国共产党也培养出了社会精英。实事求是、尊重客观真实,是我们当行之道。今天的坦诚对话、对基督教的重新审视和评价机会难得,这需要我们相遇的双方都能够积极努力,形成良性互动。

对于基督教在华历史的判断和评价,应该客观、具体、务实,从中找出正确答案和真实与真理。我们今天在新的相遇中应以真诚取代以往的猜疑,以善意消解曾有的敌意,以对话克服过去的对抗,以双赢互益的和谐共融告别两败俱伤的势不两立。历史研究不是让怨恨积淀,而是再现仁爱的光亮,努力使人间充满爱,让爱扩展、延续。所以,我们必须大处着眼、小处着手,从个案做起,从地区性、区域性专项研究做起,以这种研究来推动整个基督教研究,形成对中国基督教存在及发展这一复杂历史客观、正确、积极的理解,从而体悟、反省基督教所追求的真善美圣在历史中呈现的方式及其达到的程度和存在的不足，思考其未来发展的方向及其止于至善的潜力。无论对于中国，还是面向整个世界，正确处理好与基督教的关系都十分必要。这里既有回顾之反思，亦需展望之预想，故有必要在当下进行建构性的探究。对此，香港和内地的学者还需精诚团结、积极合作、共同努力。抱着这一美好愿景和积极心境，让我们预祝这一国际学术研讨会取得圆满成功！

（本文为2010年12月3日在香港中文大学"潮汕社会与基督教：历史与现况"国际学术研讨会上的开幕致辞）

十一

"潮汕社会与基督教：历史与现况"国际学术研讨会闭幕发言

经过一天半的发言和交流，我们的学术研讨会已接近尾声。这次研讨会不仅有中国香港、内地的学者，还有来自欧美等地的国际友人参加。研讨会首先对潮汕地区乃至整个中国、东方基督教发展的历史背景和社会文化氛围进行了分析，这使我们看到近代世界中基督教传播的整体态势及其对中国的特别兴趣。中国社会有着悠久、灿烂的文明传统，基督教入华传教势必有着文化相遇及随之可能的文化碰撞或文化交流之复杂过程。对此，与会学者已有深刻的剖析和具体的探究。在对区域性基督教在华传教史的研究中，学者们关注到其传教意向、心境和姿态的一种微妙转变，即从起初强烈的单向式宣教努力逐渐转变为双向式的基督教在华本土化、本地化、本色化的考量和谨慎实践。而这种"中国化"则正是基督教在华真正得以立足和扎根的关键一步。所以说，这种深入、生动的历史回顾，对我们今天如何正确处理基督教与中国社会的关系问题仍然有着重要启迪和意味深长的提示。

这次研讨会的一个特点就是突出历史研究，以史论说、以史为鉴、以史明今！因此，研讨会第二、第三阶段的发言乃侧重于历史，深入到对事件、传教士个人、地方教会发展及其传播特色的具体、细节研究。这种历史"还原"给人一种临界感、生动感，使人们意识到历史发展中细节的重要甚至决定作用。在这种研讨中，发言者和回应者还特别注意到地方教会自身的记载、回顾，以及地方教会在其发展中对血缘、宗族关系的处理和对地方话语、方言的采用、注重。此外，这一阶段虽以微观研究为主，却仍没有忘记必要的宏观把握，如对基督教与社会结构、经济发展的关系之探，对基督教与现代理念的交融和其本色神学的构建之观察等；此外，对潮汕基督教研究现状的综述和评论就给我们带来了很大的想象空间和很多意犹未尽的思考。

研讨会的第四、第五阶段则回到我们本次研讨会的核心主题和重点，即对潮汕教会与社会关系深入、系统和全面研究，包括对在香港的潮人教会和潮语教会的研究，以及对这种方言教会在异国他乡所起到的基于共同信仰的"同乡会"功能和作用。由此，在历史学研究方法的基础上也多有社会学、人类学、文化学和政治学的考量，以及口述方法的运用。这一研究注意到潮汕教会的内涵式和外延式发展。从其内涵式发展来看，研讨者论及潮人或潮语教会的形成及发展，基督徒商人在教会建设中的作用，以及教会自立自办的进路；从其外延式发展而论，研讨者则扩展到对教会医疗慈善活动、社会工作的论述，对当地教会面向社会开放自我、兴办教育、妇女传道、创立女校、服务民众、改良社会等努力亦有翔实的分析。这样，研讨会就为我们勾勒了一幅鲜活的地区教会图景：即教会生存而且活跃在潮汕社会之中，受到当时社会发展、时代大潮起伏波动的影响，并在这种历史画卷中展示教会自身的鲜艳色彩；于是，我们在这幅社会画卷中也看到了复杂多变的政教关系、社教关联，以及教会服务社会、建设社会、积极与社会相适应、相协调的生动景观，教会形象从而鲜明起来，准确、逼真地映入我们研究者、观察者的眼帘。尽管基督教在华传播历史非常复杂、对其历史功过众说纷纭、臧否不一，使人们有太多的模糊、过度的猜测，甚至不必要的防范；今天的研究则应该重新梳理我们的思路，回首洞观这段历史，而这种史料、档案发掘加田野式、还原式、访谈式的调查考证、客观研究及其准确分析则会有助于我们认清历史并走出历史。为此，我们应该在这些历史细节的研究中也有一些历史哲学、文化精神的深层次思考，从历史的经验教训中找出当代发展的正确路径和前瞻、预见未来走向的敏锐视觉；与此同时，我们也应适当地走出基督教会本身来看潮汕社会中其他宗教的生存、发展，以及它们与当地基督教的关系、对话或曾出现的问题。这样，则可能更有利于我们少走弯路、避免徘徊，更快地奔向并共创基督教与中国社会和谐共融的美好未来和光明前景。

（本文为 2010 年 12 月 4 日在香港中文大学"潮汕社会与基督教：历史与现况"国际学术研讨会上的闭幕发言）

十二

"新兴宗教发展趋势研讨会"开幕式致辞

在当代世界普遍关注宗教的最新发展、中国出现宗教的"复兴"及多元走向的形势下，我们世界宗教研究所在院领导的直接指导和海内外学者全力支持下，组织召开了"新兴宗教发展趋势国际学术研讨会"。在此，请允许我代表世界宗教研究所向院领导和各界朋友的大力支持表示衷心感谢！向来自海内外的专家学者表示热烈欢迎！

不少中外学者顺着雅斯贝尔思关于宗教涌现、思想精神活跃之"轴心时代"的思路而将 20 世纪末 21 世纪初出现的宗教更新、全面发展称为"新轴心时代"的景象。而当代著名宗教社会学家贝格尔也修正自己几十年前关于世界"祛魅"之说而承认当今世界重又进入宗教"复魅"的时代。在当代各种宗教复杂、多样的发展中，人们在 19 世纪末，特别是进入 20 世纪以来，开始观察并注意到一些不同于传统宗教的"新兴宗教"之涌现。于是，研究这些"新兴宗教"在中外学者的宗教研究中就逐渐占有越来越大的比重。

这种异军突起的"新兴宗教"现象立意不同、形态各异、变化多样、影响复杂。其中一些"新兴宗教"与传统宗教仍有着千丝万缕、若即若离的关联，表现为这些传统宗教的复杂嬗变和根本异化；一些"新兴宗教"则为多种宗教的因素综合而成，并重新构建为完全的另一体；还有些"新兴宗教"显然代表着现代社会的全新发展，其社会构建、组织形态已与以往的宗教发展迥异，有着全然不同的呈现。在 20

世纪"新兴宗教"的形成及发展过程中,对人们精神生活及社会团契颇有影响的"神智学""心灵学",以及"新时代"运动也不同程度地在相关"新兴宗教"的形体上打下了烙印。这样,"新兴宗教"的多元走向、复杂影响已在现代人类生活中亮相,并为宗教研究者提供了一个重要且必要的全新研究课题。

世界宗教研究所自20世纪80年代开始关注并研究"新兴宗教"。为此,我所科研人员搜集了大量资料、进行了相关调查、开展了专项课题,并取得了一些研究成果。当然,这些研究还只是初步探究,面对发展迅猛的"新兴宗教"现象显然仍很不够、不足。据统计,目前全世界"新兴宗教"的信徒已有上亿人,其影响几乎遍布全球各大洲。为此,我们有必要加大"新兴宗教"研究的力度,并应该积极开展在这一研究领域广泛的国际合作。

从上述考虑出发,我们筹备了这次"新兴宗教发展趋势"研讨会,并邀请到这一研究领域中许多著名的专家学者。这次研讨会将探讨"新兴宗教的发展趋势与经验教训""新兴宗教的组织与演变",并对"新兴宗教"及其研究加以相应的评估和反思。为此,研讨会将分为几大板块,分别讨论与之相关的几大议题,旨在介绍"新兴宗教"的发展经验与教训,描述、分析"新兴宗教"的发展状况与特点,探究"新兴宗教"的组织能力、动员能力和宣传能力,梳理"新兴宗教"的演进路径和嬗变模式,并触及新兴宗教与中国社会的关系及其影响等问题。

作为学术研讨,我们会以一种开放式、探讨式、对话式的姿态来推动对"新兴宗教"的探究,提倡各抒己见,保持"和而不同"。当然,我们的研讨会仅是这一重要研究的新的尝试和新的合作,是为今后更深入的探讨、更积极的合作摸索探路、积累经验。为此,我衷心感谢各位与会代表的积极参与,并预祝我们的研讨会取得圆满成功!

(本文为2010年12月6日在北京"新兴宗教发展趋势研讨会"上的发言)

十三

"宗教与文化发展"高层论坛暨2012年中国宗教学会年会致辞

今年的中国宗教学会年会在四川大学的大力支持下，在美丽的成都顺利召开。请允许我代表中国宗教学会和中国社会科学院世界宗教研究所向与会代表、各界朋友表示热烈欢迎！向四川大学及为筹备本次会议付出辛勤劳动的老师、同学们表示衷心感谢！

中国宗教学会理事是我国宗教研究领域的精英人士，在推动中国宗教学术发展上作出了突出贡献。我们以"宗教与文化发展"作为这次高层论坛的主题，旨在使宗教为我国的文化建设、社会建设有更大的投入，有更新的奉献。当然，要实现这一突破，首先需要我们在思想上、学识上和舆论上推进对宗教客观、正确的理解，营造宗教为我国文化建设、文化发展大有作为的良好氛围。

中华文化乃中华民族之魂，但对这一民族之魂的认知却仍存有许多模糊和差异之处。黄河、长江两大流域文化在远古的汇聚，最终形成了大一统的中华文化。这种文化的精神内涵有着突出的宗教特色，凝聚着中国人的信仰追求。在数千年的发展演变中，中华文化饱受风霜、历经沧桑，顽强地走到了今天，并在不断发展壮大。但在各种社会巨变、政治风暴的冲击下，中华文化也遭受到打击、破坏，其不少传统亦在丢失、出现隳沉。我们的文化传承及其重要基因，仍有一定的比重处于尘封状况之中。由于在中国社会转型时期出现了文化理解及文化建设的迷茫或缺失，中国社会及民众心态上的确出现了某些"失魂落魄"现象，其结果文化关注在社会上多浮于表面，对于一些人而言好像只有一种"产业"发展上的刺激；现在让人特别担忧的是，人们过于追逐金钱利益，社会暴露出多方面的腐败，不少事件及其报道会有着令人不安的导向，即给人一种穷人失志、富人不贵的印象。社会的核心价值尚未获得公众的共识，人们的灵魂却在世俗之风中受到侵蚀。为此，我们必须要大声疾呼"中华魂、归来兮"！这种"魂归来兮"的努力是我们文化建设之本，文化发展之途。

理解中华文化和整个人类文化，宗教是其关键之维。从世界历史发展的厚重积淀来发掘，我们所能够找得到的，最多的就是宗教文化遗产、宗教精神传承。为此，今天的文化发展理应要还给宗教以合法、合理之位，为宗教"正名"、让宗教"脱敏"，而不要把必须消除的宗教极端势力作为宗教发展的主流来看待。也就是说，我们应该认识到宗教在文化中的底蕴、本真，以及宗教为文化发展提供的动力、氛围。只要我们以清醒的眼光看世界，或仅仅只是客观、冷静地看看我们祖国的港澳、台湾地区，对宗教的文化定义、社会作用就应该获得正确的认识、得出正确的结论。当然，宗教不是在真空中存在，而是在复杂的社会处境中生存、发展，因此也势必受到社会、政治等层面的影响。一旦宗教社团或相关宗教界人士参与社会、政治活动，与之相应的也当然不可脱离社会、政治之维，受制于相关的社会管理和举措。所以，对宗教在现实社会政治中的卷入，我们也要有清醒的认识，而对之审视、判断的标准则不仅是纯宗教的，也必须结合相应的社会、政治标准。这与我们讨论的宗教文化及其核心精神虽然会有直接或间接的关联，但其问题意识毕竟已不在同一个维度，因而对其审视和应对自然也会不一样。对于宗教文化应该通盘评价，不能因其社会政治卷入而就加以彻底否认，同理，我们也不能因为政治中有暴力、恶行，就彻底否定整个人类的政治文化。

中国社会有着强调和谐、共融的传统，中国文化追寻的是多元通和、中庸、大同的境界。中国的自我意识注重挺立于天、地之间的

"人",重人伦、倡人道、以人为本。但其对人的期待和希望,仍是成为圣贤之辈,达到神圣境界。在此中就不离宗教的精神和真谛,中国的"天人"观显然就是一种终极关切与现实关怀的交汇,外在超越与内在超越的共融。人生需要精、气、神,社会须有公、义、正,这两种秩序的维系既应有道德伦理之实践理性,更需要信仰敬畏之价值理性。中国文化的重建已站到往何发展的十字路口,中国宗教的正确定位也已是刻不容缓、时不我待。如果不能在我们今天的文化发展中理顺与宗教的关系,端正对宗教的态度,如果把宗教界人士引向一种不入社会主流、自暴自弃、被边缘化的"另类"处境,使之走向另一种选择,与我相离或异化,我们的社会则难以"可持续发展",我们的和谐稳定也不会得到长期支撑。中国文化的复兴很难完全摒弃其宗教元素,而使中国传统宗教达到"扬弃"性升华则有助于当今中国文化的重建。因此,我们作为宗教研究工作者应该是"有识之士",在中国社会转型、文化复兴的这一千载难逢的历史时刻,也理应在"独善其身"的基础上有"兼济天下"的情怀和志向。对此,我们也需要坐而论道,为我们的正确实践提供启迪和思路。这正是我们请各位专家学者在百忙之中抽出时间与会参加讨论的初衷和基本立意。

衷心希望我们的高层论坛能撞出很多思想火花、取得丰硕研究成果!

(本文为 2012 年 7 月 12 日在四川成都召开的"宗教与文化发展"高层论坛暨 2012 年中国宗教学会年会上的致辞)

十四

"宗教·法律·社会"学术研讨会致辞

由中国政法大学"宗教与法律"研究中心和重庆市华岩文教基金会联合举办的第一届"宗教·法律·社会"学术研讨会今天在华岩寺成功召开,请允许我代表中国社会科学院世界宗教研究所及中国宗教学会向研讨会的召开和中国政法大学宗教与法律研究中心宗教学实习基地的建立表示热烈祝贺,向与会代表、各界朋友积极关注并参与中国宗教学的发展表示衷心感谢!

中国改革开放的深入发展,使宗教在中国社会的存在处境发生了重要改进和越来越好的变化。但中国社会对宗教的认知,以及百年来中国社会、政治、思想、文化的复杂发展所形成的独特宗教生态,使宗教在中国当代社会的存在及理解仍面临着不少难题和挑战。宗教在当今中国社会文化中的定位仍不清晰。从整体来看宗教也还没有根本"脱敏"。这种状况显然会影响到当代中国和谐社会的构建及文化发展、繁荣事业的推动,因此我们有必要端正认识,客观、科学、全面地研究宗教,努力呼吁社会善待宗教、尊重我们自己的宗教文化传统和世界宗教对人类文明的贡献,从根本上摒弃对宗教的偏见和误解,使宗教在当代中国社会获得一种良性、健康、积极发展的有利处境,让宗教充分参与我们的社会建设和文化建设,以其精神财富和信仰智慧来惠及众生、造福社会、促进中华文化在新时代的复兴及创新。

为此,我们要以实事求是的态度来终结自20世纪初以来延续至今的"中国无宗教"的错误心结,摆脱视宗教为"落后文化"的尴尬处境,改变宗教被"政治化"而出现的异化及误导,克服在意识形态及思想政治领域对宗教信仰及其意义的偏见或成见,制止把宗教与敌对势力自然关联或将之硬要推给敌对势力的愚蠢行为。这种在宗教认知及对宗教态度上的纠偏改错已经到了颇为急迫、时不我待的重要关头,我们应该以求真务实的真心,坚持真理的良心,传承弘扬中华文化的忠心和关爱普罗大众的善心,来对待我们社会的宗教存在。通过认识到宗教在中国历史上的确实存在来有利于人们认识宗教在今天中国社会的真实存在,通过对中国传统文化宗教性的理解来肯定宗教文化本身的重要价值,坚持从政治上与宗教的团结合作来积极稳妥地理顺我们当今的政教关系,坚持以社会存在决定社会意识的马克思主义基本原理来正确认识、理解今天中国的宗教存在及其意义。从科学发展观、中国继续改革开放的前景来推进当代社会对宗教认知的根本好转和真正"脱敏"。对此,我们不仅要抱有希望,更要付出努力。

改善当代中国宗教社会存在处境的一个重点及关键之处,就是要以"依法治国"的现代文明精神来理顺宗教与法律的关系,真正做到依法管理宗教,使宗教的社会存在及活动有法可依,受到法律的保护、社会的尊重。目前,对宗教与法律的关系的研究是世界宗教研究中新的亮点及重点之一,但仍存有不少空白有待我们探索,仍有许多问题需要我们解决。所以,我们理应加强、促进这一领域的研究。抱着这一愿景,我相信我们的这一研讨会一定会取得圆满成功,会推出新的学术成果。

(本文为 2012 年 5 月 26 日在重庆第一届"宗教·法律·社会"学术研讨会上的致辞)

十五

丝绸之路的灵性沟通

当前"中欧文化对话年"的话题把我们的思绪又带回到人类历史的中古时期，使我们想起了马可·波罗那时跨越欧亚大陆来到中国的壮举，以及由此引发的中国与欧洲在精神文化上的深层次交往，通过丝绸之路而实现的东西方灵性沟通。

中欧双方的普通民众都非常熟悉意大利人马可·波罗在中国元朝时期来华居住、工作的那段佳话，《马可·波罗游记》一书也早已脍炙人口，被众人传阅、谈论。由于马可·波罗的东来，打开了欧洲人了解中国的一扇窗口，使不少西方人尝试以一种探险的经历前往中国，其中尤以天主教传教士为当时中欧思想文化沟通之中的翘楚，他们谱写了中古东西交通史上最为神奇、令人缅怀之曲。而中国人由此也接触到在远疆西域之外的一种奇特文明，并为其精深独特而感到震撼。尽管漫长的岁月已使双方的交往成为一段尘封的历史，人们亦不再知道曾有的真实故事及其感人细节，但一提及丝路花雨、大漠传奇、都城建堂、蒙文译经，仍会让人兴奋、激动、遐思、搜寻……

在这段历史的寻觅中，鲜为人知却极为重要的，就是基督教经典的流传和翻译。中国学术界经常谈到元代天主教在华第一任主教孟德高维诺（Giovani da Montecorvino）用蒙文翻译《新约圣经》和《旧约圣经·诗篇》等的历史记载，但迄今仍未发现确为其译的蒙文译稿。至于天主教来华传教士在旅途之中、在异国他乡自己所用的拉丁文《圣经》

之留存，则仅在个别学者的研究著作中所论及，并没能让大众所知晓和特别关注。因此，深藏于意大利佛罗伦萨美第奇·劳伦森图书馆的这部用中国黄丝绸所包装的拉丁文《马可·波罗版圣经》之重新面世，自然会带给人们新奇和好奇，从而引发出对那段历史在丝绸之路上涌现的中欧灵性沟通的联想及探索。

《马可·波罗版圣经》在"中欧文化对话年"这一不同寻常的时机得以映入大众的眼帘，其华丽亮相具有独特的拂尘揭秘的意义，可以在某种程度上再现那段多少被遗忘或已显得模糊的历史。在东西方文化交流中，精神的沟通最为重要亦最为艰难。而宗教经典则往往是其宗教精神的载体，如基督教《圣经》的东来、中译，所要表达的就是这种灵性的沟通、信仰的交流。悠悠岁月已经流失，但这一任务并没有真正完成。虽然已经留有众多版本的中文《圣经》，但中国社会及其基督教界重新译经的冲动仍时在涌现。在今天，中国与西方在心灵深层次上仍存在的芥蒂或隔膜，在价值观及意识形态上仍留有的矛盾和冲突，都说明了这种思想对话及精神沟通的独特意义和任重道远。因此，中欧历史上的友好交往和真情沟通值得我们追忆和回味，其友好经历和曾有的成功或许也能给我们今天仍在继续的相遇及对话带来积极的启迪与借鉴。

在"中欧文化对话年"的文化交流活动中，梅伦尼（Alberto Melloni）教授要将珍藏在意大利的拉丁文《马可·波罗版圣经》复制精品带来中国展示，并想策划中外学者展开相关话题的学术讨论，真乃匠心独运的神来之笔。为此，梅伦尼教授及时主编了关于《马可·波罗版圣经》研究的学术论文集，有力推动了这一领域的相关研究。其实，这种探究正是历史上丝绸之路的中欧文化交流在今天的延续和拓展，也是东西方文化在全球化"文明对话"时代在精神沟通上更进一步深化的努力。抱着这一美好愿景，让我们热切地期待、欢迎这一古朴、精美的《马可·波罗版圣经》在 21 世纪回到中国之旅。

（本文为 2012 年 6 月 18 日为北京《马可·波罗版圣经》展写的贺词）

十六

海峡两岸"中国文化与宗教大同暨五台山佛教文化"研讨会致辞

由中国社会科学院世界宗教研究所与（台湾）中华宗教哲学研究社、山西省海外联谊会、山西民族宗教文化交流服务中心联合组织的"中国文化与宗教大同暨五台山佛教文化"研讨会今天在享有盛誉的佛教名山五台山成功召开，请允许我代表世界宗教研究所向各位与会代表表示热烈欢迎、向为筹备这次会议作出重要贡献的山西省委统战部、忻州市委统战部、忻州市宗教事务局和五台山风景区人民政府表示诚挚谢意！

我们这次研讨会探究的一个重点就是"中国文化与宗教大同"的议题，并且会以五台山佛教文化的发展作为个案和范例。中国文化的本真即一种"和合文化"，强调的是"多元统一"的"中和之道"。这种"和为贵"是中华文化在悠久的发展延续中得以保持其整体性、共构性和一统性的奥秘所在。为了保持中华文化"多样性中的统一"，中国古代思想智慧突出了"和而不同"和"求同存异"这两个方面。"和而不同"说明我们的整合性大一统文明仍然允许并鼓励个性的张扬，让百花盛开而各显其姿，保持差异却有机共在。这样，就可达到"不同而和"的社会向心力和文化凝聚力。"和"是"共在"却非"单一"，是多元共构的和声、和弦、和谐；由此我们方有社会和谐、中华和谐、世界和谐的抱负及现实追求。"求同存异"则表达了中华文化基于异彩纷呈这种现实考量而仍然持守的一种"求同""认同""共同"的理想、憧憬和向往。不同而同所达到的"同"自然是一种"玄同",有着超越和形而上的境界,从而也就呈现为一种宗教的意向和追求。正是基于这种多元求同、多元通和的精神梦寻,出于"公"心、天下为公,我们才能做到多元一体,才会去争取"世界大同"。所以说,"世界大同"是一种宗教理想,这一中国哲学思考的真谛乃宗教哲学、精神哲学。对此,黑格尔等西方著名思想家也不得不感慨中国哲学实质上所具有的"宗教哲学"之神奇,他们同样也猜不透这种"大同"境界之神秘。

实现"世界大同",需从争取并实现"宗教大同"上来做起。宗教乃最集中、最高深地体现出人类精神、文化的多样性、差异性,有着鲜明的精神个性特色。以一种崇高、超越的宗教境界来追寻由多种具体宗教所共构的"宗教大同",是这些具体宗教的自我升华及超越自我,也是从"各美其美"经"美人之美"而达"美美与共"的神圣历程,虽然这看似难度太大,我们却在现实中的宗教对话、宗教联合以及宗教所启迪、倡导的"大同文明"中看到了希望、受到了鼓舞。实际上,宗教界有许多争取宗教大同的尝试,而且也取得了不同程度的成功。而中国宗教界特别是中国民间宗教传统更是有着体现其大同理想的实践和经验。当然,从追求"宗教大同"到实现"世界大同",的确"任重而道远",所以我们应有"弘毅"的精神和决心。在中国佛教的发展中,在多教派共存的五台山佛教文化之形成中,我们在这里亦会获得求同存异、多元通和的真实体验和深邃启示。宗教求同必须对话,宗教大同则靠共在且共识。为了这一共同愿景和学术追求,我们世界宗教研究所与(台湾)中华宗教哲学研究社精诚合作,留下了长达二十年的研讨佳话和纪念,结出了丰硕的学术成果。而今天我们在五台山又迈出了新步伐,将对"中国文化与宗教大同"这一与中华民族自觉和发展命运密切相关的重要话题展开多层次、全方位的研讨。在此,愿我们共同努力,争取新的突破和收获。

(本文为2012年7月6日在五台山"中国文化与宗教大同暨五台山佛教文化"研讨会上的发言)

十七

"渤海视野：宗教与文化战略"
学术研讨会致辞

  欢迎各界朋友、社会有识之士接受我们的邀请来到渤海之滨、中国历史名城天津，参加我们今天组织的"中国宗教学五十人高层论坛"，以望海临风的开放、开阔、开拓姿态及视野来讨论"宗教与文化战略"问题，共同吟唱我们关注中华精神文化发展、探求宗教社会定位的海滨音诗。这次研讨座谈由中国社会科学院文哲学部、浙江大学全球化文明研究中心、中国社会科学院世界宗教研究所和中国宗教学会联合召集主办，旨在集思广益、群言献策，呼唤良知、彰显真理，在当代中国社会发展、中华文化重建中获得在对待和处理宗教问题，构设理想、有效之文化战略上的睿智和洞见。

  在最近学术界和理论界关于民族、宗教问题的讨论中，出现了一些颇为偏激的观点和引人担忧的主张，这实际上对中国民族团结、社会和谐带来了潜在的伤害和隐藏的危险，在当前中国发展的关键时期可能会混淆视听，造成误导，甚至会增加我们和谐发展的难度，带来本可避免的麻烦。因此，为了对这种危机防患于未然，让我们中华民族千载难逢的崛起和发展顺利、畅快，少走弯路、少有曲折，我们深感有必要冷静、清醒、全面、智慧地思考、讨论"宗教与文化战略"问题，使我们的社会文化在精神动力和精神支撑上有更明智、更有利的选择和取向。

在宗教对于中国社会文化战略的意义上，我们根据马克思主义关于社会存在决定社会意识，宗教是其社会状况的反映这一基本原理，以及中华文化多元通和、社会一统的传统及现实，应该意识到并且努力争取实现这一良性发展：把宗教从社会存在、文化意义、精神影响和政治归属上全面纳入我们社会的整体建构和一统体系之内，防止宗教因被误解、冷落、忽视、排拒而出现在我们社会中及对我们社会本身的"异化"或"恶化"。今年年初我在全国宗教局长工作会议上呼吁，对于我国的宗教，我们一定要"拉进来管"、避免"推出去乱"。所以，我们有必要构设、调整好我们关涉宗教的社会举措、政治策略和文化战略，力争在我国形成如下发展态势，即当宗教作为政治力量时应该成为我们自己政治力量的组成部分，当宗教作为社会系统时应该成为我们当今和谐社会的有机构建，当宗教作为文化传承时应该成为我们弘扬中华文化的积极因素，当宗教作为灵性信仰时应该成为我们重建精神家园的重要构成。只有通过这种努力，我们才有可能防止宗教被"异化""他化""外化"和"敌化"。

从复杂、多元的世界形势和国内发展来看，留给我们正确处理宗教问题的时间已不很多，宗教出现嬗变、"流俗"和"物化"的危险也在加大，社会的偏见还可能促发宗教的某种隳沉；一旦出现宗教在我们现实存在的"非精神化"或"非超然性"变迁，一旦宗教走向"离心"之路或"另类"选择，中国就有可能进入"多事之秋"、遇到宗教及民族问题深层次危机的爆发。这绝不是危言耸听，而是警世良言。所以，我们应营造中国社会以平常、正常之态来看待和善待宗教的良好氛围，让宗教以其"神圣""道德""超越"之维来关心、支持并热情、主动地直接参与我们的社会及文化建设，成为我们社会基层群众安身立命、和谐生存的精神支柱之一，成为我们民族团结、社会和睦的催化剂和保护层。对于宗教在中国社会正常、健康而良性的发展，今后的十年是非常关键的时期。为此，我们呼吁并感谢社会精英阶层、各界有影响的人士为中国社会及文化精神的积极、有利发展体现出"匹夫有责"的使命感，展示大家"先天下之忧而忧""后天下之乐而乐"的精气神。为了这一目标,我们的这次研讨将讨论"宗教、传统文化与中国文化战略""宗教共同体与人类文明""宗教、信仰复兴与中国社会转型""宗教信仰在中国社会的认知与认同"等议题,此外,我们不仅组织在天津利顺德大饭店这样一个体现历史厚重及近现代社会变迁之地的学术讨论,还想让大家到作为"新文化运动"旗手之一,但也是影响到中国现代宗教理解的关键人物之一梁启超先生的故居饮冰室去体悟、反思这一运动及其宗教关联,并且到泊于滨海的基辅航母上以洞观国际风云变幻的视域及境界来提出我们向中国社会的建言、倡议。

最后,衷心感谢大家的积极参与,预祝我们的研讨圆满成功!

(本文为 2012 年 9 月 19 日在天津"渤海视野:宗教与文化战略"学术研讨会暨中国宗教学五十人高层论坛上的致辞)

十八

"宗教团体的治理"学术会议致辞

"宗教团体的治理"学术会议今天在美丽的澳门成功开幕，请允许我代表主办单位之一中国社会科学院世界宗教研究所向全体与会代表表示热烈欢迎！并向我们合作主办单位巴哈伊教澳门总会、协办单位香港全球文明研究中心，以及赞助单位澳门基金会表示衷心感谢！同时亦向大力支持、帮助我们与会的澳门中联办领导及工作人员表示崇高敬意！

我们研究所与巴哈伊教学者有着密切联系和友好合作，特别是这些年来与澳门、香港的相关机构合作较多，大家亦表示今后要进一步加强这种学术合作及交流。最近，我们研究所的巴哈伊教研究中心有所调整，研究中心的顾问由吴云贵、周燮藩、曹中建、金泽等人担任，由我出任研究中心主任，邱永辉、王宇洁担任副主任，并由邱永辉兼任秘书长。我们也衷心希望今后能有更多的学术合作及友好交往，推动这一领域的研究。

"宗教团体的治理"是现代社会管理的重要组成部分，尤其在中国当前"一国两制"、不同社会管理体制共在并存的独特境况中特别值得探讨和研究。巴哈伊信仰在正确处理好社区关系，发挥宗教团体在社会参与中的积极性及正能量等方面有很大的投入，也获得了非常丰富的经验，其在许多国家社区的试验中都有成功的收获。因此，就这一领域本身则可以展开多种多样的交流。特别是在我们当前致力于加强和创新社会管理时，亦有必要高度重视和认真思考"宗教团体的治理"问题，参考或借鉴巴哈伊信仰已获得的社会参与及社团治理上的宝贵经验，探索走出一条符合中国国情和当代发展的有效且高效的路径，从而为我们的社会建设、社会发展及社会管理作出积极贡献。当然，"宗教团体的治理"是整个社会管理系统工程的有机构成，宗教团体作为社会团体的组成部分、宗教系统作为社会大系统中的子系统，其治理和调控乃与整个社会的治理及调控密切相关，所以我们不能单独地、抽象地谈论宗教团体的治理，而应与整个社会背景及处境相关联，与其他社会团体的治理相比较，从而找出宗教团体治理的普遍性及其独特性，达到事半功倍、节俭高效的理想结果。

就当今中国宗教团体的治理，特别是中国大陆宗教团体的治理而言，我们正面临各种新的情况、面对许多新的问题；如何形成具有"中国特色"的宗教团体治理，我们则必须迎接复杂的挑战。目前，人们已从"法治"的视角来突出"宗教事务条例"的制定和宗教社团管理制度的出台，也提出了"宗教法人"、宗教管委会等构想，正在积极的摸索、探讨之中。因此，我们对这一问题应该深入调查、系统探究，找出其有效之途和内在规律，促进宗教团体自身的和谐存在，以及与其他社会团体的和睦共在。有效、成功的宗教团体治理，将有利于社会的稳定、和谐发展，是我们社会建设的重要内容。让我们认真研讨、集思广益，总结经验、吸取教训，找出宗教团体治理的最佳途径、最好方法，达到其最为理想的效果，以此而为我们的民族团结、宗教和平、社会和谐作出积极贡献。

最后，祝我们的学术会议取得圆满成功！

（本文为2012年9月24日在澳门"宗教团体的治理"学术会议上的发言）

十九

"东南亚宗教与区域社会发展"研讨会致辞

感谢与会的各位领导、感谢各位专家学者、感谢各位高僧大德，同时也感谢我们所的工作人员和博士生、博士后利用这个周末休息的时间来参加关于东南亚宗教问题的研讨会。

这是我们研究所第一次进行东南亚宗教与区域社会发展的研讨，郑筱筠研究员为筹办这次会议费了很大的精力。从我们当前的社会发展形势来说，刚才中央统战部和国家宗教局的两位领导说得都非常透彻，应该说经过改革开放三十多年的努力，我们国家在政治、经济、社会、文化，乃至军事文化上都已经相当的强大，这已经是一个不争的事实。但是值得反思的，是在我们的社会文化观、核心价值观、主流意识形态上中国特色尚不突出，仍然是处于一个被感召、被影响的状态。可以说，无论是作为我们的核心价值体系的马克思主义思想体系，还是在我们这个社会广有影响的佛教，以及我们颇为担心的来自基督教的扩张，这些思潮从其本源来看，其实都是相应的外来思潮。作为中国本土文化的道教，却显得最为薄弱。当然，中国文化对于外来思潮从文化交流来讲应该是持欢迎、吸纳的态度，因为我们中华文化本来就是海纳百川，多元通和。那么在这种多元共融的前提下，如何在精神文化上形成中国的品牌，凸显、体现中国的意识，这个问题我们好像想得不是很多，想得也不是很透彻，所以这就确实值得我们今天在研究精神文化上深刻地思

十九 "东南亚宗教与区域社会发展"研讨会致辞

考。我们有着悠久传统的中华文化用什么来感召、影响世界？这是一个非常值得关注的问题。宗教这一块我们到底该怎么做？现在的社会仍然有着一种排斥宗教，或者在精神意识层面上敌视宗教的说法及做法，在这些方面出现了一些极"左"思潮，应该说其扩散面还是很大的。这在国内学术界、社会上引起了一些论及宗教的负面影响，其后果颇令人担忧。其实，仅就外交方面而言，对宗教过于负面之说是非常不利于我们的对外交往的。为什么会这么讲呢？因为在今天我们在宗教上的这种否定或贬低的观点，会使我们在世界认同、民间交往上陷入相当孤立的处境。由此，在涉及宗教观、价值观的评价上，我们在世界上所获得的认同不多，这种认同感、同情感的缺失会使我们在世界社会文化舞台上处于一种情感上的弱势，很难争取更多的心心相印的朋友。在中国实行改革开放三十多年以后，关于宗教的理解仍然值得我们反思和反省。这种反思和反省不是笼统而言，应就具体的局部、具体的一个方面来谈。这就是我们这次研究东南亚宗教与区域社会发展的意义所在。

所以，我个人认为，这种研究至少要有这样三个层面的探讨。第一个层面是对东南亚这个区域的政治、经济、文化进行系统和透彻的研究，进一步弄清它究竟是一个什么样的社会文化。因为东南亚地区跟我们国家的关联太密切了，是我国的主要周边区域。第二个层面的研究是东南亚这个地区的宗教及其对我们海外华人的影响。因为海外华人要入乡随俗，所以在异国他乡人们会自觉或不自觉、直接或间接地受到东南亚当地各种宗教的影响。第三个层面即我们应该研究东南亚华人的宗教及他们生存和发展的处境，他们与中国政治和中华文化的关联。刚才很多学者、专家都谈论到了这一点。我们应该体认他们在这两个方面的感受，一个是他们自身的生存发展处境，另外一个是他们与中国政治文化的关联，而且这两个方面实际上是密切交织在一起的，它们之间会有一个互动或反响。为此，我们中国大陆本身对海外华人，尤其是东南亚华人的宗教如何去理解，如何去对待，就会有着实实在在的现实意义，其意义既会体现在中国本身，也会体现在东南亚社会。面对今天东南亚的现状，我们该怎么应对？实际上，今天东南亚的形势对我们而言是非常严峻的，我们这些天在媒体上看得很多的是因为领土领海等问题而出现的纷争和噪音，由于个别大国的干涉、参与而对我们而言似有一种无形的包围圈在形成。这种纷争虽然是政治、经济、军事上的，但是从深层次来讲，在文化方面，在精神信仰方面有没有影响？也的确值得我们探讨。所以，我们对此的应对应该是两个层面的。一个是硬实力方面的应对，这方面我们现在正在做，而且肯定还会继续做下去。但是，另一个就是软实力方面的应对，在这方面我们好像谈得不是很多。今天我们这个研讨会就谈到了上述问题，并且有一定的深度。这里就涉及刚才很多专家学者谈到的文化等传统对于民族、血脉、民众心态以及情感等因素的影响，故而需要文化战略上的考量。

关于海外华人，刚才有学者专家提到目前4000多万海外华人的80%都在东南亚地区，其重要性不言而喻。那么，在这些地区的华人所处他乡之实地，也就是他们的社会物质、生活这种实际存在已经是没法改变了的。但是，我们学者专家谈到的这种"原乡"之梦境，就是重新构建或者还原它的原有家乡就更多体现在海外华人的宗教精神生活之中，对此我们是可以有所作为的。但我们现在的作为究竟怎么样呢？这也是值得我们反思的。应该说，在今天国际社会的发展中，随着中国改革开放，在"全球化"的形势中也融入了世界社会，在社会、政治、经济体系上以往的分殊已经基本上被克服，相互的较量甚至已经直接是利益上的冲突和竞争，在其社会性本质上已经没有太大的区别了。但是在以往意识形态的理解上，因为过于强调不同而造成的对立以及因此而形成的思想鸿沟和感情隔阂，或者说这种精神交往上的生分，却仍然没有被打破。在这个层面上来讲，是有一层窗户纸，应该把它捅破，但是现在还没有捅破。我个人认为，这是我们在研究中值得进一步深化、讨论的。

我们要看到这样一个不争的事实，中国海外移民会越来越多，如美国的华人数量就已经超过500万人，海外华人人数会越来越多。在这个增长的过程中，中华文化的精神既可能做到一种"同化"性的对外扩散，同样也可能会出现"去中国化"这样一个自我"异化"的嬗变；

一方面可能会扩大中国的影响力，另一方面也可能会增加中国发展的麻烦。所以，在这个方面我们必须是要有所作为的。我们可以因势利导，在团结海外华人上赢得主动和先机。在未来的发展中，我们对之如何作为，如何因势利导，这就正在考验着中国政治、中国文化的智慧。从对策研究方面来讲，我们组织召开这样一个研讨会就非常有意义，也非常及时。我们就是想通过这样一种研讨会的方式来贡献我们的智慧，给我们的社会提供一些有价值的参考因素。虽然我们牺牲了两天的休息时间，但是值得，也会有收获。在此，我也向各界朋友对我们这样的研讨、对我们忧国忧民、关心中国与世界发展之努力的支持，表示由衷的感谢！

（本文为2012年10月27日在北京"东南亚宗教与区域社会发展"研讨会上的致辞）

二十

"宗教慈善与社会发展"论坛致辞

在中国社会科学院领导的支持下和海内外学界及社会各界朋友的关心下，2012年中国社会科学国际论坛：宗教学专题"宗教慈善与社会发展"今天在北京成功召开，来自世界各国和中国各地的约百位社会精英人士共聚中国社会科学院，在"全球化"的国际形势下讨论宗教慈善与社会发展的关系及相关问题。为此，请允许我代表论坛承办单位中国社会科学院世界宗教研究所向全体与会者表示衷心感谢和热烈欢迎！

慈善是人类社会的一种美德，慈善事业反映出人类历史上正义、博爱、关怀、互助的真情存在和执着坚持。在当代社会，慈善已经成为整个社会工作中的重要构成，彰显出具有超越性的真、善、美、圣的价值和意义。而在社会慈善工作中，宗教慈善则占有很大比重。宗教界的社会实践包含着许多社会服务和公益慈善内容。因此，我们关注和研究社会慈善事业的起源及发展，就必须高度重视宗教慈善的意义与作用，也理应总结并弘扬宗教慈善事业在长期历史发展中所积累的有益经验和实践心得。通过这种回顾与总结，我们不仅要对宗教慈善的历史价值作出客观、正确的评价，更重要的是应结合中国国情来探究宗教慈善在中国当代社会中的作用和意义。当代中国社会建设与发展，离不开宗教界的积极参与，而社会建设实践中的一个重要内容就是社会慈善事业，其中则必须包括占有颇大比重、有着广远影响的宗教慈善工作。只有高度重视和积极推动宗教慈善事业在中国社会建设中的参与，我们才能更好地贯彻、体现中国共产党十八大精神中"发挥宗教界人士和信教群众在促进经济社会发展中的积极作用"的重要思想。

长期以来，人们向往着社会的公正、平等和共同富裕。但因社会发展的多元、复杂之现实，人类迄今仍没能真正体现出这种公平和共同富裕，这是一个未圆之梦，也是人类对未来的永恒期盼。社会贫富不均、到处都会存有弱势群体，这乃是不争且无法回避的事实。面对这一无情的现实，人类能够体现其人世间仍然有情的一个重要方式，就是对社会慈善的倡导和推动。与其空想乌托邦那样的"平等"，不如脚踏实地从事社会慈善工作，给社会弱势人群和贫苦民众真正的帮助。人们常言道，"哪里有痛苦，哪里就有宗教"。宗教对痛苦的解脱和抚慰既是精神的，也包括物质意义上的。所以，我们可以看到人类历史上各种宗教对社会慈善的积极参与和推动。从某种意义上来讲，了解宗教慈善实践，就是对宗教本真及宗教社会存在目的的深入了解，由此也就能客观、真正理解社会中的宗教。可以说，宗教慈善事业是反映宗教社会存在及其作用、意义的一面镜子。而在一定程度上仍对宗教存有种种疑惑的当代中国，认识宗教亦可从宗教慈善上开始观察，这非常简单、方便，由此人们就能作出真实、可信的相关判断。

宗教慈善与社会发展的关联，首先在于慈善乃宗教面对社会的一种基本态度。面对社会存有的不足、不平和不公，面对社会无常中的生、老、病、死，面对因天灾人祸而引起的社会救助的巨大需求，尤其是弱者、病者、穷人、受难者、不幸者，以及各种社会底层民众的求生、求助愿望，宗教不只是拨动精神安慰的心弦，而是有着社会救渡的实践。在很多情况下，宗教信仰及其实践者本身也不是社会中的强者，但其舍我、忘我的慈善之举就更深刻地体现出宗教的意蕴和真谛。宗教慈善从本质来看不是一种施舍或怜悯，而是其社会服务和公义，由此来呼唤社会真情、正义与平等，达到对社会局限和自我有限的超越。宗教本身在慈善工作的过程中也能不断改革、完善，达到自我的纯化和超越。此外，宗教慈善也会面对其他社会慈善事业，这也就是对宗教社会合作、社会协调的考验和促进。"众人拾柴火焰高",宗教慈善在融入整个社会慈善事业中也会得到提高、升华和扩展、延续,得其可持续发展。因此,宗教慈善是其社会整合、协调能力的检验。这里,宗教慈善不是其向社会讨价还价的资本,而是社会公益的参与和构成。在这种意义上,宗教慈善是对社会和谐的参与及贡献。我们今天已认识到,"社会和谐是中国特色社会主义的本质属性",那么宗教慈善自然也能参与今天的社会和谐建设,并能成为中国特色社会主义的有机社会构成。通过宗教慈善实践,我们则可把握社会主义社会的宗教、当代中国特色的宗教有哪些特点及其现实存在的意义。对于这些理论和实践问题,我们的论坛可以展开广泛而深入的讨论,通过对宗教慈善的认知和肯定来积极看待宗教的现实社会参与和贡献,更广泛、全面地促进中国当代和谐社会建设与发展,从而也可以增进与整个世界大社会的沟通和了解,改善正在形成的"全球化"人类生存共同体的环境及条件,营造一种更为和谐、融洽的共在氛围。所以,我们的论坛虽小,却有着巨大的社会意义,体现出广泛的国际关联。

最后,预祝我们的论坛取得圆满成功!祝大家以身心愉快、成果不断来迎接新年、新希望的来临!

(本文为 2012 年 12 月 11 日在北京"宗教慈善与社会发展"论坛上的致辞)

二十一

"中国社会科学论坛(2013·宗教学)":致辞

在渐入深秋的北京,我们迎来了来自中国及世界各地的专家学者,其中许多都是我们的老朋友、长期合作的学术伙伴。在此,请允许我代表中国社会科学院世界宗教研究所及我本人以深秋所蕴含的深情厚谊,向各位朋友、与会代表表示崇高的敬意和热烈的欢迎!

自亨廷顿提醒西方世界在当今全球化的时代可能会有"文明冲突"之后,世界对此并没有消极以对,更不是因这种悲观审视而走向消沉。相反,"文明对话"的呼声越来越高,世界有识之士为之付出的努力也越来越大。而当人们意识到无论是"文明冲突"还是"文明对话"都与宗教密切关联以后,也更加强调世界宗教在文明对话中的意义,鼓励并促进世界宗教对文明对话的积极参与。我们人类的"全球化"共在不只是经济、政治的共在,其社会的多元性也更深刻地体现在人类精神、信仰的共在,这使世界宗教在人类共存、精神共处之中有着独特的使命,让人们的信仰之维有了其现实责任和担待。十月初我去希腊罗德岛参加了"文明对话——世界公众论坛",来自世界60多个国家的600多位代表与会,表现出对文明对话的高度重视,而且,这一称为"罗德岛论坛"的文明对话已连续召开了十一届,反映出人们对这一问题的持久关注和不懈努力。同样,中国也对文明对话表示出特别的兴趣和积极的参与。近几年来,中国有关机构组织召开了各种类型的世界文明对话论坛，如尼山文化论坛和太湖世界文化论坛等，其中一个重要议题就是世界宗教在文明对话中的参与、角色和意义。而中国宗教界也以宗教为主题展开了文明对话，其中世界佛教论坛和道教论坛都引起了极大关注和积极反响。今天的"地球村"内各种文化在直接交往，精神、信仰的交流亦有着前所未有的频仍，无论以何种传统、坚持何种立场，在这种共处中都只能对话而不能独白，单一性已经很难与多样性抗衡。当然，这种对话的原则就是多元共存、求同存异、和而不同。其历史传统和社会发展所形成的差异性已无法回避，在一个国际大社会中，我们需要共处的智慧。我们只有通过文明对话、尊重差异、和平共在才可能使世界和谐、让人类延续、享有充满希望和光明的未来。

历史的经验教训告诉我们，不能轻看人类曾有过的冲突和战争，其后果及影响仍没有消失，是我们必须面对的真实遗产。战争给人类带来的巨大灾难，"冷战"所造成的僵持和意识形态冲突，使人们彼此之间充满隔膜、猜忌和互不信任。而宗教信仰等精神上的分歧及差异又加深了这种矛盾及怀疑，我们看到的宗教冲突、教派纷争，折射出人的信仰世界之紧张，使社会矛盾更难解决、人道主义灾难更加深重。在文化的多元性和精神信仰的差异性面前，我们应往何处去？我们的举足、探身会有什么后果？这可能都是对现实的见证、对未来的预示。从信仰的坚毅和持守而言，这个世界好像谁也不怕谁；但从人类的共存及可持续发展来看，我们则谁也离不开谁。基于精神与社会的有机关联，只有这种精神信仰上的对话及社会政治实践上的合作，才能给已经非常动荡并正发生动乱的世界重新带来生存及发展的可能，为此，我们强烈呼吁精神信仰上的宽容和社会生存上的包容，我们应以对世界宗教的关注以及探求多种宗教共同生存的方式来推动文明对话、促进各族和睦，使世界的和谐从精神和谐上得到支撑和保障。

在人类文明对话的历程中，各种宗教、各个民族都有着自己的丰富经验和必须吸取的历史教训。在以往的危机、冲突或沟通、和解中，人类应该学会比较、鉴别，找出最为理想的发展之途。尤其在不同文化、不同宗教相交、相遇之处，这种在对抗与对话之间的选择至关重要。每一种文化都有自己要表达的诉求，每一种宗教也都有自己要坚持的信仰，因而其异中求同非常不易，但文化、宗教共在的奥秘及可能就在于"各美其美"和"美人之美"的有机结合。其实，文明冲突并非当今人类之特有，自各种文明相遇以来，文明冲突与文明对话就恰如一个硬币的两面而共存，只是其后果迥异。而且，在其冲突或对话中，也少不了宗教的复杂卷入和参与。也正是这些历史的经验和教训才使人类逐渐成熟，得以深刻体会到和平的重要和在人类共存中之必不可少，因而分属不同文化、不同宗教的民众也在不断学习、探索如何能够消除矛盾、化解冲突、求得共存，大家在其中所获得的共识即斗则俱伤，和则共荣。在"全球化"共在的今天，这种意识则更为强烈。我们应吸取在人类历史上文明冲突的惨痛教训，认真总结文明对话的有益经验，在今天的现实共存中力争减少这种冲突和战争、努力增多对话和了解，使文明成为人类和谐、进步的标志，让宗教成为支撑这种和谐与进步的精神力量。人类的发展，世界的进步已经使文明对话的条件更加成熟，对话的结果和实效也更能给人带来鼓励和希望。不过，文明的差异、宗教的误解、民族的分歧依然存在，而其在社会政治中的呈现则使这些问题很难在短时期内得到彻底解决，因此，致力于文明对话、宗教和谐的有识之士必须要有长期努力的思想准备，应该具备精诚所至、金石为开的气魄和胸襟。

在世界宗教与文明对话的努力中，人们并没有气馁和却步，从世界宗教和平议会到全球伦理宣言，可以看到这种努力在当代延续的坚定步伐。此外，文明对话正在各个层面展开，旨在让世界少冲突，明天更美好。不少文明及宗教中都有和谐共在的世界"大同"之梦，我们希望能早日梦想成真。在寻梦的理想和实践的努力中，各个文明、各种宗教都有着丰富的经验和收获，我们在这一论坛上就可以听到并学习相关的宝贵经验。而中国以其悠久的文明和多元的宗教也在发挥其积极的作用，主动参与世界文明对话。中华文明以其上下五千年的经历而形成了华夏文明所独特的"一体而多元"的"中和之道""和合智慧"。中国文化及宗教追求其共在之"多样性中的统一"，主张一种具有包容特点的"整体性""内涵式"和"共构型"的有机发展，倡导一种多元共存的和谐共融文化，从而给世界文明对话提供了中国经验和有益的启迪。而且，中国的多民族文化及其多宗教信仰在这种"大一统"的格局中仍然保持住了其百花齐放、百蝶各色、多彩纷呈的个性特色，以其包容并尊重多样性的差异、区别而共构其稳态、和谐的整体。同样，中华文化还以一种开放心境提倡"人类一家""世界大同"，对外来文化持有"海纳百川，有容乃大"之态，主张以取长补短、相互学习的博大胸怀来宽容、包容外来文化，让各种文化发展得以"道法自然"，形成"润物无声"的共融、"厚德载物"的传承。中国文化强调"和而不同"，主张尊重差异的和谐。在国际交流中仍有一些人怀疑或不理解中国的"和谐"蕴涵，有着对这种求"和"的困惑；其实，在人类文化漫长的发展中，我们已深深体会到"同"只是一种境界、一种向往、一种梦寻，在多元共在中很难真正达到完全之"同"；而"和"则是现实的、当下的、可行的，是在"多元化""多样性"中我们可能实现人类真正共存的奥妙之处、睿智之举。多元文化得以共聚，其所发出的则乃"和谐"之声。为此，中华民族推崇这种"和合文化"，希望世界真能实现其和谐发展，保持和平共处。为了世界和平和人类共同发展，我们只能选择文明对话、宗教宽容之道，这正是我们组织世界宗教与文明对话这一论坛的初衷和真谛。

由于当前中国所倡导的廉俭之风，我们压缩了这次会议的规模，会场也改设在我们研究所之内，可能会给与会代表带来一些不方便之处，尚请多多原谅和理解。我们将集中精力于我们的学术交流和文化融贯，致力于加强沟通，增进友谊。在此，预祝我们的论坛取得圆满成功。

［本文为2013年11月3日在北京"中国社会科学论坛（2013·宗教学）：世界宗教与文明对话"上的致辞］

二十二

第二届"中美基督教领袖论坛"致辞

非常感谢邀请我参加这次主题为"和好·福音"的第二届中美基督教领袖论坛，也允许我代表中国社会科学院世界宗教研究所、基督教研究中心和中国宗教学会向这次论坛的成功召开表示衷心的祝贺！

在我们今天"全球化"的对话时代，中美基督教领袖对话极为重要。这是改善中美关系、消除彼此误解、增进双方友好的一个重要创举和具体努力。基督教在中美关系中具有非常独特的地位，甚至在一些关键时刻能对中美关系的发展起到重要作用。故此，我们在国际政治中应该重视基督教所能达到的影响，尤其是应该通过基督教来化解或至少降低中美之间的矛盾冲突，维系一种和平及和谐的关系。今天的世界舞台有着太多的独白而缺少真诚的对话，因而矛盾重重、冲突依旧，积怨仍在积累、形势趋于恶化。基督教有一句表述，说的就是"世界在沉沦，基督遂诞生"，其意蕴即提醒我们基督教有拯救世界、给天下带来和平的使命。为了让"地上有平安"，基督教必须采取正确的行动。而非常遗憾的是，历史上有不少错误的决策及行动却也有基督教的复杂卷入。因此，继2011年在美国华盛顿召开的第一届"中美基督教领袖论坛"之后，接着在上海举办第二届"中美基督教领袖论坛"，就显得极为必要和及时。上海在处理中美关系的问题上经历了许多风霜雪雨，迎来过不少春华秋实，有其成熟及智慧。所以上海论坛给我们带来兴奋和希望，我们期待其取得进展，有所收获。

人类社会的矛盾冲突往往与固执己见、我行我素、拒绝对话等否定性态度相关。而有些时候需要对话的双方虽走到了一起，却各说各话，丝毫没有任何倾听的意愿，故也使"对话"变为"独白"。而真正的对话则需要敞开自我，倾听对方，换位思维，彼此互谅。我们鼓励这样的建设性对话，并应该积极参与、使之富有成果、卓有成效。中美基督教对话，正是解决中美存在问题的有益尝试、明智之举。这是让中美人民走到一起的桥梁，因而非常重要。我们在过去已经失去了许多让基督教起协调中美关系作用的机会，而在很大程度上基督教的协调作用是可以达到积极效果的。当前中美在社会政治层面仍存有较大分歧，这也势必会影响到我们两国的经济、文化等领域的全面合作。而且，两国人民在民间层面的交往、交流也不多，双方实际上缺乏深入的了解。但这种民间性质的，人民与人民之间的交往，就可以包括两国基督教界的友好交流、真诚合作。所以，我们欢迎这样的论坛，并呼吁让越来越多的人来参加对话。我们对参与对话者充满着敬意，也对其沟通、交流的结果抱有非常乐观的希望。天下大同、世界共在，就是靠对话、靠理解、靠包容、靠爱心。如果我们大家都能有这种"求同存异""和而不同"、相互尊重、彼此学习的抱负和境界，我们的世界就能"和好"，而我们大家也都能"有福"。

预祝论坛取得圆满成功！

（本文为2013年11月19日在上海第二届"中美基督教领袖论坛"上的发言）

二十三

"基督教与和谐社会建设国际论坛(2013)"致辞

由中国社会科学院基督教研究中心与北京燕京神学院联合举办的"基督教与和谐社会建设"国际论坛今天在北京正式召开,请允许我代表中国社会科学院世界宗教研究所、基督教研究中心向来自中国大陆与香港、台湾,以及来自世界各地的专家学者、基督教界朋友表示衷心感谢和热烈欢迎!在此,我也代表论坛主办方向国家宗教局的领导、北京市民宗局的领导、中国基督教两会和北京基督教两会的基督教领袖莅临论坛,以及论坛协办方燕京神学院的负责人和有关朋友所付出的辛勤劳动,表示诚挚的谢意!

我们这次国际论坛之际,正是处在中国大陆贯彻落实中共中央十八届三中全会精神、全面深化中国当代改革开放的大好时期,中国充满信心,世界看好中国,我们又迎来了中国发展的一个新的机遇。按照全会"最大限度增加和谐因素,增强社会发展活力"的精神,我们举办这一论坛,将基督教发展与和谐社会建设密切结合,就有着非常重要的现实意义。

众所周知,基督教是世界上第一大宗教,全世界有多达23亿的基督徒,占世界总人口的约三分之一,有着悠久的历史和广泛的国际影响。中国的改革开放乃是面向世界,与各国人民展开广泛的交往,因而势必要与这一巨大的基督徒人群接触、关联。为了促进中国当代发展具有良好的国际环境,让世界正确认识中国,与基督教的沟通、了解、对话就显得非常重要。我们这种沟通、对话的意向及努力也是对促进世界和平、形成和谐发展的贡献,因此,我们所举行的这一国际论坛就具有现实的、积极的政治、社会和文化意义。综观世界历史与现状,基督教对于国际社会在对话还是对抗、和好还是冲突、和谐还是混乱、和平还是战争之发展选择上可以发挥巨大作用,有着非常重要的影响,所以,我们必须积极呼吁、全力争取基督教发挥其正能量、体现其正功能,使之能主动推动世界和谐发展、人类和平共处。

基督教自唐朝时首次传入中国,前后共有四次传入的复杂经历,其时间跨度长达一千三百年。其中在"鸦片战争"之后的传入卷入了复杂的政治因素,使基督教尤其是新教在华发展包含了多种因素,有着不同回响。由此,基督教在中国一直在面对其如何适应中国文化、融入中国社会的问题。这一问题因为复杂的社会历史原因并没有得到彻底解决,今天仍让人颇为纠结。中外有识之士也不断在思考、反省基督教传入中国这一漫长历史上的经验教训,寻找一种积极的突破与发展。在这一历史过程中,人们也逐渐认识到,基督教只有积极适应中国社会文化才可能在中国正常生存与发展,而中国文化"海纳百川"的开放性、包容性也理应吸纳基督教,使之成为中华文化复兴及重建中的有机构建、积极因素。可以说,基督教完全可以以一种全新的、积极主动的姿态参与中华民族实现其伟大复兴的"中国梦"之崇高事业。

在当代"全球化"的时代背景中,中国提出了构建中国和谐社会、推动世界和谐发展的责任与使命,而要真正实现这一和谐愿景,当今中国则应该处理好与基督教的关系,应重视基督教思想文化的历史积淀和信仰特色,积极引导基督教与中国当代社会相适应。所以,我们的论坛很有必要探讨基督教对世界和平、社会和谐的理解和表达,了解其对"和平""和好""和谐"的基本思想表述和社会当前实践,梳理其相应的精神资源和理论发展。

显而易见,基督教在中国的发展还存在着如何实现及体现其"本土化""本色化"的问题,即应使基督教在中国达成其"中国化"。这种"入乡随俗""在什么地方就成为什么人"的适应本是基督教的一个基本信仰传统，而这一传统在中国处境中应该怎样得以传承和发扬光大，正是我们所特别关注的。如何体现基督教的"中国特色"，则应该从其经典、教义、思想、伦理、文化、社会实践等方面来展开综合性探究。而在今天中国社会，我们应如何看待基督教在中国的发展，如何总结基督教在其中的成功经验，意识其存在的问题，使基督教在当前能有积极意识地走中国道路，并让中国思想文化获得世界范围的理解和尊重，这些思考也应纳入我们今天有效的话语体系中来展开建设性的讨论。

如何客观、正确地认识在当代中国社会氛围中的基督教存在与发展，其与中国主流社会究竟是什么关系，如何促成其对我们社会的积极适应，并使之在我们经济社会建设中发挥积极作用、作出有意义的贡献，这在当下的现实处境中，都值得我们认真思考。

必须看到，基督教在其历史发展中已经积累了丰富的社会实践经验，这些都是我们应该借鉴和引进的。基督教与中国和谐社会建设的关系，基督教在其中的积极参与和贡献，如其社会慈善服务事业的开展，其"仆人"精神的发挥，在今天中国社会转型期所进行的社会建设中都是非常需要的。如何去鼓励基督教人士在当前多做贡献、多发挥其在社会文化建设中的积极作用及意义，也是我们理应考虑的。

我们的论坛还将涉及中国基督教当前的"神学建设"及其社会文化意义。这样，在思想、教义、基本道德伦理和社会实践上展开更深层面的积极对话，可以使我们在思想观念、价值意义上的对话有较大的提升和更多的收获。在中国当前社会文化氛围中，我们要以"与时俱进"的精神探究中国当今社会对基督教的态度与认知，寻找改进或促进的可能，因为只有在基督教的积极参与、社会对之正面引导和包容的双向互动中，基督教在当今中国社会才能真正发挥其正能量、展示其正功能。

总之，我们的论坛将以一种积极的、建设性的姿态来展开"基督教与和谐社会建设"这一主题的全方位研讨，为我们未来的积极合作、和谐共在提供更大的空间、更多的可能。为了这一目标，让我们共同努力。

再次感谢大家的光临和积极参与!

(本文为 2013 年 11 月 22 日在北京"基督教与和谐社会建设国际论坛(2013)"上的发言)

二十四

"世界宗教与文化战略"研讨会致辞

在贯彻落实党的十八届三中全会精神，努力构建中国和谐社会的当代发展形势下，由中国社会科学院世界宗教研究所、中国宗教学会组织的我院"创新工程会议"系列的"世界宗教与文化战略"研讨会在京顺利召开。在此，我们特别感谢各位专家学者不顾北方的严寒而积极与会，我谨代表会议主办单位向大家表示热烈的欢迎和诚挚的谢意！

当前我国民族与宗教问题在理论和实践上都已成为热门话题，其问题的复杂性和观点的分歧性亦引起社会的高度关注。同样，当前世界格局尤其是东南亚地区也有一些新的发展动向，我们的国际环境趋于复杂，其中关涉的民族宗教因素逐渐显现。虽然我们随着国力的强大而有着在政治、经济等发展战略上的主动性和相应优势，但在文化精神的理解、文化自信的彰显、文化战略的制定上都出现了某种"短板"，需要开拓和创新。由于认识上的分歧、观点上的不一、理解上的差别，我们在今天文化战略的思考及构设上并没有充分注意到宗教的意义和作用，从而在发挥宗教在我国文化战略的积极作用上突破不多、作为不大，社会影响甚微。为此，我们有必要静下心来认真思考、冷静分析、科学探究世界宗教与文化战略的关系问题，并结合今日"世情"和中国"国情"来理论联系实际，最大限度地使宗教因素为我们文化战略的实施发挥正能量，起到积极作用。这里，至少有如下层面值得我们去调查研究、找出有利于当前中国社会发展的最佳之途。

第一，在政治上对宗教与文化战略之意义的关注。从全球政治图景来看，民族宗教问题与相关国度或地区的政治局势是稳定还是动荡有着密切关联。全世界大多数人信仰各种宗教乃是不争的事实，这是我们中国走开放之路所必须面对的世界现状。我们可以清楚地看到，一些国家用其宗教主动出击，影响相关国家或地区，使其宗教成为其"输出国"的正能量、扩展因素；而另一些国家则因其宗教问题而陷入被动或动乱，甚至由此导致其民族分裂、国家破败，其宗教则成为其负面因素和沉重负担。从世界全局来审视，这是国与国、民族与民族之间政治智慧的较量和精神实力的博弈。而我们中国在这种局面中不可能选择躲避而必须直接参与，由此对宗教问题的审视和处理就会反映出我们的政治睿智、国际交往和社会治理能力。基于这一考虑，我们很有必要对世界主要国家中宗教对其文化战略的参与及影响加以分析、比较，找出其社会动荡中宗教的作用及外界宗教干涉或渗透的程度，从而为我们文化战略制定中如何正确对待宗教、发挥宗教积极作用提供启迪和借鉴。面对世界宗教普遍存在的现象，我们在以开放社会之态全方位地参与世界事务时，如果给人留下我们在根本上否定宗教、排拒宗教的印象则会是极为负面的，对我们十分不利的，也会由此导致我们在国际社会中的孤立，被世界上许多有着宗教信仰传统的国家及民族漠视或抵制、防范。中国在与世界各国广交朋友，正确对待宗教是不可回避之关，否则我们在世界上就可能难有或少有真正的朋友，中国亦会与整个世界对立起来。如果因为境外敌对势力利用宗教来对我渗透，我们就对整个宗教反感，对之全面抵制，那么就会陷入与全世界宗教为敌的危险境地。这种本末倒置反而会使包括政治、文化的外来社会渗透越来越多，越来越强，而我们反渗透的能力则会越来越弱，防不胜防。所以，无论以任何理由或理论来用否定宗教的思路及办法来抵制境外利用宗教所实施的政治渗透乃为蠢见和下策。在宗教问题上"讲政治"的正确之途是理解世界宗教、团结大多数信教群众，从而使借宗教之名来搞政治渗透的人暴露出来，遭到孤立和谴责。我们在国际政治中切不可因为宗教问题处理不当而失去主动、恶化我们"走出去"的外部环境。

第二，在政策上对宗教与文化战略之意义的关注。正确的宗教认知和宗教政策对我们实现"两个一百年"的理想、实现中华民族伟大复兴的"中国梦"至关重要。我们的宗教理解和宗教政策的指导思想应遵循十八大和十八届三中全会精神，"最大限度团结一切可以团结的力量""最大限度增加和谐因素"；这两个"最大限度"落实在宗教问题上则是"使信教群众在全面建设小康社会的宏伟目标下最大限度地团结起来"。无论是在国际上还是在国内，对信教群众我们都要采取"最大限度地团结"这一方略，我们的理论研究、学术导向和舆论氛围在宗教问题上应朝这个方向去努力，否则就会违背中央精神，违背十八届三中全会的指导。在今天中国社会形势下，如果违背现实地过于突出宗教的负面因素，从根本上对宗教作出否定的评价或判断，实质上是会把广大宗教信众推向我们的对立面，加大我们社会治理的难度，搞乱我们社会团结、民族和谐的大好局面。因此，从政策上思考我们文化战略的有效实施，则必须在宗教问题上"走群众路线""搞统一战线"，正确处理好人民内部矛盾；正如国家宗教事务局局长王作安所指出的，我们"宗教工作的本质是群众工作"。我们必须真心、真诚地爱护、团结广大信教群众。

第三，在学术上对宗教与文化战略之意义的关注。学术研究提倡"双百"方针，允许不同的学术思想、学术观点讨论、商榷甚至交锋。当然这种研究在宗教问题上应以事实为依据、以科学为方法、以服务于党领导全国人民共建和谐社会为目的。在此，宗教学术研究所起的思想库、智囊团作用方得以积极体现。我们一方面应倡导学术开明、学术良心、学术正派，保持学者的公道、公正、善良和宽容之心；另一方面则必须思考我们的学术探究要以最佳、最有效、最低成本的方式来为党和政府正确处理好宗教问题、开展好宗教工作出谋划策、建言献计。学术界内部的争论应该保持在学术层面，以理服人，求真务实，完全可以求同存异或和而不同，应该允许在探求真理之途上的各种摸索和尝试，而不要对己自以为是，对人指责攻击，因上纲上线而超出学术讨论的界限。事实会越说越清，真理会越辩越明，学者在此应有开放、大度的胸襟，做到虚怀若谷、海纳百川。从真理探索的长期来看，宗教认知及理解是一个不断开拓、摸索和前进的路程；从现实需求的短期而言，则应让我们的宗教研究在增加社会和谐因素、实现民族团结、争取最多的人民群众来参与我们社会主义伟大事业的建设上作出最好的服务和最大的贡献。

基于以上考虑，我们组织召开"世界宗教与文化战略"研讨会，希望各位专家学者以坦诚、真挚、科学、严谨之态来为之提供真知灼见，展开启智性、互补性、开放性、前瞻性、对话性、沟通性的学术研讨。为大家的积极参与，再次表示敬意和感谢！

（本文为 2013 年 12 月 8 日在北京"世界宗教与文化战略"研讨会上的发言）

二十五

"俄罗斯文化历史传统和俄罗斯与东亚国家的关系研讨会"致辞

由中国社会科学院世界宗教研究所和俄罗斯外交部外交学院联合主持的"俄罗斯文化历史传统和俄罗斯与东亚国家的关系研讨会"今天在北京顺利召开,请允许我代表中国社会科学院世界宗教研究所、中国宗教学会向各位代表的积极参与表示热烈欢迎!向我们的合作者俄罗斯外交部外交学院表示诚挚的谢意!

俄罗斯有着悠久的文化历史传统,其中俄罗斯东正教起着重要作用,给俄罗斯的传统文化染上了非常典型的宗教色彩。在当代俄罗斯的社会发展中,其东正教的影响亦十分明显,因此值得我们认真研究。中俄两国目前有着密切的政治、经济、文化及学术交往,在政治上我们有着战略协作伙伴关系,在经济上有着积极的合作,在文化、学术上也有着多种交流。我今年10月初曾参加在希腊罗德岛举办的第11届"文明对话——世界公众论坛",由罗德岛论坛(Rhodes Forum)的创始主席俄罗斯学者弗拉基米尔·雅库宁(Vladimir Yakunin)先生来函邀请,在他主持并发表主题讲演后就请我作为第二个发言者代表中国发表主题讲演。我的题为"以多元文化包容争取世界和谐"的讲演受到大家高度评价,此后雅库宁等俄罗斯学者又专门出席了本次论坛的中国圆桌会议,其中包括俄罗斯研究中国问题的资深学者和著名汉学家出席,大家围绕中国学者的发言展开了热烈讨论。圆桌会议结束后,雅库宁先生还与中国代表团专门进行会谈,与我们进行了友好交流,并表达了今后进一步合作的意向。最近,我们研究所的"世界宗教研究论坛"亦邀请了俄罗斯学者索罗宁来我所作西夏佛教的专题讲座,形成了学术上的积极互动。此外,中国东正教与俄罗斯东正教也有着密切的关联,年初俄罗斯东正教大牧首基里尔访华受到隆重的欢迎。我在1999年访问俄罗斯时也与当时负责俄罗斯东正教对外联络工作的基里尔先生就东正教与中俄关系有着深入的学术交流,在座的张百春教授和张雅平教授也参加了那次富有意义的访问。我们研究所不少研究人员都曾对俄罗斯宗教的历史与现状展开过系统而深入的探究,推出了不少研究成果,在这种研究中我们亦与中国研究俄罗斯宗教、哲学、文化的学者多有交往、精诚合作。多年来,我们与俄罗斯科学院相关研究所以及一些大学也有过学术联系与合作,接待过俄罗斯来华访问学者,建立起深厚的友谊。

中俄今天的友好合作对于我们两国与东亚各国关系的发展显然有着积极意义,是亚太地区和平、和谐的重要保障。因此,我们的研讨会也会就这一议题展开相关探讨,提出真知灼见。与会代表都是研究俄罗斯和东亚问题的专家,我们期待大家提供高见和睿智。

最后,预祝我们的研讨会取得圆满成功!

(本文为2013年12月在北京"俄罗斯文化历史传统和俄罗斯与东亚国家的关系研讨会"上的发言)

二十六

"建所五十周年学术成果暨书画作品展"前言

甲午之年，我们迎来了世界宗教研究所成立五十周年的庆典。在毛泽东主席等老一代革命领袖的亲切关怀下和任继愈先生等创所前辈的团结努力下，全所同志奋力拼搏、承前启后、求真务实、发扬光大，使中国宗教研究在新中国取得了划时代的进展，世界宗教研究所的发展因此亦具有了里程碑的意义。缅怀先辈筚路蓝缕的创业，回顾半个世纪研究的成果，我们心潮澎湃、激动万分，有着春华秋实的喜悦，更感任重道远的责任。

中国宗教研究学科体系的构建，以世界宗教研究所的建立为标志。从积累资料、培养人才的创始，到学科分类、体系完备的成熟，全所人员齐心合力，描绘着中国宗教研究全面发展的宏伟蓝图，从事着开拓进取的学术创新。我们在世界各大宗教的研究上推出了众多研究成果，在研究思路及方法上亦不断拓宽和完善，从各宗教的历史研究、比较研究、宗教经典的整理和宗教词典的编纂，到宗教哲学、宗教社会学、宗教人类学、宗教心理学、宗教现象学、宗教经济学、宗教政治学、宗教批评学等分支学科的初创，我们的研究在一步一个脚印地扎实推进。从对马克思主义宗教观及无神论的探索，我们尝试着建立中国特色的马克思主义宗教学和社会主义的宗教理论。此外，宗教文化艺术是人类精神与情感的一种灵性结合，因而也是我们宗教研究所关注的一个重要方面及新开创的学科探索。学术研究有着广阔的视域，涉及众多领域，这在宗教探讨中尤其如此。我们不仅会对思辨层面的宗教精神探赜索隐，揭示其超然之境和形上之思，也会对实践层面的宗教活动观察分析，描述其民俗生活及社会呈现，还会对唯美层面的宗教艺术审视把握，展现其文化意趣与神圣追求。宗教之探必须面对其抽象思维、意象思维和形象思维的方方面面，了解宗教信仰的求知渴望、心灵之旅和情感宣泄。对此，我们既有着理论思辨的学术著述，也有着田野写真的调研报告，研究成果体现出放眼世界、注重国情、追溯历史、立足现实的厚重和前卫。而我们所展开的宗教文化艺术研究亦颇为到位，其勾勒和分析真实且传神，给人留下思考和想象。在对宗教艺术创作的体悟、把握和鉴赏中，我们则会客观而冷静地解说其书画禅意、笔锋道境，超脱艺韵、不凡情趣。对于宗教文化艺术的创造性、真实性和独特性，我们的研究已有了特别的关注。

在世界宗教研究所走过的五十年历程中，我们有着对世界宗教思想文化研究的不断开拓和创新。追忆这段难忘年华，我们目睹了中国当代宗教研究的缘起和摸索，见证了其成就与辉煌。在中华文化大发展大繁荣的时代，中国的宗教文化实际上也显示了其前所未有的文艺复兴，创造出了不少可以历史流芳的杰作珍品。因此，对于宗教文化的研究，既是对往昔人类历史文化遗产的回顾总结，也是对当今发展潮流的写照描绘。我们对宗教发展脉络精髓的捕捉及反映，体现出宗教学术之探中的动感和灵敏，也使我们对宗教的理解更为深刻和周全。我们的研究理应服务于积极引导宗教与社会主义社会相适应的大局，要促使宗教为中国和谐社会建设、人类未来和平发展发挥其正功能、释放其正能量。

为了纪念世界宗教研究所建所五十周年，我们专门组织了这一意义独特的全所学术成果暨书画作品展。这是我们创业时光及学术辉煌的真实再现，反映出我们在中国社会科学研究最高殿堂建设中的增砖添瓦。而我们的书画作品中既邀请了宗教界的朋友为我们贡献上其热情祝贺的墨宝，也有着艺术界等多方朋友以其创作所表达的关爱和祝福。其中难能可贵的则是学术界本身尤其是世界宗教研究所工作人员自己的书画创作，其参与意识在此就显得格外宝贵和重要，从中也自然展现出了我们研究人员本身的艺术爱好、修养、功底及才艺，因而是对我们所五十周年华诞意义非凡的祝贺及祝愿。让我们从这些学术成果及书画作品所洋溢的华彩墨香中共同感受并欣赏当代中国宗教研究者的求真志趣和高雅心境，共同体验并见证其经历的峥嵘岁月。

（本文为2014年"澄怀观道——中国社会科学院世界宗教研究所建所五十周年学术成果暨书画作品展"前言）

二十七

"宗教与丝绸之路"高层论坛暨2014年中国宗教学会年会致辞

"宗教与丝绸之路"高层论坛暨2014年中国宗教学会年会在西北大学的大力支持下和各界朋友的积极参与下今天在中国古代都城西安顺利召开，请允许我代表中国宗教学会和中国社会科学院世界宗教研究所向大家表示热烈欢迎！向本次会议的承办单位西北大学表示衷心感谢！

公元前138年（西汉建元二年），张骞受命从长安启程出使西域，拉开了闻名中外的丝绸之路历史戏剧的序幕。此后，丝绸之路有着"使者相望于道"的频仍来往，海上丝绸之路亦逐渐开通，中外政治、经济和文化交流全面展开，而西安则最早奠定了其丝绸之路名城的重要地位。

始于西汉（公元前2世纪）的丝绸之路作为文明相遇、文化沟通之路，自然也有着宗教交流的重要参与。可以说，在前后两千多年的丝绸之路历史中，宗教的传播和融合占有很大比重，起过重要的作用。外域宗教的入华以及中国儒教等信仰传统的西渐，基本上都是通过丝绸之路而得以实现的。历史上各种宗教的密切交往及其在中国的深入传播，都与丝绸之路直接相关，如佛教、琐罗亚斯德教、景教、摩尼教、犹太教、伊斯兰教、天主教、印度教等，都是经丝绸之路或海上丝绸之路而传入中国。我们因而深深体悟到丝绸之路有着独特的宗教之魂。而西安在历史上作为中国的古都在宗教交流上起着非常关键的作用，尤其在唐朝时成为各种宗教汇聚、传播的重镇，体现出中华民族在文化交流上海纳百川的"盛唐"之风。今天我们在西安召开"宗教与丝绸之路高层论坛"，正是对这一文化交流史的追忆，其深远意义和巨大影响会逐渐体现出来，也会在中国当代学术史上留下精彩的一页。我们的研讨会对这种宗教文化的交流在丝绸之路发展历史上的作用及意义加以分析、评价，与会代表会以各自发掘的资料文本及其深入研究来指出宗教对于丝绸之路的历史价值和现实启迪，展示这一领域的最新研究成果。当然，我们对丝绸之路宗教问题的研究不只是发思古之幽情，而是让人们能够以史洞今，研史明志，旨在为当前习近平总书记所提出的丝绸之路经济带建设及海上丝绸之路的重建这一战略思路的落实尽我们的学术努力，并对之提供有益的历史启迪和思想借鉴，尤其是以此来加强对基督教、伊斯兰教、佛教等与这"一带一路"之复杂关联的研究。感谢大家的踊跃与会，我们为此设定了相关研讨主题的分会场，并尝试举行相应的学术论坛。为达理想效果，期望大家献计献策、积极参与。

在今天复杂的国内外政治及文化环境中，我们研究丝绸之路，既要总结"丝路花雨"的积极经验，也要吸取"刀光剑影"的历史教训。其中宗教扮演了什么样的角色，则是我们研究中的重点。宗教通过丝绸之路的流传与交往，虽然也发生过碰撞和冲突，但在历史上更多是促进了中外民众信仰生活的相遇和融通。今天我们要想重新开发丝绸之路经济带并重新打通海上丝绸之路，从目前形势上来看并非易举，有着重重困难和复杂情况。在此，宗教对之能起什么作用，是否能为打破僵局寻找突破，则不仅有着学术价值，更具有现实意义。希望我们的学术研究不仅能重现历史、还原历史，还能在今天的处境中创造历史、开拓未来。此即我们以宗教与丝绸之路为本次高层论坛主题的基本思考之一。我们在这一领域的专家学者乃是今天时代的出类拔萃之辈，其中所完成的使命既是中国学界的专业，也是国家智库的任务。这里，我们可以再次体会到一切历史都是当代史的深刻蕴涵。

作为2014年中国宗教学会年会，本次会议也会专门讨论学会的相关事宜，有着新的增选，确定明年会议的地点等，以此而希望保持我们学会的动态及活力。中国宗教学会靠大家的努力来维系和发展，面对今天中国宗教学遇到的重重压力，以及学界和社会的殷切期望，本人作为学会会长能力不够、作为不大，很是惭愧，因此特别拜托大家共同努力，争取中国宗教学能在经历各种曲折之后有着"辉煌"的前途和未来。

最后，预祝我们的高层论坛和2014年年会取得圆满成功！祝大家心情愉快、身体健康！

（本文为2014年6月7日在西安召开的"宗教与丝绸之路"高层论坛暨2014年中国宗教学会年会上的致辞）

二十八

评坎特伯雷大主教韦尔比先生的演讲

尊敬的坎特伯雷大主教：

非常感谢您的重要演讲，能够作出此次评议，我感到非常荣幸！您提到了很多具有启发性的关键词，比如"基督教社会教导""为了一个共同目的的团体""集体罪过的观念""作为新型集体文化的公司文化或企业文化""个人责任和集体责任""作为一个自我修正和质疑个人主义之团体的教会""基督徒的灵性关注和社会关切""基督徒对政府的顺从和对整个社团的普世之爱""我们社会的文化和美德""基于永恒价值观的美德"等，这些都同您的论题"基督教与商业伦理"密切相关。

从之前作为一位商人以及现在作为一位基督教领袖的个人经验出发，您生动地描述了宗教与当代商业发展之间的复杂关系。基督教《圣经》在很久以前就警示过基督教信仰者们不应该同时崇拜上帝和财神[①]。但事实是，宗教信仰者不得不同时面对上帝和财神，尤其在现代世俗社会往往如此。有一种摆脱此困境的基督教智慧，并已被当代中国人所熟知，它便是马克斯·韦伯（Max Weber）的论题：新教伦理与资本主义精神。此后，新一代西方基督徒学习以这种方式来解决此难题：通过商业热情在尘世筹集资本，通过宗教伦理保持信仰。带着这种对上

[①] 原文：Mammon。或译为"钱财""财富"等。

帝的信任，西方社会发展出其商业体系和金融体系，但直至今日，张力依然存在。尤其在2008年始于美国的金融业和银行业危机中，我们发现基于传统宗教信仰的商业信任面临着严峻挑战；而当它无法正确地应对挑战时，后果便是人们开始质疑这些表达，如信仰、信任、受托人、诚信、信心、信赖、信用等。因此，金融业和银行业危机事实上也是一场信任的危机。这使我想到美元的图案，上面印着"我们信仰上帝"（In God We Trust），而既然美元是货币，所以我们使用金钱，并且使用金钱的真实目的是赚取金钱。但通过赚取金钱的目的，财神的诱惑便有意或无意地出现了。与此次危机相关联，则会出现信任危机、信仰危机，没有什么是值得信赖的。当人们丧失信心时，社会市场便会是一片混乱。没有信任和与之相应的体系，可能到处都是混乱和无秩序。在这种情况下，将本应持有者的资本"转走"或许就不仅仅是一种偷窃，更是一种掠夺。所以，我们必须回归到真正的和可依赖的信仰上。通过这一发展及其深刻教训，我们得知商业自身无法产生伦理，此种伦理只能源自信仰。它基于信仰的秩序。这便是此次演讲"基督教与商业伦理"的真正意义和真实重要性。当然，信仰和信念有多种，如政治信仰、国家信仰、文化信仰和宗教信仰。但为了社会秩序，至少我们需要信仰，以及随之而有的信任。没有信任，我们将在经济竞争和商业竞争中陷入丛林法则。

在中国对外开放和经济改革之始，许多中国人也关注宗教与经济的关系，而且谈论马克斯·韦伯曾成为一种时髦。跟随这种时髦，一些地区甚至有利用宗教的想法。但这其中有一种对宗教的严重误解，或者说在他们对待宗教的态度中根本就没有任何信仰之感。在他们实用主义哲学的判断中，宗教对于他们来说仅仅是为了当地经济发展之目的而使用的一种工具。其口号是"宗教搭台，经济唱戏"，这可被看作是对美元图形的一种相反理解，亦即"我们信仰金钱，我们使用上帝"。一些地方政府的GDP主义，要求某佛寺"上市"（进入股票市场），人们只想赚钱而毫无道德考虑，这些都是我们社会中的典型例子。赚钱营利成为商业，甚至是人们生活的唯一目的。只爱自己而欺骗所有他人，这是在商业竞争中的可怕现象，它也可被称作是商业混乱的"原罪"。所以，我们在很大程度上缺乏信心和相互信任。为此，我们也应该有"一种集体罪过感"。通过意识到在我们的商业尝试中的这场精神危机，在当代中国逐渐出现了一种信仰的复苏或复兴。宗教对我们来说不再是一种禁忌，并且逐渐变得不再那么敏感。我们回溯到自己文化传统中原初和真诚的信仰，并为我们的可持续发展找到潜在的精神力量。比如，在中国民间信仰中有一种对关公的崇拜，他被异化为一位财神，并时常在餐馆中被崇拜；但现在人们越来越清楚关公原本是诚实与信任的象征。正相反，在一个世俗社会中，我们实际上需要灵性关注。这是我们重建精神文明的充分理由。大主教强调基督教在英国和整个西方世界都涉足商业伦理。对于在中国建设理想的商业伦理，同样如此，我们也需要作为精神智慧的诸种宗教的涉足。在中国文化的悠久历史中，我们有一种个体责任和集体合作的优良传统，有美德和道德的精神，我们应该将这些发扬光大，并在国际交流中分享。在展现各自精神遗产的过程中，我们能够相互学习。

在世界全球化过程中，我们共同居住在一个人类命运共同体中。我们和平共存的秩序或法则就是信仰、爱和希望。德国古典哲学家康德曾提醒我们极为重要的两点：头上的星空，这意指超验的追求；心中的道德律，这意指内在的人类道德良知。即便在今天，这两个维度对我们来说也是绝对必要的。习近平主席近期也强调："人民有信仰，民族有希望，国家有力量。"经济发展和商业成功，需要人类精神资源的不断支持。它们紧密相连并且永远不应被分离。

（原载《人文宗教研究》2015年第2册，总第六辑，宗教文化出版社2015年版。）

二十九

祝贺宗教文化出版社创立和
《中国宗教》创刊 20 周年

今年是宗教文化出版社创立和《中国宗教》杂志创刊 20 周年纪念，请允许我代表中国社会科学院世界宗教研究所、中国宗教学会，尤其是我本人，向贵社、贵刊 20 周年华诞表示热烈的祝贺和衷心的祝福！

这 20 年历程正是我们回忆中国宗教理解、发展、深化的重要阶段。我们共同经历了这一令人难忘的精神之旅，见证了贵社、贵刊取得的惊人成就。宗教文化出版社以其社名的鲜明表态，对宗教文化的意义和价值给予了充分肯定，并在这 20 年来推出了研究世界及中国宗教文化的优秀成果，展示了其学术研究的艰辛之途和达到的中国文化学术繁荣的盛况。承认宗教的文化定位并对其文化贡献充分肯定，这是作为附属于国家宗教事务局的出版社意义独特的亮相和发声，对我们学者亦是极大的支持和鼓励。这些年来，我在贵社也推出了一些研究著作，得到贵社领导及同仁的热心帮助和热情勉励，也得到了学界及社会的好评。此外，贵社也帮助我们研究所的不少科研人员及时推出了他们的研究心得和学术成果，使我们的研究能够紧跟形势、与时俱进、及时发声、大胆创新。在出版系列学术丛书方面，我们近些年来一直与贵社保持着非常密切的联系，有着极为友好的合作。

而《中国宗教》作为当代中国发展形象的一个重要窗口，以其鲜活的文字、优美的图片、生动的报道、深入的研习而向世界宣示了中国当代宗教政策的求真务实、中国宗教发展的积极形象、中华宗教文化的优杰独特,以及中国宗教研究的收获成就等,给人激励,让人兴奋,反映出了当代中国宗教的与时俱进,彰显了中国宗教适应当代中国社会主义社会的正能量和积极作用,尤其是凸显了宗教"中国化"的独特意义和可行途径。自《中国宗教》创刊以来,我与之就结下了不解之缘,成为其热心的读者,也是其作者队伍的一员。借助《中国宗教》这一重要平台,我及时发表了自己对宗教认知的感想和观点,通过多次杂志通讯员会议而结交了全国各地宗教工作领域的众多朋友,并以学术报告等形式与各界人士就宗教理论和宗教政策等问题进行过深层次交流与沟通。

总之,与贵社、贵刊交往、合作的这20年,也是我在学术研究上探索切磋、思想精进、觅微洞真、境界升华的难忘年华;宗教文化出版社和《中国宗教》杂志社蕴积涵育、发扬光大的过程,也折射出自己学术成熟的经历。可以说,我们一起体验过观念上的启蒙,经历过探索上的艰难,分享过精神上的创新,推动过认知上的开拓,见证过理论上的前进,获得过合作上的愉悦。我们都积极参与并见证了中国自改革开放以来的社会发展、宗教和谐、学术开拓、时代进步。20年来,我们与宗教文化出版社、《中国宗教》杂志社一起走过筚路蓝缕的岁月,一起有过学术成功的喜悦,在中国宗教理解发展、学术繁荣进步的路程上已经留下了我们闪光的足迹,成为亲如手足的同路人;因此,我们也将满怀信心、共同迎接未来奋进的辉煌。最后,再次衷心祝愿宗教文化出版社、《中国宗教》杂志社越办越好,今后的贡献越来越大!

(本文为在2015年宗教文化出版社创立和《中国宗教》杂志创刊20周年纪念会上的发言)

三十

"中国基督宗教史专题学术研讨会"致辞

非常高兴由中国社会科学院基督教研究中心与安阳师范学院联合主办的"中国基督宗教史专题学术研讨会"在安阳成功举办。在此我谨代表主办方之一——中国社会科学院基督教研究中心向各位与会专家学者、老师同学表示热烈的欢迎,向我们的合作单位——安阳师范学院表示衷心的感谢。

改革开放以来,中国基督教研究在中国取得了蓬勃的发展。对于中国人而言,中国的基督教史研究当然是我们的重点之一,在全国的很多高等院校、研究机构对之已经展开了全面的研究。应该看到,我们这种研究既有它的优长,也有一些不足。那么其中一个不足就是我们在这一领域的研究显得比较零散、分散,所以给人一种碎片化的印象。为了克服这种不足,我们各位专家学者和所在的单位,正齐心合力开展中国基督教史的系统研究,并且在加强横向联系,努力做好联合、协作、共构。近年来这种合作非常之多,在全国很多研究中国基督教史的机构都有一些互相联系和横向合作,这是一种非常好的发展趋势。今天,在安阳师范学院所进行的这场学术研讨会,就代表着这样一种共构的努力,对我们来说是大家通力合作这一非常好的传统之延续。在这种研讨中,也能为我们的研究开辟新的领域。

历史研究突出其厚重。安阳是世界文化遗产——殷墟所在地,中国文字之始——甲骨文的故乡,对于史学研究来说具有得天独厚的优势,因此这次中国基督教史会议选择在安阳召开，表明了对其厚重意义的强调。安阳师范学院和中国社会科学院有着密切的学术联系，与我们院的历史所、考古所等早有学术合作，现在我们世界宗教研究所也参与其中，标志着这种合作的加强，其联合研究领域的拓展。在与我院考古所研究方面，应该说关于殷墟、甲骨文的研究已是重中之重。我们研究基督教史的人都知道，我院考古所曾经有一位陈梦家先生既是考古学研究者，同时也与中国基督教有着独特关联，他是著名中国基督教领袖赵紫宸先生的女婿、赵萝蕤的丈夫，曾对殷墟、甲骨文有过深入研究。中国基督教在寻找共同的信仰之源时亦曾探索过中国的古老文化及文字之源，这样的话，考古与基督教研究或许就有某种彼此关照等方面的微妙关系。这种中国历史文化的传统，对于中国基督教的发展来讲，也有各种千丝万缕的联系，但如何评价这些联系在中国目前来讲是一大难题，当下仍是众说纷纭，各执己见，达不成共识。

很显然，这种对中国基督教的共识之理想构建不可能是由虚空而来，而需要我们做扎实的、认真的、历史的挖掘和文献资料的爬梳等工作。在中国历史的挖掘和回溯中，或许我们就能够找到一些共识、能够厘清我们对相关问题的一些思路。从这个意义上讲，我觉得历史研究是对与之相关的一切问题研究的基础，而中国基督教史的研究则正是中国基督教全面研究的一个非常重要的、基础性的建设。所以，我们必须共同加强这种研究。

我们今天来了许多专家学者，其中有很多是我的老朋友，已在中国基督教史相关领域的研究中做出了独特贡献。今天大家共聚一堂，会有许多新见，很好的交流，因此我对这次研讨会有很大的期盼，并相信通过这个研讨会也一定能够学到很多新的东西。中国基督教研究所取得的进展和成就，是与大家的长期努力密不可分的。对于这次学术研讨会，无论是安阳师范学院，还是各位与会学者都做了很好的准备，我注意到这次会议发言的论文集很厚，这就反映出大家辛勤的劳动，以及我们会议组织单位的精心安排。借这个机会，我再次感谢安阳师范学院，感谢各位领导、各位专家学者对本次会议的大力支持，也预祝我们的研讨会取得圆满成功。

（本文为 2015 年 10 月 16 日在安阳师范学院"中国基督宗教史专题学术研讨会"上的发言）

三十一

"中国基督宗教史专题学术研讨会"学术总结

经过两个整天的会议，我们取得了丰硕的成果。对我个人来说，这是一个学术大餐，报告很精彩，讨论很热烈，而且思想非常活跃，应该说达到了我们所希望的预期效果。这次会议使用的论文集，我一开始就说它非常厚重，我大致翻了一下，很有收获。在大会上，有的朋友发表了论文或高见，但仍然有一些朋友限于时间和人数太多的原因，两天时间没有谈论其见解，没能有机会发表其论文，但我看了他们的文章，感到同样精彩和重要。会议组织者这次有所选择，其选择的发言重点主要是放在历史研究上，所以历史方面的选题是这次中国基督教史专题学术研讨会之侧重，而神学研究及其他方面的研究则没有特别凸显和安排，我想参与会议的朋友也会理解。

对历史研究来说，重中之重是对史料的把握。听了大家的发言很受启发，在此我想谈谈自己的一些感受，求教于大家。

第一，收集史料要有"绝对"精神。就是要尽你的努力去穷尽相关史料，争取对史料的收集能达到极致。陶飞亚教授在一开场讲的是中国基督宗教信息库，这种资料库我觉得非常好，如果他们能达到预期目标，我想这可能就是世界上关于中国基督教最大的一个信息资料库。这种构想和努力就是在追求一种极致，当然其难度非常大，涉及方方面面，希望能锲而不舍、达到成功。不管怎么说，我们无论是从哪个方面收集资料都要有这种"绝对"精神,要争取达到一种尽其所能发现所有相关资料这样一个程度。

第二,在分析史料上要有一种"相对"理论。对我们掌握的史料不可不信,不可全信,做好"信史"与"疑史"的辩证结合,必须要对已经掌握的史料进行考证、辨识、甄别工作。为什么这么讲?约20年前,我曾经到香港中文大学参加一个关于民间信仰、传统文化的研讨会,当时有一位非常著名的学者正好是七十大寿,大会请他作了一个主题报告,他就在史料的运用与分析上作了一个提醒,强调相关史料或许仅有相对意义。这是因为有时候我们掌握到的一些原始材料乃相对的,如果原原本本用这个原始材料,有可能它是真实的反映,但也有可能会出一些错谬。这位学者对相关研究论文的原始材料进行了甄别,通过地方志的印证并通过查找相关监狱里审问的档案记载,发现这个原始材料是在拷打逼供这种情况下说出来的,它跟真实的情况还有一定的距离。所以,对得到的原始材料也应该相对地存疑。为什么这么讲?我们现在把握的材料,包括我们所注重的口述史,首先只能从其相对的意义来考虑,例如口述史当事人所说虽然是第一手材料,但是他口述时可能有所顾忌、因种种考虑而对事实真相有所隐晦或者有所改变,所以我们还需要有一些旁证的资料对它加以证实,但是开展这个工作在实际上确实很难很难。无论如何,我们对所掌握的材料一定要有一种"相对"的理论思考和斟酌。结合这种情况,我们的学术研究既要有一定的开放性,同时也要留有相对的余地,或者说留有充分考虑的空间。我们从事历史研究的人都觉得自己能够掌握到第一手材料是一种惊喜,这使自己会有独特的资料优势,但是对已经掌握的材料却一定要有一种科学、客观、冷静的分析、辨别。

第三,在审视史料上要有一种"串珠"形式的贯通。我们在研究历史时遇到的虽然可能是一个个案,但是研究这个个案的时候要展开相关的联系,使它在历史的动态再现中鲜活起来。我们研究相关历史时肯定会有自己的预设,有一定的目的和考量。其实,不管是什么样的史料它都会有一种时空背景的关联;从时间上来说,它经历过不同历史时期的发展；从空间上来说，它会见证不同地域的复杂变化，所以我们在微观研究上要非常的细致，做到探幽洞微、明察秋毫。除此之外，在这种细致的微观研究基础上，还要有中观研究的考虑，甚至还应有宏观研究的把握，这样就可以把零碎的史料串起来，使之在反映真实历史上得以有机共构。我们研究历史的意义是什么？就是要以小见大，有微言大义之效，而以小见大就一定要注意细节。我们今天有不少报告都描述了很多鲜为人知的细节，使大家感到非常亲切，非常直接，非常生动，其言之有物而再现了历史，这就是我们历史研究的魅力所在。但是仅仅重温这些历史细节还不够，我们研究历史还要有一种历史哲学意义上的通盘考虑，对掌握的史料也要有超越历史本身的思考。为什么要还原它的真实？这就是以史为鉴、洞若观火的蕴涵。但研究历史不是为研究历史而研究历史，还必须有相关的多种思索，这可能就是我们以史观今的意义所在，即对今后或者当下的发展有一种鉴别，起一种警醒作用。我们知道有一句名言，认为"一切历史都是当代史"，说的就是这个意思，以古洞今则要达到一种普遍联系，然后对它加以整体把握；这样的历史观要求我们有解释学意义上的双重视域叠合，既还原古代的真实，又有今天的参照，是历史客体和研究主体的有机共构。

第四，运用史料和理解历史一定要慎重、睿智。从刚才大家的报告中我们可以看到，不同历史时期，不同个案会有不同的定位，有不同的标准，有不同的价值观。如果只是以某一种定位来强求，以某一种标准作为绝对价值观的话，不一定会让其他人心服口服。所以，我们作历史评价时一定要慎重、谨慎。我们今天运用历史，尤其是涉及从历史认知走向今天的应用，究竟会有什么意义呢？我个人认为，这是我们学者当下的一种责任，我们要起到一个"智库"的作用。"智库"是对我们学术界一个客观的定位，而不是谁请你去做智库，你才能做智库，或者说人家不请你了，也就不去做了。为国家建言献策这是中国知识分子的传统，"士"的特点就是有一种忧国忧民的意识，一种积极参与的意识。智库需要的是"慧言"而不是"诡话"，必须正大光明、实事求是、畅所欲言、无欲而刚，而不可察言观色、见风使舵、揣摩猜测、耸人听闻。刚才我们谈论的很多问题，涉及复杂的历史或现实评价，其观点的真实亮出确属不易，因为一旦涉及对过去历史较为敏感的评价，则可能要承担其现实后果，于是有些朋友在此就会语焉不详，或者用一句大家常学说的"你懂的"就搪塞过去了，并不奢望其真正的解决。其实，既然是学术研究，那就要堂堂正正，而不能藏着掖着，瞒这瞒那。也就是说，根据我们掌握的史料，通过我们的分析，理应把事情原原本本地道来，对它的利弊作出客观冷静的分析，实事求是，这是我们的责任所在。当然，我们在谈到很多现实的问题时也要有自知之明，把握好评价的尺度和分寸。有些问题，我们在关注，在研究，似乎无人过问。但相关决策者并不是不想过问这方面的事情，或许时机尚不成熟，或有另外的考虑。作为学者，我们应该做的就是以自己专业学术的系统研究而做好准备，为反思历史、对比现实提供一种真实的场景，使我们的立论有着不可辩驳的说服力。至于这对于我们的顶层设计是不是能有一种参考作用，则不是由我们来决定的。我们只要言我们可以言，说我们可以说的，客观真实地建言献策，就是尽职尽责了。如果这样在相关部门决策的时候，能够从我们的研究中体现出一种客观性，能够提供有一种全球的审视，现实的启发，那就非常有价值了。我们所谈到的应该是一种对历史厚重的面对，以历史的参照而使我们当下的决策不再会那么肤浅，或者说不是那么只考虑表面，而是深思熟虑、高瞻远瞩。我们所谈到的很多宗教问题，都具有超前性，对其真实的直面或当前需要的反思，其实相关部门尚未真正准备好，还不可能真正去着手解决。但我们获此历史积淀的学者却应该在学理、知识层面准备好，使有关部门对我们的成果一旦需要就能及时用上。我们之所以会吃亏，一方面在于对过去的历史审视不够，再一个则是对现实的观察也不够。所以，我们处理现实中遇到的一些棘手问题，要知己还要知彼，在深入、透彻地了解己方和彼方上，学者是可以提供相应帮助的。从这个方面来讲，我们不要草率、匆忙地推出我们的研究结果，而是要有细心、耐心和恒心，让我们的学术成果坚实、扎实，这样才可以做好智库的工作。

从当代文化战略的意义上讲，历史研究不只是一个纯学术研究，它对我们今天的发展，对自我的认知，对我们在整个世界历史发展中的地位判断，对我们可能起到的作用，都会有一个客观的、冷静的分析。作为历史学者一定要看到历史研究在当下、在当今的现实性，体现出其当下的价值和意义。现在中国正处于一个巨大的社会转型时期，而且面临着世界多变的政治风云，我们的发展势必会涉及一个怎么办、怎么走的问题，历史则会给我们提供启迪和睿智。例如，我们今天和谐社会的构建、积极引导宗教与社会主义社会相适应、"一带一路"的国际合作、人类命运共同体的达成等，这些方面都离不开对宗教的关注和正确对待，都不可能缺少我们学者，尤其是历史学者的智慧和参与。现在社会对宗教尤其是基督教看得并不是很清楚、想得也不是很明白，面对世界绝大多数人信教这一客观存在及宗教历史的深厚积淀，面对海陆丝绸之路沿线国家或地区世界三大宗教的存在及影响，如果不能正确应对和决策，我们今后的发展则可能有很大的阻挠，甚至会再次吃亏。所以我们不是局外人，也不是旁观者，我们要及时提供历史的真实及其经验教训，积极主动地做国家发展、文化复兴的践行者、探路者。这就是历史研究在今天的重要意义。

总的来说，听了两天的会，我的确非常感动，一方面感谢我们学者非常积极地参与，非常认真地写论文，这使我看到了自己的差距，对没能写出论文而与会感到很惭愧。另外，我也非常感谢在我们中间与会的政府部门的领导同志。我参加过很多的学术会议，一般政府部门的领导同志参加完开幕式后就离会了，其参加开幕式主要是表达对会议的重视和支持，而从头到尾坚持下来的基本上是学者；但是在我们这次学术研讨会上，来自河北民族宗教厅工作第一线的领导同志却从头到尾坚持下来，而且大家都是在宗教行政工作方面很有经验的同志，这种对学术研讨会的认真态度让我真是非常佩服。再一个难能可贵的方面就是我们宗教界朋友的积极参与，而且还坦诚表达了自己的观点或见解；同时可以看出，宗教界朋友对自己的信仰也表现出了一种执着和热爱，我们对之充分理解。宗教研究跟哲学研究不一样，除了理性的探究，这里面还会有一种情感的参与，值得我们谨慎对待。所以，我们经常说宗教研究中会有参与性观察、同情性理解，要尊重差异、和而不同。我们不可因为有不同意见就剥夺他人的话语权，其实在这种平等对话和交流中我们是可以求同存异的，甚至还可以进而聚同化异、美美与共。这次学术会议上学界、政界、教界能够这样和谐、这么积极地共聚一堂，在我参加的关涉基督教的研讨会中还不多见，值得提倡和推广。三界共构，建言献策，积极进行研讨和沟通，而且非常坦诚，这是我们学术研讨会的特点，因此，非常感谢来自三界的朋友。

最后作为主办方之一，我要感谢我们的会务人员及其付出的辛勤劳动。负责会务的人员里面有我们的老师，有我们的同学，体现出对这个会议的认真细致和对与会学者无微不至的关怀。我尤其要感谢这个团队的组织者刘志庆教授！在其领导下大家的工作做得非常好。总的来说，我感到我们这次会议开得非常成功。因为我不是专门研究历史的，相关知识也非常有限，所以虽然学到的东西很多，但表达出来的话却有一定局限性，所说的也只是我即兴的一种感想，肯定不是很周全，请大家原谅。当然，刘教授随后还会有更加系统的总结和阐述。

在此，再次表示一种衷心的感谢！感谢我们的会议参与者，感谢我们的会务人员！

（本文为 2015 年 10 月 17 日在安阳师范学院"中国基督宗教史专题学术研讨会"闭幕式上的发言）

三十二

关注宗教经典的翻译与研究

由中国英汉语比较研究会和中国宗教学会主办、全球文明研究中心支持,以及由清华大学人文学院翻译与跨学科研究中心、广东外语外贸大学外语研究与语言服务协同创新中心和翻译学研究中心等合作组织的"第三届全国宗教经典翻译研讨会"今天在美丽的清华大学校园里成功召开,为此,请允许我代表合作方之一的中国宗教学会,向各位专家学者的积极参与表示衷心的感谢!向我们的合作伙伴中国英汉语比较研究会和全球文明研究中心等机构,特别是罗选民教授和宗树人教授表示诚挚的敬意!

宗教经典翻译有着悠久的历史,也流传下许多翻译交流沟通上的不朽名作。我们已经熟悉了许多翻译大家,他们已成为世界文化名人的重要组成部分,创造了人类文化交流、学术传播上各有特色的流金岁月,让人追忆和缅怀。翻译是理解和解释的艺术,是作者原创和译者新创的有机结合,这对于宗教经典的翻译尤其如此。本来,绝对严格意义上的翻译是没有的,各民族语言文字的独特性使之无法绝对精准的翻译,恰如《道德经》"道可道,非常道"之寓意,这种经典翻译也有"译可译,非原意"之难。翻译的第一步是体悟、消化原典,然后则是自己融会贯通、重新建构的新创造。所以,对宗教的透彻理解,是其经典得以翻译的前提,故此需要翻译者的知识积累、精神体会。翻译工作是铺路筑桥的沟通过程,对译者的自身素质要求非常之严,人们对译本的精准确切之要求也非常苛刻。译者的传神之笔乃智慧的展现、心灵的透露、知识的流溢，其至少有跨越时代的双重对话与呼应：一为与原作者及其时代背景的对话，翻译必须深入那个时代，反映那种时景；二为与可能的当代译作读者的对话，翻译也必须了解和熟悉其同时代人的处境与心境，由此才可能引起共鸣，获得回响，产生影响。这里，翻译就为历史与现实之不同视域的交汇叠合，故而有着理解，对话，沟通和重构。当然，译作一旦产生则不仅会对同时代形成影响，还会向未来开放，以各种方式、各种程度来延续这种影响。所以，我们在经典译作中会看到以往风云时代的刀光剑影，关注到宗教先知或使者的宣道游踪、奔走跋涉，感触到其社会变迁的有序或无常，体悟到人世炎凉之中精神的温情及感染，倾听到各种宗教信者的心曲流露、细语呢喃。其好的译本不仅可以带来我们对相关宗教的精准了解，还能让人有诗之享受、画之陶冶、志之宣泄、美之熏染、魂之升华。正是靠着译者译作的创造性贡献，我们才得以认知和欣赏以往渐渐留存下来的文化遗产、灵性财富。所以，经典翻译乃是一种"精神结缘"和"认知联姻"的创举，我对所有在场和不在场的宗教经典译者表示崇高的敬意和敬佩！

在中国宗教经典翻译史上，各大宗教都留下了名作名译，让我们今天得以流连忘返、美不胜收。较早的如佛教经典的翻译，曾形成了中国对外学术交流及中国翻译事业发展的第一次高潮，这一影响迄今仍得以流传，在《大藏经》及其续藏经的组织翻译及编纂诠释上仍然方兴未艾。而基督教自唐朝的传入，就与其经典翻译尤其是《圣经》翻译有着不解之缘。现在各种中文《圣经》的版本让人有了眼花缭乱、异彩纷呈、特色明显的感觉。此外，伊斯兰教的传入则有了《古兰经》的中文翻译。而其他宗教经典亦得到相应的翻译流传。特别是在过去百余年反映近现代之交的时期，宗教经典的翻译也大量增加，除了佛经、圣经和古兰经之外，印度教的经典、犹太教的经典、波斯宗教的经典，以及如巴哈伊经典等新兴宗教的经典翻译出版，可谓雨后春笋、层出不穷。仅改革开放后开始重印圣经的这三十多年间，南京爱德印刷厂印刷出版的各种译本的圣经就已经累计达到两亿本之多。与之相对应，中国的古典文献，甚至佛经的不少中文内容，也被译成各种文字发行于海外，儒教经典的翻译流传更是红火，持久，而《道德经》及道藏、民间信仰的宝卷等道教经典的翻译也颇为兴旺，仅《道德经》的外译本根据美国学者邰谧侠（Misha Tadd）的统计，迄今就已有73种语言、1576种译本的出版发行[①]。此外，中国古典诗词的外译以及国外宗教史诗的汉译，都给人一种古色古香、典雅高深之感。这些中国宗教经典的翻译外传带来了海外众多赤子之心的激动和向往，也推动了世界关注中华古典文化精髓的激情与热潮。如果说基督教入华后各种宗教经典互译带来了这种学术交流及翻译事业发展的第二次高潮的话，那么中国大陆改革开放以来学界联合教界，特别是港澳、台湾宗教界，则掀起了中国中外文化交流及经典翻译的第三次高潮，许多宗教经典著作、神哲学名著、灵修精品等被系统汉译出版。而对这次宗教经典翻译所达到的成就，当前是很难预测的，因为这一进程仍在延续，新的成果仍将会不断涌现。我们这次研讨会的内容，就自然会涵括这三次高潮中的宗教经典翻译成果及由此带来的思考。

随着宗教经典的翻译，我国的翻译理论、翻译方法也日渐成熟。中国古代曾有"达其志、通其欲"的"译"之理解，这次研讨会的论文则将论及"信达雅"的翻译标准及其共显之难度，关注翻译中有多大程度能够忠实于原著、有多大空间给译者演绎发挥而不至于误读、伪译，还会涉及当代宗教经典翻译中的经文辨识问题，可能还会谈到"诠释方法"、直译与意译的对应、"间距关系"与"对极结构"在理解中的考量等翻译理论问题，思考探讨如何方能达到钱锺书所言译之"化境"。正是在宗教经典的翻译中，中国的翻译学才得以应运而生。这样，从宗教经典翻译颇为个性化的表述，就进入到学术化、规范性的科学理论探究。就当下宗教经典翻译所展示的作品来看，个性的张力和规范性的约束既有结合，也存博弈，从而使翻译领域五光十彩、琳琅满目。从这种发展中，我们也可以看到不同学科及其标准、方法在其中的

[①] 关于《圣经》汉译本及《道德经》外译的最新情况，为2019年补入。

融贯。宗教经典的翻译必须尊重其宗教性，体现出其神学、灵修、神秘之境，即要保持其宗教之味，而且最好能是原汁原味；也就是说，宗教经典翻译必须体现出其"宗教性"，这是宗教经典翻译所与众不同之处。或许这对宗教信仰者在翻译时把握这一方面问题不大，但对宗教之外的学者却有一个深入体悟的要求，虽然其必须"走出来"，但仍应该知道怎样"走进去"的奥秘或把握其奥妙；此即宗教学所强调的"参与性观察""同情性理解"，这种入乎其内、出乎其外的体验再加上对之理性分析时的"悬置"先入为主的判断或唯信立足前提，则可能会在翻译中既反映又超越其宗教原典，其译本乃具有"学术版"的审视甚至批评。这在我们所看到的"研究版"或"注释版"宗教经典译本中也同样非常明显，突出。这种翻译作为不同思想文化的对话，既会引入宗教认知的不同模式，让人们得以对其他民族的精神领域及灵性追求大开眼界，也可能以中国的思维方式、表达习惯来加以解读，重构，在其交汇认知中获得新意或启迪，出现超越原著、创新理解之效。对于翻译中的这种分寸究竟应该如何把握，人们乃见仁见智，各持己见；如果过于拘泥于原文，会有原教旨意向的"媚俗"之嫌；但如果过度发挥，则可能被指责为无视作者和读者的"欺世"之狂。为此，今天中国宗教经典翻译领域也有不少评议、商榷和理论交锋，而这些都会活跃我们的学术气氛，也能促进宗教经典翻译的科学发展。

总之，宗教经典翻译的研讨是我们时代讨论的热门话语，涉及的领域广，观点多，视野新，难度也越来越大。中国国内已经形成一支训练有素的宗教经典翻译的学术队伍，其在学术界的发声也日益洪亮。在其面对的宗教对话、古今对话、神俗对话、心物对话、场景对话中，有着保护、发掘、弘扬世界文明传统遗产的责任，也有我们繁荣学术、提高国民文化水平及精神素质的使命。我们应充分认识到译者作为其精神沟通者、文化联络人的重要责任，特别是在"全球化"的处境中，我们要看到宗教经典及其翻译在人类文化交流及命运共同体构建中的普遍意义，并在现代翻译中出新，出彩。包括在座各位在内的广大宗教经典翻译者和研究者，都应该抓住抓好当前思想文化交流这一难得的机会，使宗教经典翻译取得实质性的进展和成功,并使大家的精品译作成为今天学术宝库的重要储存。

最后,预祝我们的研讨会圆满成功!谢谢大家!

(本文原为 2016 年 5 月 13 日在清华大学"第三届全国宗教经典翻译研讨会"上的发言)

三十三

金鲁贤主教——寻求超越的智者

今年 6 月是金鲁贤主教诞生 100 周年纪念，金主教在中国天主教现代史上是一位传奇式的著名人物，一生跌宕起伏，经历复杂坎坷，见证了中国天主教在社会、政治巨变中的生存、适应与发展，并以其崇高的爱心、丰富的阅历、惊人的睿智来积极应对错综复杂的局面，使中国天主教积极适应改革开放以来的中国社会，在实行天主教中国化，与中国社会主义社会相适应，与国际天主教友好交往并保持中国天主教会独立自办、爱国爱教上做出了重要贡献。

我第一次与金主教见面还是在我德国留学时期，当时金主教率中国天主教代表团访德而来到慕尼黑，我们在一起有过短暂的交谈和沟通。从那次起，我与金主教多次在国际会议和国内相关活动中见面，我来上海时金主教还曾专门请我吃饭交谈，特别是在《金鲁贤文集》发行会上，金主教专门和我会面并热情介绍了佘山修院及天主教堂的情况。通过这些会面和交谈，金主教给我留下了深刻印象。金主教是一位寻求超越的智者，历史的沧桑和坎坷的经历在其言谈举止中没有留下任何痕迹。金主教始终是那样的坦然，开朗，情绪乐观，心情宁静，待人接物处处有着自然的谦卑及平和，让人感到金主教既是长辈，更是朋友。金主教亲历了现代中外历史的风云变幻，有着海外多国留学、精通多门外语、神哲学上博学多闻的学术经验，在天主教的巨大变革中被卷入其中而任运自然，在精神上超然洒脱，在实践中则为中国天主教的当代发展尽心尽力、鞠躬尽瘁。因此，金主教已经成为现代中国天主教发展变迁的一面镜子，是中国天主教会浴火重生、凤凰涅槃的一段传奇，也是天主教积极"中国化"、实现其爱国爱教之使命的一个典范。在今天我们进一步强调宗教中国化、团结广大信教群众与全国人民一起努力实现中华民族伟大复兴的中国梦的实践中，金主教非常值得我们学习、研究。这也是我们今天纪念金主教的一个特别意义。

金主教以其信仰的超脱及超越精神来面对复杂的现实环境，在不同的处境及人际中既坚持原则，又能纵横捭阖、游刃有余，善于团结不同的信众，求同存异，善于与其他宗教或教外人士对话沟通，和而不同。为了在全球化氛围中体现中国天主教的处境化即中国化努力，金主教敞开心扉，积极开放，认真对话，广交朋友，为了达到"共融合一"而"乐也融融"。他是现实主义者，也是信仰的浪漫主义者，对当下处境有其超越时空的超然审视，为推动中国天主教的发展积极而乐观，务实却仍有理想。这样，在中国天主教重新回到国际社会、登上世界舞台时，金主教与中国天主教有识之士一道积极应对，主动出击，有着上乘的表现，得到世界的喝彩。

在复杂的现实面前，金主教则体现出其独特的智慧和胆识，他以其信仰之大爱来引领、支撑其属世的作为，为中国教会的发展积极有为、建言献策，用其生命来书写一份真实的"智慧书"。这种务实的睿智一是对中国天主教的现实处境有着冷静、客观的分析，二是为中国天主教的生存与发展找寻最佳的条件与环境，三是在教会社会福利、公益慈善事业上主动参与，做盐做光，四是在教会团结共存上努力协调、积极沟通，五是在神学思想建设上出谋划策、不断创新，六是在积极应对教会的各种挑战上既认真吸取历史的经验教训，又有着高屋建瓴的前瞻远眺。在金主教计划的精心构设、实践的呕心沥血之积极努力下，中国天主教同心协力、奋力朝前，取得了惊人的成就。今天我们缅怀金鲁贤主教，既是对教会这位寻求超越的智者之敬重，也是对中国天主教更好未来之期盼。

（本文为2016年在纪念金鲁贤主教座谈会上的发言）

三十四

积极促进跨宗教对话

　　首先，对邀请我与会表示衷心感谢！也请允许我代表中国社会科学院世界宗教研究所和中国宗教学会，对这一学术研讨会的成功召开表示热烈的祝贺！

　　在现代中国语境中谈论"跨宗教对话：中国宗教准备好了吗？"有着非常现实和学术的意义，也是寓意深刻的文化事件。在目前世界现状中，跨宗教对话难度极大，各宗教矛盾冲突在"文明冲突"的表述下不断加剧、恶化；20世纪60年代以来一度兴盛的不同宗教对话和文化沟通到今天已经沉寂，几乎消失，相关的对抗却明显上升，不同宗教之间的隔阂在扩大，信与不信之间的误解在加深，因而整体局面不容乐观。但与国际形势相比，宗教作为少数人信仰的存在状况反而使各宗教之间的团结要远远好于以宗教信仰者为大多数人群的国际社会。不同于各宗教之间的对立、对抗之状，中国宗教之间并没有这种根本性矛盾或利益冲突，各大宗教之间互有往来，颇为和谐。所以说，展开跨宗教对话，中国宗教的准备要远比境外社会强得多，这种准备可以说是得天独厚，难以相比。

　　当然，中国宗教的共在与中国社会政治有着密切的关联，执政党和政府对各宗教的凝聚及和谐起到了重大作用。但与此同时，中国宗教的对话也主要体现在政治层面，而在教义和文化传统方面则不够深入，尚未全面展开。在此意义上，也不能说中国的跨宗教对话已经充分展开。

所以，相关的准备仍然是必要的。

跨宗教对话最为困难之处乃其教义方面的对话，这涉及各宗教的思想深层。正因为如此，宗教教义、思想领域的对话也更有意义和必要。各宗教的教义主要在其宗教经典上得以体现，因此，各宗教之间的经文辩读，以及由此而展开的比较经学就有着独特意义。在近些年的国际合作中，中国宗教研究学术界的经文辩读和比较经学已经形成颇有影响的风气，吸引了不少学者的参与，并且已经推出了不少研究成果。由此而论，跨宗教对话在中国当代乃曲径通幽，水到渠成，其深入发展自然也会影响并带动中国宗教界。这样，以往在政治、文化之浅层面的对话则会深化、拓展，走向质的突破。

中央民族大学最近建立了"比较经学与宗教间对话"创新引智基地，以游斌教授为主的青年学者在此展示出其开拓精神和敢于闯荡的学术勇气，并且已通过其独立思考、国际合作而推出了不少成果。学者在这类讨论中非常关注宗教之内、宗教之间、宗教之外的多层次对话，强调彼此"间"性、你我"之际"的关联意义。今天这个研讨会就正是这一发展的延续和拓展，而且立意深邃，起步较高，感染强烈。为此，衷心希望这一研讨会取得圆满成功！由此给中国乃至世界宗教界重新展开跨界对话带来启迪和动力！

谢谢大家！

（本文为2016年12月9日在中央民族大学召开的"跨信仰对话：中国宗教准备好了吗？"学术研讨会上的发言）

三十五

展开文明对话，共建人类命运共同体

今天，我们在北京秋高气爽的最佳时节召开"中国社会科学论坛（2016年·宗教学）"专场，就"文明对话与人类命运共同体"这一主题及相关议题进行研讨，有着独特的意义。文明对话，相互合作，这是我们共建人类命运共同体的基本前提，世界各国人民都在为之而努力。即将在杭州召开的G20高峰会议，正是对这种沟通、合作之建设性发展的提倡和实践。于是，世界重新聚焦于中国，希望今后能在政治、经济、文化等领域的合作中迈出新的步伐、取得新的成就。而我们召开今天的这一"中国社会科学论坛""宗教学专论"，也是对这种美好发展愿景的积极响应和全力支持。为此，请允许我代表中国社会科学院世界宗教研究所、中国宗教学会，向来自世界各地的与会代表表示衷心的感谢和热烈的欢迎！

近期以来，中国召开了关涉宗教及其研究的各种重要会议，宗教工作的重要性，宗教学研究在人文社会科学学科中的重要位置多次被提及，宗教问题重新被中国人所关注和重视。这对我们而言，既是极好的消息，也是巨大的鞭策。在当前世纪之交的发展中，宗教的活跃、宗教问题的复杂以及宗教研究的迫切，已经成为大多数人的共识。可以说，研究宗教，妥善处理好宗教问题，摆脱人类发展出现的困境，已是我们的当务之急，其迫在眉睫的紧迫感亦几乎前所未有。宗教在文明对话还是文明对抗之间的选择和参与，将对整个世界局势、人类走向产生影响。所以，我们必须认真对待宗教问题，学会对之因势利导、避恶扬善，以能促进宗教的建设性发展，防止其破坏性嬗变，这一切已经与人类的命运休戚相关，我们切不可对之掉以轻心。本次我们研讨会议的主题是"文明对话与人类命运共同体"，非常明确地表达了我们促进人类和平发展、命运与共的意愿。这一命运共同体的构建要靠大家的共同努力，其特点即"多元求同""多元求和""多元共构"。而为了达到这一目的，则需要在保持"各美其美"的民族文化自觉之际也努力争取"美人之美""美美与共"。这是中国人文化传统所憧憬的"大同世界"。而今天在人类已经走向"全球化"共在的现实处境中，如何来争取人类命运共同体的共建，则已经成为时代话题。这种世界的共同维系已极为重要，人类的共在共存是有机相连的，如果不能为之而共建，人类的倒退及毁灭也将是全球性的，没有哪个国度能够真正幸免。而这种人类命运共同体的真正共建，则恰恰就在于各族多元文化的积极对话、和平共处。

当今世界并没有摆脱冲突、危机、战争的威胁，人类文明能否可持续发展仍是大家关心的问题。当文明冲突日趋尖锐时，文明对话的呼声则越来越高，参与解决矛盾的世界有识之士正越来越多，而共同为之付出的努力也越来越大。特别是当人们意识到无论是文明冲突还是文明对话都与宗教密切关联以后，其对宗教的关注亦前所未有；人们在谴责宗教中出现的极端思潮、暴恐迹象时，也更加强调宗教在文明对话中的意义、宗教维护和平的作用，因而更加鼓励并促进宗教对文明对话的积极参与。为了世界和平和人类的共同发展，我们只能选择文明对话、宗教宽容之道。平等相待、相互欣赏、彼此包容的文明对话，既是智者的思虑，也是时代的命题。在竞争比较中取长补短，在交流互鉴中共同发展，文明才能成为增进各国人民友谊的桥梁、推动人类社会进步的动力、维护世界和平的纽带。中国领导人习近平主席在多次国际场合提出：我们要树立人类命运共同体意识，建立新型国际关系。当今时代，人类已经进入"地球村"时代，地球人将成为风雨同舟的共同体。儒家说，"四海之内皆兄弟""亲亲而仁民，仁民而爱物"。我们深信，依靠中国传统儒释道的智慧，我们必然能为推动人类和平相处做出自己的贡献。我们更坚信，在当前国际形势下，探讨宗教与文明对话的基本理论，考察各种宗教与文明间的多维相处之道，分析当今国际诸宗教与世界文明对话的途径、主要特点及发展趋势，对构建世界和平具有极其重要的理论意义和现实意义。

［本文为2016年8月31日在"中国社会科学论坛（2016年·宗教学）"会议上的致辞］

三十六

吴轲阳画展寄语

超越自我，领悟神圣，中西合璧，古今贯通，这是吴轲阳佛教艺术作品所表达的意蕴，体现出的追求。这些作品把人们带入了一种禅意玄境，以其独特的绘画手笔和洒脱气势开启了似已尘封的心灵之窗，展示了颇为罕见的古朴而新颖之精神洞天。徜徉于其中，会带来不尽的遐思畅想。欣赏其艺韵，则触动由衷的感慨惊叹。吴轲阳艺术创作的宗教题材，让人会有参禅悟道的启迪。其对西洋油画技巧创造性的发挥，意在东方艺术实现一种更高层次的超脱和融贯。其对画面色彩的独到运用和绝妙把握，使之既有着雕塑那样的厚重，又呈现梦幻般的空灵。这是用灵魂来作画，在宁静中体现出激情，以艺术来抒发其精神追求、人生感悟。在这种工笔之细腻微妙与写意之任运豪放的奇特结合中，人们会获得其独特艺术之美的享受，更可能会以一种朝觐的心境走过雅典、罗马、敦煌、云冈和吴哥等充满灵性之地，经历人类的信仰探究之旅。

以油画的形式来表达佛教造像等东方宗教的内容，这对于吴轲阳来说也是一种创新，同样亦意味着超越自我的挑战。油画在西方艺术史中源远流长，积淀丰厚，精品众多。西方油画在从中古走向近代、再步入现当代的进程中，我们可以察觉一种由"不似"到"神似"、再又逐渐"不似"的复杂演变过程。这在基督教的油画发展中最为典型。尤其是其"神似"自欧洲文艺复兴以来达到高潮，起到了"媚俗"和"超俗"的作用，许多"人性"的油画作品都乃泛现出"神性"的光彩。

而随着照相技术的发展，油画技巧"以假乱真"的发展走到极限，故而出现了一种"失真"的突破，反而取得了意想不到的艺术效果。当然，不可否认，现代油画发展中以冷军为代表的超写实主义油画流派乃异军突起，在世界画坛独树一帜。其典型特点就是极端写实，其丝毫不差、精细入微比照相出品的相片还精致逼真，既有技术性，更有艺术性，让人震撼、惊叹。这说明绘画的"似与不似"都能自我突破、自我超越，其"间性"有着无限的奥妙可言。

回观宗教艺术，其在普通题材、意境上又增加了神奇、神秘、神圣等层面及相关熏染。因此，宗教艺术既需要在艺术层面的天才发挥，也必须持守一定的宗教知识原则，在艺术家的原创中体现出相关宗教的历史传承、信仰特色。为此，艺术家必须对相关宗教有所钻研，进行必要的系统探索。这样，则可抓住宗教艺术的奥妙之处，从而在艺术领域尽情发挥却不逾越宗教所信守的底线。吴轲阳在其佛像油画创作中，在题材、技巧、方法、意境等方面也开始尝试新的探索、发展和突破，尤其在对宗教信仰如佛教的领悟中更加深入。我们在其油画作品中触及一种古朴的雕塑感，也察觉到某种模糊的神秘仿佛意向。这种突破和超越自我意义非凡，乃其艺术及精神在线。当然，在艺术及信仰之投入中必须把握好多维向度，达至一种自然平衡及和谐，而其"间性"探幽的意境把握亦需要不断升华、不断超越。

（本文基于为"吴轲阳佛教油画作品展"（2013年7月）所写的评语修改而成）

三十七

观夏吾角的热贡艺术精品有感

热贡艺术属于国务院批准的第一批国家级非物质文化遗产，也被联合国教科文组织列入《人类非物质文化遗产代表作名录》，其以唐卡、壁画、堆绣、雕塑等多种绘画造型艺术而著名，夏吾角大师则是其杰出代表之一。

中国自改革开放以来，传统文化艺术得以发掘，其中宗教文化艺术亦得到人们的特别关注和高度评价。热贡艺术实质上体现出藏传佛教艺术的许多精华，而在现实社会适应中也发展出给人带来清新之感的创新与突破，形成了其"构图疏密有致、造型严谨生动、色彩绚丽和谐"等特色，故已成为现代宗教艺术发展中的一朵奇葩。在这种创新发展中，来自热贡这一"藏画之乡"的民间艺术家夏吾角做出了巨大贡献。

夏吾角大师天资聪颖，博学强记，对唐卡、泥塑、壁画等热贡艺术都有深入的钻研和匠心独运的表达。唐卡是藏传佛教艺术的典型代表，被视为具有"流动的寺庙"之功效，其作为宗教卷轴画而方便人们悬挂供奉。所以，夏吾角大师抓住这一艺术本真而进行创作，在画面及其体现的思想境界上都有奇特构想，以突出唐卡的藏族特点和藏传佛教特色，表现出其"虔心万相"的寓意，凸显其虔诚的宗教表述，让其唐卡作品呈现其宗教神圣性，使观众能够体悟出中间所蕴含的神秘境界和神圣感触。这里，夏吾角大师既有传承，更有创新，其所属热贡唐卡源自三大唐卡画派之一的勉塘派，夏吾角大师集其画派之大成而尽量保留其"造像法度精严"的传统，在自己的创作中"注重线条的运用"，力争"线条工整流畅，色调活泼鲜亮"，从而使其作品线条的融贯统摄、画面的富丽堂皇达到极致，给人带来虔诚心境和无限美感。而在创新上，夏吾角大师则博采众长，推陈出新，以现代审美的观念来构思布局、取各种画法之优杰来巧妙运用，使历史的古朴与时代的清新达到天衣无缝的有机融洽，让人们在思考信仰之神秘的同时亦有对当下的观照和未来的遐想。唐卡的题材及其内容丰富多彩，是藏族历史文化、信仰生活的生动写照，夏吾角大师以其神来之笔而美轮美奂地再现出藏族社会文化的"百科全书"，营造了藏传佛教信仰的心灵憧憬，带给人情不自禁的惊讶和惊叹……

近些年来，因为宗教学术科研和民族工作调研的需要，我去过不少藏族文化特色突出的地区，领略了藏族文化风情的神奇，尤其是喜欢其精美独到的唐卡艺术。其间我也去过几次热贡，接触到不少唐卡艺术人才及其作品，我还多次参观过夏吾角大师的热贡艺术博物馆及其制作唐卡的工作坊，留下了深刻的印象。我曾和夏吾角大师谈过，希望其艺术杰作能够走出热贡，来北京布展，以此走向全国，走向世界。时过不久，这一美好的愿景就得以实现，自然由衷高兴。北京是中国政治、文化的中心，其民众亦有很高的艺术鉴赏力，因此一定会很好地欣赏、享受热贡艺术的精美，从而也会扩大夏吾角大师的艺术影响力，使其才华得以脱颖而出，并能够得到更多人的体认及肯定。

祝夏吾角热贡艺术精品展圆满成功！

（本文为2016年在北京夏吾角热贡艺术精品展上的感言）

三十八

英文季刊《中国宗教研究》创刊号发布会致辞

今天我们中国社会科学院世界宗教研究所举办英文季刊《中国宗教研究》创刊号发布会，以表达我们创建中国文化"走出去"战略学术窗口的决心和努力，使我们更深层面地推动哲学社会科学创新工程，以外文期刊的形式来反映中国当代宗教学研究的优秀成果，加强国际合作，扩大中国宗教学的国际影响力。为此，我谨代表中国社会科学院世界宗教研究所、《世界宗教研究》杂志社及编辑部，向各位领导、学界朋友以及我们的合作伙伴英国 Tailor & Francis Group 对这一专业季刊创办所给予的大力支持和精诚合作，表示崇高的敬意和衷心的感谢！也想借此机会向我的同事、《世界宗教研究》编辑部主任李建欣博士为之所付出的努力及辛苦，表示特别的谢意！

中国宗教研究是世界宗教研究的重要组成部分，尤其在当代发展迅猛，成果卓著，在国际学术界产生了广远影响，得到了普遍好评和共同认可。这些成果的取得，既有老一辈学者的辛勤耕耘和深厚积淀，也有改革开放以来新一代中国学人的锐意创新和全力推进。这样，中国宗教研究已经成为国际学术界异军突起的一门"显学"，吸引了全世界众多学者的参与和贡献。

作为国际学术领域中的重要研究，中国宗教研究成果的发表自然与其语言形式有着密切关联。从以英文为主的外文学术刊物来看，涉及中国宗教研究且颇有影响的国际名刊并不多见，其中历史较长、为学界所瞩目的刊物包括《通报》(Toung Pao)、《华裔学志》(Monumenta Serica) 等。其中《通报》是欧洲著名汉学刊物，自 1890 年创刊，至今已出版 101 卷，现由荷兰博睿学术出版公司（Brill Publishers）推出，由欧美著名学者负责编辑出版，在很大程度上反映出西方学者研究中国宗教的主要兴趣和重要研究成果。《华裔学志》则是 1935 年在原北京辅仁大学创刊的一份用外文出版的汉学杂志，以英、法、德文为主，其内容亦多为对中国宗教的研究。这一杂志西文原名 Monumenta Serica，意指"丝域的史迹"，对我们今天领略"一带一路"的文化意义亦颇有启迪；其中文名称由中国著名宗教研究学者、原辅仁大学校长陈垣先生所选定，《华裔学志》中"华"指中国人，"裔"则指远方的人民，由此将中外学者对中国的关注及研究有机结合起来。这一杂志在中国创刊，其编辑机构曾辗转日本、美国，最终在德国落户，今年也迎来了《华裔学志》创刊 80 周年的纪念，颇有学术意蕴。与之相对比，中国国内学术界长期以来缺少一种以外文来发表中国宗教研究成果的期刊，这样既不利于中国学者研究成果的推广，也不利于中外学者在中国宗教研究领域的交流、切磋和进步。尤其自中国改革开放以来，中国宗教研究的国际交流极为重要，而且已经到了刻不容缓的时机。我们现在强调要突出中国哲学社会科学研究的学科体系、学术体系及话语体系，使中国的学术走向世界，并能够进入国际学术舞台的中心。为此，我们世界宗教研究所在我院支持外文学术期刊计划的鼓励下，在研究所科研人员的共同努力下，特别是在《世界宗教研究》编辑部主任李建欣博士坚持不懈的追求下，终于争取到了英文季刊《中国宗教研究》的出版发行，迈出了至关重要的第一步。

这一英文季刊的发行对我们的中国宗教研究是一重大推进，同时也给我们带来了责任和压力。以往国际上的相关名刊基本上乃是年刊，甚至有时候一年也不能及时出版一期，而我们这一亮相就是季刊，工作量之大则可想而知，需要克服重重困难才可能坚持下去。《中国宗教研究》将会特别注重其学术性、现实性、理论性和文献考证性等，关注重点、热点研究话题，力争深厚学术底蕴，以中国宗教的综合探究为主，走开放性学术研讨之路，争取办出自己的特色，形成自己的风格，向这一领域的世界名刊迈进。所以，我们今天共聚一堂，既是对《中国宗教研究》的创刊表示祝贺，同时也要请各位专家学者积极建言献策，为把这一学术刊物办得好、办得长久而贡献大家的智慧和学识。

最后，再次感谢大家的光临，并祝我们的期刊发布会取得圆满成功！

（本文为2015年在世界宗教研究所英文季刊《中国宗教研究》创刊号发布会上的致辞）

三十九

中国宗教研究的重要贡献
——评鞠志强主编的《河北宗教史》丛书

鞠志强先生主持编写的《河北宗教史》丛书由九部著作构成，包括《河北佛教史》《河北道教史》《河北伊斯兰教史》《河北天主教史》《河北基督教史》《河北民间宗教史》《河北宗教简史》《河北宗教史图集》和《河北宗教史编写纪实》等，共400多万字，约2000幅图片，由一批功底扎实、学有专攻的专家学者历经多年而完成。其内容翔实而充分，系统而周全，可以说，这套丛书的出版是对中国宗教研究的重要贡献，也标志着河北宗教研究出现了质的突破，代表着这一研究领域的最新成果。

众所周知，宗教史的研究乃是整个宗教研究中的基础，为其他领域的系统研究提供资料、信息等基本内容和观点、方法等借鉴视域，因而具有非常重要的地位。河北是宗教大省，历史悠久，宗教蕴涵深厚，值得专门研究。正因为如此，《河北宗教史》丛书从一开始就得到方方面面的关注和有关部门的高度重视，并被纳入国家社会科学基金项目，是中国宗教史研究领域的重大课题。对于宗教的评价和定位，我们首先就需要以史为证、以史明鉴，基于宗教的复杂历史发展来审视宗教的社会地位、功能和作用，由此对宗教意义和价值加以客观评价，对其本真加以界说，对其社会影响加以客观分析。而基于河北宗教史的这一系统研究，我们对河北社会历史及其宗教信仰的影响就会看得更为清楚、了解得更加透彻,从而也更能准确地说明河北宗教对河北政治、经济、文化、精神的影响,以及与全国乃至全世界宗教发展的普遍关联和其独特之处。这样,这套丛书乃以小见大,以点带面,既体现出其历史探索的深度,又反映了其世界视域的广度,有着贯通古今、关联中外的胸襟和气魄,展示为一种高屋建瓴的宏观把握和探幽洞奥的微观剖析之有机结合。因此,我非常敬佩并感谢《河北宗教史》全体编写成员的学识、勤奋、执着和坚持,使我们今天得以对河北宗教有了系统而深入的了解,包括对河北各种宗教的起源、发展、演变和革新,以及其在河北社会的历史存在、政治参与、文化价值和经验教训等,获得了一种全方位的把握。以史之察,洞若观火,而历史的沉思和反省又有助于我们认清现实,仰望未来,可以科学地立足当下来往前开拓,审视历史的动态发展和未来走向,从而使历史的叙述更为精彩,历史的画卷更加壮丽。

河北围绕着中国的政治、文化心脏而发展,地理位置独特,历史作用突出,社会影响巨大。其古代燕、赵英雄辈出,牵动着远古华夏社会文化的运势,其当今发展则以京、津要地之场景而参与中国近现代社会变迁的跌宕起伏,见证其惊心动魄的巨变。河北宗教则正是这一古今绵延之社会、精神历史的生动写照,也是中国宗教历史的一个重要缩影。我们通过摸清楚河北宗教的历史,则可对整个中国宗教史和文化史的研究提供启迪和借鉴。而准确把握其宗教的社会属性,科学说明其随社会发展变迁而出现的转型和自我扬弃,则有助于我们今天对宗教的积极引导,为我国宗教坚持中国化方向、主动适应社会主义社会提供思考和思路。

《河北宗教史》丛书整体布局合理,各个宗教的专史研究深入、系统,并有综合性的《河北宗教简史》将之融贯整合,连成一体,给人内容丰富、层次清晰之感。丛书还专门设有《河北宗教史图集》,以众多的历史图片来还原历史、再现其重要场景,从而达到了以图文并茂来叙说历史的极佳效果。《河北宗教史》丛书的出版,使我们获得对河北宗教整全的认识,对其重点、特色也能一目了然。这一成果在地方宗教史研究上起了引领作用,也势必会带动中国地方宗教历史研究的新探讨、新发展。因此，这是宗教史研究上的重要成果，也是对中国宗教学发展的积极贡献。我们钦佩这种研究意向和实践努力，鼓励对宗教历史展开深入、扎实的探究，赞赏对宗教现象客观、冷静和科学的分析评价，希望基于历史动态发展演变来全面、公正地界说宗教，找准宗教的社会定位和对于中国文化发展的意义所在。当前国际民族宗教形势复杂，我国社会发展处于关键时期，如何对宗教加以审视和发挥宗教的社会作用，也是我们所面临且急需解决的理论及实践问题。所以，对宗教的个案研究和与现实社会处境的密切结合，正是科学回答这些问题的钥匙所在。《河北宗教史》丛书的完成，则是对之非常及时的回答，也为我们正确处理及解决现实宗教问题提供了重要启迪和科学思路。我们当今社会需要的是社会和谐、民族团结，而积极引导宗教适应我们当下社会，发挥宗教在实现中华文化精神共同体和人类命运共同体上的积极作用，就需要这样的思考和研究。中国梦需要全体中国人民共同努力，为此也必须团结广大信教群众，齐心合力推动中国发展前进。为了这一愿景得以实现，为了形成中国特色的宗教学理论体系和学科建构，我们在此不仅祝贺《河北宗教史》丛书这一成果奉献者的卓越贡献，也衷心希望各位专家学者、研究人员在今后的宗教研究上取得更大成就。

（原载《河北学刊》2017年第4期）

四十

文化建设应该支持文化书院、学术书店的发展

在当前我国文化建设中,出现了许多新事物,也面临着不少新问题,对此民间讨论较多,并对其自生自灭的状况颇为担忧。其中较为典型的,一是各种文化书院的兴起,一是不少学术书店的倒闭。这种兴衰起伏,折射出当今中国文化发展的曲折历程和人们在必须面对这种处境时的思索及寻求。

一 关于文化书院

文化书院有着中国特色,它在一定程度上与西方的"学院"(Academy)有着异曲同工的意义。在历史进程中,西方的学院发展为现代教育意义上的大学,而中国的书院也转变为公共教育的学校。但在这种现代教育体制出现异化或远远不能满足大众的需要时,民间性质的学院和书院又在悄然崛起,成为现代社会中文化教育发展中的奇特景观。

中国的书院兴起始于唐代,开元六年(718年)设丽正修书院,为其肇端;该书院后改称集贤殿书院,当时颇有影响。贞元中,李渤隐读庐山白鹿洞,为潜读、研修乃书院立意奠定了基础;此地于南唐建立学馆,号庐山国学,从而使"国学"这一表述与"书院"结缘;该学馆

于宋时改称白鹿洞书院，享有盛誉。唐时李宽在湖南衡阳北石鼓山建屋读书，宋时书屋重建并得真宗赐名石鼓书院。宋代曾有白鹿、石鼓（一说是河南登封太室山的嵩阳书院）、睢阳（河南商丘应天府书院）、岳麓四大书院，其中岳麓书院学生曾达千人之多，其"造就人才，传道济民"之举，使之有了"唯楚有材，于斯为盛"的声誉。这些书院或私人或官府创办，颇为中国文化增光添彩。此后元、明、清三朝亦盛行书院教育，直到清末废科举，传统书院才逐渐改为学校。在清朝，除了体现中国文化传统的书院之外，来华基督教传教士也曾创办过传播西学的书院，如英国来华基督教传教士傅兰雅等人于1876年创办的格致书院等就颇为有名。

中国改革开放以来，中华文化的自我意识得以苏醒，人们开始研习国学，除了少数名牌大学的国学院或国学研究中心之外，弘扬国学最得力的就要数民间兴办的文化书院了。值得思考的是，虽被许多著名教授和一些大学校长提倡，但"国学"作为一级学科的申请没被通过，因而在正统、体制内的教育科目中仍被边缘化。其学科性质被质疑，所含内容亦被人议论怀疑。差不多与此同时，我们的教育体制内将马克思主义研究列为一级学科。鉴于这种中西比较，我支持将马克思主义研究作为一级学科来重视，也同样对把国学作为一级学科投了赞成票。尽管没有通过，也有人问我为什么要投赞成票，我仍认为这涉及中华文化意识的问题，同时也深感中华文化复兴的艰巨和我们这一代人的责任。当国学在教育体制内仍被冷遇时，而民间自发兴起的文化书院则主要以弘扬国学为己任；在这一意义上，可以说"文兴有国学，学兴靠书院"。今天文化书院发展的情况，是否也印证了传统中"礼失求诸野"之说？对今天文化书院的发展概况，我想，山东尼山圣源书院的牟钟鉴院长、北京四海孔子书院的冯哲院长，肯定会了解得更为详尽和透彻。

对于文化书院的兴起，我曾在"两会"期间建议有关部门开展相应的、比较系统和整全的调研，摸清基本情况，进行客观分析，作出科学决策。我还通过媒体对之有过呼吁。但我感觉社会对之仍然关注不够，重视不够。我们今天热议的文化建设太偏重"文化产业"了，官方及媒体谈得较多的还是影视、动漫等具有产业意义的文化。而对需要付出的"文化事业"却缺少很好的、系统的构设和规划。实际上，这种文化书院虽然是自然兴起，却反映出了社会的需求，以及对"应试"教育体制所必要的"素质"教育补充。而且，这也是中国传统文化觉悟的一种积极表现，故而完全可以将之纳入文化建设及发展的事业之中。

对于这些样式多种的文化书院，有关部门在科学调研的基础上应对之加以积极引导，形成其有利于社会的良性发展，防止其不必要的异化嬗变。为此，我想继续呼吁有关部门有目的、有条件地对相关文化书院加以补助、扶持和加强，使之成为当前或今后中国社会"学前教育""公民教育""素质教育""终身教育"等的重要构成，以充实、弥补当今国民教育体系，尤其是各级院校教育之不足。实际上，书院教育也是我们常说的"通识"教育的一种典型表达，其所培养的是可以有效适应中华文化氛围、得以全面发展的"全人""通才"。如果我们准备迎接中华文化繁荣的时代的到来，那么我们也应该有魄力推出像宋朝四大书院那样的现代著名书院。文化书院在中国文化历史中有着悠久的传统，留下了不少利国利民的佳话，而且是中国知识精英聚集之地，为中国学术发展的重要组成。因此，对于今天中国文化书院的复兴及迅速发展，我们的社会应有中肯、积极的评价和客观、冷静的分析，并应该通过有关部门的定向支持或专项帮助作出有益的尝试，使之成为我们今天文化建设的有机构成和积极发展。

二 关于学术书店

对于学术书店的大量倒闭，媒体最近报道较多，也对其原因有较中肯、客观的分析。这些学术书店的倒闭诚然与大众读书锐减和电子读物的冲击有关，却也反映了有关部门在关注当代中国文化发展时的作为不够、缺乏积极性等问题。学术是中国文化发展的重要构成，也是中国在世界上是否为文化强国或大国的重要标志之一，而学术书店则是这种学术发展的重要氛围和气场之一。因此，对于一些必要的学术书店的保留，有关部门也应该有"守土"意识、"阵地"意识。建议有关部门将保留一定的学术书店作为其文化建设的任务之一，不要再让所有的学术书店自生自灭。其相应举措则包括减免学术书店的营业税，提供较为合适的书店位置，如在高等院校、科研机构的所在地有意识地帮助、扶持一批针对性较强的学术书店，对学术书店组织的学术讲座等活动亦作为相应课题来加以补贴，并积极鼓励和支持出版社在学术书店搞新书发布会、读书会等活动。

其实，由政府出面支持或扶植学术专业书店，在中国历史上也有传统。早在 1885 年，傅兰雅就曾在上海设立了中国近代第一家专门的科学技术书店"格致书室"。他所在的江南制造局翻译馆是官办书局，当时其出版的书籍主要就是通过上海工部局书信馆向全国邮寄发售，而且不收邮费，售价也为八折。学术书店的目的就是要营造一种专业学习、深入研究的文化氛围，如傅兰雅于 1887 年在《北华捷报》上发表《格致书室报告》说，"格致书室的建立是为了推动在中国以中文传播有用的知识，尤其是关于科技的书籍、地图及其他出版物的流通"。[①] 在当时政府的支持下，格致书室在 1888 年就已在天津、杭州、汕头、北京、福州和汉口等地开办了分部，其销售网络甚至还延伸到了日本、朝鲜等地。在一百多年前，中国经济很薄弱的情况下，政府都能出面对学术专业书店给予帮助和支持。在中国国力已经比较雄厚的今天，我们的政府对学术书店等文化事业的重视和支持应该是不言而喻的。

学术书店的重要意义之一，就是对今天中华民族的阅读有一种积极

[①] 引自［美］Ferdinand Dagenais（戴吉礼）主编《傅兰雅档案》第二卷，广西师范大学出版社 2010 年版，第 312 页。"格致书室"在对外宣称上有"格致书院"及"本书室"等中文表述在相关文献中出现，其"格致书室"的英文名为"The Chinese Scientific Book Depot"可直译为"中国科学书店"，于 1885 年 2 月由英国传教士傅兰雅（John Fryer, 1839 – 1928）在上海创立，此前其已于 1876 年在上海促成格致书院（Shanghai Polytechnic Institution and Reading Room）的落成，1885 年之后其书店功能凸显。相关内容参见"百度文库"：《傅兰雅格致书室述评》，分类号 G239.29，作者：那世平，《新世纪图书馆》2014 年第 02 期。

引导。我们常说"营造学术气氛",其实就是指对之要有意识地营造。今天中国人仍然保持着喜欢阅读的好习惯,但在这种广泛阅读中学术文化的含量正在急剧下降。而要真正启发我们民族新一代的智慧,则不能让"开卷有益"主要成为一种随意性、低俗性、娱乐性的滥读。所以说,"读书有道",精神修炼靠培植、引导。中国人的积极、高雅、智慧人生要靠读书来熏陶,而且是读好书,读具有学术价值、文化蕴涵的著作。学术水平的高低,反映出其国家的精神面貌如何。

自我国实行改革开放以来,我们在农村、边缘地区实行了有效的经济、文化"扶贫"活动,但在城市,尤其是在大都市却多关注文化产业或文化事业的"锦上添花"活动。在当前学术书店不景气的情况下,希望有关部门能有积极、有效的举措,实施对学术书店的文化"扶贫"工程,而且这种对学术书店的重点帮助应该是在大中城市,特别是在高等院校、科研机构较为集中的地区。学术乃天下公器,也是国家文化发展的标志。我们文明古国带给世界的精神遗产,理所当然是颇具学术成果的文化。我们要提倡读学术书,做文化人,就应该让学术书店火起来,成为新一代中国知识分子的精神家园、灵性气场。我们的民族要认识到,学问并不只是专家学者的专利,对整个民族也具有精神熏陶的意义。中国人的人格修养、文化蕴涵,也是与学术、学问密切相关的。正如培根所言"学问变化气质""学问锻炼天性"。所以,我们要积极呼吁、全力保住学术书店这一学问的提供地,爱护这一展示人类智慧结晶、精神成果的精美橱窗。

(本文为推动我国文化建设发展的相关建议,根据作者在 2013 年 4 月 23 日于"贡院学人沙龙读书会"上的讲演稿整理而成。)

四十一

信仰如何形成文化

　　首先，请允许我代表参加"文化与品牌研究组"宗教专题研究的中国社会科学院世界宗教研究所的全体人员，向以色列巴尔伊兰大学邀请我们参加这一关涉"宗教与文化"的学术研讨表示衷心的感谢！向恒源祥各位朋友的精心设计和安排以及与我们的密切合作表示诚挚的敬意！

　　我们这次"宗教与文化学术交流"以"信仰是如何形成文化的？宗教是如何形成习惯的？"为主题，是作为我们"信仰如何形成文化"专题研究的一项重要活动，有着独特的意义。这次研讨选在以色列来进行，更是体现出其与众不同、独到绝妙的意蕴。众所周知，以色列是有着悠久宗教文化传统的国度，这块土地凝聚着人类信仰精神的重要灵性资源，是世界最著名的三大宗教即犹太教、基督教和伊斯兰教的圣地，有"三教圣地"之称，同时也是巴哈伊教等重要信仰的圣地和精神来源，尤其对于了解和理解人类绝对一神观念的根源、底蕴和价值有着极为重要的意义。

　　恒源祥"文化与品牌研究组"多年致力于探究从文化来对品牌加以深层次理解，并进而对文化的本质及其特征加以发掘和解读，由此便进入对文化精神层面的探索，并自然而然地开始了与我们研究世界宗教诸学者的合作，而且以这一平台邀请到其他大学及研究机构，甚至不同国度的专家学者的积极参与，这是一种水到渠成的奇观，也是一种精神认知的相遇和缘分。用一句在中国耳熟能详的话来说，我们来自五湖四海，为了一个共同的目标而走到一起来了！今天，我们一起来到以色列这一对人类信仰精神最重要的聚集地合作研讨，又非常荣幸地得到在这块神奇的土地上长期、深入探究宗教信仰问题的巴尔伊兰大学各位专家学者的参与。可以说，我们是以一种朝觐的心理来到这里，带来了广交朋友的渴望和激情。因为我们深知，只有上下求索，四方探讨，广泛问答，集思广益，才可能找到正确的答案，真正领悟信仰的奥秘，弄清宗教形成及发展的历史演变及内在规律。中国知识分子曾要求探究者读万卷书，行万里路，研究宗教者更是应该研读圣书，拜访圣地。我们在这里可以接天地之气，获古今灵感，抒发怀旧之幽情，憧憬未来之愿景。了解人类文化，关涉人类命运，而这种文化的深究势必进入宗教信仰的领域。在充满宗教灵性气场的以色列，我们得到了最好的场景，进入了最佳的处境，可以任思绪飞扬、让想象驰骋，同时又以严谨的逻辑、理性来规范、掌控我们的思想，做到收放有序，张弛有度。在随后的研讨中，我们会以一种系统展开、整体把握的方式来深入研究宗教的文化意味及其展示方式，在这种宗教与文化关系之探中具体展开对宗教与思维习惯、社会习惯、生活习惯、工作习惯以及娱乐习惯等范围的探索，由此窥探各种宗教、各个民族、不同时代、不同国度的文化特性与共性，进入一个奇特的文明之旅。对此，我们有着期盼，也会得到惊喜。

衷心希望我们的研讨会获得圆满成功！祝我们大家为此而丰富我们的智慧，享受更多的幸福！谢谢大家！

（本文为 2017 年在以色列"宗教与文化学术交流"研讨会上的致辞）

四十二

祝贺宗教哲学研究社成立40周年

1978年以来，中国的发展进入改革开放时代，海峡两岸的学术交流亦得以兴起和推进。在中国台湾地区广有影响的李玉阶先生敏锐地把握住这一两岸同胞沟通、交流重新开启的历史契机，审时度势，亦在1978年创立了一个具有泛宗教民间学术团体特点的学术机构——宗教哲学研究社，并立意尽快推动海峡两岸的宗教学术交流，从而与我们坚定不移地推进改革开放、走中国特色的社会主义道路、全力支持中华文化复兴的努力形成了非常积极的呼应。

以台湾同胞为主，特别是其天帝教学者积极参与的中华宗教哲学研究社旨在"以科学、哲学、宗教会通，创新宗教、哲学之研究"，致力于"宗教大同、世界大同、天人大同"之境界，因而探赜索隐、深入到宗教哲学之精微，由此随之又创办了《宗教哲学》季刊，凸显其宗教研究的学术特色。这种对话性的宗教学术探究、开放开明性的宗教理解以及对中华优秀传统文化的全力弘扬，与我们的宗教研究形成了积极的共识。于是，自1992年起，我们中国社会科学院世界宗教研究所就与宗教哲学研究社建立起学术交流与合作的关系，共同组织海峡两岸宗教学术研讨会，开展研究人员互访活动等。回首这一合作至今已达二十五年之久，且已硕果累累、蔚为大观。

在我们突出宗教哲学研究的合作中，一个引起共鸣的学术话题即"中国文化与宗教"的关系问题。中国宗教精神、哲学思想的特点是一种整体思维、大同景观,从而使中华文化独树一帜、与众不同。由此,中国文化的本真即一种"和合文化",针对西方思想的"二元分殊""对立差异",我们中华思想强调的是"多元统一""中和之道"。这里,我们与宗教哲学研究社的朋友们有着不少共识,进行过建设性的讨论。在一个有着太多纷争的世界,我们期盼并努力争取着世界的和睦、和谐、和平。而这种"和为贵"的思想精神是中华文化在悠久的历史发展延续中得以保持其整体性、共构性和一统性的奥秘所在。世界的共在、人类命运共同体的形成乃需要"多样性中的统一",而中国传统思想智慧就以"和而不同"和"求同存异"这两大选择来指出通幽之境。在现实社会生活中体认不同而力争之同乃充满玄机,其实质则体现出超越和形而上之哲学意境,而且最好的解读则是宗教哲学的话语。所以,研究宗教哲学在纷繁复杂的现象世界中往往给人一种非常透彻的体悟,在解决现实疑难中亦有纲举目张之效。

在与宗教哲学研究社的朋友之交流中,我曾指出实现"世界大同",需从争取并实现"宗教大同"上起步,因为宗教乃最集中、最高深地体现出人类精神、文化的多样性、差异性,有着鲜明的精神个性特色,而以一种崇高、超越的宗教境界来追求由多种具体宗教所共构的"宗教大同",是这些具体宗教的自我升华及超越自我。这种体现"宗教大同"精神的"宗教共同体",并非各宗教或各教派的一体联合、也不是要消除其历史积淀的个殊性及其信仰传统,而是旨在其精神境界、信仰追求上所达到的灵性共识及共在,从而共同在现实世界中倡导并推动一种"大同文明"。宗教哲学研究社在其创社的最初愿景中就提出要从追求"宗教大同"到实现"世界大同",由此彰显"天人大同"的最高境界。其立意高远,故而需有"弘毅"精神,且应锲而不舍。在这些方面,我们世界宗教研究所的学者非常愿意与宗教哲学研究社的同仁们继续合作,以最高境界的精神梦寻来推动必将影响未来世界的中国梦之早日实现。

祝贺宗教哲学研究社成立 40 周年！

（原载《宗教哲学》第 82 期，台北，锦达传播文化事业有限公司 2017 年版。）

四十三

跨界遐想与学术融合

宗教研究在国内是一个比较敏感的学术领域，以前我们曾努力想使它成为一个"显学"，即"凸显"的"显"，结果事与愿违，仍然成了一个让人们谈"宗"色变的"险学"，这里指"危险"的"险"。我们和黄忠廉教授一样，以前有很多学科建设的"遐想"，但是复杂的环境使这些遐想变成了"瞎想"，深感难以梦想成真。由此看来，今天黄忠廉教授构设的"宗教翻译学"在一定意义上是给我打了一剂强心针。看到黄教授决不放弃的执着以及学科构思上的奇想，我感觉非常好。

由于宗教研究在国内是一个人数非常少的弱势群体，我们似乎有一种"高处不胜寒"的感觉，常常会"孤独而战栗"。但是今天，一下子看到这么多的朋友一起来和我们"站台"，我就感到了温暖，而且已不仅仅是感到温暖，甚至已经是激情充满而在冒汗了。或许，在经历了严寒之后，宗教学的春天就该来临了。尽管有不少困难，宗教与文学的关联在中国学术界的研究还是比较活跃的。就目前来看，从事宗教文学研究的学者群，特别是与文学、翻译相关联的，有这么几个阵地：一个是中国人民大学的比较文学研究，他们每年都有一个读书班或研讨会，重点在宗教与比较文学的讨论；一个是河南大学的圣经文学研究，曾经召开会议，出版文集，从而与学界研究新、旧约的学者形成某种呼应；此外还有罗选民会长主持的清华大学翻译与跨学科研究中心，重点在宗教经典等文本的翻译。本届宗教翻译研讨会的承办方则是中国海洋大学任东升教授主持的翻译研究所，使这一领域的研究获得重要推进。我参加过第二届和第三届研讨会，这已经是第四届了，故而让人有些兴奋和激动。四届研讨会举办下来，研究队伍在扩大，在这次会议上的场景，可以说是领军人物齐聚集，跨界遐想似井喷，急流奔涌像大海，岛上观海心澎湃。这个"岛"当然是"青"岛，即属于"青年人"的"岛"。我们这一代在"夕阳红"的余晖下会慢慢过去了，逐渐退出学术舞台，而希望则寄托在我们的年轻学者身上，我们会看到那诗一般的在晨曦中冉冉上升的日出景观。

　　从翻译研究来讲我是外行，自己翻译也做得不多。不过我对翻译有四个方面的感受：第一，是要对被译语言深入研究，融会贯通。译者语言功底要非常好，要掌握最基本的双语或多语功夫。第二，对于母语和被译入语双方的语言文化有系统的了解，要真正领会体悟其文化的奥妙及奇特之处，对之既要有全局的整体审视，也要有细腻的局部洞观，善于发现美、欣赏美。如刚才周复初教授谈到的英语和汉语双方语言标点的研考，这是非常有讲究的，深入到了其细微之境。我以前学英文的时候也读过一点儿英美文学作品，当时读的时候发现语句读起来朗朗上口，那种感觉很舒服。但后来学了德文，主要是读神学、哲学著作，有时候会连续几页都找不到标点符号，有一种读起来喘不过气的感觉，其晦涩艰深让人窒息；而随着了解其思想背景及作者性格，再后来朗读就慢慢地放松了，找到了感觉。第三，和原作本身要有一种精神的沟通、心灵的对话。译者看似孤独，实际上有着热闹的内心世界，会不断与作者对话或碰撞，因为实际上翻译不单纯是传"文"，更多的是传"神"，所以达不到那种精神上的融会贯通是翻不好的，读者也会弄不清楚作者之真正所云。第四，译者在翻译过程中运用母语要有创新、创见，不可过于拘泥于文字、受原作遣词造句之限。为什么翻译也要有创新、创见呢？以前译界总强调"信、达、雅"，要"忠实于原文"，好像根本就不需要包含译者自己的创见。但是任何一种语言按其原创性是根本不可能绝对忠实于原文而译成其他语言的，因为要翻译成的语言就连选词都是全新的，翻译在此就是一个桥梁，它让你渡过彼岸，达到二者的沟通，但是彼岸或此岸并不完全一样，再精准的翻译也会出现合理的异化。所以说，翻译的目标语在语言表达上是一种全新的话语创造，在对原文会意的基础上必然会有在译成自己母语时的创新，达至一种创造性还原。我自己就深有体会，感到翻译有时候可能会比自己写作还难。我读过罗选民教授翻译的基督教神学经典，其体悟及创见在译本上栩栩如生，可以看出他的翻译是非常到位的，那就是一种语言的再创造。

我发现本届宗教经典翻译理论与实践研讨会涵括面非常的广，涉及犹太教、伊斯兰教、基督教、佛教、道教，而且还包括印度佛教、汉地佛教和藏传佛教、儒教、民间信仰、中国古代宗教等；其涉及的语言有西方语言、亚洲语言，还有我们的汉语和少数民族语言；在方法上有比较研究，有理论分析，有逻辑推断，此外还提出了很多的译者典范，比如施约瑟、理雅各、高延，在青岛则应该提及尉礼贤。这些译者都有着尊重原著的文化传统、毅力非凡等特点。

通过学习大家的研究和发言，我有六个方面的体会：第一，是要熟悉了解对所译宗教经典的宗教背景，具有基本的宗教知识；若是不熟悉，可能会出现一些张冠李戴的现象。目前在宗教术语的翻译上，尤其是在不少引进的电影所译中文字幕中，都是因为不了解宗教背景而出现很多错误，比如说把基督教新教的牧师翻译成神父：新教牧师是可以有家庭的，而天主教神父则是独身的，只有在东正教的神父用语上才可视具体情况来灵活把握。第二，就是对所译宗教经典的语言特色要有精准把握，合适表达。我为什么用了"合适"表达，而不是"精准"呢？因为不同的语言之间很难找到完全一致的表达词汇，思想上的精准理解有时候只能意会，很难言传。例如圣经中的"通天塔"有其特殊语境，和我们在中文里所理解的"通天"之"塔"的语境是完全不一样的。我们中文里理解的通天，好像是说我们能够成功，一定可以通到天上去；但圣经语境中的通天塔却是说办不成、做不到的事。所以，在翻译时这种语境对应要特别小心，一定要对相关语言特色、其用语或用典之源有精准的把握。第三，对所译的宗教经典和所表达的宗教精神要有一种心领神会，即需要有一种传神的表达，而不是简单地把文字表达出来就行了。这是因为很多宗教精神带有一些抽象神秘的意蕴，这种意蕴首先要体悟，只有真正体悟之后才能用传神之笔把它表达出来。所以，我们说研究宗教要有一种"同情心"的理解和"参与性"的观察，既深入其内又出乎其外，当然我们不能深入进去后出不来，这是我们研究宗教经典应该特别慎重的。第四，对要翻译的外语和自己的母语，在宗教理解上有一种透彻的洞观，要进行恰当的对比和运用。不同的宗教表述方式是不一样的。中国的宗教表述实际上是开放性的、交融性的，比如很多佛教经典表述，在今天我们普通文字表达中间也用得不少，成为公共术语。此外，我们汉语常用的是单字，由多字组成词组，而不少民族的语言是由多字母组成的单词，译成汉语往往要用多字词组来表达，有些术语在国际上达成了共识，例如道教的"道"，古希腊的基本哲学术语"逻各斯"（logos）被翻译成"道"，基督教的专门术语 Word（became flesh）即"道成肉身"中之 Word 也翻译成"道"，而且这些都是相当精准的把握或翻译，由此达到了一种形而上意境的透彻体悟，这显然就是融会贯通了两种语言的精神，从而得以表达出其思想精髓。第五，要具有宗教比较和宗教对话视野。翻译某个单一的宗教文本，首先要对该宗教深入钻研，同时要有审视该宗教的超越维度，具有一种批判性的审视，翻译理解不仅是还原，这种批判性审视应该说是非常重要的；宗教研究提倡具有批判性学术精神，这在宗教经典翻译中亦应得到体现，对宗教经典的翻译阅读虽然可以持欣赏的眼光，然其学术批判却不可少，但这种批判乃基于学术考释及评断，不可任意扩大。第六，从黄忠廉教授的精彩讲演中我们得到了一个新的感悟，即在这一领域可以形成宗教翻译学的理论体系和学科发展，这种构设是对中国宗教学怎样形成"中国特色宗教学"的贡献。2016 年 5 月 17 日，习近平总书记关于哲学社会科学的重要讲话中提到了社会科学中一些具有支撑作用的基础学科的发展，其中还特别提到了宗教学。2017 年 5 月 17 日，刘云山同志在国家社科基金评审开幕式上的讲话中又强调了宗教学的重要性，希望能够写出具有中国特色的宗教学，体现我们自己的学科体系、学术体系、教材体系和话语体系。我们正在苦思冥想中国宗教学该怎么发展?"宗教翻译学"的提出使我眼前一亮：别看西方国家的宗教学发展很早，也搞了一些翻译，但是还没有如此深入系统地从"宗教翻译学"这个角度来构设。如果我们把这个做好了，那也是中国宗教学对国际宗教学的贡献。这些构思设想是非常重要的。国际宗教史学大会每五年召开一次，我参加了前几次会议，感到目前国际宗教学进展不快，会上发现当下已经没有太多的"大家"。现在宗教学界的"巨人"是否在消失？但同样也是其学界群雄竞争的时机，以迎接宗教学发展的下一个高峰。在本届研讨会上提出宗教翻译学，可以说给中国宗教学带来了好消息。中国宗教学界在中国宗教学体系构建上正在积极努力，而世界宗教学本身也仍然处于发展之中，并未真正定型，如在学科名称上、学科分类上、研究方法上、学者定位上都有许多未定因素。缪勒提出的"宗教学"（science of religion）没用多久就被人们质疑、悬置，迄今仍以"宗教史学"暂时代替。宗教翻译学的提出很有创意，这和四川大学的研究者正在构设的有中国特色的"宗教政治学"相似，此外中国学者还提出了"宗教文艺学""宗教建筑学"等跨学科的构思，使中国宗教学发展给人一种"水到渠成"的感觉。

  以我自己的观察来看，中国的宗教经典翻译在历史上可以分为四个时期。第一个时期是唐朝前后佛教及印度文献的翻译，以翻译佛教经典为主，同时附带翻译印度哲学、印度古籍的文献，甚至也夹杂了景教等西域宗教文献。第二时期是明清之际，以天主教及欧亚文献翻译为主，中国文献也被译成西文传到欧洲，故称"西学东传、东学西渐"；此间不仅是翻译了天主教及欧洲或西方的著作和理论，同时也促进了包括伊斯兰教学者翻译阿拉伯文的经典，进行中外对比，因此这一时期既有"西儒"，也有"回儒"。比较对照之下，这个时期应该说是相对开放的，很有文化交流、思想沟通的成果。第三个时期是清末到民国，特别是基督教新教传入以后对西方文献大量的翻译，其翻译量非常可观，而且涌现了一批好的翻译家；其实，这个时期的译著为我们今天的发展可以说是一个前期积淀，至今学者们谈论的文学名作主要也是这个时期翻译的。中国改革开放以来，我们进入了第四个时期，它是综合全面的发展，翻译工作也是在各个领域齐头并进，达到了前所未有的高潮，涌现出了数量多、质量高的翻译精品。20世纪40年代之前或者延续到港台之后有过基督教经典名著的翻译，出版了几十本，曾让人惊叹、佩服，但是如今新翻译的相关经典文献已经有了上百本，而且其译文更有着现代语境。但美中不足的是，基督教的最基本经典《圣经》，迄今还没有体现当代语言特色、比较精准而令人满意的理想中文译本问世，所以这方面还需要继续努力。

总的来说，本届研讨会涉及的理论范围非常之广，语种非常之多，与会学者的思想非常活跃，而且探讨的宗教经典也内容丰富，意义典型。从宏观把握上，有气势恢宏的、立意高远的像黄忠廉教授这样的宗教翻译学构设研究；从微观细究上，有洞幽独微的、深入细节的像周复初教授这样对文本标点符号的统计分析；会议涉及的宗教翻译题材有神曲、牧歌、行传、民谣、史诗、格言、赞颂、祈祷、禅机、心语等，体现出大家研究的深度和广度。我相信，这样的翻译研讨会能够对整个翻译乃至整个人类精神思想产品的翻译带来一些新的启迪、遐思。宗教经典翻译是整个翻译园地的一朵奇葩，其既有一般翻译的共性，更有其精神翻译、灵性探微的特性。所以说，翻译不易，宗教文本翻译更难。我们国家有许多在翻译领域的辛勤耕耘者，其中在宗教经典翻译方面也涌现出了不少出类拔萃之辈。对于大家在宗教经典翻译研究上的杰出成就，我至少可以代表中国宗教学会，代表我本人，向大家的辛勤劳动和卓越贡献表示衷心的感谢！

（本文为2017年6月3日在青岛召开的"第四届宗教经典翻译理论与实践研讨会"上发表的闭幕词）

四十四

纪念方立天老师

方立天教授是中国哲学、宗教学领域的著名学者、泰斗级专家，长期担任中国宗教学会顾问，与我们中国社会科学院世界宗教研究所有着密切联系和长期合作，我深深敬仰这位德高望重的学界前辈、和蔼可亲的老师，亦特别关注和学习他的学术思想及创新观念。

方老师以哲学、宗教学为其主要研究范畴，重点在佛学探究。其学术造诣深邃，研究视域宽广，精神思索敏锐，理论构建大气。尤其在宗教研究领域，他一直不畏"险学"，敢于直言，披荆斩棘，勇于探索，在中国宗教学发展上有着"筚路蓝缕、以启山林"的开创之功。方老师宗教研究的成果充分体现出其对中华文化精神的透彻体悟，表达了他在学术领域也要为真理而呼唤、为真理而持守的气质。在研究宗教上的一大问题，就是必须面对当今中国社会仍在很大程度上存在着的对宗教的误解和偏见；为了更有利于中国和谐社会的构建，彻底清除"文化大革命"遗风，方老师曾不断呼吁：不要给宗教扣上帽子，要用正确的心态看待宗教！这种歧视宗教的氛围甚至对当代中国的宗教研究本身也带来了非常不利的影响和学术发展上的困难与障碍。方老师深感今天仍有"很多人把学宗教、研究宗教视为'异类'，在全社会形成尊重宗教的氛围还有很长的路要走"；不过，方老师坚信中国共产党在宗教问题上"政治上团结合作，信仰上相互尊重"的基本态度，以一种尊重而理解的精神来深入探究宗教，以非常耐心和真诚的态度来争取让社会正确对待宗教。

在此,方老师自己的学术立足点则是"理性和客观的研究者",认为认识和界说宗教必须"如理如法""契理契机",一方面要反映宗教的真实面目及本质,摸清并说清宗教产生及发展的根本原因和内在规律,另一方面则应审时度势,使宗教能为我们今天中国的社会发挥积极作用。这样,方老师对宗教的体认与研究就站到了文化建设、文化战略的高度,所重点关注的是究竟如何才能更好地发挥宗教作为我们的文化软实力、巧实力之积极作用。

2015年5月18—20日,中央统战工作会议召开,习近平主席在其重要讲话中提出民族、宗教工作是全局性工作,宗教工作的本质是群众工作,并再次重申了党的宗教工作基本方针,指出要全面贯彻党的宗教信仰自由政策,依法管理宗教事务,坚持独立自主自办原则,积极引导宗教与社会主义社会相适应;而且还反复强调要积极引导宗教与社会主义社会相适应,做到四个"必须",即必须坚持中国化方向,必须提高宗教工作法治化水平,必须辩证看待宗教的社会作用,必须重视发挥宗教界人士作用,引导宗教努力为促进经济发展、社会和谐、文化繁荣、民族团结、祖国统一服务。方老师的学术研究就充分体现了党中央对宗教"积极引导"的基本方针和正确态度。现在社会上有着一种想否定这种对宗教"积极引导"的思想,对学术界在响应中央号召"积极引导宗教与社会主义社会相适应"上的努力,吹毛求疵,横加指责,这是从根本上违背中央精神的,也不利于中国社会的安定团结、和谐稳定。

在文化精神的意义上,方老师一方面从宗教对文明交流与对话的意义上来论述宗教,认为宗教可以充分体现文明的交流与互鉴,在促进人类文明和谐上具有积极意义和作用;因此,应该从宗教文化的角度来探究各种宗教之间、宗教与社会、民族之间的复杂关系,认真反思传统文化与现代文明的传承、扬弃之关系,这样就能看到宗教在其中的精神作用,并争取让不同文明蕴藏的精神鲜活起来。另一方面,方老师强调应使中国文明为人类发展提供正确的精神指引和强大的精神动力,其中就要对中国传统宗教文化加以正确解读和积极地运用。为此，方老师既坚持马克思主义对宗教研究的指导，更是致力于"中国化马克思主义宗教观"的创建。方老师以佛学研究为专攻，兼论儒道，旨在弄清儒佛道三教关系及其与中国文化的关系。他希望能在其中窥见中华文化的奥秘，把握中国智慧的特质，由此既可使这些传统宗教推陈出新、扬弃升华，从而能在今天加强我国道德建设、人格教养上展示其独特优势，积极引导这些宗教在当代中国构建和谐社会中发挥更加积极的作用，又能在"全球化"的时代发展中为世界持久和平、人类共同生存作出其不可取代的贡献，特别是在当今东西方文明冲突中让各自作出理智而清醒的思考与判断，有着中国智慧所倡导的"中和""融合"的更好选择与取向。

方老师在宗教领域的系统研究，为我们今天中国宗教学的学术定位及其问题意识、研究方法、社会作用都提供了非常好的思路和启迪。我们研究宗教的意义和目的，不仅是要创立中国特色的学术体系和学问构建，更是要使我们的伟大祖国更加和谐、安康。为了确保"两个一百年"的平稳实现，我们必须客观、科学、理性、正确地解决好我国的宗教问题，理应找出积极引导宗教、实现社会稳定、和谐的最好方法和最佳途径。我们的宗教研究必须与时俱进、实事求是，与我们的国情、时情、世情有机结合，这就需要我们把握好马克思主义活的灵魂，从我们的社会实际、实情来看待宗教、分析宗教、处理好宗教问题。在今天中国特色社会主义初级阶段，我们在宗教问题上应该采取的方略只能是"积极引导""加强管理"和"独立自办"这样的思路及举措。其中"积极引导"包括社会政治、宗教教义、实践伦理等方面的积极引导；"加强管理"包括依法依规、服从中国统一国情及其政治制度的政法体制、体系管理，社会组织建构之"外延"管理与宗教教理仪轨等传统之"内涵"管理的有机结合、相辅相成；"独立自办"则包括形成我们国家之宗教的"中国"特色，促成外来宗教在华的"中国化"，使中国宗教界爱国爱教，不让中国宗教的领导权、引导权被外部势力所把握或干涉。我们这种研究的立意和旨归乃中国社会进步、民族团结、人民和谐。在这些探索中，方老师是我们的导师、楷模和榜样。

方老师一生潜心于哲学和宗教研究，著述甚丰、卓有成就，是我们人文学术界公认的楷模。方老师的学术成就来自其执着探究真理的精神和锲而不舍研究学问的毅力，他静心专一，甘于寂寞，以马拉松赛跑的韧劲而长期坚持，几十年如一日地在人民大学图书馆中学习，研究，写作，著书，其身背黄书包、手拿大茶杯的形象已经成为人民大学学术史上的一段佳话，也是我们莘莘学子脑海中永不消失的光辉映画。

在方老师身上，我们可以找到中国知识分子的独特秉性和骨气。方老师对自己的基本要求就是"工作自强不息，生活淡然处之"，淡泊名利，潜心学问，以最简单的生活来支撑其最大程度的学术投入。方先生为学著述的黄金时期正是中国商海大潮奔涌之际，但他不为任何物质利益所动，静静地守住其学术研究的神圣之线。而其生活上的低标准却与其学术上的高要求形成鲜明对比，他强调学术研究要讲科学，坚持真理，而学者本身则必须一身正气，刚直不阿，为此他最欣赏的古训之一，就是"务正学以言，无曲学以阿世"。方老师把这种态度视为学者及其学术研究必须守住的底线，以此抵制学者人格的扭曲或因学术实用而出现的异化。

方老师在其学术之途上还注重科学知识与道德素养的紧密结合。一方面，他强调科学研究的严谨性，尤其在宗教研究上应该作为一个体现出"理性和客观"的"研究者"，而不是受到传统信仰支配或影响的"宗教徒"。在此，宗教学的科学、客观定位得以充分体现。但另一方面，方老师对宗教作为人类文明的精神传承亦特别尊重，特别是对中国传统宗教文化表达出了"一种温情与敬意"。当中国社会多数人仍谈"宗"色变，甚至以过"左"的方式表示对宗教的轻蔑或贬损之际，方立天老师却公开表明其宗教研究有着"同情之默应""心性之体会"。在他看来，包括宗教、哲学在内的人文研究不能仅做表层面的文字考证、诠释或解读，而无任何心性之动及精神感染；相反，在此学者身上也应该体现出心性、精神的相关感应及互动。方老师以佛学尤其是佛教哲学研究为主，所以他毫不忌讳地表示，应该

"通过内在心性的修养，生命智慧的升华，精神品格的净化，去体会佛教哲学，提升人生境界和生命品质"。这种说法在我们今天的社会处境中是相当大胆的，因为迄今彻底否定宗教价值，只从负面来消极谈论宗教的舆论氛围仍很浓厚。记得我自己在一次接受媒体采访时曾说研究宗教也受到宗教精神对自己气质的影响，结果这就成为他人批评我的重大过错之一，而且一直咬着不放，上纲上线，反复批判。这样，我更是特别佩服方老师的坦言和坦然，他觉得在宗教中可以找寻安身立命之道和人生智慧，曾直言不讳"儒释道三家的思想在我身上都能体现出来。我的工作、事业取儒家的态度——刚健有力，自强不息；生活、名利上则受道家、佛家思想的影响——顺其自然，淡然处之，追求一种精神价值"。这种知识分子的坦诚胸襟可爱可亲，令人敬佩。如果我们的社会都有这种胸怀，都能对自己的文化包括宗教文化持有这种温情与敬意，那么积极引导宗教与社会主义社会相适应就根本不成问题，我们的社会和谐也就更容易达成。

最后，我要特别表达对方老师长期以来支持和关爱我的感激之情。自从我步入宗教研究这一专业以来，一些亲人、同事、朋友、老师和领导的误解、抱怨和批评就没有断过，而且自我担任研究所和宗教学会负责人以来，这种误解和批评更是在升级，深深感到宗教学作为"险学"之难，真有"如履薄冰""如临深渊"之感，因而从内心来说承受着巨大压力，尤其是一些断章取义、上纲上线的指责让人感到不可思议，很难接受，但方老师却一直在鼓励我，安慰我，支持我，使我在他那儿看到一种大度、大气和大智慧，获得坚持真理、坚守科学研究学问底线的勇气和动力。不少业内朋友从方老师那两撇斑白的"佛眉"上感染到他的古拙豪气，而我内心不仅将方老师看作我的良师、挚友，而且还更亲切地感到他就是支持、保护我学术事业的"白眉大侠"。我们今天纪念方立天老师，就是要表明我们将在坚持真理、研究学问的道路上永不停息，勇往直前！谢谢大家！

（本文基于2014年发表的纪念方立天老师的相关文章，如《人民政协报》2014年7月14日第12版《一位和蔼而睿智的大师——忆方立天老师》、《中国民族报》2014年7月15日第6版《学大师风范 为真理呼唤》等，都基于在2015年中国人民大学纪念方立天教授座谈会上的发言，特此说明。）

四十五

在王卡先生追思会上的讲话

今天,我们以沉痛的心情在此追思王卡先生,王卡先生的去世是我们研究所的重大损失,也是中国宗教学术界的重大损失。王卡先生是非常优秀的学者,他的许多文章、发言,包括他跟大家讨论中表达的思想见解,都是非常深邃的,而且很有独到之处。最近我们从各种媒体上看到了他的许多精彩论述,现在把他的文章重新展现出来,回顾他的思想发展轨迹,对我们反思中国思想的发展和中国精神的特色都有着非常重要的启迪。从这个方面来讲,我们这个追思会,同时也是学术思想座谈会。在座的各位朋友,在这方面肯定会有很多的阐发和真知灼见。

王卡先生是我们研究所为数不多的二级研究员之一。在今天不少研究所的转型之际,应该说出类拔萃的学者、在各个领域能够独当一面的学者是越来越少。所以,王卡先生英年早逝,一方面我们非常痛心、悲伤,另一方面也希望我们研究所的后辈,能够继承王卡先生在学术上的遗志,在尽短的时间内填补这方面留下的遗憾和空白,形成学术研究上的必要传承和可持续发展。在我们研究所的学术建设上,我们希望青年学者能够继承王卡先生学术的执着、学术的毅力和学术的智慧,使我们研究所的学术研究工作,尤其是道教研究继续开拓,往前迈进。

王卡先生又是一位充分体现道家潇洒、超脱精神的知心朋友。在社会上,特别是在研究所,有很多的朋友,大家在一起是无话不谈,经常为他睿智的见解和非常开朗的态度所折服。因而我们也非常痛心失去了这样一个在平常交往中好的朋友、好的同学。

最近，中国社会科学院刚刚举行了纪念建院40周年的系列活动。在纪念建院40周年的时候，我们回顾反思了一下，从1978年进入我们社科院现还在职的研究学者应该说越来越少，大部分都已经退居二线。我们社科院尤其是宗教研究所的发展已经到了一个非常关键的转型时期。我们大家向王卡先生学习，就是要在我们的学术传承上继续往前走。对王卡先生在学术领域上的具体贡献，我本人是个外行，在座的许多专家学者则是内行，可有更多的评论和发言权。我在此仅仅代表我们研究所和我个人，对王卡先生在世界宗教研究方面做出的杰出贡献表示深深的感谢。同时，对王卡先生英年逝世，表示我们巨大的悲痛和深沉的怀念。

我们怀念王卡先生，也是为了今后学术界齐心协力把中国宗教学，尤其是道家道教思想的研究推向深入。在此，我也再一次代表世界宗教研究所对各位朋友来到研究所表示深深的感谢。同时代表我们研究所，请王卡先生家属一定要节哀，保重身体。要看到我们都是王卡先生的朋友，我们一定会努力，把王卡先生未竟的事业继续下去。这里，我既代表我们研究所，也代表我个人做这个简短的追思发言，表达我们的怀念，寄托我们的哀思。

我也要代表我们研究所向各位参会的老师、朋友们表示感谢。应该说，大家追思王卡先生，先是以一种非常悲痛的心情开始，但就在展示他的思想的过程中，则慢慢地从悲痛中间超脱出来，进而感受到他的这种人格魅力在于一种自由、洒脱的精神境界。所以说，这才真正体现出王卡先生的真精神，而且乃集中体现在他那扎实的学问功底、自由的思想认识之上。这其实也是我们中华民族的真精神。所以，我参加过很多宗教学术的研讨会，其中就特别喜欢参加道家道教思想的研讨。而且，我觉得中国精神的意义和真谛在道家的思想里面博大精深，蕴涵丰盛，还没有很好地发掘出来，现在有不少学者正在其中努力探索，王卡先生就属于发掘这种精神的出类拔萃之辈。

在王卡先生精神的感染下，我们研究所研究道家道教的学者群体也有这种精神，国内道教学术界也有这种精神，非常洒脱、浪漫。这种洒脱、浪漫，让我们深感佩服。我也是经历了这样一些事情，刚才谈到王卡先生穿着短裤、拖鞋，不顾外在的习俗形式，到最高学术殿堂来却可展示出其杰出的思想才智。我参加过不少道教学术会议，包括国际道教学术研讨会，最初我还有些拘谨、小心，但看到大家毫无顾忌地畅所欲言，尽情地高谈阔论，但其内容却谈得非常有思想、有境界，也会深受感染，不知不觉就会融入其中。

我们纪念王卡先生，就是要把中国的这种哲学，这种浪漫、深邃的精神，放大发挥出来，这将是我们对中国思想研究的贡献。其实，如果我们认真想一想，就会发现毛泽东主席之所以成功，就在于他的思想中也是充满了中国道家的这种浪漫精神，他对一些事情非常超脱，也看得非常之透。在纪念王卡先生逝世的时候，让我想起了毛主席的诗句"天若有情天亦老，人间正道是沧桑"。天长地久，天有情吗？它无情，王卡还这么年轻，就让他仙逝了。我们从这种体悟中间，可清醒地认知，从而达到超脱。确实，人生的正道乃为沧桑，不是那么好走的。我们由此体悟到我们的存在、我们的学问以及我们的任务之定位及其价值。所以说，天虽无情，人却潇洒，正道沧桑，淡定超脱，这就是我们要追求的境界。这种境界不仅在学问中，在人生中也应该体现出来，这样的话，中华民族可以在全人类的文化发展中绽放出人性的光彩。所以，我们在纪念王卡先生的这种悲痛中，也一定要超脱、超越，要达到一种至高境界，这为我们的学问，为我们的人生可能会带来一些启迪和思绪。

最后，再次感谢大家的参加！我也代表所里在此为这次追思会和学术研讨会非常成功的召开，为我们道教研究室所做的很多准备工作和努力，表示衷心的感谢！

（原载尹岚宁编《王卡纪念文集》，社会科学文献出版社2018年版。）

第二部分　序言

一

《基督教神学思想导论》序言

　　了解和研究基督教，不仅是教会起源及其历史发展之探，而更重要的应是把握其灵性精神和思想本真。因此，神学思想的探究在整个基督教的认知和诠释中有着极为独特的意义。神学体现出教会的思想活动和理论探索，乃基督教的灵魂和精髓之所在。神学以其形上超越和心智探幽而给人神秘、玄奥、高深之感，其上下求索既令人神往，亦使人却步。显然，在与基督教的对话及沟通中，这种在神学思想层面上的对话最为困难，而若能达其真正沟通，其他隔阂和问题则可迎刃而解。由于其难度之客观存在，中国大陆这些年来虽在基督教整体探寻上颇有进展，却在神学思想研究上显得滞后，尤其在系统神学领域中建树不多，空白较大。所以，如何来构建具有中国特色的神学体系、发展出汉语基督教神学思想，已经成为人们越来越关注的话题。

　　对于中国学界而言，基督教神学思想的研究大体似应包括两个层面：一是对在西方文化境域中已臻成熟的神学体系加以梳理和认知，二是在中国文化氛围中寻找或创立合适的神学构思和话语。这两个层面相辅相成，有机共构，二者不可偏废。而且，其相互关照和呼应不仅可对中西思想文化的交流与相融提供启迪，更有可能对中国神学建设起到推陈出新、承前启后的积极作用。由此可见，中国的基督教神学思想研究能否有所突破，关键在于其有无开放之态，是否善于对照和借鉴。应该承认，中国学者这些年来的努力已为之创造了良好条件、打下了必要基础。对基督教神学思想的系统阐述及其中国特色的体系构设，人们正翘首企足，待其水到渠成、呼之而出。

摆在读者面前的这部《基督教神学思想导论》，是加拿大华人学者许志伟博士的新作。许博士长期定居海外，受到西方思想文化的滋润、熏陶，对西方基督教神学思想有着系统的研究和深刻的体悟。然其撰写这部著作的缘由，则正如他自己所言，乃来自其在中国讲学授课的经历，起因于他与中国学者的接触和与中国文化的对话。因此，许博士在此对基督教神学的所思所述，绝非一种以西方社会文化处境中的构想为基础的简单移植，而是在这种接触、交流、对话、沟通中受到启发，获得灵感，找出其共契之点，基此来对基督教神学的核心问题和重要论域加以建设性的重构和阐发。可以说，这是许博士在基督教神学思考层面上跨越东西方、沟通中西思想的一次有益尝试。作为海外华人基督教学者用汉语写就的神学思想导论，其理解、诠释和解读无疑会有助于我们今天对基督教神学的认识和反思，启发我们从比较、对照中悟出中国特色神学体系或汉语神学思想的可能走向及其基本特征。

许志伟博士在这部著作中对基督教神学思想的阐述，涵盖了系统神学的基本内容，包括上帝论、三位一体论、创世论、人性论、原罪论、基督论、救赎论、圣灵论、教会论、圣礼论、末世论等。其突出特点是强调《圣经》原典的意义，以"三位一体"的神学主题来将整个系统神学融会贯通。许博士尤其对"三一"神学有着专门探究和独特见解，全书亦体现出他对"三一"神学主题的特别关注和强调。这乃我们理解和把握基督教神学的关键。此外，许博士在开篇即介绍了基督教神学的起源和发展、其基本范畴和学科分类、其思维和语言特色以及神学知识的各种来源等。这为我们了解基督教神学思想的历史和体系，亦提供了一个颇为全面的缩微景观。

阅读这部著作，我们可以体会许志伟博士研究基督教神学的基本思路及其对之叙述阐释的相关进路。首先，许博士对基督教神学思想的研究阐述以《圣经》为基础。他强调，无论在西方基督教文化传统中还是在中国文化传统中，重视对经典文本的研究都是一个优良传统。《圣经》乃基督教的精髓及其神学思想的基础之所在，因此对基督教神学内容的阐发应基于且依于《圣经》。对《圣经》文本的引用和基于《圣经》的论证遂成为本书的一大特色。其次，许博士以一种历史的视野来展开其基督教神学思想之探。神学思想是一个能动、发展的体系，不离其在历史上的传承、扬弃、重构和创新。为此，许博士对一些重要神学命题的论述，都有着在神学思想史上的回溯和反思，并基于对这些议题在历史中发展变迁的审视，对之加以重新梳理和论述，实现其古今关联。另外，许博士对基督教神学思想的研究乃有着强烈的现实关照。在其看来，神学探讨必须与当代思想文化接触，活生生的神学思想乃教会在现实社会生活中的所思所想。一方面，人们关注、谈论的神学论题会发端于现实社会，即由其现实境遇所引发。神学讨论不离其与现代思潮的碰撞、对话及互渗，反映出时代脉搏的跳动和时代气息的生发。另一方面，这些神学论题亦可能对现实社会产生巨大触动或深远影响，构成"思想"对"存在"的反作用。在此，神学思想不仅有理论意义，亦有其实践意义；不仅是对西方文化的某种概括总结，亦是对中国文化的可能开放、交流。当然，此书主要乃表明其愿意展开这种对话和交流的意向及姿态，而要真正将之实现和完成则仍有很长的路要走。最后，许博士对基督教神学思想的这一体系构筑和理论阐发，亦表现了他本人鲜明的个性特色。如其所言，本书论述的神学内容及其章节安排包括了许博士自己对于基督教神学思想的总体理解和基本取向。这里，我们可以从许博士的神学之思中看出其认知的社会背景、文化处境、信仰传统和思维个性，体会到这种认知、思辨的生动、鲜活和人格感染。就此意义而论，神学亦是人学，它在追寻终极、超然等玄理之际，亦充分表现为人与人交往、沟通和理解的艺术。

许志伟博士多次来华访问，与许多中国学者建立了学术联系和深厚友谊。我本人与许博士已有多年的学术交往经历，在友好的学术合作中通过真诚对话和认真切磋亦获得了一些重要共识，促进了相互理解。我很高兴许博士能推出这部专著来深化我们在思想层面上的对话，亦希望这种学术上的交流能有助于不同思想文化背景中的人们消除误解、增进友谊、求同存异、和平共存。

是为序。

2001 年 10 月 15 日

（原载许志伟著《基督教神学思想导论》，中国社会科学出版社 2001 年版。在编辑整理此书时遽闻许先生逝世的噩耗，极为悲痛，特以此文表达深深怀念之情。）

二

《宗教研究指要》（修订版）序

  进入21世纪以来，中国的宗教学获得了迅猛发展，中国社会及学术界对宗教研究的理解和认同亦前所未有，这与20世纪初宗教学刚传入中国时的那种冷清、孤寂局面形成鲜明对照。在当代中国人文社会科学领域中，宗教研究是最为活跃、被普遍关注的新兴学科之一，它脱颖而出，已有"显学"之势。宗教学在中国的崛起，既反映了中国当代社会的进步，又展示了中国学术研究已渐进佳境，它充分说明中国学者在人类精神文化领域中的研究目前作出了许多贡献，达到了新的升华。正是在当代中国这种社会文化背景下，张志刚教授主编的《宗教研究指要》受到了普遍欢迎，并在出版五年后又得以修订再版，以便能够满足广大读者的要求，适应高校教学的需要。这部宗教学教材所取得的成功，反映了国内宗教学界精诚合作所达到的理想效果，同时也是当代中国兴旺发达、学术进步的一个重要缩影。

  在20世纪上半叶，中国的宗教研究基本上属于摸索探路、求学问道但尚无自我意识的宗教学；虽然有一些学者从哲学、历史、文学等领域触及宗教问题，撰写并出版了一些宗教史范围的论著，却主要是从中国历史或中外交通史的角度切入。从理论、方法、视域等方面综合而论，这些探究严格来讲都还不是真正学术规范意义上的宗教学研究。当然，宗教学从其诞生起就是一门跨学科研究，涉及众多方面。而从一开始就侧重中国问题、关注中国意识的这些主要触及中国宗教史的研究，也开始寻求并逐渐形成宗教研究的"中国特色"。从这一意义上来看，陈垣、汤用彤、陈寅恪等老一辈学者基于历史或哲学研究而对中国宗教学的开创，确有筚路蓝缕之功，他们的学术成果可以说是中国宗教学研究发展的序曲。

20世纪下半叶中国宗教学的学科化、体系化发展，与北京大学有着密切的关联。1964年，中国科学院世界宗教研究所成立，其基本学术队伍就是由北京大学哲学系东方哲学教研室的人员所构成。当时筹办这一研究所的著名学者任继愈、朱谦之等都是北京大学的教授。由此而言，北京大学与中国宗教学的创立及发展有着不解之缘。宗教学领域专门研究机构的建立，标志着中国的宗教研究已从过去分散的、单独的学者个人研究进入到建制性、综合性、系统性的宗教研究阶段。宗教学已从个人的兴趣转变成为学术群体的意志和共同的事业。自中国改革开放以来，中国宗教研究迎来了真正的春天，一批专门从事宗教研究的学术机构相继成立，全国各高等院校也先后创办了宗教学系和宗教研究学院，以及相应的宗教研究所或研究中心，开展系统的宗教学研究和教学活动，并使中国宗教学专业学术队伍不断扩大。尤其是2009年年底中国人民大学宗教高等研究院和北京大学宗教文化研究院的创立，更使当代中国宗教研究呈现出兴旺景观。

中国宗教学的发展经历了从哲学、史学并重，到宗教学各分支学科研究全面、系统展开的过程。最初的中国学者主要是从宗教史学和宗教哲学的角度来研究宗教，讲究的是史学、哲学的研究方法及理论体系，因而其研究成果也多体现为宗教史料的发掘、梳理和解读，宗教现象的描述、分析和阐释。但宗教学在当代中国的发展很快就突破了这两种传统模式，而形成自己跨学科、多学科的扩展态势，在中国学术领域产生巨大的影响，建立起广远的联系。中国宗教学在人员队伍上的一大特色，就是以社会科学、人文学科各领域的学者为主，从而体现出其学术立场和研究方法的客观、科学。而中国宗教学研究在其问题意识上则有三大层面的关注及侧重：一是对各大宗教深入、系统的研究。尤其是在佛教、道教、基督教、伊斯兰教的研究上基础扎实，积淀丰厚，而在其重要关联上又加强了对犹太教、新兴宗教等问题的探讨。此即《宗教研究指要》第一编"宗教史研究"的基本内容。二是着力于对宗教学理论体系及各分支学科的构建，在传统宗教学的构架上力求突破、不断更新，特别是加强对宗教人类学、宗教社会学、宗教心理学、宗教哲学、宗教文化学等领域的开拓和研习，从各自不同的视角来看宗教是什么、为什么，这在本书第二编"宗教学研究"中已有充分反映。三是特别强调对宗教现实问题的理论探索和学用实践，如对中国宗教现状的田野调查和社会分析，对马克思主义宗教观"中国化"及其科学运用的与时俱进，以及对制定中国现行宗教政策法规的思考和建议等，其涉及的问题则为本书第三编"当代中国宗教研究"所涵括。这样，当代中国宗教研究发展的概况以及其特有的问题意识，大致可以通过《宗教研究指要》而得到比较客观、全面、正确的了解。

一般而论，教材的编写应该体现出深入浅出、通俗易懂的大众特色，但仍需保持其科学性，体现其学术权威性，并具有探索和创新上的前沿性。《宗教研究指要》立足于深入、系统的专业研究，由各领域的专家学者所撰写，因此在很大程度上会反映出该学术专业上突出的特点和最新的成果。而其面向的则是广大读者，特别是大专院校的老师、学生，在此所追求的则是有效服务于相关学科专业和人文通识教育。应该说，本书的基本构架和内容展示，对之已有充分的考虑，由此揭示这一领域的变化、拓展和最新景观，因而是很能吸引读者、并让读者可以轻松阅读的普及教材。当然，为了使有兴趣的读者进一步深入钻研、扩大视域、加深了解，本书在各章之后还提供了相关参考文献和推荐阅读书目，从而使之可以从一般读者知识普及的"入门"进而成为走向专业研究的"导引"。

宗教学作为一门新兴学科和跨学科的研究，起点高，发展潜力大，在当代中国思想理论建设和文化学术建设上亦非常急需。而中国当代学者对宗教的研究在世界范围内也是独树一帜、与众不同的，在其研究主体、问题意识、理论方法、现实关联等方面都特色鲜明，令人瞩目。而宗教研究在当代中国和谐社会的构建和对世界和谐的推动中，已经与理论建设、社会建设、文化及精神文明建设相联系、相结合。可以说，了解、研究宗教是我们文化发展、学术繁荣的重要内容和当代中国学者义不容辞的历史使命。在"全球化"的国际局势中，有宗教学知识的积累和应用，可以使我们更好地洞观世界、审时度势、抓住机遇，作出最好选择和最佳决策。因此，我们需要宗教学知识的进一步普及，更需要由此而形成新一代"博古通今""学贯中西"的宗教学者。为了这一目标，让我们共同努力。

2010 年 5 月 7 日

［原载张志刚主编《宗教研究指要》（修订版），北京大学出版社2013 年版。］

三

《十字架上的盼望——莫尔特曼神学的辩证解读》序

于尔根·莫尔特曼是中国学术界比较熟悉的当代德国基督教著名思想家。他来过中国，在北京访问期间我们在清华大学也有过学术对谈和深入交流。其实，早在二十多年前，当我还是一个在德国慕尼黑大学攻读哲学、宗教学的博士研究生时，就与莫尔特曼教授取得了联系、有过近距离接触。记得那时我抱着"读万卷书、行万里路"的宏愿，将学术与旅游融为一体而遍访德国各个名校所在的城镇，而在去蒂宾根学术访问时，没经任何人介绍就直接找到并拨通了莫尔特曼教授家里的电话。他当时任教于蒂宾根大学新教神学系，因为有着在 20 世纪 60 年代与东欧社会主义阵营哲学界对话的经历和身边辅导着不少来自亚洲尤其是韩国的神学学生，故此对"东方"尤其对"亚洲"有着浓厚、甚至颇为独特的兴趣。这样，他没有任何犹豫就接待了我这位来自中国大陆的"不速之客"，并邀请我到他家中的"亚洲书屋"长谈。那次经历使我对莫尔特曼留下了深刻印象，以往从书本上对他的了解也在这一瞬间变得生动、鲜活起来，并形成了我对莫尔特曼其人及其神学思想的特别兴趣和好感，从而在回国后曾对他的"希望神学"专门进行过一些初步研究。

因为与原东德哲学家布洛赫"希望哲学"的交往和对话，莫尔特曼创立了一种与众不同的"希望神学"，即以"盼望"作为其神学构建的基本立意，并将这种基于其信仰传统积淀的"立意"变成为展望未来、具有前瞻和洞见意义的"创意"。这样，莫尔特曼从远古基督教历史中走出来，结合现实的危机、困难和痛苦而以一种希望来面对并走向未来，因而就打通了过去、现在与未来，使历史的连线获得了永恒意义。正是在这种"创意"及其创立上，莫尔特曼推动了当代学术界"未来学"的开创和发展，并且为这一方兴未艾的学科赋予了宗教的追求和神圣的蕴涵。论及这种意义非凡的关联，莫尔特曼曾以点睛之笔加以说明，指出"人在畏惧和希望中对未来加以灵性预测，在危难中找寻希望。'未来'因而成为超越性的现代'范式'"[①]。人与永恒有何关联？其真正可见的现实性就是人"走向未来"的不断努力、锲而不舍！由此可见，关注并言述未来者从常情上已可被认为是站得高、看得远的"预言家"，而从宗教意义上则可被视为具有远见卓识、能够望穿时空的"先知"。或许，从这一感触中，我们可以更为深入地认识莫尔特曼，并应对其"盼望"意趣的"未来学"底蕴表示更多的敬意，激起更大的兴奋。

正是由于莫尔特曼积极与"东方"对话、主张与马克思主义交流的意向及贡献，使莫尔特曼神学思想研究在亚洲，特别在改革开放以来的中国大陆受到普遍关注和大力推动。在近30年来，莫尔特曼的许多著述被译成中文，中国学者亦对莫尔特曼的神学思想有了系统、深入的研究，学术论文、研究著作层出不穷、蔚为大观。仅仅出于对莫尔特曼思想的对话性、未来性这两大特点的兴趣，就已经使莫尔特曼神学成为中国学术界在基督宗教研究中的一大热点和亮点。

面对众多研究和累累成果，杨华明博士独辟蹊径，选择了从"辩证法"的意义上来体悟、研习、弄清莫尔特曼的神学结构，并由此完成了其对"莫尔特曼神学的辩证解读"。在杨博士看来，"辩证法"贯穿在莫尔特曼神学的整个体系之中，形成了其神学结构中的有机关联和对比呼应。杨博士在这种研究中捕捉并紧紧抓住了"辩证法"在德国哲学中的突出意义和学术传承，尤其是对黑格尔、马克思的辩证法产生了浓厚兴趣。而且，杨博士在此还匠心独运地提到中国老子哲学中

---

① 转引自卓新平《当代西方新教神学》，上海三联书店2006年版，第292页。

三 《十字架上的盼望——莫尔特曼神学的辩证解读》序

"道生一、一生二、二生三、三生万物"的辩证思想,由此使其对莫尔特曼辩证法的研究融入了古今中外的比较,展开了"辩证"智慧的对话、沟通。

在杨华明博士的这部新著中,对莫尔特曼的神学辩证法的研习分成了四个层面:一为"结构辩证法",此即作者对莫尔特曼神学著述体系、论说逻辑、思想发展的结构分析;二为"神圣辩证法",这是作者对莫尔特曼"纯神学"理论体系的内在分析;三为"历史辩证法",作者以此从莫尔特曼思绪的"历史之线"梳理到其追寻的"逻各斯永恒之点",揭示出其从历史观走向"终末论"即未来观的心路历程;四为"对话辩证法",作者希望以莫尔特曼的对话理论为案例来推动不同思想的辩证对话、哲学与宗教的辩证对话,甚至有神与无神之论的辩证对话,从而达到人生理想中的超越、开放、升华之境。这样,杨博士实际上从辩证法入手而展示了莫尔特曼思想体系的开放性、辩证性、对话性和未来性。从其解读中,我们可以悟出莫尔特曼其实乃指望以"神"来揭示人之本性及其追求的超越、扬弃和解脱,盼望能以其思想的开放、开明来面向未来,而开放性、开拓性正是人可能达其未来性的条件和保障。而人生意义的辩证法恰恰就是在其不断开放、开拓、开创的前行中彰显出人类历史的真谛。

以"辩证法"为方法,杨华明博士颇为成功地分析了莫尔特曼神学的基本结构和核心内容。于此,杨华明博士体现出其思之大胆和论之精巧,让人们再次体会到德国思想所富有的辩证精髓,以及这种辩证思维的美妙和奇特。当然,莫尔特曼的思想内容涵盖颇广,西方传统的辩证法体系亦博大精深;在这种开放性思想拓展、学术精进中,通往未来之途仍然充满着未知和奥秘,希望杨华明博士不断能有新的惊喜、得到新的收获。

2010 年 8 月初于北京

(原载杨华明著《十字架上的盼望——莫尔特曼神学的辩证解读》,社会科学文献出版社 2010 年版。)

四

《刚恒毅与中国天主教的本地化》序

中国天主教的历史发展及前景展望，中梵关系的过去、现在与未来，这些都是研究基督宗教与中国社会文化关系上的重大问题。由于其历史复杂、资料难寻、现实关系敏感，鲜有中国学者触及这些问题、深入这一领域。因此，在较长的一段时间内，对民国时期中国天主教的存在与发展，梵蒂冈与中国社会政治、外交等方面的真实情况，缺乏占有资料、尊重历史、科学分析、言之有据的系统学术研究。尽管有着种种困难，而且不可回避其现实敏感，这一研究的重要性及必要性已经凸显，在当前世界社会政治、文化交流明显加快、不断深化的全球化处境中，其研究的紧迫性则更是令人注目。这样，在刘国鹏博士完成其学术专著《刚恒毅与中国天主教的本地化》之际，我感到一种特别的惊喜，也有一种暗暗的佩服。

刚恒毅为天主教罗马教廷第一任驻华代表，其在华期间正值五四运动后中国社会的政治、文化都处于巨大变革的时期。而20世纪20年代初出现的"非基督教运动"和"非宗教运动"更是给刚恒毅的任职使命带来了直接的冲击和影响。刚恒毅在华十一年间曾为改变天主教在华处境及形象作出了不少努力，并直接参与了对罗马教廷为适应中国民族觉醒而采取的天主教中国化措施的具体落实活动，可以说是当时中国天主教"本地化"运动的重要推动者和见证者。然而，由于那一时期中国社会的风云变幻、动荡不定，加之来华天主教传教士的背景极为复杂，对华态度互不相同，刚恒毅的许多努力都遭到挫败，其给人的印象是在天主教与中国关系上并没有获得突破性进展，故而在这段历史中似乎不太引人注目。同样，天主教在华所推行的"中国化"措施虽然强调了其教义理论可以与中国传统思想文化相适应和多沟通，而且也主张对中国籍神职人员的大量起用，却终因没能从根本上摆脱外籍传教士的掌控而没有取得突破性进展，其影响程度甚至远不如这一时期基督教新教在华以"三自"原则而推动的"本色运动"。不过，从现代天主教发展及其与中国关系的进展上来看，天主教的一些重要举措其实在这一时期已端倪渐显，出现质变。例如，在此期间，刚恒毅有过在中国政府和罗马教廷之间直接建立外交关系的最早尝试，由此可以窥见中梵政治、外交关系的形成、困境及其复杂发展的历史过程；而此间刚恒毅等人主张天主教教义理论在华应"适应"中国思想文化的"适应化"意向，亦在很大程度上化解了天主教与儒家传统的矛盾、张力和僵局，客观上也有助于罗马教廷终于在1939年撤销其近两百年之久的对儒家敬孔祭祖之举的禁令，从而使儒家思想及其习俗由信仰天主教的巨大障碍而变为其"进教的前廊"。然而，由于历史资料的匮乏和教廷档案的封闭，过去对这一研究的发言者或是语焉不详，或是以讹传讹、误读误导，故此有着种种阙疑。显然，这一领域浅尝辄止的探讨，对我们今天在相关问题上的现实理解、客观把握和正确处理都带来了不利影响，形成了认知障碍。

正是在这一意义上来说，刘国鹏博士的这部专著在上述领域有着明显的突破和开拓，使我们对许多与当今现实相关的问题在看法上感到眼前一亮，发现了通幽之径。而其论述和论证也给我们带来了耳目一新的见解，使我们在回首这段历史时能够看得更清，认知亦更准确。综合而言，刘国鹏博士的这一专门研究包括如下一些特点：其一，资料丰富；与前人研究的最大不同，就是刘国鹏博士恰逢其时，赶上了罗马教廷2006年对前教宗庇护十一世执政时期（1922—1939年）档案的开放。为了这一研究，刘博士先后查找了梵蒂冈秘密档案馆、前传信部档案馆、罗马教廷各圣部档案馆、法国耶稣会档案馆、巴黎外方传教会档案馆、遣使会档案馆等相关档案，掌握了独特的档案资料，从而打下了坚实的资料基础。其二，语种多样；为了顺利阅读外文资料，刘国鹏博士在掌握外语上下了很大的气力。早在其留学意大利攻读博士学位之前，他就已经先后学习了英语、德语，并达到了可以流畅阅读相关文献的程度。在意大利攻读博士学位期间，他又熟练地掌握了意大利文，并以此完成了博士论文和答辩，顺利学成回国。而这几年，他又专门学习了法语，并到法国巴黎大学进修十个月，开展与上述课题相关的专门研究。这样，以英文、德文、法文和意大利文这四门外语作为工具，刘博士阅读西方材料的空间就得到很大拓展。其三，实地调研；在开展这一研究期间，刘国鹏博士在中国和欧洲进行了非常扎实的调研工作；除了查阅档案，搜集图书资料，在相关地区、找相关人员进行调研也是非常重要的一环。为了这些调研任务，刘博士有过许多奔波、吃过不少苦头，却仍坚持了下来，由此取得了宝贵的一手材料，为其写作提供了实证方面的经验。其四，方法得当；刘国鹏博士提及自己在研究上曾采用了多种研究方法，如历史考证方法、比较文献学方法、分析历史哲学方法、社会学统计方法、版本学方法等，力争在这种全新的研究中也体现出方法论上的创新。其五，立论慎重；对于重大历史结论的修正不仅需要勇气，而且更需要有科学依据和过硬的史料证明；刘国鹏博士基于其掌握的史料及对这些史料的科学解读和运用，对相关的历史问题提出了自己独特的见解，指出了以往有些结论人云亦云而造成的失误。不过，对于一些重要的历史公案，刘博士在澄清之前乃把重点放在对历史细节的把握和论证上，做到言之有据，而且据之有理；但他对提出新的见解或结论则慎之又慎，采取了一种开放性、探索性的姿态，留有充分余地。从这些方面来分析，刘博士的这一研究专著的确值得好好一读，而且对我们的相关观察和研究也肯定能够读之获益，有助于我们的前瞻和深思。

从刘国鹏还在北大读本科时我们就有了交往和交流，这些年来，他的改变很大，进步亦颇快。记得当时他考上硕士研究生后曾只身闯西藏，在阿里遇上洪水迟迟不能报到就读时，我还真为他的学籍捏了一把汗。返校后他举办的西藏风情摄影展以数千张精美照片而让校内师生们大饱眼福。起初他散文诗、朦胧诗、现代诗无序交织时所写的文章，曾让人看得云山雾罩，亦令有些学者大为摇头，担心其尚不成熟的诗人气质会影响到其学术发展。但在漫长的学术磨炼中，刘国鹏博士终于顺利成长，他不仅在各方面学会了有机归类，而且在不同领域也越来越到位，让人看到了其真正成熟。例如，其生活的时尚已非常自然地有着前卫之姿，其散文和现代诗韵正在给人留下独特的隽永和美感，而其研究著述则越来越扎实，回到了学术界所公认的那种历史严谨和思想深沉。正是在他各方面渐处佳境之际，他在其博士论文的基础上再下苦功，完成了这一重要研究项目。可以说，摆在读者面前的这部著作虽仍有其值得改进或商榷之处，却是刘国鹏博士在其历史探究和哲学思考上有突出进步和全新奉献的见证。其提供的丰富资料和颇有启迪的见解，也是我们当下所需要的。因此，衷心希望刘博士能继续努力，不断有新的拓展和成就。

是为序。

2010年9月初于北京

（原载刘国鹏著《刚恒毅与中国天主教的本地化》，社会科学文献出版社2010年版。）

五

《经济发展与宗教之关系》前言

(《基督宗教研究》第十三辑序)

"经济发展"与基督宗教有什么关系，这是随着当代全球"经济危机"而引发的思考。物质发展与精神发展的关联乃不言而喻，但宗教作为一种精神发展与作为物质层面的社会发展之关系却仍未被根本说清，尤其在中国处境中疑问很多，误解不少。在西欧社会革命思潮高涨时，人们曾论及宗教对社会发展不利的消极精神作用，这一观念长时期以来影响着中国现代人的思想认知和社会舆论。只是到了中国改革开放的初期，中国经济学界才从"韦伯热"的研讨中将视角朝向宗教与社会关系尤其是经济发展的另一层面，即以基督宗教为例而谈到宗教作为"潜在的精神力量"对社会建构、经济发展的积极意义和作用。这样，宗教就不再单方面地被视为社会解构、经济滞后的负面精神，而中国人也更多地认识到宗教作为人类精神力量和精神发展乃是保障、推动社会进步、经济发展的"文化软实力"，由此使其正面、积极意义在当代中国得以彰显。从这一实例来看，研究基督宗教的社会积极意义和推动经济发展的"动力"作用，对我们重新审视宗教与社会、经济等方面的关系具有现实引领作用和思想启迪意义。

人类历史发展包括经济、社会各层面都是复杂、曲折的。在社会理论和实践过程中，人们发现，什么是"资本主义""社会主义"，二者之间的本质区别和历史关联，并不是如以往所认为的那样，似乎很容易说明、清楚解答的。为了认识、剖析资本主义，马克思花了后半生的精力来研究资本经济，写下了著名的《资本论》，开始了对资本主义在理论和实践两大层面的批判。然而，百年之后资本主义仍未消失，改革开放以来的社会主义却看似与资本主义走得更近。过去"跑步进入共产主义"的口号已不再响起，人们一再强调的是仍在"社会主义初级阶段"的徘徊、摸索。"摸着石头过河"成为实践理性，但无人知晓或能说清楚河有多"深"、河面多"宽"！在"资本"与"社会"的关系上，人们曾戏言社会主义革命时期资本主义将马克思《资本论》之"论"让了出来，却将"资本"留给了自己，延续了其发展；但当代经济危机说明其"资本"的确出了问题，仍需要"论"之解释、调整、补救。于是，《资本论》再度成为资本主义社会人们相互赠送、颇受欢迎的"礼物"！与之相对照，社会主义根据《资本论》之论而革掉了"资本"，以求"社会"互利共荣，用"共产主义"来取代资本主义；不过，改革开放说明没有"资本"的"社会"亦有问题，因此又重新引入、创造了"资本"。"资本"在当代中国的存在与活跃乃是不争的事实。这两种社会体制的当代"趋同"，都说明人类社会无论体制、制度多异，却仍然共有"精神"问题，而且都不能解除人的"精神需求"。而宗教作为一种重要的精神需求，则仍然潜在地、复杂地影响着当代世界资本的运作、经济的发展和社会的生存。

  基于这一思考，我们组织了"基督宗教与经济发展"学术研讨会，尝试从精神与社会的关系层面对之加以解读、析说。研讨会由中国社会科学院基督教研究中心主办，并与加拿大维真学院、香港中文大学崇基学院神学院、香港中文大学天主教研究中心、香港汉语基督教文化研究所、香港浸会大学中华基督宗教研究中心和基督教教育基金会共同合办。这些单位的积极参与和资助，为我们会议的成功奠定了重要基础。

  研讨会于2009年12月10日至13日在北京飞天大厦举行，约120人参加或旁听了会议，包括来自北京、上海、浙江、广西、江苏、湖北、山东、湖南、广东、四川、陕西、河南、黑龙江、福建以及香港等地的高校师生和研究机构人员。在京的一些海外学者和来自美国、加拿大、英国、德国、奥地利、新加坡等地的访问学者亦旁听了会议。研讨会共分为九场研讨、八大主题：（一）"基督宗教与经济伦理"，（二）"基督宗教与世界古今经济发展"，（三）（四）"基督宗教与经济危机"，（五）"经济资本、社会资本及信仰资本"，（六）"文化视域之基督宗教研究"，（七）"中国语境之基督宗教研究"，（八）"哲学视域之基督宗教研究"，（九）"基督宗教与中国社会经济发展"。会议讨论仍体现出研讨会主从结合、灵活多样的特点。各主办方的代表在开幕式上有简短的致辞，向大家的学术热情和积极参与表示欢迎和感谢。

约 50 位学者提交了论文提纲或在会上宣读了论文，其中包括《先知般的呼唤——基督宗教对经济体系的伦理诉求》（赵建敏）、《管理公共居所——免除国际债务与基督宗教象征的关联》（龚立人）、《经济的人与人的经济——从〈在真理中的爱德〉通谕看天主教的经济观》（谭立铸）、《试论民国时期基督教对企业文化的影响——以东亚企业文化为个案》（林立强）、《当代俄罗斯东正教会经济问题初探》（张百春）、《十八世纪英国不奉国教信徒对经济的贡献》（郭伟联）、《早期美国来华传教士与美国对华鸦片贸易政策》（陈才俊）、《现代经济体制的宗教维度及反思》（林子淳）、《都是衍生工具惹的祸——金融市场中的风险与人性》（江丕盛）、《面对金融危机，基督宗教可提供哪些思想资源？》（梁卫霞）、《避免走向经济的启示论——汉斯·约纳斯关于经济发展目标的探讨》（张新樟）、《绝对真理与作为伦理危机的金融危机——读教宗本笃十六世通谕》（尤西林）、《合作创造与资本主义——论若望·保禄二世的〈工作〉通谕》（高喆）、《要赎回的不仅是房子——从基督教语境反思金融海啸中的人性问题》（梁媛媛）、《从基督教神学角度反思资本主义经济理论》（郭鸿标）、《浅析尼布尔的基督教现实主义在应对金融危机中的一些启示》（朱丽晓）、《"耶稣运动"与新约圣经启示文学——古罗马帝国经济危机中的归因模式和可持续发展》（陈龙斌）、《基督教和资本主义对垒之本质的现象学解读》（郑争文）、《死亡与经济：关于西方经济的基督教筹谋》（庞滔）、《后现代视野中的宗教研究》（朱晓红）、《经济发展与生态保育：一个多玛斯式的观点》（赖品超)、《重读〈新教伦理与资本主义精神〉》（何光沪)、《金钱的神学与灵修学——从西美尔（Georg Simmel）到田娜（Kathryn Tanner）与顾超（Philip Goodchild）》（温伟耀)、《亚当·斯密思想中的宗教问题》（孙向晨)、《建国前后基督教对社会主义问题的研究》（姚兴富)、《神话学视阈中的圣经文本》（梁工)、《论汉语神学术语的规范化》（雷立柏)、《英国与梵蒂冈错综复杂的建交历程及其启示》（刘金光)、《梵蒂冈艺术品中的阿波罗与耶稣基督》（李枫)、《郭实腊与〈道光皇帝传〉》（叶农)、《京西门头沟后桑峪堂区的田野考察》（佟洵)、《丁光训主教对中国基督教处境化的贡献》（罗明嘉)、《基督信仰和儒家信仰的对话关系——对蒋庆观点的批判》（王志成)、《经济危机背景中基督教对于代表中国形象的大国学之影响》（黄保罗)、《经济危机给中国基督教带来的挑战和机遇》（陈永涛)、《化解中国社会重大问题的新选择》（安伦)、《都是哲学惹的祸？——论西班牙犹太人改宗与哲学的关系》（王彦)、《不相容信念的认识论分析》（禤庆文)、《从帕斯卡与祈克果看理性的局限》（李仲骥)、《霍布斯自由主义的基督教之源》（陈江进)、《论尼撒的格列高利的三一论类比之合理性》（罗跃军)、《净化、完善与合一：十架约翰论基督徒灵修的目的》（谢华)、《"新教伦理"与中国"社会精神"——中国基督教与经济社会的真实关系》（李向平)、《关于我国基督教团体提供慈善服务的机制问题》（刘澎)、《城乡结合部教会信徒的经济状况调查：以S市D教会为例》（陶飞亚、汪恩乐)、《中国基督教会自养问题刍议》（陈建明)、《基督宗教与西南边疆经济发展——以广西北部湾经济区为例》（颜小华)、《乡村教会经济研究——兼论中国乡村天主教会对地方经济发展的贡献》（康志杰)、《基督教与中国工业问题：以中华全国基督教协进会为中心的考察》（刘家峰）等。虽有个别学者未能在会上发言，其论文或提纲却仍引起了与会者的兴趣和关注。此外，也有一些学者即席发言，如介绍了当前《圣经》汉译的最新进展，以及相关研究的最新动向等。

在上述论文中，我们挑选了一批作为《基督宗教研究》（第十三辑）出版。研讨会的论文收集得到了马景博士的帮助，梁恒豪博士、唐晓峰博士等具体负责了论文的编辑工作和出版联系工作。宗教文化出版社再次为论文集的顺利出版而积极努力，做出了贡献。对此，我们特表示崇高的敬意和由衷的感谢！以这一主题的会议及其基本思考，我们希望人类真正运用其精神智慧来尽早结束这场影响全球的经济危机，使我们的社会、经济能够良性发展、可持续性发展。

2010 年 10 月 5 日

［原载《基督宗教研究》（第十三辑），宗教文化出版社 2010 年版。］

六

《基督宗教与中外关系》前言

（《基督宗教研究》第十四辑序）

"基督宗教与中外关系"是世人非常关心的一个重大问题，在今天仍然有着独特的现实意义。在"鸦片战争"之前，基督宗教与中外关系主要属于中西交通史、中外关系史研究的范畴，侧重于文化交流。尽管清初曾出现过"中国礼仪之争"，使基督宗教与中外关系触及政治层面，并引起相应的政治后果；但从整体来看，这种以基督宗教为媒介的中外关系基本上是平等的，它较为正常地推动了中外文化的双向交流和相互沟通。然而，随着"鸦片战争"的爆发和"不平等条约"的签订，这种基督宗教交织其内的中外关系发生了根本变化，有了完全不同的性质。从此，中国人对"鸦片"的认识与西方人尤其是西欧人迥异。中国近代史以"鸦片战争"为标志而成为中华民族的一段屈辱史，人们对"鸦片"的认识也加进了因这段历史而带来的感情色彩。当一些人强调宗教是"鸦片"时，人们会普遍认为这是对宗教的否定和负面评价；而一些人坚决反对以"鸦片"来喻宗教，则正是希望拨乱反正，能够客观、公正地评价宗教，消除对宗教的负面、消极和否定性印象。由于"鸦片战争"，中国人对鸦片深恶痛绝，"鸦片"的蕴涵在此已不只是传统上所理解的"麻醉剂""止痛剂"等药品意义，而渗入了中华民族近代历史上的屈辱、磨难和痛苦。中国人说起鸦片就有切肤之痛，这与19世纪的欧洲人所论鸦片乃是截然不同的。

"鸦片战争"后，基督宗教在"不平等条约"的保护下，凭着西方列强的船坚炮利而在中国普遍传教，与之相关的中外关系则是强大的西方与半封建半殖民地的中国之间的不平等关系，是西强华弱、西进华退的关系，是西方侵略、奴役、凌辱中国的关系。正是在这种历史背景下，基督宗教的形象在中国民众的心目中被恶化，基督宗教的"洋教"标签与"帝国主义的文化侵略"挂上了钩，其历史阴影迄今仍未消散。对于这一段历史和由此带来的复杂中外关系，双方并没有彻底、认真、系统、深入地反思，基督宗教也没有真正去体悟其复杂蕴涵及必然后果。也正是在这一意义上，我们认为基督宗教在华处境的根本改观和改善，不仅在于教会自身在中国本色化、中国化的努力，在很大程度上也离不开中西关系，尤其是中美关系的根本改善。在中西冷战、中美对抗的观念意识及现实局势中，基督宗教在华很难根本"脱敏"，其融入中国社会及中国文化之途亦会为步履维艰的漫长跋涉。

在全球化的时代和中国改革开放的新形势下，基督宗教在中国的重新活跃及其在中外关系发展中新的生存处境和所应扮演的角色，重新引起了人们的观察、关注和研究、探讨。人们所关心的是，基督宗教在新的形势下能否走出以往的历史窘境、摆脱其"洋教"阴影，其在改善、推动中外关系发展中能够起到或发挥何种作用。为此，我们组织了"基督宗教与中外关系——从利玛窦到司徒雷登"学术研讨会，旨在对之加以专门探讨，其视域乃从明末来华传教的意大利耶稣会传教士利玛窦一直延伸到1949年离开中国的时任美国驻华大使的新教传教士司徒雷登。我们希望能以学术研讨的形式从学理上梳理清这段复杂历史，解开这一历史死结。2010年是利玛窦在北京逝世四百周年的纪念年，而2012年则是司徒雷登逝世五十周年（其卒年为1962年）。这四百多年的基督宗教在华传教历史带给了人们太多的思考、太多的反省。2008年，司徒雷登的骨灰迁回杭州安葬，象征着这位"籍贯浙江，生长杭州，祖墓在西湖"之中美特殊人物的"落叶归根"。2010年，北京、上海、南京、广东等地举行了各种纪念利玛窦的学术及文化活动，尤其是由中国国家文物局出面与意大利大使馆合办的"中外交流的使者——

利玛窦图片展"受到中外媒体和中国公众的青睐。这些最新发展,使我们对与之相关的探究亦有了必要感和紧迫感。

当然,与以往办会传统相衔接,我们的研讨会以"基督宗教与中外关系"为重点,却又不仅仅局限于这一议题,而有着更为广泛的研讨内容和丰富多彩的学术论题。这样,我们吸纳了众多研究领域的学者与会,希望带来深入、广泛的探究。研讨会由中国社会科学院基督教研究中心主办,合办单位则包括加拿大维真学院、香港中文大学崇基学院神学院、香港浸会大学中华基督宗教研究中心、香港汉语基督教文化研究所、香港中文大学天主教研究中心和基督教教育基金会。对于上述单位的积极支持和热心参与,我们特此表示诚挚的谢意!

这次研讨会于2010年12月10日至13日在北京康源瑞延酒店举行,近150人参加或旁听了会议,多为来自北京、上海、湖北、浙江、河南、福建、广东、甘肃、黑龙江、四川、广西、江西、陕西、重庆、山东、江苏、湖南、内蒙古和香港等地的高校师生及研究机构人员,内地宗教院校和相关党政机构的研究人员亦参加了研讨;此外,在京的一些海外学者和来自美国、加拿大、英国、奥地利等国的访问学者也旁听了会议。研讨会共分为十场研讨,其主题包括:(一)"基督宗教与中外关系",(二)"基督宗教与近代中国",(三)"基督宗教与当代中国",(四)"在华传教士思想评述",(五)"传教士与中国文化",(六)"中国本土信徒、组织研究",(七)"中国基督宗教文献研究",(八)"基督宗教理论研究",(九)"基督宗教思想评论",(十)"基督宗教与西方社会"。此外,在开幕式上作为会议主办、合办单位的代表们亦有简短致辞。

70多人提交了论文提纲或在会上宣读了论文,其论文或发言题目分别为《现代化过程中的伦理缺位和发挥宗教的积极作用——评哈贝马斯处理政教关系的新构想》(张庆熊)、《美国的宗教自由观及其对中美关系的影响》(刘金光)、《论全球化时代的基督教灵性之可能性》(王志成)、《17、18世纪英国基督教激烈政治言论与外国关系的关联及对策》(郭伟联)、《宗教对中美关系的影响》(刘澎)、《国际关系中的宗教研究的主要理论问题》（张新樟）、《太平天国是一场未竟的宗教革命吗?》（周伟驰）、《徐家汇——土山湾：上海近代文化的渊源》（李天纲）、《基督宗教在广西的抗日救亡活动》（颜小华）、《在上帝与凯撒之间——20世纪初中国社会福音救国思想之兴起及其影响》（李烜，发表论文后改为《学界、教会与社会——对特雷西公共神学思想之管窥》）、《抗美援朝运动与中国基督教》、《中国官绅、耶稣会士与明清时期的麻风病救治传统再思》（周东华）、《传教事业"利益攸关者"——华德与中国》（徐以骅）、《英东禁止鸦片贸易会与晚清鸦片贸易的终结》（陈才俊）、《宗教角色与全球公民社会——香港基督教非政府组织的社会绘图》（龚立人）、《宗教信仰与民族国家的正当性——从基督宗教对中国宗教学理论的影响说起》（李向平）、《中国基督徒的社会价值观》（钟扬）、《简论中韩两国基督教在国家中的地位和作用》（王晓朝）、《基督教与21世纪的中国外交》（黄保罗）、《本土化视域中的基督教与伊斯兰教对话》（李林）、《中国东北地区的东正教及其信徒》（石衡潭）、《中国"文艺复兴"的先驱——利玛窦》（赵建敏）、《徐光启与利玛窦之交游及影响》（汤开建、张中鹏）、《从刚恒毅时期的天主教教育和教会教产问题看天主教与国家整合之关系》（刘国鹏）、《认识与超越：沟通"差异"的"道与器"——以"利徐之交"为例》（李枫）、《范礼安与中国——兼论中国教区与耶稣会澳门住院及圣保禄神学院的关系》（戚印平）、《从罗马到北京——圣保禄与利玛窦》（谭立铸）、《普世性与非对称依赖性理论——利玛窦之例的表征分析》（葛欢欢）、《美南浸信会传教士纪好弼在华活动述论》（吴宁）、《直把他乡作故乡——从司徒雷登到拿撒勒的耶稣》（梁媛媛）、《在山东的德国传教士与儒家的关系》（雷立柏）、《近代西洋人的汉语学习观——以明清之际耶稣会士为中心》（李真）、《早期东方学传统与传教士汉学——艾约瑟对上古中国人宗教信仰的阐释》（陈喆）、《夹层之间：早期传教士的跨文化问题研究——以巴色差会和韩山明的个案为例》（白德培）、《新普送与神召会在中国的兴起》（陈声柏）、《在南京与北京之间——利玛窦与近代中国思想的地理学》（庞滔）、《利玛窦与耶稣会词典学传统》(杨慧玲,发表论文后改为《马礼逊与世界上出版的第一部〈汉英英汉词典〉》)、《万民和平与抗日战争——徐宗泽对公义战争观的"中国化"诠释》(赖品超、李丽丽)、《基督教真正实现本土化的思考》(安伦)、《平凡中的不平凡作为——谈谈晚清司铎李问渔的贡献》(王美秀)、《20世纪上半期基督新教教会内的中西关系——以湖南圣经学院为例》(姚西伊)、《苦难与改宗——河南三地乡村民众改信基督教的社会根源探析》(李华伟)、《向边疆布道——中华国内布道会初探》(刘家峰)、《以古代西亚文化诠释中国古代经典——苏雪林"屈赋研究"评析》(姜宗强)、《17、18世纪多明我会传教士的中文著述》(张先清)、《〈大西利西泰子传〉与张维枢考述》(叶农、欧阳开方)、《景风东扇过程中的格义与创新——以佛教"应身"(Nirmanakaya)概念的景教化为视角》(朱东华)、《"他者"形象与翻译策略——晚清时期新教传教士对〈论语〉的翻译与诠释》(李新德)、《"罪"与"过"论述的会通——以〈七克〉与〈人谱〉为例》(韩思艺)、《〈天主降生言行纪略〉中的玛利亚形象初探》(代国庆)、《诠释与歧变——耶稣形象在明清社会里的传播及其反应》(肖清河)、《明末清初耶稣会士对十诫的译述》(田海华)、《基督宗教宣教的圣经基础——以耶稣和保罗为例》(卢龙光)、《对耶稣的深层认知——耶稣心理传记概论》(梁工)、《超越文化的基督信仰——道成肉身的启迪》(江丕盛)、《基督教视野中的灵肉问题及其解释模式新探》(徐弢)、《舍勒情感现象学对基督教救赎观的启迪》(伍伟亨)、《创世论与基督教的世界观》(吴广成)、《耶稣基督与保罗的关系》(黄根春)、《上帝之道的先存性和认主独一》(张涵)、《关于跨文化神学的反思——以"汉语神学"为例》(温伟耀)、《"清除蒙在客体上的精神锈斑——存在之真、启示之真与电影影像本体的反思"》(侯军)、《纽曼论良知及其认识论基础》(高莘)、《当代天主教新自然法学派的基本人类善理论》(林庆华)、《宗教和个体性——施莱尔马赫宗教哲学的径路之一》(蒋漫轲)、《马利坦的新托马斯主义艺术创造主体论》(周丹)、《儒耶可完善性观念及其政治内涵比较——以荀子和奥古斯丁为中心》(黄芸)、《"女圣徒"与日常伦理》

(张欣)、《基督教对欧洲中世纪文化复兴的重要影响》(赵林)、《教宗的故事——从思维一世到额我略一世》(雷竞业)、《宗教与革命的主体性问题——论当今西方左翼政治思潮的宗教转向》(张双利)、《17、18世纪法国反耶稣会思潮与政治现代性问题——以詹森派与耶稣会的宗教争论为中心》(何岩巍)等。虽然有个别学者因故未能出席会议或在会上发言,其论文或其提要仍引起了关注,值得进一步研究。围绕这些发言和论文,会上还进行了热烈而广泛的讨论。

作为会议论文,我们从上述发言及论文中挑选了一批以《基督宗教研究》(第十四辑)的形式出版。梁恒豪博士具体负责了研讨会论文的收集、整理和编辑工作,宗教文化出版社一如既往地全力支持论文集的及时、顺利出版。对大家付出的辛劳和努力,我们特此表示衷心的感谢!

2011 年 8 月 4 日

[原载《基督宗教研究》(第十四辑),宗教文化出版社 2011 年版。]

七

反思文化发展,促进社会和谐

人类社会和谐,离不开不同民族及其多元文化的对话,其中极为重要的则是宗教之间的对话。通过对话而达理解,有了理解才会和谐。在这种对话中,就有对自我文化及其他文化的反思,只有认真反思过去,才能更好展望未来。对此,兰州大学宗教文化研究中心和香港文化更新研究中心联合召开了"宗教对话与和谐社会"学术研讨会,众多学者参加了深入、系统的研讨。

今年是辛亥革命一百周年纪念,也是对中国百年文化发展的一个重要的反思机遇。20 世纪初的"新文化运动"给中国当代发展带来了天翻地覆的变化,为中国现代革命提供了思想准备和精神资源。当然,20 世纪初的中国处于动荡的年代,"救亡图存"的使命让中国有识之士选择了"斗争"哲学、走上了"革命"道路。这种历史意义是伟大的,也是必须充分肯定的。在 21 世纪初,中国社会经百年奋斗而进入了"和谐"共融的发展,文化建设百废待兴,因而也有反思、反省这百年文化发展的思想任务。应该说,这百年来中国文化发展走得并不很顺利。"新文化运动"为了创立一种"新文化"而对中国传统旧文化进行了大刀阔斧的批判,在"破坏一个旧世界"上势如破竹,毫不留情,给人留下了深刻印象。然而,这种"破"仍不免有"把婴儿连同洗澡水一块倒掉"的仓促,在对待传统文化和外来文化上也出现了相应的偏差。其政治上的"反帝反封建"使中国走上了自强道路,但其文化上的"打倒孔家店""非宗教运动"和"非基督教运动"却让中国现代文化发展出现了迷失，使中国传统文化核心内容所剩无几，出现了文化空白和盲点。尤其是当时"新文化运动"的一些倡导者及支持者对宗教的认知颇为偏激和不妥，造成了中国现代社会对宗教的隔膜、误解甚至歧视。其树立"新文化"这一本来追求的"立"的任务并没有完成。由于"破"之有余、"立"之不足，我们近百年来的文化建设走得非常艰难，有着许多反复、曲折，并最后在"文化大革命"中陷入绝境，形成"全民"以"文化革命"之名来否定"文化"的荒唐局面。这一历史失误的重要原因，一是外在社会没有和谐，战乱频仍，民不聊生，就是新中国成立后仍有外国军队压境、西方势力封锁、阶级斗争不断的严峻形势；二是知识阶层缺少内在对话，对"启蒙"有着某种误解，尤其当时只有对宗教的批判而没有倾听和对话。应该说，"新文化运动"较为出色地完成了其政治使命，但在文化建设上却给中国人留下了功课，需要我们这一代人来完成。正是因为走了这一历史弯路，使我们今天为实现和谐社会而寻求的宗教对话就更显得珍贵和必要。

虽然在20世纪下半叶世界已经进入了"对话"时代，政治对话、文明对话、东西方对话、宗教对话等不绝于耳，但这种"对话"更多是一种意向或姿态，并没有取得实质性成果。世界上战争依旧，冲突未断，政治和经济强权仍能转换为话语霸权，各种"共在"的机会也往往变成了强势者没有倾听诚意的"独白"，甚至是其颐指气使对他者的强求、命令，或干脆动枪动炮的武力干涉。人们难以看到真正文明意义上的对话，而那种弱肉强食的"丛林规则"却成为在现实社会政治、经济、军事上的潜规则。正是这种氛围让人们感到窒息和绝望。其结果，21世纪初出现了一种"末世"情绪，使人们在"冷战"结束后刚有的一点希望又被怀疑、猜忌的阴云所笼罩。试看今日之世界，各种对话包括宗教对话都似乎高潮已过，人们不得不面对一种转向低谷时的沉闷和压抑。

然而，西方不亮东方亮，人类世界仍没失去希望。那看似已经冷却的对话热潮在中国正被重新激活。中国改革发展带来的文化活力使一场真正的"新文化运动"和跨文化"对话"正在来临。尽管我们经历过"文化失语"的痛苦，尽管我们仍在寻找自己的文化定位、精神自觉，尽管我们还有在孔子雕像出进国家博物馆的犹豫不定和"曲阜建教堂"所引发的如何展开宗教对话的种种迷惘，我们仍要顽强地抖动"沉重的翅膀"、带动"沉重的肉身"来飞翔。这就是中国人自强不息的精神，这就是我们这一时代的使命。世界上的宗教对话似已归向沉寂，对世界和谐的呼吁似乎回应得并不强烈，然而中国人还在继续努力，我们的宗教对话方兴未艾，我们的宗教交流如火如荼，我们的宗教理解正不断深化。这也是我们在中国积极构建和谐社会的生动写照。"和谐社会，从心开始""和谐社会，以道相通""和谐社会，众缘和合"；这既是中国宗教界发自内心、源自其灵性资源的呼唤，也是今天中国"新文化"建设的宣言。消除冲突、化解矛盾、搁置分歧来求"中和"、达共存。正是在这一意义上，中国学界的有识之士与宗教界在 21 世纪初在以一种全新的方式来重新相遇，共同亮相。显然，这与 20 世纪初中国知识界对待宗教的普遍态度反差巨大，对照鲜明，也充分说明了历史的进步，中国当代社会的进步。

在经历了历史的风雨沧桑和跌宕坎坷之后，我们非常珍视宗教对话的机会，我们亦在全身心地投入和谐社会的构建；因为我们深知：在今天中国社会文化建设中，宗教作为政治力量，应该成为我们自己政治力量的组成部分；宗教作为社会系统，应该成为我们当今和谐社会的有机构建；宗教作为文化传承，应该成为我们弘扬中华文化的积极因素；宗教作为灵性信仰，应该成为我们重建精神家园的重要构成。在人类社会生活中排斥及排除宗教是一种野蛮，是没有文化的表现。如果没有对宗教对话的关注，我们的文化对话会浅薄失语；没有对宗教文化的考量，我们的文化战略会空洞软弱；没有对宗教看法的正常，我们的文化心态则很难正常；没有对宗教的和谐相待，我们的社会和谐也不会真正实现。因此，我们必须以平常心来看待宗教，使宗教生活回归正常；我们必须以爱民情来对待宗教，让宗教问题真正"脱敏"；我们必须以包容态来吸纳宗教，迎宗教信众融入社会。这是我们当今政治建设、社会建设、文化建设的重要使命，也是从宗教和谐走向社会和谐、迎接世界和谐的康庄大道。在经历了历史的复杂、曲折之后，在中国共产党执政、人民当家做主来共建我们的和谐家园这一千载难逢的历史机遇期，对宗教的认知及理解应该举轻若重，深思慎行，把握好我们正面对的发展时机，实现中国和谐，促进世界和谐。要真正推动、完成这一伟大事业，就需要我们有大气魄、大智慧、大视野、大手笔。正确对待宗教，将有助于我们文化兴国，找回中国的文化之魂，消除人们的文化忧虑，制止文化浅俗、功利化的颓势，重建中华文化的自觉和自信。在当前发展机遇期和危机潜伏期共存之际，对社会的良性发展，防止社会的异化及其恶化，我们已义不容辞。

为了这一神圣目的，我们来到了兰州，来到了祖国的大西北，来到了积淀着中国古老文化的重要基地。也正是这一原因，我自己这些年来已经成为甘肃的"粉丝"，是频频来此光临的常客。"宗教对话与和谐社会"学术研讨会得以成功召开，我们要衷心感谢甘肃省委统战部和宗教事务局，感谢兰州大学及其宗教文化研究中心和香港文化更新研究中心，感谢各位积极与会的各界朋友，尤其是要感谢陈声柏教授和梁燕城博士的积极策划和认真准备！正是大家的坚持不懈和长期努力，使我们的宗教对话能有序进行，使我们的对话水平可不断提高，从而也使整个中国的宗教对话在走向深入，并将以这种对话努力、和谐心愿来感动和影响整个世界。我们会继续以此在创新人类社会、创造美好未来上做出应有的贡献。

是为序。

2011 年 8 月 10 日

[原载陈声柏主编《宗教对话与和谐社会》（第三辑），宗教文化出版社 2012 年版。]

八

《学者观德教》序

中华民族是一个开放性的民族，不仅其内涵式发展有着"海纳百川、有容乃大"的传统，而且其外延式发展也是兼容并蓄，融会贯通。当然，在这种吸纳和兼容中，海外华人却没有从根本上放弃自身传统和中华文化的本真，而是在嬗变中有保留，在开拓时仍继承，由此在其海外极为复杂的生存环境中形成了中华特色明显的"华族"及"华族文化"，并保存和发展了各种源自中华文化土壤的宗教。"德教"就是这些华人宗教的典型代表之一。张禹东、陈景熙两位专家主编的《学者观德教》，从学者的角度、以学者的视域深刻描述和分析了"德教"等海外华人宗教的历史与现状。

海外华人在其漫长的漂泊、迁徙和流变岁月中，其生活方式，精神意趣和内在心态出现了巨大的变化。为了生存和发展的需要，不少华人在其归属感上经历了从"叶落归根"到"落地生根"的转变。正如在海外华人中所广传的"迁流诗"所言："驿马匆匆过四方，任君随处立纲常。年深异境犹吾境，日久他乡是故乡。"这种顽强的生命力和灵活的适应性支撑着海外华人的五洲存在，将中华文化的元素带入世界各处。不过，尽管有这种巨大变迁，中华文化的传统并没有被抛弃或遗忘，而是以各种传统宗教文化的方式得以流传和弘扬。其宗教精神所体现的浓厚中华文化色彩，意味深长地折射出海外华人的心灵之光；其宗教信仰所表现的神圣性和神秘境界极为深情地演奏着华夏之魂浪迹天涯时的思乡之曲。这些越洋穿海的"渔光曲"深沉、动情、感人至深,发人深省。我们理应认真聆听,细心品味。其意蕴正如本书主编之一张禹东教授所指出的,中华传统宗教在海外的存在与发展,其实质乃"体现华人与故土文化的一种血脉相连的关系""体现华族的民族特性";而对这些宗教的打压实质上则是在割断这种"血脉相连的关系"。因此,各种源自中华的"传统宗教作为民族文化的核心,对于体现华人特性,维系华族团结具有至关重要的意义和深远的影响"[①]。

尽管海外华人并没有一种大家共同信奉的统一宗教,但源自中华的传统宗教仍代表着海外华人宗教信仰的主体,体现出其共同的核心价值和精神意向。不可否认,由于这些宗教渊源的多种多样,以及其传播发展的复杂多变,海外华人的宗教信仰也相应地反映出多元性、复杂性、异质性、交叉性、功利性、实用性、开放性、包容性、融合性、共构性等特点,在其信仰对象上也是"三教九流四面八方兼容并包"。这种发展虽然看似理论体系性不够完善,表现为"制度性宗教"与"弥散性宗教"的混合重叠,却在海外华人社团中达到相当程度的"普化"和"共鸣",而且表达了其精神信仰及宗教文化在各种复杂环境中自身调适的意愿和努力。所以,我们在研究和看待这些传统宗教时,既要有历史的分析,也要有现实的观照,更要从其文化寻根、精神溯源的角度来理解,认可。海外华人不仅以这些传统宗教信仰的持守及传承来保住其心灵归属和精神家园,用虔敬、神圣的情感来倾诉其缠绵、动人的乡情、乡恋,而且还在其异国他乡的社会实践、社区构建、地域文化中身体力行,展示、推动这种精神文化,发挥其现实作用,从而达到了中华文化、华夏文明在走向世界时曲径通幽的发展、别有洞天的弘扬。

为了维系、巩固这一文化相连的精神纽带,海外华人坚信其传统宗教的根源在中国。因此,自中国改革开放以来,这些中国传统宗教的海外华人信众会主动、自觉地回到中国大地来寻根,归乡,认祖,思源,表达了强大的中华文化的向心力和归属感。这种"回归"是其传统文

---

① 陈景熙、张禹东主编《学者观德教》,社会科学文献出版社2011年版,第244页。

化、宗教信仰在海外异国他乡处境中可持续发展的重要动力。这就向我们中国本土的宗教认知和相关回应提出了新的要求和任务。一般而言，海外华人社团所信奉的中国传统宗教大多为中国民间宗教或与儒佛道相关联的民间信仰。在中国改革开放、文化重建的新形势下，如何重新认识、评价和对待中国传统民间宗教及民间信仰，已经具有了中国文化自知、自觉的认知意义和中国文化走出去、发挥其"软实力"重要作用的战略意义。在这种"全球化"文化交流、文化竞争的氛围中，我们对待海外华人传统宗教的基本态度应该是同情、认可和支持，表达必要的呵护和关爱，而不可对之漠视、否认或打压。只有这种积极、开明的态度，才能赢得海外华人之心，使"海外游子"更多地成为"海外赤子"，增强中华文化的向心力、凝聚力。而为了正确、客观、科学地对待海外华人所信守的中国传统宗教，我们则必须深入、认真、系统地研究这些宗教，有着新形势、新需求下的观察、认知。在此，《学者观德教》一书的问世，就具有典范作用和现实意义。

"德教"是初创于中国南方潮汕等地的传统宗教，被视为"以德为宗旨，而教化百姓的宗教"，即"一种以振兴中国固有道德为号召的复古运动"，故被称为"复古性的综摄宗教"；但其现实意义则在于"把神道的精神去教化民间，养成博爱，和平，幸福的世界"。"德教"提倡"五教"同源同宗，即把孔教、道教、佛教、基督教、伊斯兰教共构一体，"其教义融合了'五教'的基本思想，以忠恕、感应、慈悲、博爱、慈恕为宗旨，以孝、悌、忠、信、礼、义、廉、耻、仁、智为十大纲领，以不欺、不伪、不贪、不妄、不骄、不怠为六大教条。核心就是'德'，主张行善布施"（张禹东语）。而且"德教"体现出了"巫术性"和"理性"复杂交织的"复古"意向，"德教会所供奉的神包括'至上古佛''玉皇大天尊''吕仙尊'，以及'世界五大宗教之教主'及'中外古圣先贤诸佛仙尊'"（李亦园语）。由此体现出其在民间广为流传的原因及特征。"德教"虽发源于中国，"但其真正宣扬和发展则是在中国香港和东南亚"，尤其是"流行于新加坡、马来西亚、婆罗洲以及其他南洋各地"，因而在海外华人宗教信仰中颇具典型意义。我本人并不专门研究德教，但在东南亚访问时与德教也有相关接触，留下了独特印象。而通过阅读《学者观德教》一书，对德教则有了更深刻的了解和更全面的认识。

《学者观德教》一书系统收录了 20 世纪 60 年代以来海内外学术界发表的德教研究成果，为中、英、日文德教研究论著的汇集，包括多国学者长期观察、研究德教等流行海外的中国传统宗教之收获，反映出宗教学、人类学、社会学、历史学、文化学、哲学、心理学等学科背景及研究方法。这本书内容丰富，体裁多样，视域宽阔，认知深刻；而且图文并茂，蔚为大观，颇值我们认真阅读和深入思考。本书主编邀我写序，实际上给了我先睹为快的机会，也让我增长了不少知识。我衷心希望，通过《学者观德教》这类著作的出版发行，我们对海外华人宗教和中国民间宗教的研究能有更大的进展，并取得更新的突破。

是为序。

（原载陈景熙、张禹东主编《学者观德教》，社会科学文献出版社 2011 年版。）

九

《中国北方农村社会的民间信仰》序

民间信仰是研究和解答中国人的"宗教性"的一个重要方面，尤其对理解宗教的普遍性、草根性、群众性起着非常关键的作用。在中国学术界，仍有人对美国宗教学芝加哥学派代表人物伊利亚德所言宗教乃一种"人类学常数"持怀疑态度，认为人类历史发展很久后才有宗教出现，而且宗教也不是整个人类都普遍信仰的现象。对此争议，我们应该从人类文化及文明的形成、人类社会的构建及其凝聚力的视角来思考、评论。人类文化的出现是不是与宗教同步，是不是最初乃以宗教文化的形式来亮相？人类社会的形成基于什么观念来团结、凝聚、整合其社会成员，这种社会观念或社会向心性是否具有宗教性或宗教意义？这些问题都需要我们以客观、科学、求真的态度来研究。其实，历史上和现实中的民间信仰现象，为我们探究并回答上述问题提供了重要启迪和思路。

宗教的"建制性"和"弥散性"区分，也是中国人理解宗教多有分殊之处。当代中国学术界曾多以宗教的社会性，尤其是从宗教的社会组织、社会制度来界定宗教，而对"弥散性"宗教的意义重视不够。只是因为讨论杨庆堃所著《中国社会中的宗教》及其提出的"弥散性"（或译"弥漫性""分散性"）宗教概念，人们才真正蓦然回首，重新审视中国民间宗教及民间信仰的形态和性质。所谓"弥散性"指宗教信仰形态中组织结构的缺失或不足。但是，如果我们认真琢磨和推敲，则会发现宗教中的"制度性"和"弥散性"并不截然分开，二者之间有着复杂关联和交织，其分类或形态的界定仅有相对的意义。从宗教学的理解来看，对宗教的定性关键在于人们的"宗教性"，而不是其外在的组织建构或制度形式。这种"宗教性"在很大程度上就是施莱尔马赫所说的人们"绝对的依赖感"，以及奥托所描述的对"神圣"既向往又畏惧的心境。虽然这些表述后来多为宗教心理学所采用并进而加以展开，却在实质上揭示出人的"宗教性"所表现的精神信仰意义及人之原初信仰状况。这应是我们打开宗教神秘之门、找到宗教玄奥真谛的钥匙。

触及宗教的另一大问题，就是宗教中人们信仰的神明究竟存不存在。此即所谓有神、无神之争。尽管各种系统神学有所谓神明存在的论证，宗教哲学中也会把神明观念及其信仰崇拜视为宗教的本质、本真或核心所在，而社会学层面的宗教理解却只看这类神明信仰的社会功能和社会作用，即并不强调从哲学层面推论神明的真伪，而只是注重从社会层面观察神明信仰所带来的功效。也就是说，这种信仰会带来人们面对人生、面对死亡时的态度及行为选择。人们常言中国传统中流行"举头三尺有神明"的观念，这种观点实质上并不追究神明是否真正存在，而是以此来形成对人们现实生活的道德约束和价值取向。这里，恰如康德所论及的，"头上的星空"与"心中的道德律"有着内外呼应，并由此体现出宗教存在的需要及其意义所在。

宗教生活的一大独特功能，还体现在宗教所表现出的"关联"，这种关联反映在神人之间，个人与其社会之间，以及信仰团契或宗教内部的人际之间。正因为有这种"关联"的意义或功能，宗教才具有其社会凝聚力、向心力、亲和力，才会使神人之间、人与社会团体之间和人际之间达成结合、共构、和谐，使之有汇为整体或一体之效。宗教成为其社会共在的黏合剂。无论是宗教性，还是宗教社团，都不可能是个别、分散现象，它为复杂的关系连接，由此有其共识、共融和共构。在民间信仰中，可以体会到这种最原始、最朴实的社群精神连接及其带来的互动。

此外，宗教信仰既有"信"之理论活动，也有"仰"之实践活动。其精神世界和精神生活由这两部分来构成。宗教作为对超人间力量象征的崇拜，自然会形成群体性的动态发展。其作为精神追求的依托，可以靠其"弥散性"来形成共同的信仰观念等灵性共识，提供对人、生命、宇宙等意义不同层面的理解及回答；而其作为社会管理的单位，则能够以其"制度性"来构建起信仰共同体等宗教社团，争取并努力实现其社会共同体的生存、凝聚、发展等利益诉求。正因为如此，宗教才存在于理想与现实、未然与已然、超脱与卷入、传统与变革之间。对生死的超越、对社会的协调，这在民间信仰中就具有了哲学和社会学的淳朴蕴涵及民俗表达。

对于所有这些问题，范丽珠教授与欧大年教授在其合著的《中国北方农村社会的民间信仰》之中，都已经从社会学、人类学、宗教学、哲学等视域展开了研讨，进行了阐述。这两位中国民间信仰的研究专家既从宗教学理论的角度对民间信仰的意义、价值展开了思考，更以人类学田野调查的方法对中国北方农村社会民间信仰的存在、功能进行了调研，以第一手材料来充实、确证其理论认知。这种非常扎实的研究既有理论又有实践，既注意重要资料的搜集，更强调正确方法的运用。这样，我们从这部著作中就可以体验到栩栩如生的民间信仰活动，获得一种动感的享受；而更为重要的是，我们由此还会随着二位专家的思路对宗教信仰的许多基本或根本问题探赜索隐，洞幽烛微，催发自身静态的深思。

中国民间信仰作为中华民族的文化传统和精神遗产，在当今创新社会认知及社会管理的环境中有着独特的意义。应该承认，我们对这些民间信仰的了解并不很透彻，不同理解之间的分歧、矛盾尚未得到根本解决。因此，范丽珠教授和欧大年教授的研究对这一领域的深入发展将起到引导和启迪作用，其揭示出的基础民众的精神生活及社会结构，也使我们对当今民众的信仰发展能有更清楚的认识。对人类精神现象中不确定性、模糊性、流变性、神秘性的研究，已成为当代科学、哲学探索中的一大趋势，这对于宗教学的研究势必会起到温故而知新、继往而开来的激励作用。我们现在阅读到的这部著作，正是这一研究全新发展的生动写照。我已经认识两位教授多年，并且从其以往的研究成果中也早已获益匪浅。但这本著作的面世仍让我格外欣喜，由衷钦佩，给我带来了认识人类信仰现象新的感想及感触。因此，我亦希望宗教研究等学术领域的朋友们能够及时关注并重视这一全新成果，分享他们富有意义的学术收获。

是为序。

2011 年 7 月 14 日写于中国宗教学会第七次全国会议在京召开之际

（原载范丽珠、欧大年著《中国北方农村社会的民间信仰》，上海人民出版社 2013 年版。）

《道成肉身：基督教思想史》中译本序言

　　道成肉身，肉身成道，人们对之已谈论很多，这是对基督教信仰的基本理解。虽然对"道"或"肉身"并不很清晰，各自的认知并不完全一致，但对其所指仍是较为明确，不言而喻的。至于道如何"成"为肉身，肉身又怎样能"成"为道，人们对这一"成"的过程却似乎并无太多的谈论，甚或对之并不太关注。其实，正是这一"成"连接了道与肉身，即连接了无限与有限、彼岸与此岸、绝对与相对。而"成"这一过程正是曲折的历史、丰富的情感、复杂的思想、绚丽的艺术，它富有动感，给人生命。"成"才把精神呈现出来，使信仰成为神学，并让这一思想的显现得以系统化、形象化、处境化。"成"即为鲜活的历史、生动的诠释，它使"神圣"离我们并不十分遥远。同样，"成"也并非一帆风顺的坦途，而乃坎坷崎岖的"冒险旅程"。能"成"为道或肉身，个中乃有难言的艰辛和苦衷。

　　玛格丽特·迈尔斯的名著《道成肉身：基督教思想史》以其独特的视域、细腻的观察、优美的文笔和匠心独运的图像音乐，把人们引入了道与肉身之间互"成"的过程。而且，她更多关注"肉身"成道的深刻蕴涵和奇特经历，从而使基督教思想史不再是一种抽象、玄奥、枯燥的叙述。在经历了两千多年的发展后，基督教学者留下了浩如烟海的基督教思想史著作，人们对其内容、体例亦几乎烂熟。不过，这些著作大多为男性学者所为，体现出其"豪放""强势"的风格。而以女性作者的身份来叙说这一几乎为男人世界"专利"的基督教思想史，玛格丽特·迈尔斯的这部著作可以说是凤毛麟角，颇为罕见，同时也给人一种耳目一新、不同凡响之感。与以往同类著作的不同，她不再注重传统宏大叙述的那种张扬，而是洞幽烛微，细心找出被众多思想史家所忽略却非常重要的内容，其叙说亦婉约、清新，让人感到隽永耐读，余味无穷。因此，可以说玛格丽特·迈尔斯的这部著作乃众多基督教思想史著述中的一枝独秀，走出了女性思想家叙说基督教思想史的一条新径。

虽然玛格丽特·迈尔斯心中有道，以道成肉身为其著述的立意和核心，然其落笔却更多重视肉身成道的阐发，以人之视角来谈肉身成道以及道之肉身化，自然而顺畅，且有更多的精神反省和思想厚重。道可道，非常道，而以肉身论道则会让人悟出其自我体验和内在洞察，看到人们固有的和缺失的，从而寻觅、体会肉身与道之间的不同和关联，理解其"成"所具有的超越和突破。而这正是基督教思想史的真实意义之所在。"道"之超然性、自立性和神圣性乃是在其肉身化的过程中方能被人体悟，感受，并由此让肉身之隳沉、受难和更新的意义呈现出来，使人在这种动态的过程中获得豁然开朗的快感和愉悦。于是，道成肉身这一沉重的话题、抽象的观念在肉身成道的具体过程中一下子就变得形象明朗起来，并让人很容易窥见道法自然的真谛及其秘诀。

玛格丽特·迈尔斯这种肉身悟道、思能成道的明快及成功，正是在于其能以女性的敏锐而把握住基督教思想史所叙说、展现的"生活与爱"。思想史不只是观念史、教条史，不能让人陷入思辨的怪圈而难以自拔。在她看来，这一思想史同样也是鲜明的"生活与爱"之表达，虽然语言能叙说、勾勒思想在生活中放出的火花、在爱中达到的升华，却在这种生活与爱中仍显得贫乏单调。为此，玛格丽特·迈尔斯要以展示更大时空的音乐、图景来表达思想内容，使思想真正进入生活、融化在爱之中。这种独辟蹊径既有胆识更显智慧，她在此乃真正把握了爱生活、爱智慧的思想本真及精髓，使基督教思想史的表述达到不曾有过的鲜活、灵秀。或许，这也淋漓尽致地亮出了女性眼中基督教思想史的特色，让在卷帙浩繁的男性基督教思想史著作中颇感审美疲劳的人们获得一种突然眼前一亮的新颖和新奇。

不过，玛格丽特·迈尔斯的这部著作虽有女性之柔，却丝毫不会让人感触到那种花前月下的惬意和幻想。基督教思想史"道成肉身"的这条主线贯穿其著作的始终，悟道成道之肉身乃"沉重的肉身"，其历史的真实乃让人惨不忍睹！她没有以"神圣史""救赎史""升华史"的习惯思路来叙述基督徒的"肉身成道"，而是指明基督教会及其出类拔萃之辈在"成道"之途的跌倒、过失。在其笔下，她竟然能以罕见的勇气来以柔克刚，以犀利的批判来正视基督教的功过是非，对其重要人物加以毫不掩饰的点评。其对人之肉身性的深刻体悟，让她敢于将基督教会习惯视为"神圣救赎"史中的"英雄"人物"还原"为"罪人"，不留情面地显露出其"有限性"或历史现实处境中的人性"缺陷"，从而正面回应了不少历史哲学家所感慨的历史上的"伟人"或"英雄"大多都有着过失、干过错事之见解。历史并非绝对的黑白分明、善恶清楚，其是与非乃与人的"肉身"之限有着复杂关联和纠缠。道出"非英雄式英雄"的过失、让人回到其本应有的谦卑，此即基督教史另类却重要的启迪。这种"人所固有的"，使肉身成道更具戏剧性、挑战性，亦进而衬托出其"神圣""超越"之终极追求的难度及其意义。

基于女性的立场和视角，玛格丽特·迈尔斯在一定程度上也使其著作成为女权主义的基督教思想史之表述。她批评了思想史上的"男性主流"，强调应将女性历史的研究作为基督教思想史的主流，呼吁人们发掘女性作品、关注女性思想。不过，她在此并未走向"重女轻男"的偏激，而是认为这种对性别主义思想的重视应有"男性"与"女性"之间的双向呼应及互动，由此才能使其思想史的叙述真正平衡，公正。但坦率而言，在基督教思想史的把握中要想真正达到男女持平并非易事，这种思想史中的女性关注要想取得突破则仍有一段很长的路要走。

玛格丽特·迈尔斯在其基督教思想史的研究视域中还注意到了不同宗教的对抗、对话之比较。在此，她并未站在偏袒基督教的立场来评价、议论其他宗教，而是有着对基督教的自我反省和自我批评。基督教信仰的肉身成道并非天然已成、完美无瑕，而是经历了在历史现实中如何生存的纠结、有着利益诉求的挣扎。其"生活"并非总是体现出"爱"，反而乃频频卷入"血与火"的考验，其"洗礼"充满着与"他者"冲突、争斗的因素，故也使其作为"爱的宗教"很难在人间真正实现其理想，完全做到"洒向人间都是爱"。基督教会内部的斗争，守旧与革新的较量，政教关系之间的博弈，以及与其他宗教的纷争，这些在玛格丽特·迈尔斯的笔端都有着批判性审视。此外，她在论述基督教思想中亦承认、证实了基督教与其他宗教的关联或承袭，以及由此所受到的多重影响。

《道成肉身：基督教思想史》并非作者闭门造车、埋头书斋的产物，而是她长达18年之久教学相长、以文会友、集思广益的结晶。在这种"与众乐乐"之中，玛格丽特·迈尔斯至少获得两种体验，一为她通过历史文献、古今作品而对基督徒生命经验、精神历程的体验，这使她融入了基督徒的过往历史，其写作故而有着坚实的历史依据和资料基础；二为她在教学、交流中通过当代人的视域而具有的全新体悟和阐发，此即一种基于历史但不局限于历史的创新体验，从而达到了古今视觉的交汇和融合，并由此使其思想史成为立体、有机的构建。正是在这种教与学之中，她在基督教思想史的立题、选材上都有许多不同于前人之处。在忠实于历史轨迹、不脱离基督教思想发展线索的前提下，其史论增添了许多艺术色彩和美学亮点，使人不仅在其文字阅读中感受到基督教思想的深邃、博大，而且在其精心挑选的图像和音乐中对基督教信仰思想另有一种超越语言的感受和鉴赏。所以说，她是在以自身的探究实践来记明她想要坚持的观点，即世界、思想并不只是存在于语言之中，生活要远比语言丰富。

玛格丽特·迈尔斯文笔优美，情感丰富，她像绘画、作曲那样来写作基督教思想史，试图让人摆脱以往阅读思想史时的单调、枯燥。她想把思想史化为乐曲的流唱、图景的变换，故而能够引人步入美的历程，使思想史的研习有着更多的审美情趣。其努力从而可以使阅读者的心与思都能得到充分的调动。这样，我们就可选取一种艺术鉴赏的心态来跟随她走进基督教思想史的宝库，既以一种观察者的身份来审视、评价其叙说，亦可作为参与者来与之展开精神对话、思想交锋。颇为可惜的是，其所写的思想史历程仅走到18世纪末就戛然打住，不过这一终曲实为新的开端，让人不免有着意犹未尽的失落。

当然，对于我们中国的阅读者而言，对玛格丽特·迈尔斯的这种基督教思想史仍然应该持有批判之批判的态度，必须了解其固有的基督教信仰之前提，有必要加以科学、客观的宗教学研究之解读。我们在对之鉴赏时眼光需犀利，思考要睿智，有必要把握好古今对话、中外比较的尺度和分寸，从而以这种批判性审视来达到借鉴、警醒之效。基督教与中国的交往历史极为曲折、复杂，思想家如何反思、评说这一历史，基督教思想史在其中国历程中的折射，也都是我们在阅读这部著作时应该具有的问题意识。

中央编译出版社让我找人翻译这部著作时，我曾对之浮光掠影，匆匆翻阅，虽然没有细读和太深的印象，却已感受到其新颖、独特，尤其领略到女性学者写作基督教思想史的不凡视角和独有笔触。为此，我想，也应该找一位中国女性学者来翻译此书，可能会有更好的呼应，更到位的互动，也更能注意到其细微、精妙之处。基于这种考虑，翻译此书的任务就交到了杨华明博士的手上。在此之前，她已用女性的视角及文笔来研究基督教思想，并撰写、出版了相关论著。而让她翻译这部女性学者的思想史著作，自然会得到更好的心领神会，在表达女性思想特有的微妙时亦更能传神会意，写出点睛之笔。为了译好此书，杨华明博士曾在美国伯克利专门找到玛格丽特·迈尔斯教授商讨、请教，故而实现了其面晤与神交的并重。从摆在读者面前的这部译作来看，我认为杨华明博士已经较为圆满地完成了这一任务。当然，正如玛格丽特·迈尔斯在其著作中所强调的应该性别持衡那样，这部译著也有着杨华明博士的丈夫李林博士所付出的心血，因而是这对博士伉俪共同努力、精诚合作的产物。其译文流畅、精致，翻译颇为准确、到位，让人在不知不觉之间已经超越了语言之限而感到自然、轻松。为此，我想特别推荐这一译著，邀请大家以一种学术性、批判性审视来共享这一举步不凡的思想之旅。

2011年10月12日写于飞往华盛顿途中

（原载［美］玛格丽特·迈尔斯著《道成肉身：基督教思想史》，杨华明、李林译，中央编译出版社2012年版。）

十一

《古代经注》中文简体版序言

由托马斯·奥登（Thomas C. Oden）教授主持编辑、翻译的《古代基督信仰圣经注释》（简称《古代经注》）（Ancient Christian Commentary on Scripture）丛书先后以多种语言文字出版，这是世界基督宗教研究领域的一项重大成果，有力推动了学术界对古代基督教会及其《圣经》诠释的研究。这套古代圣经注释丛书长达29册，收集了自基督教会创立至公元8世纪中叶这一漫长时期最具代表性的古代教父对《圣经》的注释、解说文献，具有重要的史料价值和研究价值。

在黄锡木先生的主持下，《古代经注》丛书中文版先后在中国港澳台地区及中国大陆问世。这不仅是一项极有意义的宗教学术经典汉译工程，而且也是对中国学术界古代教父学和圣经学研究的重大推动。在许多年前，托马斯·奥登教授就为这套丛书的编辑出版和多语种翻译四处奔波，呕心沥血。他为此也曾专门来过我们中国社会科学院世界宗教研究所与我交谈，向我描述了他想将这套丛书译为英文、法文、德文、俄文、意大利文、西班牙文、阿拉伯文和中文的宏大计划，我也向他推荐了在中国天主教会和南京等地教界、学界可能的翻译人选。值得一提的是，奥登教授此次中国之行也颇费周折。由于他助手的疏忽，在办理来华签证时因他的护照过期而换了新护照，奥登教授误以为同时也办好了签证，遂带着这本没有中国签证的新护照飞到了北京首都国际机场，结果不能入境而改飞邻近的第三国补办加急签证。他再次来到北京已为凌晨时分，故而一大清早就带着行李直接来到了我的办公室。我为其敬业精神深深感动，也很遗憾自己在其丛书汉译工作上没能参与。为此，对黄锡木先生及其编委会专家学者在本丛书中译本出版上的努力及其贡献，我亦深表敬意和谢意。

《古代经注》丛书所辑录的文献真实反映了基督宗教创立其教会、形成其教义思想的原初面貌，再现了古代教会的经文辨析和释经传统。正如奥登教授所言，这套丛书是"第一次为现代读者提供新旧约圣经最早的基督教注释和反思"[1]，因而弥足珍贵。可以说，这套丛书突出的是其文献价值，体现的是返本溯源的精神。其对古代文献搜罗宏富，既有原典经文，又有多位教父的注释，而且这些注释"来自那些最能反映古代基督信仰思想共识的作者"[2]，故而展示了古代基督宗教思想的真实图景。

对于西方教会的释经传统和学术界的经文研究，人们一般习惯于关注 16 世纪宗教改革运动之后，尤其是 17 世纪启蒙运动以来的学术进展和研究成果。这种近代意义的学术研究始于对《摩西五经》的文本考证和经文辨析，如马丁·路德（Martin Luther）的同事卡尔斯塔特（Karlstadt）和 17 世纪荷兰哲学家斯宾诺莎（Spinoza）都曾分析、研究过《摩西五经》，对其经文加以解读，并有着种种释疑辩难的探讨。此后，18 世纪的欧洲学者特别关注《旧约》中的"神名"问题，如德国学者莱马路斯（H. S. Reimarus）、莱辛（G. E. Lessing）、艾希霍恩（J. G. Eichhorn）和法国医生亚斯突（Jean Astruc）等人都曾深入解析《旧约》经文，尝试对其"神名"的多种形式加以说明，由此形成了解读《摩西五经》成书及其结构的"残篇说"（Fragmentary Hypothesis）、"补充说"（Supplement Hypothesis）、"结晶说"（Crystallization Hypothesis）、"底本说"（Documentary Hypothesis）等理论。其中 19 世纪下半

---

[1] 黄锡木、卓新平主编《古代经注（1—800 年）》（卷1），华东师范大学出版社 2014 年版，英文版丛书总序，第 2 页。

[2] 同上书，英文版丛书总序，第 1 页。

叶树立起的"格拉夫-魏尔豪森的四底本说"（Graf – Wellhausen Theory）曾经风靡一时。在《新约》研究上，则以 19 世纪德国杜宾根学派的"圣经评断学"（Bibelkritik）最为著名。这一学派的主要代表鲍尔（F. C. Baur）、希尔根费尔特（A. Hilgerfeld）、施维格雷尔（A. Schwegler）、施特劳斯（D. F. Strauss）等人以现代知识体系和研究方法来对《新约》卷册及文句加以考证，提出了所谓体现为"章句评断"或"复原评断"的"低级评断"，以及体现为"史学评断"或"寻源评断"的"高级评断"等"评断方法"。在此基础上，鲍威尔（B. Bauer）等人进一步拓展，对《新约》"福音书"进行了深入研究，从而形成了关于"福音"来源的"口传说""互凭说""文献说"等理论。直到 20 世纪初施韦泽（A. Schweitzer）发表《耶稣生平研究史》，"圣经评断学"的使命才宣告结束。这些研究及其成果虽然有其历史功绩和重要价值，却仍暴露出其缺陷和不足。奥登教授因此指出，"近代的学术研究过分注重启蒙运动后的历史和文学研究的方法，以致严重忽视人们对历代教父解经宝藏的渴求"。这曾经造成"大部分的古代注释都被遗忘"的局面，并且使近现代基督教会基本上"丧失了早期教父们富有影响力的灵感"[①]。

为此，这套《古代经注》丛书的基本立意，就是要"尽力摆脱只专注在没完没了的现代释经方法的诱惑"，在认识基督信仰的原初观点上归真返璞，并能直接了解"早期解经家的真知灼见"。这样，丛书编者遂想为"今天的读者"尽量提供一些"现成的文本研究资源"，并且强调丛书所录的这些文献乃是"早期普世基督信仰传统中多文化、多语言，以及跨时代的资源"[②]。诚然，这些文献是基督宗教的传统文献，属于圣经研究的基本范围，但在今天"全球化"时代人们"文化对话""文化比较"及"文化求同"的发展趋势下，它们实际上也给我们的宗

[①] 黄锡木、卓新平主编《古代经注（1—800 年）》（卷1），华东师范大学出版社 2014 年版，英文版丛书总序，第 1 页。

[②] 同上。

教经典比较研究、不同文本的经文辨析提供了一个很好的范本。在中国当今"文化寻根""文化自觉""文化认同"的氛围中，社会上出现了一股"读经热"，市场上也办起了不少"读经班"，但经文究竟应该如何去读，其读经的意义究竟何在，上述"读经"却往往语焉不详，或众说纷纭。所以，这套圣经注释丛书在中国大陆的翻译出版，或许也能给我们的"读经""习典"提供有益借鉴和重要启迪。

经典传承文化，文化精神亦会浓缩、聚焦于经典之内。人类不少发展出伟大文明的民族都是拥有其经典的民族，而且具有重要文明意义的宗教一般亦有其经典传承。《圣经》是基督宗教的经典，亦是犹太民族及其古代地中海地区相关民族的重要经典，现在《圣经》已经成为在全世界影响最广、翻译文本最多、印刷量最大的宗教经典。中国在近几十年的发展中，已经成为中文圣经的最大印刷国，并且也已经将大量中文圣经发行到海外以供海外华人读者之需。因此，对于《圣经》的中文研读，自然有其现实意义、社会意义和国际意义。在以一种开放性、包容性姿态展开文化对话、文化交流之际，应该说《古代经注》丛书对于中国基督教界、学术界以及社会上对宗教、文化和经典等探究有着兴趣的广大读者，都是值得关注、开卷有益的。

此外，这套丛书还为读者提供了更加深入、广泛的阅读可能，即在"附录：本书引用的早期基督教作家和引用的文献"部分提供了"希腊文文库"（TLG）和"拉丁文文库"（CETEDOC）等电子文库。19世纪的法国著名学者米涅（J.－P. Migne）曾编辑出版过在学术界颇有影响的《教父全集》，包括《希腊教父全集》161卷和《拉丁教父全集》221卷，为学者研究基督宗教的希腊、拉丁文献提供过很大的便利。而当代基督宗教希腊文拉丁文文献电子文库的面世，则将更为有力地推动这一领域的研究进入全新的发展。

2012年4月8日于北京

［原载黄锡木、卓新平主编《古代经注（1—800年）》（卷1），华东师范大学出版社2014年版。］

十二

《马克思主义宗教观研究》序

马克思主义宗教观是马克思主义理论体系的重要组成部分，是其历史唯物主义及辩证唯物主义的基本立场、观点和方法在宗教问题研究上的具体体现。马克思、恩格斯、列宁等经典作家在创立、发展马克思主义理论体系时对宗教问题有着独特关注，并且深入、系统地展开了对这一领域的探讨。因此，马克思主义关于宗教的理论学说，是我们的宝贵精神财富，也是我们坚持马克思主义所必须继承、弘扬的。

在中国当今社会改革开放的全新形势下，中国共产党根据中国现实国情和全球化时代国际形势的发展，号召并组织了对马克思主义理论体系全面、系统的学习研究，形成全社会对马克思主义的高度重视和研习。中共中央编译局根据国际上最新的"MEGA"版来重新组织《马克思恩格斯全集》的中文翻译，并且系统推出了《马克思恩格斯文集》《列宁专题文集》等经典作家的著作，为我们认真学习、准确理解马克思主义提供了重要文本和系列文献。这对我们认真研究、正确领会马克思主义宗教观也是重要的文献保障和文本基础。

研究马克思主义宗教观，我们应该进行"还原性"阅读、"整体性"理解和"实践性"运用。"还原性"阅读就是回到马克思主义宗教观产生和发展的时空环境中去研读经典作家关于宗教的论述，在此我们不搞教条主义、形式主义的章句考证，但必须真正准确地读懂马克思主义经典作家关于宗教的原本思想，把握经典作家产生这些思想的社会氛围和时代背景。"整体性"理解就是全面掌握马克思主义宗教观的系统性及其整体关联，抓住其核心精神和基本方法。尤其是要根据马克思主义关于"社会存在决定社会意识"这一基本原则和思想底线来认识、理解马克思主义宗教观，认真思索、推敲马克思主义经典作家是在什么样的前提下推出什么样的结论，其论述宗教的社会经济基础以及宗教对这一特定时空之社会存在的反映。只有对马克思主义宗教观结合其社会基础来加以整体、全面的理解，才不会出现将其结论与前提分割、将其意识与其存在脱离的误解，避免断章取义、教条主义的错误。"实践性"运用就是根据实事求是的原则结合当代中国"国情"和国际"世情"来理论联系实际，发展性、创造性地运用马克思主义宗教观，使之成为我们当今宗教工作和宗教研究的重要指导思想。在结合国情、时情时，我们理应抓住马克思主义宗教观的活的灵魂、其基本研究方法和内在规律，坚持具体问题具体分析，力求理论前提与实际结论的统一、社会存在与社会反映的一致、价值判断与逻辑关系的吻合。马克思主义对宗教的研究和评价不离其存在的社会，其对宗教的批判亦是指向产生这种宗教的社会，是由此而直接转向其社会批判、政治批判和法的批判。因此，马克思主义宗教观所涉及的有关宗教的具体结论是与其存在的社会密切关联的，并没有脱离当时的社会存在。而我们探究中国社会的宗教现象，亦不能脱离中国当代宗教与中国当代社会的自然关联和逻辑关系，必须理论联系实际，符合客观真实。鉴于这种社会存在与反映的一致性，我们对当今中国宗教的评价一定要慎重、客观、准确。

马克思主义宗教观的研究在当代中国理论界、学术界和相关领域已经重新掀起了高潮，并且产生出许多重要研究成果。当然，这一研究仍方兴未艾，人们的认识亦活跃、多元，更有许多研究项目、工程在推进其深入发展。我们因而也鼓励在马克思主义宗教观的研究上展开讨论和争鸣，以坚持真理、实事求是的态度来理解、领会马克思主义宗教观的核心和精髓，为此我们当然欢迎百花齐放，志在共创学术繁荣。基于这一精神，在这本《马克思主义宗教观研究》文丛中，我们收集、编辑了国内理论界和学术界相关人士在近期发表的研究马克思主义宗教观的重要文章及推出的最新成果，力图从各个不同方面、视角和观点来反映这一研究领域的学术全貌及理论趋势，厘清其发展线索和思想动向。在这一具有重要价值和现实意义的探索中，我们衷心希望大家共同努力，把我国马克思主义宗教观的研究不断推向深入，开创全新局面。

2012 年 8 月 25 日于北京

（原载《马克思主义宗教观研究》，中国社会科学出版社 2013 年版。）

十三

《当代文学理论与圣经批评》序

梁工教授的新作《当代文学理论与圣经批评》在长时间的系统研究、深层次的探奥钩沉、大范围的旁征博引之后得以推出，为中国学界这一研究领域展示出新的学术成果，使我们的圣经文学探究又往前迈出了非常坚实的一步。在先睹为快的好奇心驱使下而急忙浏览这部著作之际，自己也对梁工教授孜孜不倦、勤学好思之求学精神深感敬佩。

圣经研究是国际学术界延续千年之久、迄今仍很活跃的领域，已涌现出大量学术成果，并形成了圣经批评学、圣经阐释学、圣经神学、圣经考古学等专门学科。在当代学术发展中，圣经研究亦有不少新的突破，如从古代西方教会的释经传统，已发展到当代学者托马斯·奥登（Thomas C. Oden）所从事的"古代基督信仰圣经注释"（Ancient Christian Commentary on Scripture）工作，其编辑、研究成果已用多种语言文字出版。此外，当代西方学界颇为流行的"经文辩读"（Scriptural reasoning），亦与圣经研究有着非常密切的关系。对于这一亘古至今而常新不衰的研究，中国学术界近年来也呈现出奋起直追的态势，正形成繁荣兴盛的喜人景观。

在诸多圣经研究中，圣经文学研究乃独树一帜，格外醒目。梁工教授正是专攻圣经文学，在这一领域有着长期的辛苦耕耘，而且已获得累累硕果。从圣经文学的探究来看，其特点是不仅有着历史研究所勾勒出的脉络精髓和哲学研究所体现出的深邃奇奥，而且还更为生动地展示出情感的跌宕起伏、文采的绚丽多姿。这种研究有着抽象思维与形象思维的交织、思想与心境的共融。而对学者如何能够恰当把握，亦提出了更高要求。梁工教授这部专著在其综合性研究中就有其周全的关照，既有整体把握上的宏观阐述，也有深入局部的微观探幽。其从理论层面切入圣经批评，显示出其思之睿智和识之厚重，而其行文构思则又充分反映出文学蕴含的诗情画意和浪漫洒脱，给人带来沉思和儵然的双重感悟。梁工教授为撰写这部著作而首先有着广泛的阅读，曾涉猎中外学者的众多著述；其次则是对所掌握的材料有着细心的辨识，既博采众长又匠心独运，通过众人的智慧来寻觅出新的发现，自成一家之言；最后才是以其缜密的思维、通贯的逻辑和凝练的文笔来完成全文，推出这一新颖且耐读之作。

文以载道，学有品性。梁工教授以这部新作亮明了其鲜活的学术风格，在学、文、思、书上都有自己的构思和创见。其关涉当代文学理论的分析精辟、贴切，其论及圣经批评的见解犀利、得体。读者可随着梁工教授的思绪而对圣经文学研究进行一次有益的巡礼，途经圣经历史学—社会学批评、圣经文本之文学批评、圣经阐释学及相关联的哲学解释学、圣经心理学—精神分析批评、圣经神话—原型批评、圣经批评所涉意识形态文论、比较文学视野之圣经批评等方面，进而追溯西方文论发展嬗变的踪迹，领略其全貌风景。其中我们可以体悟神话学、宗教学、修辞学、符号学、叙事学、阐释学、心理学、文学、哲学等新老学科的精髓或奥义，接受其各种批评的浸润或洗礼，达到一种整体观照、全方位释读的境界。

在这部新意迭起的著作中，我们理应注意到梁工教授所表达的一些关键词语。如其方法论上所谈到的"宏观整体观照与微观个案相结合、追踪历史轨迹与探讨重点观点相结合、理论分析与实证考察相结合"，以及"充足的文献依据"与"富于深度的理论诠释"相结合等[①]；在其内容上通过回顾18世纪中后期"从张扬信仰的神学阐释转向基于理

---

① 梁工《当代文学理论与圣经批评》，人民出版社2014年版，前言第2页。

性主义的历史批评"和20世纪中后期"从注重实证考据的历史批评转向强调文本地位和读者功能的文学批评"这两次"整体性的范式转型"①,而以"后现代圣经批评的范式转型"来统摄其全部论述,从而完成圣经批评从"前现代"经过"现代"而到达"后现代"的华丽转身;以及在其结论上对"20世纪多元文论与圣经批评的互动关系"之"源远流长的文化传统"所进行的如下概括和揭示:"当代多元文论的帷幕背后潜隐着两种相去甚远的认知模式——希腊哲学"和"希伯来释经传统",前者"认为语言只是人类认知终极存在的工具性符号,而非存在本身";后者则强调"语言和存在同等重要,经文(或圣言)等同于上帝本身,这使其认知体系中缺乏超越于语言的形而上层面"②。这些表述似微言大义,却仍值得人们进一步去思考、推敲,从而使我们的研究能永无穷尽。

梁工教授谈到了圣经"成为历代学者百谈不厌的阐释对象"的"内在必然性",认为是作为"早熟的儿童"之犹太民族因"连绵不绝的悲剧命运使之对宇宙奥秘形成独特的感悟",这导致圣经成为"博大精深的文化百科全书",以致后人们"从中见仁见智,对它的解说绵延不绝"③。这已不只是解释学的体会,而更有着历史学、政治学、民族学、文化学的复杂经验。圣经对宇宙奥秘的探索和感悟使之与宇宙一样让人读不透、读不完、读不懂。人类在经历了存在和认知的"后现代"范式转型之后仍需不断摸索,不断转型。这或许也是梁工教授的新作给我们的格外启迪和警言吧!

是为序。

(原载梁工著《当代文学理论与圣经批评》,人民出版社2014年版。)

---

① 梁工:《当代文学理论与圣经批评》,人民出版社2014年版,第23页。
② 同上书,前言第1页。
③ 同上。

十四

《个体生命的终极吟唱》序

在当代中国宗教研究的学术领域，出现了一些独特探究及其复杂发展，从而将人们的思考不断引向深入。在这些颇有争议且论战激烈的问题中，"汉语神学"的表述、内涵、体系及特色之寻问或质疑则特别引人注目。人们对之可谓众说纷纭，各执己见，迄今仍未达成共识。恰巧在这一难以沉寂的热议氛围之中，李跃红教授推出了其个人新著《个体生命的终极吟唱——思想史视域中的汉语神学研究》，以其充分的学术准备和独特反思而加入了这一持续已久的讨论。

与以往人们对"汉语神学"之神学性或学术性的分辨不同，李跃红教授提出"汉语神学"是"一个重要的思想史事件"，从而以思想史探究的角度切入，尝试找出其与中国现代思想史发展的承接及关联。这种构想以其大胆和新颖将"汉语神学"的发展置入一个更为广泛的当代社会思潮之弥散的处境中，由此亦带给人们更多的思绪和启迪。

中华文化曾以其"大一统"的完备体系而独立于世，延续了其数千年的发展。中国内向型的地理环境使其主要关注一种内涵式的发展，其内聚的影响要远远大于外扩的志向，其原端"宅兹中国"即有其内向性意蕴，而"中国"这一表述本身最初也是意指其国家的中心、中央，以此为天下中心来统治民众，从而与"四方"相对，并以之来安"四方"、服"四夷"。这样，中华民族意识在历史上习惯以"天下""四海"来自居，其优越感使之满足于以己为"中"的"天下一统""天下一家"的"大国"气概，故古代王朝多有"大秦""大唐""大宋""大元""大明""大清"之称，并与今天的"大中华"观念自然相联。只是在这种以我为主、以我为中的自我意识之前提下，中国方有"海纳百川"的胸襟，相信万邦来朝，"四海一家""夷夏一体"之"有容乃大"。这种颇具封闭性的"自豪"和"自信"，在明末清初西方耶稣会士来华以科学文化方式进行传教时才真正受到挑战。利玛窦带来的《山海舆地全图》介绍了西方地圆之说，打破了中国人天圆地方的传统观念，中国为世界之"中"的思想由此亦根本动摇。西方传教士一开始以权宜之计而曾将中国画在其世界地图靠"中"之处，但地圆的观念最终已使这种位"中"论不攻自破，中国人对整个世界及其自我有了与以往见解迥异且具颠覆性的认知。这种认识上的根本变革是因"西学东渐"而带来的，从此中国人意识到在其之外还有一种强大的、系统化的"西学"存在。不少中国有识之士由此而有了对"西学"的好奇、向往，甚至敬畏，而中国政治为维护其文化"道统"也有了防范"西化"的意识及担忧。可以说，"中学"与"西学"乃两种强势文化的相遇，随后的过程则既有对话、沟通、吸纳，也有对立、矛盾、冲突。李跃红教授将当代"汉语神学"视为这一"西学东渐"过程的延续及新的突破，从而深化了"汉语神学"探究的意义，也使人们由此可以重新梳理中国近现代思想史发展的脉络精髓。

"西学"在中国之传并不是很顺利。自"中国礼仪之争"所引发的中西文化冲突，导致基督宗教思想体系在华成为另类，其神学亦未有真正系统的发展。"鸦片战争"及此后的中国近代历史更使这种冲突上升到政治层面，基督信仰及其神学由此成为"西学"体系中被中国思想文化所主要排拒的内容之一。在20世纪初的"新文化运动"时期，本来基督宗教的思想学说曾以圣经汉译的方式在一定程度上参与了这一运动的酝酿，然而在"反帝""反封建"及"反殖民化"的浪潮中，社会舆论乃"救亡压倒启蒙"，中国从"西学"中引进了马克思主义，但基督信仰却被视为"帝国主义文化侵略"的构成而遭到普遍否定。其结果，现代中国的"洋为中用"主要是接受了来自西方的"实用理性"

和"实践哲学",其价值观念与工具效用形成了奇特的结合,很少有人奢谈所谓"超越""终极"的意义,也缺乏基督宗教"罪感文化"中的那种自我反省、反思精神。直到造成十年浩劫的"文化大革命"结束,中国人才重新开始认识那种具有深蕴意义的"罪感意识",才在竭力找寻自我文化之魂的同时冷静、清醒地打开国门看世界,有了对"西学"主动、积极的体认及引进。这就是当代汉语神学得以萌生的现实土壤和历史背景。

李跃红教授在对汉语神学的全新研究中正是把握住这一历史特点和社会氛围,故而才有更深远的发掘和更重要的突破。他较为全面、系统地梳理了当代汉语神学形成及发展的进程,对其基本轮廓亦有比较清晰的勾勒,从而鲜明体现出这部新著的现实意义及学术价值。当然,汉语神学如同"西学"整体一样在中国的发展也并非一帆风顺的,由这一议题所引发的意见分歧和观点冲突已端倪渐显,并有其进一步"扩展"的可能。所以说,以往的历史仍在延续,颇值得我们在思想史意义上对之深入研讨。正因为如此,李跃红教授的相关研究可谓恰逢其时、弥足珍贵。不过,"神学"在中国何为,"汉语"之扩展有无其边界,这也都是其研究者必须深思的。中西这两种文化不同表述在此的奇特结合是一种奇迹,也蕴含着各自文化精神及思想传统中的期盼和梦幻,故乃一种持有张力的共构。我们对之既应抱有良好的愿望,亦必须坚持批判的精神。总之,"西学东渐"的曲折过程乃一面历史之镜,会给汉语神学的当代发展带来鞭策以及值得注意的警醒。

是为序。

(原载李跃红著《个体生命的终极吟唱——思想史视域中的汉语神学研究》,人民出版社2012年版。)

十五

《中国近代基督宗教教堂图录》序

建筑作为人类文化历史在空间的凝固有着太多的精神蕴涵，宗教建筑在表达这种意境上则尤为突出。在自己几十年的宗教研究中，对宗教建筑所表现的空间艺术之非凡超拔，总是抱有一种极为独特的情怀和敬意。因此，当看到徐敏博士带来他所拍摄、编录的《中国近代基督宗教教堂图录》时，自己有着由衷的兴奋和激动。

教堂是基督徒举行其宗教礼仪的建筑物，当然也是其心仪向往、流连忘返的精神家园。正因为如此，教堂展示出其特色鲜明的形象，有着其久远、动人的故事，亦会给人带来精神的超凡脱俗、心态的淡泊宁静。教堂所具有的古朴典雅或秀丽清新，给人带来了对人类精神文化遗产的最好解读。在留学欧洲期间，我曾游访各地教堂，而且有着见景必摄的兴致、遇高必登的执着。这些访游充实了我的知识追求和精神生活，也给我带来了格外的乐趣和收获。在回味、沉思之际，自己曾想过写写关于教堂的学术论著，抒发其引起的遐思和感触，但这一直仍是自己锁在心底、憧憬却未实现之梦。徐敏博士的大作，给了我一种圆梦之喜，使自己的心愿获得一定程度的补偿和满足。

从世界基督宗教教堂建筑的发展历程来看，这是其精神之旅和艺术之道的奇特结合。教堂发展之路曲折复杂，多有心灵呼唤的感召、艺术绝美的感染；其实践者很令人感动，其观察者则会有无限感慨。它见证了宗教精神生活的丰赡及辉煌，给人类文化史留下了一道绚丽多彩的风景线。

　　这道风景线的起点可以追溯到古代犹太教的圣殿、会堂，犹太人的宗教生活及其礼拜场所对基督宗教有着深远的影响。这种犹太教意义上的启迪和传承，使早期基督教会产生了寻找固定地点作为其公众聚会之处的意愿。所以说，其"教堂"与"教会"本为同一词，原义即"信仰社团"，其拉丁文词源（ekklesia）之意就是"蒙召者的聚会"，基于希腊文"属主者的聚会"（kyriake），源自希伯来文"社团聚会"（Kahal）的表述。由此，我们可以理解"教堂"的本意就是指基督宗教信仰者的社团聚会及其礼仪的场所。这种来源赋予基督宗教教堂独特的神圣性和神秘感。

　　起初古罗马帝国时期的基督徒在他们有较宽敞房间的教徒家聚会，由此形成最早的"宅第教堂"。当时罗马帝国对基督徒的迫害也使他们曾经躲入罗马等城的"地下墓穴"举行其宗教礼仪，故有这种地下教堂的奇特景观。我在罗马时曾到当地的"地下墓穴"参观，为其四通八达、绵延数十里的规模所震惊。随着基督宗教被立为罗马帝国国教，其礼仪活动从地下转为地上，基督徒模仿古罗马审案、集会的长方形会堂来建造自己的教堂，创立了其最早的"巴西里卡"教堂风格。因此，"巴西里卡"在意大利等国仍是教堂的基本表述之一。

　　罗马帝国迁都君士坦丁堡之后，教堂建筑在东罗马帝国则呈现为以圆顶、拱形结构为特色的"拜占庭式"风格。在9至12世纪以"加洛林王朝"为主的时期，西欧教堂建筑因模仿古罗马凯旋门、城墙、古堡样式而形成"罗马式"风格，取有"罗马的影子"之意。此时也有了作为主教座堂的"大教堂"，其拉丁文（cathedra）之名意指"主教之座"，而其德文表述（Dom）则源自拉丁文"上帝的居所"（domus Dei）。

　　自12世纪始，中世纪欧洲率先从法国北部出现"哥特式"教堂建筑，随之在西欧、南欧等地传开。"哥特"原来是日耳曼部族名称，文艺复兴时期的艺术家以此蕴含的"野蛮人"之意来贬称这种艺术风格。不过，"哥特"式教堂以其垂直型框架、挺拔式尖塔和高大宽敞且明亮的彩色玻璃花窗而给人带来向上升华飞腾、优雅飘逸而直入云霄的神圣感觉，被世人称为"屹立在空间的圣诗""回荡在天际的圣乐"。随着中世纪欧洲的鼎盛发展，"哥特式"教堂在整个基督宗教教堂建设中占有很大比重，其建筑风格及艺术影响也延续至今。

在欧洲东部，随着东正教传入斯拉夫各民族，其教堂建筑结合"罗马式"和"拜占庭式"艺术风格而发展出"斯拉夫式"教堂，以穹顶式或八角形加圆顶式设计为特色；尤其引人注目的是其教堂蘑菇群状的圆顶，以雕饰成洋葱头式或椰壳式圆塔建筑而独树一帜。从罗马到君士坦丁堡再到莫斯科等东欧城镇，我们可以清晰地看到其教堂建筑发展的连线，经历这段美的历程。

欧洲中世纪晚期又出现了"文艺复兴式"教堂风格，其建筑重新采用了古希腊式石柱和罗马式圆顶穹隆等古代风格，体现出"回归古典"的精神。不过其间出现的"矫饰主义"艺术走向却为后来"巴洛克"艺术的崛起埋下了伏笔。欧洲宗教改革运动使基督新教与天主教的教堂建筑分道扬镳，各自发展，其中新教教堂建筑以"廉""俭"明快为特点，史称"宗教改革式"建筑；而天主教则以"巴洛克式"教堂建筑来对抗，一度形成豪华、重彩、夸张、离奇的浪漫气派，亦被人指责为大兴土木、铺张、挥霍的奢靡之风。"巴洛克式"教堂建筑经历了其鼎盛和衰落的波动，这种潮起潮落后来退隐为"贝壳形"或"漩涡式"的"洛可可式"教堂雕饰。

当历史发展步入近代之后，教堂建筑则呈现为多元发展之态，给人以异彩纷呈之感。这些后来的教堂包括"古典式""新哥特式""新罗马式""新文艺复兴式""新巴洛克式""青年式""折中式"乃至"后现代式"等建筑风格，形成今日多种教堂并存、多种风格得以保留之格局。值得指出的是，教堂建筑并不是孤立发展，而是与其相处的整个建筑史密切关联，上述各式教堂建筑风格也渗透到世俗建筑之中，彼此之间有着积极的呼应和互动。

这些教堂建筑样式及其精神意蕴，亦随着近代基督宗教在中国的发展而传入华夏，绽开中国近代建筑领域中的一朵奇葩。其在华所建教堂尽管没有达到其发源地教堂建筑的原有规模或艺术极致，却也充分体现出其多元移植、丰富传承的本真，可谓蔚为大观，令人目不暇接。在中国近代教堂建筑历史上，随着不同国度、不同地域和不同教派的传教士进入中华大地，也就带来了其教堂建筑风格、式样的不同，从而在中国建筑主流中涌入了多种潮流，形成其虽看似默然无语却极为主动的与中国文化的对照、对话。

不可否认，中国近代基督宗教乃颇为复杂的发展，其中既留下了"鸦片战争"后西方帝国主义侵华及其殖民掠夺的阴影，亦有着不同文化交流、思想对话、艺术沟通的阳光。这种以入华基督宗教为特色的中西对话，在教堂建筑上亦带来了创意和更新。其中既有多国建筑的异彩纷呈，也有悄然涌现的中国元素。例如，在抵制教堂建筑"全盘西化"的努力下，中国教堂建筑出现了中西合璧的样式，中国传统建筑符号和文化元素在相关教堂的建筑上多有体现，并且得到了越来越灵活、自然的运用。特别值得一提的，则是中国教堂建筑中的翘檐大屋顶等典型中国特色；其表达中国文化主体意识的浓墨重彩，是对中国近代建筑中这种立意的生动写照，也给人留下了基督教会努力"中国化"、在华"本土化"的深刻印象。

对于中国近代基督宗教教堂建筑的特点及其发展走向，徐敏博士在这部《图录》中既有简明、精到的描述，更有图像清晰、色彩鲜明的照片。他以历史的厚重感和建筑师的敏锐性来捕捉这些重要场景，让对之准确再现的艺术镜头来表述其透彻的话语和无穷的意蕴。我钦佩徐敏博士匠心独运、采撷宏富，完成了这一创意独特的研究项目，为我们提供了生动、形象、齐全的中国近代基督宗教教堂资料，也使我们对基督宗教在中国全方位的本土化发展有了颇为实际和可能的构设、鞭策。

徐敏博士擅长建筑设计，尤其在教堂建筑设计上多次获得大奖，是这一领域的青年才俊，有着无限的发展潜力和前景。而在基督宗教的探究上，徐敏博士又有极为广阔的视域，在其专业设计之际也开展了相应的学术研究，且迭有新见，引人注目。当前涉及中国基督宗教建筑艺术的著述恰如凤毛麟角，相关研究人才更是寥若晨星，因此迫切希望能有越来越多如徐敏博士这样的后起之秀来参与和开拓，推动这一领域的深入研究，并带动宗教文化及中西文化对话的深化，获得重大突破。抱着这一愿景，我期盼着徐敏博士这部图文并茂的著作能早日出版，并希望在不久的将来也能看到中国现当代基督宗教教堂图录的问世。

是为序。

2012年7月3日于北京盛夏

（原载徐敏编《中国近代基督宗教教堂图录》，江苏美术出版社2013年版。）

十六

《佛法王庭的光辉》序

宗教与艺术的关系，是我们深化宗教研究时必然触及的。随着中国改革开放以来宗教生活的恢复和宗教文化艺术的繁荣发展，宗教艺术研究亦已成为多学科共同研究的一个重点，其学术成果正渐为人知。中国社会科学院世界宗教研究所早在1992年就设立了宗教文化艺术研究室，系统展开了这一领域的探讨。应该说，该研究室是我国建立的第一个综合性宗教艺术研究机构，经过二十年来的研究努力，已经取得了丰硕的成果，推动了我国当代宗教研究，并且获得了较好的社会反响和效应。

回溯人类文明发展的历史，宗教艺术早在史前文明中就已经出现。这种艺术创作表达了远古人类的物质生活和精神生活，让人的思想追求以其艺术想象既反映又超越了其所在的时代及处境。例如，在许多远古民族所留下的岩画中，宗教艺术已体态鲜明。这种与人的精神生活密切相关的宗教艺术，让人们关注到想象与思辨的不同特色，以及二者在宗教思维中的共构。人的思维大致可涵括形象思维、意象思维和抽象思维这三个层面。我们在宗教思考及其精神创作中则可发现这三种思维方式能够在宗教中共存，有时甚至可以达到浑然一体、天衣无缝的完美境界。这些思维方式的交织共构，使宗教能将人的精神追求中的好奇感、惊讶感和敬畏感表达得淋漓尽致。

宗教文化艺术发展曾经历过高潮和低潮，有其凸显和沉潜。一般而论，其高潮时期多与相关社会的文化复兴相呼应，如欧洲中世纪"文艺复兴"时代的宗教艺术创作就给人们留下了深刻的印象。许多宗教在其鼎盛发展时期都有着光辉灿烂的创作，其留存构成了丰赡的人类文化艺术遗产。而且，这些宗教文化艺术并不是完全独自、孤立的发展，彼此之间乃多有交流、吸纳和融会。纵观当今中国文化艺术的发展及其辉煌成就，足能给人一种已经迎来了又一个"文艺复兴"光辉时代的感觉。其产生的许多艺术精品将是传世之作，势必会给后人带来感慨、惊叹和敬佩。对于当下宗教文化艺术发展所取得的成就，我们理应加以观察、追踪、梳理、研究。

中国宗教研究在过去的一个世纪经历了跌宕起伏的复杂发展。20世纪70年代末，这一研究走上了正轨，我们世界宗教研究所的宗教探究亦得以全面展开，而且在整个中国都起着引领作用。应该承认，起初我们的研究主要注重于思想、文献、历史等领域的探索，资料搜索和形而上的研究比较多，对宗教艺术的关注也主要在考古等层面上，尚未对之加以展开全面系统的研究。而随着中国当代宗教艺术创作形成了一些亮点，引起了特别讨论，我们遂开始了这方面的调研，并且意识到当下的中国宗教文化艺术正面临一种超越以往、开启未来的重大转型。于是，对宗教文化艺术的研究时机已经成熟，我们则顺应时势而有所开拓，开始专门从比较研究、跨学科或多学科研究的领域来探讨宗教文化艺术问题。

我们探究宗教文化艺术涉及中国和世界的发展，而且关注中国发展与世界局势的密切关联。例如，我们从中国宗教文化传统来看，关注宗教文化艺术肯定要强调儒佛道各教。其中佛教文化艺术在我们中国的文化艺术研究中是一朵奇葩，它从印度文化中传过来，然后结合中国的传统文化而展开了一个全新的生命，因而比较典型地体现出其开放和创新的特色。中国佛教文化艺术的展示已与印度佛教文化明显不同，它以其在中国文化土壤中产生的创意而推陈出新、以其独特的成就而给世界文化发展做出了杰出的贡献。可以说，佛教把中国宗教艺术与世界宗教艺术加以成功结合，为此后发展树立了典范。正是基于对佛教文化艺术研究的重视，我们研究所在宗教艺术探讨上乃以佛教研究为起步，所开创的相关研究室最早也定名为佛教文化艺术研究室。在中国佛教及其文化艺术研究中，我们还特别注意到河南佛教的重要性，因为根据历史考证，中国真正的佛教发展及其寺院的建立是始于河南的，我们由此即可联想到白马驮经的故事，以及白马寺的创建。所以，我们考虑到这一历史渊源和在河南存有的丰厚佛教文化艺术积淀，故而有着将其重点放在河南的意向，并决定在河南设立我们研究所的"宗教艺术研究基地"。

当然，我们的宗教文化艺术研究并不仅仅局限于佛教，故此才有后来改名为"宗教文化艺术研究室"之举。我们现在正以更为开阔的眼界、更加开放的胸襟来研究更多的世界宗教文化艺术，如基督教文化艺术、伊斯兰教文化艺术、印度教文化艺术、犹太教文化艺术等。仅就中国宗教文化艺术的研究而言，我们把佛教文化艺术视为理解宗教文化的突破点，由此加以比较、对照，并扩展到道教等其他中国宗教文化传统。从开放性佛教文化艺术研究来看，我们可以举两个例子，一为无锡的梵宫，二为何劲松教授所强调并推动的"禅意书画"。"第二次世界佛教论坛"是在无锡灵山的梵宫举行的，人们一进入梵宫就可以体会到佛教、印度教、天主教等宗教文化艺术的融合、共构，其中印度宗教艺术的神秘、天主教梵蒂冈圣彼得大教堂的气势在此乃有机结合、融为一体。梵宫让人感悟到宗教文化艺术在达到一定境界后是可以互通的，其共存也是形象生动的艺术对话、精神沟通。而且，这种沟通有着非常直观的效果，容易被人体悟和接受。"禅意书画"则是在书画形象中生动地表达妙不可言的禅意，得到其超越性"大化"。可以说，它的奇特之处就在于以艺术之形象表现方式而把禅意这种抽象的观念及精神意境准确、生动地展示出来。所以，禅意书画乃抽象中有具体、具体中有抽象，是一种诗画结合、哲学与艺术的沟通，有着广泛的发展前景。

从其他的中国宗教文化艺术表现形式来看，儒教或儒家所强调的礼仪文化主要是以宗教文化艺术的方式表达出来的，儒士的服饰、孔庙的建筑、祭孔大典的程式，都闪现着宗教文化艺术的光亮。此外，道教或道家的核心表述"道",既是一种思想表达,也是一种艺术展示。道教音乐、武术,道教礼拜仪式,道教宫观建构,道教神仙神话等文学创作,以"道法自然"的方式完成了道教文化艺术的畅想曲。其高深与浪漫、神秘与超脱,是以"大道无名"却无所不在的艺术表现形式而令人叹为观止,尊道贵德。这种"一以贯之"的中国宗教文化艺术,就是其相关、相交、相和、相合的"融贯之道"。

在中共中央十七届六中全会提出繁荣社会主义文化、弘扬优秀中华传统文化、推动文化建设、文化发展的指示精神鼓舞下,我们克服种种困难,与河南登封嵩山大法王寺联合举办了"佛法王庭的光辉——嵩山大法王寺佛教文化艺术论坛暨中国社会科学院世界宗教研究所宗教艺术研究基地授牌仪式"。这一学术活动邀请了全国许多著名的学者、艺术家参加,涉及考古学、建筑学、艺术学、宗教学、文献学等领域。河南的大法王寺等佛教寺院历史悠久,宗教文化艺术遗存丰富,其可贵的宗教意境和人文精神绵延不息,为我们今天的相关研究提供了理想场景和有利条件。建立宗教艺术研究基地的宗旨在于进一步加强宗教文化艺术的研究,并在其深度和广度上都有更大的开拓和新的突破。宗教文化艺术研究方兴未艾,需要一个有利的气场,而各领域专家的密切关注和积极参与,就能形成这一"场",充满这个"气"。在我们社会文化发展的大潮中,我们应以我们专业研究的敏锐和胆识来追踪、观察、描述、探究宗教文化艺术的发展及其时代特色。我们的这种关注和参与就是实实在在地参加到了积极引导宗教与社会主义社会相适应、促进我们今天社会主义文化大发展大繁荣的伟大事业之中,做出了我们应有的贡献。让我们的宗教文化艺术在中国文化艺术中大放光彩,感染并感动整个世界。这是一个神圣的使命,是让中华文化真正自立于世界文化之林、影响并推动世界文化发展的宏伟事业。我们中国的宗教研究学者对之理应当仁不让,勇于创新走在前面,"敢为天下先"。

中国社会科学院世界宗教研究所主办、河南登封嵩山大法王寺承办的"佛法王庭的光辉——嵩山大法王寺佛教文化艺术论坛"的论文集即将出版,由此引发诸多感触,抒写出自己的思考和展望。宗教文化艺术的探究在我国刚刚全面展开，在许多领域仍属摸索之探。故此，相关考虑不一定周全。我们所思所为若有不当之处，尚请批评、指正。

是为序。

2012 年 7 月 6 日于山西五台山

（原载何劲松主编《佛法王庭的光辉》，社会科学文献出版社 2015 年版。）

十七

《宗教与当代中国社会》序

2011年12月,"中国社会科学论坛"(2011·宗教学)在北京湖南大厦成功召开。这次国际论坛由中国社会科学院主办,世界宗教研究所承办,并由加拿大维真学院、香港中文大学崇基学院神学院、香港浸会大学中华基督宗教研究中心和香港汉语基督教文化研究所等学术机构联合协办。与会代表不仅有来自中国大陆和台湾、香港的同行专家,也有来自美国、加拿大、英国、德国、法国、芬兰、荷兰等国家和地区的知名学者,大家共同就"宗教与当代中国社会"等议题展开了学术研讨。

宗教在"全球化"时代的发展,是当代中国宗教发展的国际背景,其影响既触及中国各种宗教,同样也波及中国当代社会。自中国实行"改革开放"以来,中国社会真正做到了与国际接轨,实现了与当今世界的同步发展。中国社会的转型及其发展上的巨变,有着极为独特的意义,也引起了全世界的关注。因此,对当代中国社会的研究,涉及其政治、经济、文化、思想的各个方面,而对中国信仰问题的探讨则更是成为热点。中国社会有着其历史传承,中华民族悠久的文明传统给当今中国文化的基本定位打好了底色。显然,中国现代社会的发展不可能凭空而起,其文化积淀之厚重为其今天的腾飞奠定了必要基础。所以,我们研究当代中国社会,不可回避或忽略对其历史的回溯、反思。此即我们所言的文化自知和文化自觉,是中国人的自我意识和民族精神,这也是我们文化自信的重要来源。不过,在"全球化"的今天,中国已不可能孤立地发展，必须超越、扬弃以往"内涵式""封闭式"的保守模式，而应以"海纳百川""有容乃大"的中国文化气质来放眼看世界，为中国当今发展寻找新的资源和动力，由此获得我们改革创新的时代精神和全新面貌。从这一意义来看，中国社会结构、社区布局、社团群体、社会阶层及社会意识已与以往有了很大的不同，显得更为复杂、更加多元，而且有了非常明显的开放性和互渗性。而我们要想真正认识这一开放社会，也需要更加开阔的视域、更为深邃的目光。社会发展的多元化，社会人群的多元化，社会认知的多元化，这是我们时代的一大特点；为此，社会研讨就必须集思广益、博采众长，这样才能找到真理，达成共识。

宗教在现代社会同样出现了新的变化和发展。不同宗教都有其历史传承，由此呈现出其信仰特色。但是，这些传统宗教在现代社会中也展示出其新的面貌，反映出与相应社会的适应，以及在其中的自我更新。这样，研究宗教也需要历史视域与现实眼光的叠合，不能以古旧的观念来审视今日的宗教，同样也不能忽视其历史发展的曲折进程及由此产生的复杂变化。我们应该多层面地看待宗教，对之作出客观、理性的分析，并结合其相应的社会存在来对其加以真实、准确地评价。对不同社会、不同时代中存在的宗教，我们必须具体问题具体分析，实事求是。应该看到，宗教存在是人类大多数社会存在的一种常态，而且其存在方式乃历史悠久，人们对之也早已习惯。表面上看，中国当前的世俗社会好像比较鄙视宗教，而实际上现代中国人的精神空虚、精神需求也并不少于其他民族。所以，千万不能视人类社会的宗教历史存在为另类，在今天更没有必要对现实社会中的宗教大惊小怪、不知所措。承认宗教的社会存在，找出其在社会中的基本特点，这才是我们在审视社会中的宗教时理应持守的基本态度。对宗教认知的简单化，反而会导致人们对其评价的复杂化。在我们今天的中国社会，一定要走出这种对宗教在认识上的误区。如果我们把宗教弄得过于敏感，我们的社会也就会充满张力、形成信教与不信教者的彼此分裂，甚至产生出潜在的危机。如果宗教在我们的社会中有问题或频频出问题，我们就应该反思我们的社会，解决好社会矛盾，理顺社会中的各种关系。为此，我们要促进宗教在社会存在中发挥其"使人类的生活和行为神圣化"的本真作用，给社会增加正能量、让其在社会发展中对人们有着积极影响。对宗教的积极之态和积极引导，是构建和谐社会的重要举措；我们对之不要小看或忽视。在这一方面，我们就有必要比较、研究各个社会对宗教问题的看法和处理，借鉴其成功经验，吸取其历史教训。探究宗教与社会的关系，就是为了推动美丽中国、和谐世界的发展。

这次我们论坛的议题涉及面较广，有着开阔视野、启迪智思的意义。大家讨论了宏观层面的宗教及信仰理解，包括宗教与社会信仰、社会意识、社会建构、社会变迁、社会政治、社会文化、社会教育、社会慈善、社会救济等方面，使我们对宗教与社会的关系有了更深刻的了解、更全面的把握。这种探究还关注到社会结构变化、历史发展转型、城乡及人口问题凸显等对宗教在当代社会中的存在及发展之影响，以及宗教与社会的双向互动、中外宗教对终极价值的理解等。当然，宗教之间的关系，如宗教的复杂相遇、宗教间的相互对话、宗教多元中的和谐，以及宗教在跨文化交流中的作用等，也是学者们讨论得较多的话题。在此，大家特别强调了宗教在社会建设、文化建设、精神建设中的参与和作用，认为宗教通过自身的文化创新可以有力推动现代新型社会关系的构建。当然，在正面肯定、积极评价宗教在社会发展中的意义和作用时，大家也意识到应对宗教在现代社会发展中因其传统中的保守因素而可能产生的消极、负面作用加以防范和避免，即要发挥宗教在社会发展中的正功能、正能量，尽量消除或减少其负功能、负能量。此外，本次论坛在微观或具体层面则还专门讨论了基督教与现代社会发展的关系问题，大家尤其注意的就是基督教与中国主流文化，与中国当代社会的关系问题。对此，大家论及的话题包括基督教神学与中国多元的宗教理论之互动，基督教的灵性追求与其社会实践之关系，基督教与国际政治和中美关系，基督教在中国社会实践中的参与方式和不同影响，基督教经典对社会正义问题及和谐平等发展的启迪等。中国学者还特别关注到社会层面的基督教"中国化"问题，以及理论层面的"汉语神学"

与当代中国学术发展的关系。这里涌现的问题意识和呈现的开放态度，为我们今后更深入、广泛的研究埋下了伏笔、奠定了基础。

在中国宗教学领域，由中国社会科学院主办的这种论坛还是第一次。我们可以非常自豪地说，这次论坛取得了圆满成功，并为今后组织这样的论坛积累了经验、创造了条件。这里，要特别感谢中国社会科学院领导及各相关部门对本次论坛的大力支持，特别感谢海内外各协办单位的积极奉献，更要感谢来自世界各国和中国各地的专家学者的热情参与！现在，我们将本次论坛的论文汇编出版，既是对我们已有研究成果的总结，也是对今后我们研究发展的前瞻。

2013 年 6 月 28 日

（原载卓新平主编《宗教与当代中国社会》，社会科学文献出版社 2013 年版。）

十八

《中国信仰社会学论稿》序

　　信仰问题是当前中国社会谈论得较多的问题之一，受到官方和民间的普遍关注。因此，李向平教授的《中国信仰社会学论稿》出版，在社会意义上可以说是恰逢其时，而从其学术发展上则为其长期研究的水到渠成。李向平教授从社会学意义上来定位宗教、定位信仰，既真实又现实，会引发关注社会问题的人们深入思考，同时也会让大家更加自觉地观察我们当今社会信仰的存在处境。

　　当中国民众经历了"文化大革命"十年盲目信仰、疯狂崇拜的热潮后，整个社会在变"冷"，几乎只剩下冰冷冷的现实诉求和利益关系。但这种出奇的"冷"又让中国社会关系失衡、社会秩序嬗变，人们在惊呼"信仰危机""精神空虚"，颇感整个民族好像在"失魂落魄"，与当前经济发展的强劲走势形成了鲜明的反差。正是在这种处境中，人们开始重提信仰问题；但以往的统一认知已不复存在，人们对信仰有着多元的体悟、理解和说法。而且，无论是从政治意义还是学术意义上来说，"信仰"已经真正成为一个颇有争议的"问题"。

　　"信仰"是什么？今天人们已经很难讲清。中国人有没有"信仰"、需不需要"信仰"？这是在我们精神生活领域继中国人有无"宗教"、是否需要"宗教"之后的又一大难题。在众说纷纭之中，有的人把"信仰"从正常的精神需求领域清除出来，归入凡"信"则"迷"的"迷信"另类，要求人们不必再提信仰，并认为信仰已与我们的主流政治领域无关、无缘。在这些人看来，一切都是现实的，一切也都是平凡的，人类从其本质来看似乎与"神圣"根本就没有关系，故而谈不上什么"信仰"这类空假虚套。而问题是一旦沦为"凡人"，那么这个社会还有"伟大""崇高"可言吗？还有一些人则从负面、虚假、幻象等判断上来谈信仰，认为信仰只不过反映出人的有限性、空虚性、依赖性等"劣根性"，是唯心的、自欺欺人之举，因此社会领域不应该留有信仰的地盘，必须使之在这一领域中不断被收缩、减少，直至彻底消失。在这些人看来，没有"信仰"、没有精神寄托的生活"真好"！但没了这种精神上的畏惧，可以"无所畏惧""无所不为"之人则会摧毁这一社会秩序，造成社会混乱。实际上，社会建构、精神生命要靠"神圣"来维系，而对这种"神圣"的反应则正是"信仰"；其"信"哪怕是"虚"的，对维系这一社会共同体而言却也真"值"！人类各民族的精神发展史，往往就是一部信仰的历史。应该庆幸的是，我们社会的主流舆论还没有否定"信仰"之说，对信仰仍有着正面的阐释和积极的提倡。

其实，信仰就是人类精神生活中一种"人们把握世界的方式"，于此既有认知亦有实践。无论人们对信仰怎样评价，其客观存在却是不争的事实。至于人们对其存在作何种评价，则可能仁者见仁、智者见智；其所持标准、原则及其蕴含的价值向度也只能是相对的、历史性的、变化发展的。为此，我们有必要提倡信仰自由、信仰宽容和包容。就中国社会现实而言，在全民"一致信仰"的现象退隐之后，信仰并没有真正消失，而只是出现了分化、嬗变，有着多元走向。所谓"私人信仰"也是对这种信仰流变的一种解说，不过，一旦相关"私人信仰"得以集合，也完全有可能重新出现"公共信仰"；而且这种"公共信仰"实际上在政治、宗教等领域仍然顽强存在，甚至不同信仰求同存异的共聚也可能导致"信仰共同体"的发展。这样，信仰又并不完全是纯私人性质的，而是与社团、社会密切相关。所以说，人是相对的，人之社会也是相对的，各种可能都会出现；我们对信仰的认知和断言一定要留有余地，以便能及时追踪、正确说明变化、发展的信仰现象。

人类社会的多元使信仰也不可能千篇一律，多种信仰的并存、它们之间的相互影响和博弈，使我们认识到提出"信仰类型学"的必要。这事实上就是我们所言的"信仰分层"，不同层面的信仰可归入其不同类型，它们之间可以进行对比、鉴别，但没有必要一定要分出高下，比出优劣，因为其中评价标准不一，社会政治或文化宗教等背景复杂，一有不慎则会纠缠不清，很难从一种大家公认之维讲透彻。在这一意义上，对信仰现象加以类型学意义上的区分就已足够。然而，在社会存在意义上，则可对"信仰"的社会功能、社会作用和社会价值加以评判。从复杂的社会发展来看，信仰的类型在社会发展中有可能发生变异，出现转型，如政治信仰转变为宗教信仰、官方信仰流变为民间信仰等。就"信仰类型"而言，信仰自由乃绝对的；但就"信仰社会"存在及其作用来说，这种信仰则是相对的、有限的。凡是有利于社会和谐、社会稳定、社会健康发展的信仰就会得到鼓励、支持和扩展；凡阻碍社会发展、破坏社会稳定及和谐的信仰则势必在社会层面受到限制和约束。在此理解上，"信仰社会学"则不可能仅限于对信仰社会现象的描述，而势必涉及对信仰社会作用的定性。信仰现象错综复杂，对之并无绝对意义的"纯粹理性"或"价值理性"，我们只能选择"实践理性"或"社会理性"。对我们的现实存在而言，"信仰社会学"的建立及其定位就显得非常必要，而且正是社会之所急需。或许，我在这里对"信仰类型学"和"信仰社会学"的理解与李向平教授对这两种学科的界说并不相同；但我仍然非常敬佩李向平教授的这种问题意识，完全支持其对"中国信仰社会学"的思考和构建。

信仰关涉对人之自我有限性的认知和超越这种有限的努力。因此，信仰尝试必然会有超越自我、超越自然、超越社会之举；这样，信仰则不可能完全与现实相等同，信仰既可能与现实社会形成张力，也可能成为推动现实社会发展的动力；一旦信仰与现实结合转化为社会、政治力量，则会与现实社会构成复杂的权力关系。此即李向平教授所论及的"信仰权力观"或"信仰权力建构"问题。看似抽象的信仰会在相关社会产生巨大的力量和影响。在此，我们会对信仰意义的"精神变物质"

有着实实在在的体验。

此外，信仰还反映出人的求知和对未来的想象。在认识论意义上，信仰是基于人类的"既济""已然"和"已知"经验而对"未济""未然""未知"之信。这种属性势必决定信仰思维及其表述有其模糊性、神秘性、猜测性、象征性。而且，这种"信"而"仰"之亦必然会与"神圣"相联。无论信仰涉及世俗还是宗教领域，都不可能离开其"神圣"之维。当然，人们对"神圣"的理解会各不相同；如人们可以从"形而上""物自体"来谈"神圣"，也可从"既敬畏""又向往"的"绝对依赖感"这种主体精神、心理感受来理解"神圣"，奥托等人对"神圣"所涉及的"本体"及其"体验"已有专门而详尽的论述。此外，有的人认为"神圣"与"世俗"截然分离，二元对立；有的人却觉得"神圣"即在"现实"之中，世人亦可因其追求、修养而从人到仙、至圣、成神，二者之间并无鸿沟相隔。所以说，对信仰所触及的"神圣"界面，亦可有多元理解和探究。在人类历史上，不少宗教将"神圣"视为世人高不可攀、难以企及的超然、彼岸之维，但也不乏各种文化、政治、民族等"世俗"元素"被神圣化"的范例。

李向平教授的这部著作引起了我对信仰的种种思考和感触，我记得几年前他在《信仰但不认同——当代中国信仰的社会学诠释》一书中已经论及信仰问题，《中国信仰社会学论稿》则是其这一思路的重要补充和深化，而且有着将之体系化的构设意图。我从这两部著作中学到了许多知识，开阔了视野，的确获益匪浅。但我在这里所谈可能与其论述并无直接的回应，或其关联也并不十分密切，只是由此所发的一些随感而已。李向平教授是着眼于其社会学思考，立足于其社会学论述。就社会层面而言，信仰也有其"相对论"问题。人类任何号称"绝对"的信仰都只可能是"相对"的，政治信仰如此，科学信仰亦然，对宗教信仰的评说更是不言而喻。这应是我们在社会层面对信仰的客观理解。李向平教授在此只是选准了与我们生存极为贴切的社会角度，从触及社会领域的方方面面来谈信仰，以精心构筑其信仰社会学体系。李向平教授在本书中所论及的二十四个问题，都是值得我们深刻反思、认真探究的。我或许并不完全同意李向平教授的一些说法或立论，但完全认同其敏锐的观察眼光和率直的社会关切。因此，让我们把李向平教授的这些犀利论述作为进一步探索的起点，以便获得对信仰与社会关系的更透彻认知。

是为序。

2013 年春节写于北京

（原载李向平著《中国信仰社会学论稿》，甘肃民族出版社 2013 年版。）

十九

《世俗化与当代英国基督宗教》序

"世俗化"是当代西方宗教所面临的一大问题。西方思想家查尔斯·泰勒（Charles Taylor）在其《世俗时代》一书中曾经深刻指出，宗教发展在政治、社会、文化这三个方面都已经出现了"世俗化"之状。这种状况在原为基督宗教大本营的欧洲社会更为明显和突出。为此，也有中国学者认为，当代欧洲社会因"世俗化"而导致的"去宗教化"已成为今日欧洲衰落的重要原因之一，它使曾经称霸一时的西方"海洋文明"由此显得底气不足，缺失了发展的后劲。虽然我们对之不能为时过早地下一结论，而对欧洲当代世俗化的发展趋势却的确值得认真研究。

世俗化在欧洲主要体现为基督宗教的现代嬗变，这一动向自20世纪60年代以来日趋明显，并导致了欧洲不少地区基督教会的灾变性后果，如信徒纷纷离开，教会税或向教会的捐助锐减，教会破产及教会或教产被抵押、拍卖等。这种世俗化的发展态势使基督教会的根基产生动摇，人们观察到维系其信仰已达两千年之久的社会结构出现了变化，信仰人群的固定性逐渐失去，教会信仰群体的流变也使其基础不稳，以往的信心及安全感亦随之荡然无存。世俗化不仅带来了基督教会内部的危机，而且也使其在社会上的精神权威及相应的话语权大打折扣。教会自身的不稳固使其已很难一如既往地充当社会道德的维系者及护卫者的角色。这样一来，教会与社会的世俗化危机陷入了一种恶性循环的窘境。

　　对于社会世俗化的发展及其对基督教会的影响，西方学者也已经注意到，并且有着相应的回应。他们理解并解释"世俗化"大致有两个方面的考量。其一，他们深感"世俗化"即具有"非神圣化"的趋向。早在20世纪40年代，欧洲思想家朋谔斐尔（Dietrich Bonhoeffer）就提出了对基督信仰的"非宗教性解释"，而布尔特曼（Rudolf Bultmann）也宣称要对基督教经典加以"非神话化"解释。这些思想在现代西方基督教会内形成了"世俗神学"思潮，并在"二战"后得到进一步发展。1957年，美国新教神学家瓦汉尼（Gabriel Vahanian）出版《上帝之死》一书，该书名遂成为当时醒目的神学口号和相关神学流派的名称。1963年，英国圣公会主教罗宾逊（John A. T. Robinson）进而推出《对神老实》一书，在此书很快成为发行百万余册的畅销书的同时，此年亦成为英国世俗时代来临的标志。而也在这一年，西方的激进世俗神学兴起，其主要代表之一范·布伦（Paul van Buren）出版其名著《福音的世俗意义》，主张用世俗的话语来解读基督信仰，他为此还随之发表了《用世界的语言来谈论上帝》一书。该派另一位代表考克斯（Harvey Cox）于1965年出版《世俗之城》，对西方世俗化的来龙去脉及其现实特点进行了描述和剖析。这种"非神圣化"的特点即"去神圣化"，使传统宗教中的神圣观念"祛魅"。正如西方宗教社会学家贝格尔（Peter L. Berger）所言，由此而"世界摆脱巫魅"，成为世俗化的社会。其二，则是一种较为乐观的审视，即认为"世俗化"乃指基督宗教真正"进入世界"，它使教会减少了形式上的宗教性而实现了其真正需要的"属世性"，即教会在现代社会的"入世""此在"，完成其"公民宗教"的转型。这样，传统的宗教特征不再在社会主流中"显现"，但教会保存了其在现代生活中的"潜在"。不过，无论是悲观之见还是乐观之态，西方基督宗教都深刻认识到其教会存在的危机和社会发展的严酷。教会在社会独当一面、主宰人们精神世界的风光不再，其可能生存则必须让教会放下身段，面对并经受"世俗化"的煎熬及考验。

十九 《世俗化与当代英国基督宗教》序　331

　　与北美相比,欧洲社会及教会世俗化的状况更为严峻。对教会世俗化的趋势束手无策、苦无良方,是英国圣公会坎特伯雷大主教罗恩·道格拉斯·威廉斯(Rowan Douglas Williams)和天主教教宗本笃十六世(Benedetto XVI)最近相继辞职的重要原因之一。在世俗化的背景下,基督宗教的发展已经在作为其传统大本营的欧洲范围内出现了种种异化和嬗变。因此,对欧洲基督宗教世俗化的现状加以研究,在西方世俗化研究中具有非常典型的意义。同样,这种研究对于我们走向世界,特别是对于我们与欧洲政治、经济、社会、文化、教育、思想等领域进行交往和交流,也有着重要的现实意义。必须指出的是,我国学术界虽然已对欧洲展开了比较系统的研究,但对其世俗化的专题研究几乎没有,这会影响我们对于欧洲社会的深层面探究。所以,加强这一领域的研究,是我们宗教现实研究中的当务之急。

　　这里呈现给读者的《世俗化与当代英国基督宗教》一书,是孙艳燕博士在其博士学位论文的基础上补充、修改、完善而成的探究基督教会现代世俗化趋势的专著。孙艳燕博士将重点放在英国,并为此而深入实地调研、学习,在伯明翰大学休·麦克劳(Hugh Mcleod)、邓守成等教授的热心指导下,开展教会调研,搜集文献资料,深化理论论证,完善研究方法,经过多年努力,终于完成了这部著作的撰写。这部专著以英国为田野考察范围,以英国圣公会等新教教会为重点,兼及天主教和其他宗教,并对新兴宗教亦有所涉猎,其研究包括对英国教会现状的具体分析,对教会受世俗化冲击而衰落的生动描述,对世俗化形成原因及其发展变化的深入探究,对教会回应世俗化相关举措的客观说明,以及在全球视域内对英国与美国、"北方"与"南方"的冷静比较等,由此而揭示出当代英国基督宗教发展的真实状况,阐述了现代欧洲社会的多元发展。本书还附录了许多由作者自己统计的图表和拍摄的照片,从而使其所述内容能给人一种鲜活之感,并且增加了其可读性。当然,对于当代基督教会世俗化的研究才刚刚开始,有许多问题仍然值得我们去深入探索。为此,本书的完成在这一研究领域仅是一个开端,我们期望中国学术界对之有更多的理论关注,在今后推出更好的研究成果。

是为序。

2013 年 7 月 1 日于北京建国门

（原载孙艳燕著《世俗化与当代英国基督宗教》，社会科学文献出版社 2014 年版。）

二十

《宗教与可持续社区研究》序

现代社会治理不可避免会触及宗教与社区的关系问题，其中涵括政治、社会、文化等方面，属于社会建设的系统工程。一般而言，文化是社会发展潜在的精神力量，社区管理和建设自然不离其文化因素，文化会使人获得良好的素质，提升人的精神境界，由此我们就意识到社会建设与文化建设密切关联，不可分割。加强社区文化建设，形成健康、良性发展的可持续社区，已是我们社会建设及其可持续发展的重要构成。如何在我们今天的城乡社区构设和建设中体现其"文化味"，打下其可以持续的坚实基础，其中一个重要方面则是应该重视并弘扬我们的优秀文化传统，包括宗教信仰所提供的文化特色和精神意境，从而使我们的社区既有现代社会发展的风格与韵味，亦有其厚重的文化底蕴和历久弥新的民族精神，给人留下展示时代气息的"清新"和反映历史久远的"深蕴"，使我们的社区具有凝聚人世共同体的"魅力"和体现精、气、神，追求真、善、美的"灵魂"。可持续的社区是鲜活、能动、让人品鉴、给人启迪的社会共同体，这种和谐家园使人感到温馨、带给人精神寄托。所以，人类发展中的可持续社区乃蕴含着信仰的力量。

中国以往的社区管理是"单位"式的管理方式，以"单位"为界而将社会分割，而这种"单位"主要是封闭性、内涵性的"小一统"结构，从而使扩散性、开放性的社区发展很不成熟，"单位人"的意识极强，"社区人"则是为辅的、生活性的。甚至宗教的社会形式也基本上是"单位"或"准单位"式的构成，以"内涵"式存在为主，基本缺少"外延"式的社会扩散。但中国的改革开放使社会结构发生巨变，原来社会"单位"意义上的构建在减弱，就是保留下的"单位"也不断将其社会功能转移、外传，使"单位人"有了更多的社会依存，其社会活动空间及相应的社会责任、义务也进而加强。目前新的"单位"形式有着明显的流变、短暂、不稳定性，甚至是临时的、随意的，让人无法预测，很难把握，从而也不再被人视为稳固的社会基本存在。反映当前时代潮流的术语一有主动性的"走向社会"，二有被动性的"推向社会"，人们的社会意识前所未有地得到加强。同样，当代中国的宗教随着这种社会结构的改动也发生了明显变化，宗教团体不再是以往"单位"意识特强的机构，宗教活动及其结社是弥散性、流动性、基层性的，而且已经打破"单位"之界及其限制，有着更多的"社会意识"和"公民意识"。这样，真正的社区开始出现，并不断发展和成熟。人们的社区意识开始加强，亦意识到其参与社区共建的责任与义务。社区成了真正的"家园"，美丽家园共建，美好社会秩序及氛围遂成为社区成员人人相关、人人有责的事业。而当代宗教团体自然也处于这种新型社区之内，成为这一社区的真正成员；在此，宗教虽然受其社区结构的制约，却也会对社区发展产生影响。在这种情况下，宗教与社区的关联凸显，宗教对可持续社区构建的意义及影响也逐渐呈现出来。

　　现代社区从其在中国一开始亮相就具有异彩纷呈、复杂多样的特色。从大的方面来看，我们有各种政治特区和经济特区，如"一国两制"的特别行政区，享受民族优惠政策的民族自治区，政策宽松、有利于经济发展先走一步的经济特区和各种经济开发区等。从小的方面而言，我们则有不同层次、不同人群居住的生活小区，各种商业区、行业区、文化区和公众活动区等，甚至也有多样的民族社区、宗教社区等，其成员不再是有着密切行政联系的"单位人"，而乃具有开放性社会特点的自由公民组合体、社会共同体。其共同承担的社区建设及社区责任已打破各自"单位"的界限而使同一社区的民众有着共同的生活，有着躲不开的相互关联，有着维系大家共同生活的秩序和规则，同时也就有着大家都需遵循的社区共同原则和法规。若再深入探究，我们则会发现，这些新型社区要想长久发展、可持续发展，这就需要社区文化、社区意识、社区精神、社区鲜活的灵魂。从中国现代社区的开放性发展，则使我们联想并关注当代世界社区的现状及处境，形成比较研究的意识及必要。

宗教与社区是什么关系，宗教在社区建设中可以发挥什么作用，以及宗教能为社区的可持续发展做些什么？这些问题是我们过去所没有细想的，也不是社会所普遍关注的，然而在今天却是我们必须面对且无法回避的。当我们意识到宗教是我们社会大家庭的自然成员，是我们社会不可分割的有机构成时，其实我们是完全可以走出以往的误区，以客观、积极、开明、乐观的态度来审视我们社区中的宗教，发现其对社区建设的重要作用和积极意义等。具有历史悠久的宗教在其漫长的发展岁月中相继形成了其可持续发展观，而这种观念不是孤立的，显然与人类社区发展有着密切的关联，二者之间也有着复杂的交互或互动作用。为此，我们应该认真观察和研究各种宗教的可持续发展观及其相关联的社区意识和责任，从宗教本身可持续发展的考量扩展到对宗教发展与人类社区可持续发展之内在关系的思索和体认。当然，可持续发展无论对于宗教还是社区本身都不仅仅是某种观念或理论，而有着理论与实践的结合、观念在现实中的体现。所以，我们的这种研究既是宗教学的、人类学的，也是社会学的、政治学的和经济学的，是对社区理念和社区管理二者结合的思考，是要推动社会实践的尝试和试验。由此而论，研究宗教与可持续社区的关系乃是一种系统工程，是联系理论与实践的跨越性，甚至超越性探究。其理论意义和现实意义乃不言而喻的。

在各种宗教与可持续社区关系研究中，巴哈伊信仰的可持续社区理念值得我们特别关注。巴哈伊作为一种新兴宗教，也代表着一种新型社区实验模式，其社区建设不只是停留在理论层面，而是有着许多成功的社会实践。如其他宗教一样，巴哈伊注意到社区建设所需要的社区凝聚力，其基本构成或形式包括文化传统、民族意识、政治理想、时代精神和宗教信仰等；而宗教一般都会把其信仰精神看得很重，视其为推动社会发展、引领社区建设的"潜在的精神力量"。对于这种意义和作用，至少值得我们高度重视和认真研究。而与其他宗教所不同的，则在于巴哈伊更强调其社会依属和社区融入，其"内涵"性"教会"与"外延"性社会有更多的交织和融合，达致一种有机共构、水乳交融。除了在社区中的融入和发挥作用之外，巴哈伊社团本身就是一种独特的宗教社区模式，其对自身灵性资源的创造性运用给我们带来了许多启发和思考。所以，从基层群众的思想和需求来看，我们的社区建设不应该完全排拒宗教灵性资源，而应该充分发挥宗教信仰的积极作用。对之需要审时度势、实事求是。现代社区的可持续发展需要精神资源的支撑，此即文化软实力的意义所在。我们的社区不只是物质性的城乡景观，不只是程式性的机械构设，而需要社区文化、社区信仰，体现出社区精神和社区生命。这种精神和生命当然会反映出其灵性之在，包括宗教信仰的超越境界和人生意趣，从而能为社区注入存在的生命力和发展的动力。宗教追求的意境是超然的，但以其指导所进行的宗教实践之场景却是人间的、现实的，这种两个维度之间的"打通"是我们研究宗教的理想与现实之关系所必须认识到的。在此，巴哈伊社团在现实社会中以现代观念和社区实践所获得的经验就颇值得我们研习和总结。

在与现实社会的结合中，我们的宗教研究也在发生"范式的转变"，即更多注意宗教在现代社会的意义与作用。对于复杂多元的宗教本身，我们强调其改革创新、与时俱进的现代意识和积极精神，主张对之加以积极引导，从而使有着厚重历史积淀和灵性资源的宗教能够在现代社会建设、现代社区可持续发展中提供智慧和经验，得以发挥其正能量、凸显其正功能，有机融入现代社会，成为社会和谐的重要因素。于此，我们也理应对巴哈伊信仰有着更多的研究，推出更好的研究成果。

（原载卓新平、邱永辉主编《宗教与可持续社区研究》，社会科学文献出版社2014年版。）

二十一

《基督教传播与大众媒介》序

我们已经进入了"全球化"的信息时代,世界宗教在当代的信息传播亦在与时俱进,故而影响独特,在整个大众传媒发展中占有很大比重,起着重要作用。要想了解当今世界传媒事业的发展及其全貌,对宗教传媒现状及其与现代宗教传播的关联之准确把握,是其关键一环,亦是当务之急。尤其是欧美社会以基督教各派为主的现代传播及所掌握的多种传媒手段,已经成为我们必须关注和研究的一个重要领域。对此,许正林教授的新著《基督教传播与大众媒介》为我们提供了在这一方面的丰富信息和全面研究。

我已结识许正林教授多年,且一直留意其学术发展和在具有前瞻性、前沿性领域的探索及开拓。许正林教授有着研究基督教经典和圣经文学的学术功底,此后又开展了新闻媒体和文化传播的专门研究,并把重点放在对宗教传媒及其社会影响的探讨上,在这一研究领域学有专攻,持之以恒,著述颇丰,见地独到,而且善于运用影视人类学、艺术人类学等新型调研方法,体现出其研究理论及方法的与众不同,给人以前卫和新颖之感。从许正林教授的这一新作中,我们就可以看出其极为开阔的学术视域,极为广泛的资料搜集,以及极为独到的理论创见。

运用大众媒体及其喜闻乐见的传播手段,是宗教发展传播中的一大特色,这在基督教中尤为突出。在世界流传广远的名著、名刊中,在各种脍炙人口的音像、影视作品中,基督教的题材占有很大比重,而且仍对广大民众有着其吸引力和影响力。近些年来，这些作品已经陆陆续续传入中国，且在中国大众媒介中形成不小的影响。对于相关作品的讨论、评介，几乎不绝于耳，但评论界多因一叶之障、说不透彻，其重要原因就是对其宗教蕴涵或背景的了解不够，故而仅能触及其表层解读。对此，我们仍需要大量知识信息，也大有必要促进其学术探究意义上的系统梳理。可以说，许正林教授这部专著的问世乃恰逢其时，在一定程度上满足了上述需求，起到了非常重要的填补作用。

在《基督教传播与大众媒介》这部著作中，许正林教授将重点放在基督教与大众传播媒介的交互关系上，纵向探究了其历史渊源和发展演变，横向审视了其全球辐射和影响扩展。基于这一视域，他搜罗广泛、采撷宏富，以翔实的资料、大量的信息来有力支撑、见证其阐述及结论。该著作后的丰富参考文献和众多附录，故也有着珍贵的史料价值和重要的学术参考意义，并给读者带来检索、查找和阅读的便利。

回溯历史，基督教的传播从古至今、从亚欧到全球，先后经历了其口头传播、手抄本传播、印刷术传播、广电传播和网络传播等进程，并与世俗的大众媒体发展相遇、相撞、相互渗透及融合，其传播的方式及其内容表达的形式也都在不断突破，多有创新，从而使这一世界最大宗教保持了旺盛的生命力和可持续的发展势头。在对这一历史进程的勾勒上，许正林教授以美国基督教和梵蒂冈天主教的大众媒介体系为重点，以其深入、透彻的研究来尝试揭示出这一宗教得以拨动千百万民众心弦的奥秘，论述其传播手段的特点及其媒介体系的特色。在他看来，基督教传播有着多次飞跃和革命，其复杂进程亦与社会政治、文化、技术的发展进步密切相关。基督教在北美的传播，更是美国历史文化发展本身的重要构成。美国宗教在其本土所经历的四次"大觉醒"，以及其后随着"美国梦"而向外扩张的历史中，基督教的传播理念及其技术手段有着非常明显的提高。为此，许正林教授条分缕析，分别叙述了欧美特别是美国报纸杂志、图书出版、广播电台、电视影视、网络视频等传统和新型媒体发展及信息传播对基督教的影响，以及这些媒体被基督教所运用的情况。这里，许正林教授还特别提醒，现代社会信息同步和互联网等新媒体的技术发展及其不断成熟、完善，使日新月异的电子教会在很大程度上取代了传统教会的魅力，并因其快速、便捷等优势而使基督教的传播理念也时时更新，有时甚至能够引领新潮。其结果，欧美表象上基督教的教堂之隐，反衬出基督教在现代传媒中之显，这种在宗教信仰活动参与方式上的嬗变颇值我们玩味和思考。这里，许正林教授特别提到了教会电视节目、基督教音像制品、畅销书籍和宗教题材电影的影响力及竞争力，从而把我们从波谲云诡的基督教报刊媒体又引入生动绚丽的基督教影视市场，对欧美社会中西方宗教经久不衰的魅力及其文化产业的格外活跃有着犀利的观察和深刻的体悟。

在对影响全世界12亿多天主教徒的梵蒂冈传媒情况的介绍中，许正林教授不仅从视听直觉层面上展示了《罗马观察家》报、梵蒂冈电台、梵蒂冈电视中心以及其互联网站等新媒体的发展，而且还从结构上分析了梵蒂冈国务院、信理部和万民福音传播部及教廷大众传播委员会的指导和引导作用，并在理论上指明《天主教法典》《大众传播工具法令》和相关教宗通谕等天主教传播管理文件对其大众传播工作的影响或约束。在网络时代，梵蒂冈媒体对于世界天主教"大一统"管理上的独特作用，对其圣统制的有效维系，以及对天主教信仰的积极凝聚，都值得我们特别关注和专门研究。

当然，许正林教授的论述有点有面、涉猎更广。在以上所论美国、梵蒂冈作为其重点阐述对象之外，许正林教授不仅谈起美国、加拿大、德国等欧美新教领域对大众媒介的使用和影响情况，而且还以更为开阔的视野论及当今世界新兴宗教的大众媒介传播以及所谓"邪教"的大众媒介渗透问题等，从而对整个西方世界当今宗教大众媒介传播的态势、特点及其意义等都有着宏观、整体的把握，体现出其研究的系统性和完整性。

宗教传播与大众媒介的关系是一个历史悠久的老问题，却也是当今日渐成为热门话题的新关注。在人们越来越注意社会舆论、新闻导向，越来越被标新立异的影视、音像作品所吸引的今天，系统而深入地研究宗教传播及其丰富多样的形式，认真观察其在世界各国文化发展与文化引导、文化事业与文化产业之互动关系中的地位和作用，对于我们开放发展的当代中国有着特殊意义，也是我们在文化研究中仍然亟待解决的一个短板问题。在形成人类命运共同体和多元文化和谐共同体的进程中，文化相遇及文化共在不只是相互抵触、彼此对抗的敌意较量，而也应该有相互学习、取长补短的和谐对话。面对西方媒体及其文化产品极为强势地挺进中国舆论领域、占领中国文化市场，我们已经不能再仅以消极地"抵制渗透"来相对弱势地防范，而必须以我们对相关信息的全面掌握，对相关问题的深入研究来知己知彼、扬长避短，在受到相应警示、启迪的同时也理应找出主动、积极的新办法、新举措，从而能够因势利导，有效应对，处惊不乱，沉着稳定，在今日世界传媒大潮的急剧涌动流变中抢占先机，在全球文化发展中善于巧借宗教文化的软实力，从而能够强有力地展示中华文化之魂的活力，彰显中国文化之梦的魅力。对于这种文化战略的构设及推动，需要我们的睿智和新知。为此，许正林教授的这一新作就非常值得我们认真阅读、深入思考。

是为序。

2014 年 6 月 26 日于北京

（原载许正林著《基督教传播与大众媒介》，上海人民出版社 2015 年版。）

二十二

《基督宗教与近现代中国社会工作》序

社会工作是基督宗教社会存在及社会发展的一个重要组成部分，其主要目的即开展社会服务和慈善事业，救助社会弱势人群，为之解决生活困难，带来精神安慰。早期基督宗教乃穷人的宗教，活跃于社会底层，使绝望无援的人们获得精神解脱。这一传统在基督宗教漫长的历史中得以延续，而且在19世纪前后形成规模巨大、组织形态完备的社会工作体系及其专业化发展，并影响到整个西方社会工作的展开及其近现代发展。

中国近现代社会工作的系统开展，与基督宗教将这一社会工作模式及体系引入中国、对西方较为成熟的社会工作范畴所起的中介作用密切有关。而且，中国教会大学于20世纪初率先在高校开设社会工作专业，促进了中国社会学理论和实践以及社会工作专业教育的发展。尽管基督宗教近代在华传教有着复杂的政治背景，其社会活动也有着相应的负面意义的政治卷入，对之因而理应加以认真分析、反思和评说，但其对社会工作的引介和推进，在一定程度上却仍然应该得到客观的肯定。

自中国实行改革开放以来，我们和谐社会的建设需要多种力量的积极参与和共同努力，而宗教界的社会工作则可被视为这一社会和谐建设的有机构成。基督宗教在社会工作上的经验、方法和理论提升也应得到充分的运用。我们今天需要建设宏大的社会工作人才队伍，党和政府倡导积极引导宗教与社会主义社会相适应，鼓励宗教界人士在经济社会建设上作出有益贡献，并以多部委联合颁布文件的方式支持宗教界有序投入社会服务、慈善工作，这样也就使我们有理由且应该认真研究宗教界的社会慈善事业及其发展历程，尤其应对基督宗教在中国社会工作上的经验教训、历史变迁加以勾勒、总结，以便能为我们今后的社会工作提供思路和启迪。

正是基于这一目的，左芙蓉教授撰写完成了这部题为《基督宗教与近现代中国社会工作》的专著。左芙蓉教授长期以来潜心研究社会工作的理论和实践，并且对基督宗教在华社会工作有着专门的探索和独到的见解。而这部著作则正是其长期研究心得和扎实学术成果的结晶，让人深感其厚重和珍贵。我国研究基督宗教社会工作的学者不多，更缺少具有专业目光的审视，因此，这部著作的问世颇有开创价值。在当前中国社会转型的关键时期，社会工作乃社会急需之一，而基督宗教的社会服务工作则能有力促进社会新兴关系的形成，帮助我们建立或健全系统完善、行之有效的社会救助及服务体系，为我们的社会文化建设增光添彩。

在这部著作中，左芙蓉教授回溯了基督宗教在西方社会工作起源及发展上的独特地位，并重点探究了基督宗教在近现代中国社会工作的开展及其复杂经历。其研究领域宽广，观察视角独到，理论分析深入，细节描述生动，对基督宗教在华医疗社会工作、公共卫生工作、社会救助工作、社会改良工作、乡村社会重建及服务工作、抗日救亡服务、社会事业发展，以及社会工作专业教育创建等方面都有着条分缕析，给出深入透彻的研究和客观科学的论说。此外，左芙蓉教授还专门对中国现代社会中基督宗教所开展的社会工作进行了研究，不仅对教会在中华人民共和国成立初期的社会工作有全面的回顾，而且重点对中国"改革开放"以来天主教和基督教的社会服务工作展开了深入探讨，其中对中国青年会和女青年会的社会服务更是有着特别的说明、清晰的勾勒。这样，基督宗教在近现代中国社会工作中的角色、作用，其历史演进和变化等在我们面前就鲜活起来，给人一种栩栩如生之感。在左芙蓉教授的生动描述中，我们仿佛走进了历史，身临其境，看到了错综复杂、跌宕起伏的社会变迁和教会变化，并进而认识到了基督宗教"中国化"的历史经验和现实意义。而在当下处境中使基督宗教的社会服务工作重新崛起、发扬光大，正是我们社会及时代发展的需求，也是基督教会与时俱进的必要。

对中国宗教而言，当代社会所希望看到的主要是宗教在社会层面的服务参与，做出贡献；这不仅有助于宗教自身在信仰层面上的返璞归真，保持其真善美圣的追求，而且还可以促进中国当代文化的综合发展及向上升华，使社会得到爱的关怀，有着善的展现，体现出崇高的境界和品味。于此，基督宗教以其优良传统和深厚积淀而更应该当仁不让、走在前列。中国社会处境中的基督宗教理应发掘其信仰教义中符合社会主义核心价值观的积极因素，在当代中国起到社会稳定及和谐作用，对公益慈善事业的积极参与作用，以及对社会大众的关爱感染作用。可以说，基督宗教对中国社会主义社会的积极适应和"中国化"发展，其社会服务工作的开展及推广乃是极为关键的一环。反观历史、审视当下、展望未来，左芙蓉教授的这部著作对基督宗教与中国社会工作的关联有着充分的说明，既包含着反思、反省的深长寓意，也表达出对之推陈出新的积极期盼。以往人们对于基督宗教有着种种评论，迄今在判断其价值、作用上亦分歧颇多，而要使基督宗教在当代中国真正走出困境、赢得未来，则不能仅靠其理论提升，而更需要其实践发展。这种社会服务工作则正是其"仆人"精神的发挥、其积极适应的见证。为此，我们细读左芙蓉教授的著作，会有更多的思索、更悠长的遐想。

是为序。

2015 年 12 月 7 日于北京

（原载左芙蓉著《基督宗教与近现代中国社会工作》，民族出版社2016 年版。）

二十三

《试析艾香德的耶佛对话观》序

  王鹰博士的新作《试析艾香德的耶佛对话观》，在宗教对话研究中探究了一个重要范例。自利玛窦来华传教改"西僧"为"西儒"之后，耶儒对话不断深入，而耶佛关系却日趋紧张。这是历史上基督教在与中国文化对话中特别值得反思和反省的一个议题。明清基督教通过"合儒"而与中国政治文化及上流社会建立了较好的合作关系，这是其当年在华立足和发展得以成功的一个重要原因。然而，天主教传教士当时对佛教态度的改变，尤其是利玛窦等人从"随佛"到"弃佛"的选择，触发了当时的耶佛之争，甚至反映在相关"教案"的思想、社会及文化冲突之中。由于没有处理好耶佛关系，明清天主教在华虽然依附了上层却没能抓住基层，故而在"中国礼仪之争"以后陷入其在华发展的低谷，处境颇为被动。所以说，在基督教"中国化"的复杂经历中，耶佛关系值得我们特别注意，而学术界对耶佛对话的研究亦理应加强。

  这种基督教在华生存之中相对紧张的耶佛关系，随着挪威基督教新教传教士艾香德20世纪初来华而出现了重要松动和意义深远的改变。对此，王鹰博士在前人研究的基础上广泛搜集资料，认真梳理比对，开展了对艾香德从耶佛接触到耶佛对话的深入探讨。其探究的意义，一是在于揭示了艾香德在华试图打破耶佛紧张关系的尝试及其时代背景，说明了这一独特历史人物及其处境关联；二是将宗教对话与比较宗教学相关联，从而在分析其历史事件中增加了相应的学术蕴涵，并且说明了当时艾香德耶佛对话得以进行的学术知识及方法论背景；三是对艾香德耶佛对话的成就与困难、其实施对基督教会及中国社会带来的利与弊以及这种多宗教对话和跨文化比较的意义与影响等，都有着比较客观和冷静的分析。从基督教"宣教"意义上，艾香德的努力并没有取得较大成功，而且还遭到基督教会内部一些人士的非议，因而其经验在西方基督教传教史上也鲜有提及；但从宗教思想、文化比较的意义上，艾香德的尝试却有筚路蓝缕之功。在宗教认知上，艾香德正视宗教多元的存在，这是宗教对话的客观现实和理论前提。在"中国意识"上，艾香德找到了"以道求同"之途，周旋于"中华之道"与"基督之道"的可能交织和共构，并设法拉近耶佛对话中"成道"与"成佛"的距离，喻示一种互通关系。他以"求同"为主，但也意识到其"存异"之不可避免。在求达实效上，艾香德争取理论与实践并重；他出入于佛教寺庙与基督教堂，与佛教徒深入对话沟通，并且从形似与神似兼顾的意义上先后建立了南京景风山、香港道风山和杭州天风山这三个耶佛一体、寺堂共融的基督教丛林。而在理论建树上他则完成了《中国的宗教》《佛教源流考》《宗教概论》《宗教比较学》等重要著作。其视域还从耶佛二教扩大到儒、道、伊斯兰教、印度教等世界宗教。特别值得一提的是，艾香德与中国佛教泰斗人物太虚大师亦有深交。太虚通过接触基督教而赞赏耶佛二教对话，曾有著述肯定基督教的积极意义，并在一定程度上受到基督教社会面向的启发而宣传和推动了"人生佛教"的实践发展。今天中国佛教所走的"人间佛教"之路，实际上是太虚等人所开创的这一传统之延续，而且在太虚最初的构思中就已经有着耶佛对话、沟通的深层寓意。对于这些重要内容和相关层面，王鹰博士在这部新作中都有特别的关注和生动的论说。

在中国展开的耶佛对话，还涉及一个值得我们深思的问题，即佛教和基督教对于中国社会文化而言本来都是外来宗教，但佛教本土化的成功、其"中国化"的华丽转身，使之已经获得中华文化重要构成的地位，而且还能代表中国文化向外传播，这都是值得基督教学习和借鉴的。在耶佛对话中，实际上就有着对中华文化核心的体悟和对中国社会处境的适应。基督教在与佛教的对话中，应该得到一些启迪或引导，从佛教由外来宗教到真正中国宗教的转变中有所感悟和推动。在某种意义上，基督教"中国化"的任务并没有得到根本性完成，从佛教在社会政治、思想文化多层面地融入中国及其对中华文化的相应体现，基督教也应该有其积极审视和呼应，这当然是艾香德时代之耶佛对话所很难深思熟虑的，而在当下则理应发展和推进，从而争取基督教"中国化"的有效实施和在新时代的积极突破。

艾香德的耶佛对话对于这种对话的现代发展具有先知意义和探路之功。在沉寂了一段时间后，耶佛对话在20世纪的中期及下半叶在东西方重新崛起，并呈现出非常强劲之势。从佛教方面，日本禅宗学者铃木大拙和京都学派将佛教推进到西方基督教地区，开始了意义独特的佛耶对话，一时使"禅"成为西方社会流行而热门的字眼。而西方则在20世纪60年代以来呼吁与"东方"对话，其中重要的思想内容即与佛教的全方位对话。20世纪80年代初我在欧洲曾经接触到住在天主教本笃修会内修行的日本和尚，亦见到德国天主教僧侣到日本禅院打坐体验的视频。这种"禅"风曾使西方基督教领域的学者闻"风"而动，全面、系统地开展了对佛教的研究和相关学术对话，仅我熟知的这方面的西方学者就包括欧洲的瓦尔登菲尔斯、冯·布吕克，美国的蒂利希、柯布、弗雷德里克等人。进入21世纪以来，中国学者也"风随意思而吹"，逐步加入了耶佛对话研究的行列，如香港杨熙楠博士有力推动了对艾香德与汉语神学的研究，赖品超博士等人亦组织了中国大陆和香港学者联合开展"佛耶对话"研究，并陆续发表了不少这一方面的学术成果。当然，这一研究才刚刚起步，我们深有任重道远之感。

大约二十年前，我有机会到香港道风山学术参观访问，在其山顶具有佛教特色的院落里触景而生情、临风而有感，散步中曾与杨熙楠博士谈起了要系统研究艾香德耶佛对话的想法；但自己后来由于琐事太多、心不入定，任时光流逝而未能如愿，一直颇感遗憾。王鹰博士早在硕士学习期间已专攻佛教，进入博士研究之后则进而研习基督教，由此我鼓励她结合两教之探而选择对艾香德耶佛对话的专题研讨，此后得到杨熙楠博士大力支持而有了她在香港道风山等地搜集资料、潜心研究的机会。因此，眼前这一研究成果的问世，可以说既给我带来了特别的喜悦，有一种好像自己终于完成了夙愿的释怀，也是其对当下基督教"中国化"进程之学术推动的积极参与。

　　是为序。

2015 年初于北京

（原载王鹰著《试析艾香德的耶佛对话观——基督教和佛教的相遇和互动》，宗教文化出版社 2015 年版。）

二十四

《心灵牧歌——新约百科赏析》序言

《圣经》是基督教信仰生命之源,其信众视之为"神意""圣言",对之有着独特的理解和格外的敬重。在人类文化史传统中,《圣经》又是世界上流传最广、印数最多、影响最大的一部经典名著。因此,对《圣经》的传抄、翻译、解读和研究,两千多年来一直得以延续,而且不断高潮迭起,令人叹为观止。由于专业研习的需要,我自己也曾在 20 世纪 80 年代末系统阅读和专门探究过《圣经》,写过《圣经鉴赏》一书。在当时的经典接触中,自己已经体悟到《圣经》史料的包罗万象和《圣经》蕴涵的博大精深,深感自己的探讨只是初步和开端,曾有过回过头来抽时间再专门潜心研究这部巨著的想法。但没留意一晃二十多年过去了,原有计划没能实现,也没有时间和精力再来对《圣经》展开专心、认真的阅读与思考。对此,自己这些年来心情一直颇为纠结,故而对学术界《圣经》译介、研究的状况及进展也就有了更多一些关注和期盼。最近通过朋友的介绍,得以拜读王汉川博士的新作《心灵牧歌——新约百科赏析》,一下子为其隽永细腻的解读、生动流畅的文笔所吸引,并从心底涌出特别的惊喜和敬佩。

王汉川博士的这部新著将重点放在《圣经》的《新约》,对之有着缜密、认真且深入的研习,进而以其深厚的学术功底和信仰的精神积淀来展开百科全书般的详细解读,并且特别突出了"生命之约"的主题及其意蕴。"生命"关涉宇宙万物,对人类尤其有着独特的灵性意义。

人生各种之约都基于"生命之约",人的命运也与其"约"息息相关。人的一生始终处于两维之间的追求或挣扎,由此而有着神圣与世俗之间的处境,会在升华与沉沦之间徘徊,面对超脱与投身之间的选择。无论是拯救或逍遥、属灵或媚俗、觉醒或沉迷,都与人生之约有缘。这是宗教信仰的话语,也是让世人都能引起共鸣的心声。王汉川博士以其专业研究及生活体验来言述、解读《圣经新约》对"生命之约"的表达和见证,从基督教精神传统中发掘其生命意义、生命价值的真谛。这种探索既表达了基督教界信者对其"圣言"的倾听和对其"神意"的体悟,呈现其在"生命之光"中的沐浴和新生,让人感受到一种信仰的"畅达与灵动",却又有着"人意""史实"的定位,展示出其脚踏实地、基于社会的宁静与稳重,使人能理解并认可其真实、准确的阐述,客观、中肯的叙说。

对于宗教经典的研读和评价,我们理应正确对待这种内涵式和外延式的不同维度,体会其各自的合理定位和独到思索。我们至少应该对之持一种开放性、包容性的态度,并希望也能有一些积极的鉴赏和相应的肯定。宗教经典作为人类精神文明中的瑰宝和珍品,人们对之赞赏亦理属自然,并不为过。我们在与之接触中,完全可以采取一种对话、谈心的方式来沟通,争取找寻到某种共识。实际上,王汉川博士在其对《新约》的译解和叙述中,已经非常艺术地把握好了这两维的有机结合。从其内涵式解读来看,王汉川博士有着丰富的基督教神学知识,对《圣经》文献更是有着精准的了解;因其长期从事释经学的探究,熟悉其业内的话语体系和专门表述,故而不会与基督教的信仰原则相抵触。而从其外延式探究来说,王汉川博士也有着哲学尤其是美学的功底,在文学、语言学、比较艺术学上亦造诣颇深,其开放性视域又使之能超越基督教信仰之界而有着更多的思绪、更宽阔的眼界和更为适中的把握,其阐述因而也自然会体现出历史之真和哲学之智。这种综合性的探究之维所带给我们的启发,就是应以平静的心境、平等的态度来面对人世中各种对真、善、美的渴求及探寻,同样也应客观、宽厚地对待宗教信仰者及其经典著述,其交往及交流需要一种真挚和真诚,由此才能使我们自己的理解及评价更为真实、更加科学。

在王汉川博士多年来释经、译经的努力中，我们进一步看到了以现代中文重译《圣经》的希望及可能。"新文化运动"时的《圣经》白话文汉译曾给当时中国的文化、文学发展带来独特的景观，让人们看到了中文现代化、通俗化发展的一道亮丽风景线。但此后百年之久，中文在当今时代大潮中乃日新月异，而后人汉译《圣经》的努力却尚未获得质的突破。19、20世纪之交的国人普遍接受了"信、达、雅"的翻译标准，并在适当把握好这三者之度上反复推敲，颇费心机。由于目前很难组织起如百年之前的那种集体译经活动，一批当代学者已经在跃跃欲试，开始走向独自译经之途，并先后推出了他们的译作或诠释。其尝试正是旨在打破这种僵局，让《圣经》新语同时代的需求相吻合。对此，当然仍有着见仁见智、猜测怀疑的评议，但这种勇气及摸索本身却值得肯定和鼓励。

抱着筚路蓝缕、敢为人先的意愿，王汉川博士也以其"翻译"加"注释"参与到这种译经新潮之中，并且为自己制定了"信、通、达"的原则，努力争取达到准确、真实、通达、流畅的严格标准。经过多年的实践，其行文优美、节奏明快、朴实典雅的风格已得到越来越多的业内人士的肯定和赞赏，亦逐渐被读者大众所接受和喜爱。在有着"早春二月"、探幽标新意蕴的《圣经》中文新译中，王汉川博士的作品无愧为傲寒斗妍的奇葩。

其实，我们在玩味、享受王汉川博士译解《圣经》那通晓畅达的文句时，更应该深入、认真地思考对宗教中的生命意义、对命运中的神圣之约、对信仰指引之爱行天下等意蕴和境界的体悟和评说。在"地球村"的今天，人类一家、世界大同、各族和谐、地上平安，这些美好的理想和愿景不可能坐等，而要靠我们大家共同努力去实现。为此，我们需要更多的倾听、阅读、对话和交流，我们要有更真实的敞开、坦诚、包容和理解。这是一个开放、共在的时代所要求的对信仰的理解。在王汉川博士精心汉译《圣经》及其百科知识共构的诠释中，我们会得到更多的启迪，也会有着更久的遐思。

是为序。

2014 年 8 月 25 日于北京城中

(原载《圣经文学研究》第 12 辑,人民文学出版社 2016 年版。)

二十五

《北京东岳庙志》序

　　宗教信仰是人类精神世界的普遍现象，也是社会文化的重要组成部分，体现出人类追求超越性和神圣性的思想境界，而且其存在与发展对古今中外的不同文明体系都产生了举足轻重的作用和深远影响。在中华民族五千年的文明史上，宗教同样占有非常重要的地位。中国人的生活世界中无不彰显了宗教文化的丰富内涵，折射出中国人的精神境界、思想旨趣、灵性气质及终极追求。

　　习近平总书记说："中华文化源远流长，积淀着中华民族最深层的精神追求，代表着中华民族独特的精神标识，为中华民族生生不息、发展壮大提供了丰厚滋养。中华传统美德是中华文化精髓，蕴含着丰富的思想道德资源。"社会主义核心价值观与中华优秀传统文化有机相连，中华优秀传统文化是社会主义核心价值观的土壤和基础，培育和弘扬社会主义核心价值观必须立足中华优秀传统文化。宗教文化是中华优秀传统文化的重要组成部分。今天，我们大力推动文化建设和文化战略，构建和谐社会、促成和谐世界的理想，都必须基于中华优秀传统文化的滋养和积淀，继承中华文化的精神资源和信仰传统，弘扬宗教思想文化的积极因素，把宗教作为我们自己的社会构建力量，而不能把它看作是一种异己力量；我们要积极引导宗教、正确对待宗教，使之有机地融入当今中国的和谐大家庭。

　　正确认识宗教信仰、妥善处理宗教问题，对于当前精神文明的建设、和谐社会的构建、社会主义核心价值观的培育，以及提高中国文化软实力、促进中华传统文明的推广和传播、推动中华文化"走出去"和"一带一路"国家战略的实施，都具有积极的现实意义。我们应该努力挖掘宗教文化中的积极因素，深入阐释宗教教义中的合理成分，弘扬宗教伦理中的人文内涵，积极引导宗教与社会主义社会相适应、共和谐，激发宗教团体和信教群众在现代化建设中的参与热情，发挥宗教在促进经济发展与社会和谐方面的积极作用，使之成为重建精神家园的重要文化资源，为实现中华民族伟大复兴的"中国梦"释放正能量。

中国有着悠久的历史文化传统，各民族和谐共存，各宗教的传播与交流亦积累了丰富经验。自改革开放以来，中华大地上出现了宗教恢复其正常生存、宗教与中国当代社会积极通融的大好局面，而中国人也重新开始呼唤道德价值和信仰意义的回归，以尊重中华优秀传统文化的姿态来找寻一度失落的中华文化精神家园。时至今日，多种宗教的共生并存和多元发展，已是不争的事实。在当前这个极为敏感的经济和社会转型时期，如何客观、正确地审视宗教信仰问题，如何积极引导和有效促进宗教正面意义、积极功能的发挥，将是我们不得不认真思考和对待的问题。

当代中国进入了全面建设小康社会的关键时期和深化改革开放、加快转变经济发展方式的攻坚时期，文化越来越成为民族凝聚力和创造力的重要源泉，也是综合国力竞争的重要因素。丰富精神文化生活，日益成为我国人民的热切愿望。宗教信仰是中国公民信仰的一部分，社会主义核心价值观与中国公民的信仰诉求密切相关。我们要全面贯彻落实中国共产党的宗教工作基本方针和宗教信仰自由政策，维护中华人民共和国宪法的尊严和权威，遵守法律对宗教信仰的保障，保护公民信仰自由，促进宗教服务社会。同时，宗教界人士也应自觉遵守国家的法律、法规和方针政策，警惕宗教内部出现"异化""他化""外化"和"敌化"等倾向，防范极端思潮和境外敌对势力渗透和利用。在目前复杂多变的国际环境下，宗教无论是对于中国文化软实力的提升，还是作为社会建设、文化建设的重要力量，都有着重要的战略意义。

客观地说，宗教文化具有一定的保守性，因此需要不断改革、与时俱进；但正是中国宗教这种对传统中华文化的维系和坚守，使之成为具有建设性、协调性及宽容性的"和谐"因素、"维稳"力量，进而在维护社会安定、协调人际关系、缓和阶级矛盾等方面发挥了无可替代的作用。所以，对于中国宗教维系中华文化传统的作用也需要辩证地看待。此外，中国宗教在与社会主义社会相适应的过程中通过不断自我扬弃、自我改造，通过继承优秀传统文化、吸纳外来进步因素来调整、完善和升华自身的理论，也使之能够积极参与社会主义文化大发展、大繁荣的现代使命，与当代中国人一道承担社会转型、民族复兴的历史重任。为此，我们理应建立健全有效的宗教管理机制，充分发挥宗教的积极、正面的社会功能，努力弘扬宗教文化中的良性因素和优秀传统，防范或避免其消极、负面的社会功能，使宗教能够更加积极、主动地为社会主义文化建设和文化繁荣、构建和谐社会服务。

争取人类和谐、世界和平，是宗教界人士的共同使命。中国社会历来强调和谐共融、社会一统，中华文化追寻的是多元共构、天下和睦、世界大同的境界。崇善抑恶、仁慈宽恕、行德显爱，这是真正的宗教文化所倡导的价值理念和行为准则。对现世的关怀，是宗教的永恒话题。基督教宣称"博爱"、伊斯兰教强调"和平"、佛教追求"觉悟"、道教强调"长生"，这些都体现出人们在现实生存中对崇高和超越的精神追求。而在这种追求中，宗教界人士也理应要践行社会主义核心价值观，深入挖掘其信仰教义中有利于公民、社会、国家的积极因素，发挥宗教的正能量，为社会主义建设服务，努力促进民族团结、宗教和谐。

道教是中国的本土宗教，是扎根于古老的中华文化土壤中生发出来的传统宗教。道教源远流长，有着深厚的文化底蕴，对中国人的思维方式、性格特征等产生了深刻影响，故鲁迅断言"中国根柢全在道教"。在 21 世纪全球化浪潮的时代背景下，道教再次面临着新的机遇和挑战，亟须发挥出其特有的本土优势和文化内涵。道教作为中华传统文化的重要组成部分，其发展既要保持历史传统，又要符合现实需要，与时代相合拍。按其性质和传承，道教是出世与入世、超脱与务实兼顾的宗教，自古以来就秉持了关注自然、关注社会、关注人类、关注生命的优良传统。这种特有的历史文化内涵和人文价值取向，注定了道教与现实社会的密切联系。

"尊德贵道、和谐共生""慈爱和同、济世度人"，是道教文化的优秀品质，也是当代道教发展的重要使命。《庄子·秋水》云："以道观之，物无贵贱；以物观之，自贵而相贱；以俗观之，贵贱不在己。"尊重生命、善待万物，是道教生态伦理观的重要内容，充分体现出了道教兼济天下苍生的人文关怀传统。道门中人认为，万物本无贵贱、等级之差别，山川草木、飞禽走兽等都"内含道性"，"道非独在我，万物皆有之"（《西升经》）。这种理念，对现代社会的生态和谐、环境保护等议题无疑具有很大的启发性。人与自然的关系，是人类永恒关注的命题，更是当今生态文明中的主旋律。东晋葛洪撰《抱朴子·内篇·塞难》云："天道无为，任物自然，无亲无疏，无彼无此也。"所谓"任物自然"就是遵循客观必然规律，与外物和谐共处。唐代高道成玄英主张的"随造化之物性，顺自然之本性"原则，亦为化解人与自然的矛盾与冲突提供了合理、明智的途径。此外，道教推崇崇尚自然、俭朴恬淡的生活方式，反对骄奢淫逸、铺张浪费，对于当今社会树立正确的消费观念、培养健康的生活旨趣也具有启迪作用。

"人能弘道，非道弘人。"广大道教信众作为道教文化的守护者和继承者，有责任、有义务保护好道教文化遗产，深入挖掘道教优秀思想文化资源，阐释道教古老智慧的当代价值，努力构建当代道教教义思想，自觉担当起弘扬中华传统文化的神圣职责。近年来，中国道教界不断推动道风建设，积极开展和谐宫观创建活动，加强规范化管理，建立规章制度，抵制商业化倾向，杜绝借教敛财现象，维护清净庄严的宗教氛围，塑造了良好的社会形象。此外，为了配合"一带一路"国家战略的实施，道教界也丰富和完善了宫观联谊机制，持续加强同中国港、澳、台地区及东南亚等国的宗教互访，不断深化境外合作与交流，举办"国际道教论坛"、开展"道行天下"活动，推动道教文化走向海外、面向世界，让更多国家和地区的人民了解和分享古老道教文化的传奇魅力，从而也明显地扩大了"中国之道"的感染力和影响力。

北京东岳庙是道教正一派在华北地区最大的宫观，迄今已有七百年的悠久历史。2008 年，有关部门将东岳庙的部分宫殿恢复为宗教活动场所，聘请时任中国道教协会副秘书长的袁志鸿道长担任住持、"庙管会"主任。我与袁道长是相识多年的老朋友了，他精力充沛，身兼数职，热心公益，豪爽待客，与政界、教界、学界、艺术界、商界等各方人士保持着密切的交往和良好的友谊。此外，他笔耕不辍、著述颇丰，先后出版《道教神仙故事》《当代道教人物》《凝眸云水》等专著，发表《道教节日》《道教正一派授箓与全真派传戒比较研究》《道教的社会伦理思想和人文精神体现》《京都道教文化遗产的保护、经营和管理》等学术论文，为当代道教的发展和教义传播作出了积极贡献。

袁志鸿道长执掌北京东岳庙以来，十分重视人才建设、教风建设和宫观建设。这几年北京东岳庙遵照国家法律和道教仪范戒律，先后制定了一系列规章制度，对教职人员、宗教活动、宫观管理等诸多事务作出明确规定和约束，切实做到依法办事、如仪活动，有力推动了北京东岳庙宗教事业的健康、有序发展。自复庙以来，北京东岳庙积极投身公益慈善事业，在扶贫赈灾、养老助残、社会救济等方面做了大量工作，产生出良好的社会反响。此外，北京东岳庙还大力推动文化建设，购置图书资料，创办杂志《凝眸云水》（季刊），不定期开展学术研讨活动，先后与中国社会科学院世界宗教研究所联合举办了"东岳信仰与北京东岳庙学术研讨会"（2013 年 5 月）、"首届北京宗教研究高端论坛"（2015 年 7 月），与四川大学道教与宗教文化研究所联合举办了"道教学术研究前沿问题高峰论坛"（2015 年 10 月）等，获得学界的广泛好评。

我素知袁志鸿道长还有一个未了心愿，就是要为北京东岳庙编撰一本大部头的庙志。他为此投入数年心血，多方联络、广泛取材。如今，欣闻庙志杀青完稿。待版之际，袁道长嘱我撰写序文，于公于私，我皆不能辞。草撰此文,以为祝贺。

(原载袁志鸿主编《北京东岳庙志》上册,序二,宗教文化出版社2018年版。)

二十六

"中国基督宗教重要文献汇编丛书"序

  基督教的"中国化"是基督教在华发展极为关键的举措，但这一历程是复杂曲折的，人们对其意义的认识也经历了漫长的岁月，迄今仍然存有分歧。因此，在当前大力推动基督教"中国化"发展的关键时刻，很有必要回溯基督教在华传播和逐渐与中国文化融合的历史，总结其经验教训，找出中国基督教当代存在及发展的正确方向和最佳途径。这就是《中国基督宗教重要文献汇编》的根本意义之所在。

  自唐代基督教传入中华，就自觉或不自觉地卷入了波澜壮阔的中国历史发展，与中华文化及在中国大地呈现的各种外来文化产生了交往、碰撞、对话或融通，这构成了中华文化史和中外交通史的重要内容，基督教本身也在这潮起潮落、跌宕起伏中沉浮、拼搏，既想保住其本真，又需获得其新生。这一经历使基督教在华历史充满戏剧性和冒险性，也使之命运多蹇、变幻莫测。从唐朝景教的亮相开始，基督教有着四次传入的史话，也有其多次被禁、消失、尘封的遭遇。而从最初的"文化披戴"到如今越来越深入的"文化融入"，基督教在华的形象也在不断改变，其对中华文化的体悟和认同更是越来越深刻。

  在这种相遇与冲突、误解与领悟、存异与求同的双向互动中，基督教在中国面对着各种问题，寻求着可能解答，并没有停止其摸索、放弃其努力，《中国基督宗教重要文献汇编》的各卷实际上就反映出这一心路历程，记载着其理论探究。在此，许多重要议题都被涉及，如"普世性"与"地方性"、"西化"与"华化"、"求同"与"显异"、"上层路线"与"底层联系"、"城市"与"乡村"、"沿海"与"内地"、"中心"与"边疆"、"知识阶层"与"普通民众"、"先知"与"仆人"、"役人"与"服事"、"洋教"与"本色"、"合一"与"分殊"、"中华归主"与"主入中华"、"对话"与"对抗"、"政治"与"宗教"、"启蒙"与"拯救"、"文化侵略"与"文化交流"、"因循守旧"与"与时俱进"、"爱教"与"爱国"、"爱己"与"爱人"、"依附"与"自立"、"去中国化"与"中国化"、"传统"与"现代"、"旧制度"与"新文化"、"个人灵修"与"社会慈善"、"流俗"与"更新"等。在这些思考中，一些传教士从西方宗教的宣传者变身为中华文化的研习者，一些西方中心论者开始反思并批评自己原来的立场观点，还有一些欧美神学的推崇者转化为中国神学的探索者。当然，历史并非如此简单，对抗与争辩、纠结与博弈、分殊与分道等也一直存在着，这些思想分歧、理论交锋，乃至文化冲突也都在《中国基督宗教重要文献汇编》中有着生动的表述、得到真实的写照，留下了宗教文化交流曲折发展的深深印痕。而我们阅读这些栩栩如生的历史文献则并不指望能马上抚平历史的痕迹、治好冲突所造成的创伤，其更为重要的则是激励我们去冷静洞观、深刻反思，由此来对基督教在中国未来的发展加以展望、对其拨乱反正的途径加以梳理，并对其更好的前景能有充满信心的期待。

以史为镜，洞若观火，以史为鉴，登高望远。以鲜活的文字、透彻的史实来观古悟今，不是要让我们仅仅发思古之幽情、叹往事难回首，而是要使我们从历史之波折、交流之坎坷中看到对未来的希望，走出艰难岁月，以历史的厚重积淀来促进基督教中国化的努力，使之达到在我们今天中华文化更新与重建中的积极超越。对此，研读《中国基督宗教重要文献汇编》，会给我们带来有益的启迪和必要的深思。

（原载唐晓峰、王帅编《民国时期非基督教运动汇编》，社会科学文献出版社2015年版。）

二十七

《梅州香花仪式及其宗教艺术象征研究》序

在中国宗教研究的最近发展中，人们对中国民间信仰的兴趣越来越浓厚，并有着各个领域的探究和相关学术成果的问世。但在这一方面的众多研究中，对于中国民间信仰之宗教艺术层面的关注却不是很多。为此，张小燕博士刚刚完成的这部新著《梅州香花仪式及其宗教艺术象征研究》，在中国宗教艺术研究领域会给我们带来一种清新之感。

对于宗教与艺术的关系，宗教学界和艺术领域都有着很多讨论，但其立论多有不同，各自显示出对宗教性或艺术性的偏重，缺少有机的关联和理想的融通。这种较为孤立的研究形成了隔膜，虽然各自对宗教艺术有着局部的捕捉，但很难把握其精髓之所在。而在最近方兴未艾的彼此关联之研究、对话中，这两大领域都因为深度相遇而开始碰出一些耀眼的火花，使人们欣赏到艺术的魅力，经历到宗教的震撼。可以说，将宗教与艺术有机结合来研究，既是一种美的历程，也属一种灵之体验，由此可以加深人们对宗教精神世界的领悟，同时也能更加全面和透彻地品鉴艺术创作的独到匠心。宗教艺术乃宗教与艺术的生命关联，宗教会给艺术注入灵气、增添神韵，而艺术则可让宗教精神及其意境达到淋漓尽致的表现与富有感染的宣泄，获得对宗教认知的全新感觉。综合来看，在人类思维及认识方面，至少会有形象思维、意象思维、抽象思维等形式，会经历客体认识、主体认识和整体认识等进程。哲学以其理性、思辨、形而上学而更多体现为抽象思维，而文学、艺术则有着更多的感性和移情，其想象和创意故而多显形象与意象思维之特色，习惯上倾向于转哲学之深思为文艺之审美，这种转身华丽而浪漫，往往会更接地气，也会获得更多的关注和吸引。而由此领悟到的认知则既是客体的，更是主体的，实现了一种主、客交织之整体融贯。

宗教艺术的强大感染力对于人们并不陌生，人们对佛教艺术、基督教艺术等珍品的折服、感叹亦司空见惯。而这部著作的特点则不是继续沉浸于学院派、贵族化的宗教艺术鉴赏，也不是习惯地随着大众仍在闻名遐迩的名家宗教艺术之长廊中流连忘返；虽然作者曾留学英伦，获得过宗教艺术、文化遗产研究方面的硕士学位，在这里却不再挤入对那些高、大、全之宗教艺术经典的赞赏和溢美大潮，而是另辟蹊径接地气，深入民间探真情，注重田野调查，乐于基层采风，返璞归真，回到本源，在探究、体悟中国民间宗教艺术本真及其精髓中看到这种淳朴逼真、鲜有矫饰的"下里巴人"乃是宗教艺术之"阳春白雪"的肥沃土壤和坚实基础，在好像难登大雅之堂的民风习俗、看似普通的灵性传统中，寻找出宗教艺术的精、气、神和其追求的真、善、美，于朴实中见证神圣，在无意中得以升华。所以说，在当下宗教艺术的探究中，尤其在对中国人的宗教信仰传统的理解中，我们应该鼓励这种深入底层、立于草根的原创性探索，由此或许能够找到中国宗教精神的独特奥秘，触及中国民间信仰的生命动力。

作者在其著作中以梅州香花仪式为案例，从其宗教特征上展示中国民间信仰涵括各种传统宗教的融通性和互渗性，而从其艺术表现上则研究民间宗教所独有的艺术象征意蕴。为此，作者不仅对梅州香花仪式加以内容丰富、非常具体的呈现，而且从理论探索上则又跳出这种具体个案来尝试对宗教艺术乃宗教精神之物化阐释、形象表达加以说明。例如，作者对梅州香花艺术有着静态和动态的观察，由此体悟其所反映的宗教艺术之时空描写上的各自不同，并进而思考其跨越时空之关联的融通方式和其整合意义。在此基础上，作者进而超出对香花仪式的具体宗教艺术之探，从更大的人类社会现象范围和更久远的世界历史延伸来反思宗教艺术的发展演变，以及其范畴、特色的形成。在人类文明历史上，宗教艺术是史前文明的重要表现之一，曾稚朴地反映出远古人类的存在处境和精神追求；当然，宗教艺术在漫长的岁月中得以发展、变迁和升华，不仅已经远离其古朴之初，甚至还超越其现存之状，有着令人感叹的心灵遐想和精神飞翔。尽管如此，宗教艺术的踪迹仍可找寻，其似水年华亦能追忆，这不仅静态地留存在许多远古民族的艺术古迹之中，而且还动态地在民俗文化中鲜活地再现。所以说，民间宗教艺术以自己的发展轨迹而形成了从远古走向当今的连线，尽管在长久的时间之流的冲刷中已经有所模糊，但这种古今关联及传承仍然顽强地保留下来，其印痕迄今也依稀可辨。从这种意义上来说，民间信仰的宗教艺术是我们考察人类精神之旅不可或缺的活化石。

除了谈论宗教的社会关联及政治卷入，体认宗教艺术的审美之维和灵性启迪亦十分重要。在对宗教更多领域进行发掘时要特别眷顾宗教艺术这一领域的开拓，这在我们当下和谐社会的构建中尤为必要。宗教艺术研究是立体的、动感的、多彩的，而描述中国民间信仰的宗教艺术象征则结合着中国社会的根底，反映出老百姓的真实喜怒哀乐，其蛮荒与古朴、稚嫩与童真、奇思与怪诞，都共同以其特点鲜明的想象力和惊讶感而描绘出人间灵性放光的精神彩虹胜景。而宗教艺术研究本身也会给人带来赏心悦目之美，使人会有充满遐想之思，同样也能让人有惊魂动魄之感，并往往使人生伴有匪夷所思之效。将宗教艺术之探与民间信仰结合是非常睿智之举，当我们在宗教艺术发展的标新立异中清楚听到其前进的脚步声时，而民间信仰的宗教艺术之探则是一种悄然的回归，是对以往精神文化传统的温故知新、开拓创造。宗教艺术的寻根溯源不可避免会走向民间、激起乡恋，在其信仰之身份验证时走入千姿百态的神明世界，邂逅各种宗教象征及信仰造型。这种走入会产生一种愉悦，会触及各种警醒，既会是信赖之旅，也会有反思之定，我们在此走向认识人类自己的镜头、走入反映信者精神真貌的镜子，也由此而引申出人们之间因对话而同行，因合作而共存的人类命运共同体观念，理解信仰会带来超拔的梦幻、产生美好的愿景，是空谷足音、千年回响。对于中国民间信仰的这种宗教艺术特色，在《梅州香花仪式及其宗教艺术象征研究》这部著作之中都有着生动的描述，获得了图文并茂的展现。或许，我们的中国宗教特色、中华宗教传统之探，会在这类著述中找到令人满意的答案。

是为序。

2016 年 4 月 22 日于北京

（原载张小燕著《梅州香花仪式及其宗教艺术象征研究》，社会科学文献出版社 2018 年版。）

二十八

《圣经翻译论稿》序

在第三届全国宗教经典翻译研讨会期间，任东升教授带来了他与其学生高玉霞合作完成的新著《圣经翻译论稿》，希望我能为之写序。盛情难却，只好从命，于是得以有机会先睹这部新作。我知道任教授是圣经翻译研究领域的专家，尤其是在近几年这方面的研究上已经脱颖而出、卓有成就。细读书稿，难掩自己新的惊讶和惊喜。

对于圣经的翻译与研究已有约两千年之久的历史，人们对圣经文本的定性一直是见仁见智、各有所论。但其魅力就在于这部宗教经典是人类历史上迄今翻译最广、印刷最多、影响最大的著作，对其探究亦历久不衰，仍充满活力。所以说，圣经的翻译研究已经成为世界学术界在宗教学、文献学、翻译学等领域的重要组成部分，并且在今天中国学术界亦成为相关学科的热门话题。这种发展说明圣经在文献学、传播学、比较文学等方面的意义已经被国内学术界所关注，人们开始比较深入地探讨圣经作为"宗教文本""文化母本""文学原型"的由来及其变迁，并且特别注意圣经在中文翻译过程中的理解与表述，原本与译本之间的关联及差异，不同语言各自形成的特殊性及译者主体与其翻译客体的关系，其翻译中的还原、再现、误读、创作等现象。其实，不同语言乃反映出不同民族的思维特点、不同文化的基因元素，这种语际之间可能相遇，但其直译互换则几乎没有可能，所谓翻译只能是借助应译语言的特性来对翻译文本语言的解读、消化、重构。所以说，任何语言的"直译"都不过是相对而言,其辨读、解读、意译则是不可避免的。圣经语言本身就经历了复杂的转换,从旧约圣经之希伯来原文,新约圣经之希腊原文,与之关联的亚兰文,经拉丁文的翻译而到近现代以来世界各种语言的翻译,其语言的差异是巨大的。因此,圣经译本既有其原本的基本蕴涵,也不可避免地会受到其翻译语言所代表的思维特性、文化特色的熏染及影响。故此,"道可道,非常道",译本已非绝对"原道",而乃"非常"之为;然其诠释性再现却无法避免,而且绝对必要。

于是,在本书中,作者借用基督教神学"道成肉身"的寓意来论及圣经之语际翻译中"道"与"言"的关系,并意味深长地谈到了圣经中"逻各斯"之核心术语在汉语中"道""言""话"这三种译法。当然,作者在此只是以"道成肉身"意蕴圣经翻译及研究的神学框架,即对其内涵式诠释加以形象说明,但其中的奥秘则可引起我们关涉思想方式或思维模式的联想。对此,我们可以先看看相关民族的不同思维特征,这或许有助于我们理解圣经翻译所涉及的语际问题。古代希伯来民族和古希腊民族在认识神圣存在时在强调其彼岸性、至高性、终极性和绝对性上达成一致,古希伯来人对"自有永有"(直译为"我是那我是",意解为"绝对之在")之神的仰视和不敢对其神名直呼的传统,形成了神人之间的无限距离;而古希腊人的形而上学思维所导致的终极实在之隐、其物之"后"或物之"上"的抽象也形成西方人"二元分殊"的认知传统,因而此后以基督教为代表的西方文化有着典型的神、人之隔的"二元"思维特征,强调神—人之间的"对极"关系及其无限距离,并认为人不可能由下至上企及上天,而只会出现神明"道成肉身"下降人世带来启示的奇迹和拯救。有趣的是,这种思维模式在给人带来思维与存在的关联时也经常使人将二者混淆,如认识论在判断意义上之"是"与存在论上能否确定其有无之"在"就往往让人在翻译上却步,不仅西方形上思维之"是""有""在"成为其哲学难题,而且还触及其对神明的存在及认知表达,其关涉圣经的"神名"之辨("主"或"阿特乃","神"或"耶和华""亚卫"),就既有存在论的、也有认识论的理解差异,而其根本原因则在于神名翻译理解之别。

与这种"二元"对立有着明显区别的则是印度与中国的"东方"思维方式。其中印度文化强调"一元"共存,认为"梵""我"同一、神话与历史一体、此生与往世以业报轮回而获统一,这种"不二"观与"二元"论形成鲜明对照。而中国文化则以其独特的整体观来谋求二元如一的整合,是一种阴阳和谐共构的"太极"文化及思维定式。中国的许多概念词组都是可二可一的,形成一分为二与合二为一的辩证互通,如"阴阳""东西""时空""动静""晴雨""天下""天人""心物""心灵""国家""君臣""男女""父母""父子"等术语表达上之合与分,彼此之间的辩证张力而达致其"矛盾"共构等,这些在翻译上都是值得认真琢磨的。

这样,在理解作者关于"道成肉身乃圣经翻译的神学基础"上,也完全可以有中国思维的解读。既然"巴别塔"已经倒塌则难以重建,人类不可能再回到其神话梦境中所想象的无语言障碍之"原初状态",而"通天塔"无法通天,那么也就只能回到翻译和诠释,这已是其人际沟通、传播的唯一之途。"回归单一语言之海"只是一种理想,却不现实,世界如此,中国依然。这是我们在民族语言交流上一定要清醒地认识到的。所以,我们务实之举应是培养沟通的本领、理解的艺术、诠释的能力。在基督教神学中,"道成肉身"与"圣灵降临"是互动和呼应衔接的关系。二者在圣经翻译上充满寓意的运用都说明了翻译的必要性及可行性,但其中也有其预设的条件和要求。在"三一神学"的表述中,首先是神之恩典,使"道成肉身"得以可能;其次是"道成肉身"的实现,圣子打破了神—人之隔,让人见证神圣之存在;最后才是"圣灵降临",信徒得道而有"灵舌",开始讲道、传道。显然,"道之有"乃存在论的,道即神明通往人世的"道路""途径",由此使人"得道",享有神圣存在;而"道之言"则是认识论的,通过"言述""话语"而有了传播学、知识论的意义,得以讲道、传道。这里既有圣言亦有人言,通过神—人沟通、结合而达到"不可言而言""不可能而能"之效。在此理解中,"道"代表着终极、本真,有着神圣他者的权威性,而其通过语言翻译的"再现"即"应然"之直译,对人本为

"勿道"之彼岸，只是通过圣灵的启示方"可道"。而"肉身"则代表着人世的相对处境，反映出神人之际所临在的文化色彩；既然是"肉身见道"，那么其是一种"创现"，其"实然"则体现为意译，不可避免人在其历史文化处境中的解读、解释。"道"与"肉身"的连接或转换，则以"成"来充分表达。"成"是一种连接，由此实现神一人"关系"之构成；"成"也是一种过程，表示了沟通、理解之经历，以及其达到的演变和转化。"道"体现其原则性、真理性，而"肉身"则有其灵活性、处境化。而其实现则在于"成"，其本身结果即为"成"。所以，圣经翻译实质上就是以"道"为原则、指导和目标，通过"肉身"这种主体性的文化语言之处境化转换而得以"成"型。这其实对于任何其他类型的翻译都具有启迪、借鉴、对照、参考意义。

要想达到钱锺书先生所言翻译之"化境"实属不易，但仍值得人们去努力。无论是宗教经典的翻译还是任何其他文献的翻译，都有其内在通则，此即翻译以解读为前提，要求译者忠实原文，遵守本义，一丝不苟，细密严谨，其"再创造"也需要殚精竭虑、呕心沥血，尽力做到贴切、真实、可靠。在这种努力中，要克服我们东方神秘主义传统思维中模糊、含混、多义、大概等不精确之意向的局限；也要防范从西方实用主义方法所带来的只顾局部、细节之具体、可用、有效而不注意整体关联、全局把握的弊病。结合中西、圆融东西、超越二者之局限，是我们在翻译上应该有心且下功夫的。译者不能只是埋头精雕细刻的工匠，而应该是视野开阔、知识深厚、思想新颖、充满智慧的艺术家。不过，在宗教经典尤其是圣经的翻译上则需要特别注意并凸显其"宗教性"，展示出圣经传统语言特色及与众不同的表达。这些思考也是本书作者所留意的，而且也有较为恰当的论说。

还应该指出的是，翻译不是自我封闭性的简单对译，而会进入更加开阔的领域。我们需要在翻译中内向深挖、外向开拓的视域叠合，应有纵向历史追溯、横向社会关联的视界融合，与此同时也不要忽略或忘记在原著时空与译者背景之间保持距离，即关注其"间距"的存在，其"适度"而译才是可靠翻译的"中庸之道"。由此观之，圣经的汉译就是这种开阔性得到积极收获的一个典型案例，其翻译的成效不仅是"乐在其中"的学术推进、信仰升华，而且还有"喜在其外"的意外收获和惊奇，如20世纪初圣经汉译对中国"新文化运动"、现代汉语革新的启迪、推动等。其客观上起到的这种文化推进、语言变革之历史作用，虽然已超出了翻译本身的蕴涵，却仍然值得提及和说明。其中就意味着对圣经汉译的客观、公正评价。而这一理解在我们今天重新推动文化交流时就很有必要，尤其在冷静审视基督教在中国社会之处境和语境中值得一提。这可能也是我们今天倡导基督教的中国化时一份非常特殊的文化遗产。圣经汉译其实就是基督教寻求中国化的有益探索之步，而其脚步迄今仍没有停下，且在鼓励中继续迈进。对这些翻译中的理解、体悟，任东升及其合作者在本书中都颇有心得，频发新见。我想，通过这些学界新秀的真诚努力，中国当代的圣经翻译及其理论一定会有全新的进展和成就，也会给中国学术界及广大社会在评价基督教时带来新的思考和启发。

是为序。

2016年5月18日于北京

（原载任东升等著《圣经翻译论稿》，商务印书馆2019年版。）

二十九

《王徵评传》序

王徵是明末清初中西文化交流史上的一个重要人物，其经历、著述和思想都曾使当时的"耶儒会通"取得明显突破，同样也折射出中西文化结构、民族传统中的矛盾冲突。西方研究基督教在华传教历史的专家一般认为基督教与中国社会之间仍是一种"没有结束的相遇"，而我们今天思考并推动的基督教"中国化"也正是根据历史经验教训而对这一发展路径的探索，是这一相遇和对话之复杂经历的当代延续。因此，研究王徵的生平及思想对之就有着独特意义。

明清之际天主教入华传教，是基督教四次传华之中最具有文明对话蕴涵的一次，在中西文化交流史上举足轻重、令人深思。在来华天主教传教士中，人们对这一文化交流中起到关键作用的人物谈论颇多，特别是对罗明坚、利玛窦、南怀仁、汤若望等人有着深入、系统的研究。而在当时皈依天主教的中国士大夫中，以往的研究视域则主要集中在称为"中国天主教三大柱石"的徐光启、李之藻、杨廷筠身上，而对王徵的探究则相对较少。其实，在这种中西对话的重要性上，王徵的经历及其思想发展同样可圈可点，不少人将王徵与徐光启相提并论，故有"南徐北王"之说。

历史上人们对王徵曾有零星研究，主要是搜集出版其著述。进入20世纪以来，探究王徵的意识在中外学术界明显加强。20世纪上半叶的中国学者向达、方豪、陈垣、柏堃、王重民等人都曾涉及对王徵的研究。尤其是"自 20 世纪 30 年代陈垣先生因纂《中国基督教史》为王徵立传以来，对王徵其人其学的研究渐为学界所关注"（林乐昌语）。陈垣撰写有《泾阳王徵传》，并且还从思想文化的交流始于语言文字的交流之角度而指出"迄今言中国人习拉丁（陈垣原稿用'蜡顶'）文最先者，犹当推陕人王徵也"[1]，对之评价颇高。所以说，自陈垣始，对王徵的探究乃有了明显的学术意义，由此也扩大了明末清初宗教思想史、比较文化史研究的范围，增加了对其重要人物的找寻。

随着中国社会的改革开放，自 20 世纪 80 年代起，对王徵的研讨趋于活跃。20 世纪 80 年代末，李之勤所编《王徵遗著》问世；1990 年，宋伯胤编著的《明泾阳王徵先生年谱》出版；2000 年台湾学者黄一农所著《两头蛇——明末清初第一代天主教徒》亦在大陆学界流传，尤其是他关于王徵的"天主与妾"之专论更是引起人们对探索王徵的浓厚兴趣，触动耶儒对话中的敏感神经。2007 年，邱春林出版《会通中西——晚明实学家王徵的设计与思想》；2011 年年底，林乐昌推出了其历时十五年之久的研究成果《王徵全集》。此外，相关著作和论文亦层出不穷，形成了关注王徵的学术高潮。至此，中国学术界对王徵著述的资料整理已大致完成，粗具规模。

不过，整理王徵著述的资料工作，并不意味着对其研究的完成，而仅仅是这一探讨的开端。因此，丁锐中先生完成的这部新著《王徵评传》乃让人眼前一亮，由此看到了王徵研究正深入发展。丁锐中先生在论及自己的这一探究时表明："本书的要旨在于，全面梳理王徵一生的经历，使得我们对王徵能有一个连续而又整体的认识，从而将历史人物置于时代环境的大背景中进行客观评述。"[2] 当然，这种历史辨识既要深入历史其内，又应超乎历史之外，其历史与现实之视域必须达到科学的交织和理想的融合。我们对王徵应有历史之还原，但更需超出其时代背景的分析与思考。

---

[1] 转引自丁锐中著《王徵评传》，宗教文化出版社 2016 年版，第 278 页。
[2] 同上书，前言第 9—10 页。

那么，王徵所处的"时代环境的大背景"是什么呢？对此，丁锐中先生有着深刻而独到的分析。首先，当时明朝已近末期，其国体的虚弱已使之濒临"天崩地裂"之境。尽管当时有一批爱国志士关心其国运兴衰，希望在关键时刻能够挺身而出，却阻挡不住江河日下，无能再力挽狂澜。例如王徵作为那时的实学派儒家知识分子，在著书立说、译介引用上也曾有"关于军国，济于实用"的选择及"以天下国家为念"将之全力推行的抱负，想"学范文正公以天下为己任"，但在现实生活中却怀才不遇、命运多蹇，十次会试才获进士之名，而在受任出征时又遇兵变，结果被问罪下狱，后经好友尽力周旋方得以遇赦归里，因此壮志未酬却已出局，难展宏图，最终在李自成起义军威逼归顺下为忠于明朝、保住名节而绝食死亡。其次，当时中西文化的交流已达高潮，其会通中的矛盾分歧亦逐渐明显，虽然追求"仰不愧天，俯不怍人"之天命信仰的王徵以皈依天主教来企图补儒救世，希望"使儒耶会通极具巧致"，却遇到基督教与儒家传统的深层次对峙及冲突；王徵虽已信奉天主教却也不得不顺服儒家"孝道"，为宗族繁衍传承而纳妾，结果其思想深陷纠结，内心饱受煎熬。此外，王徵一生的信仰历经由佛转道、秉持儒家精神、最终皈依天主教的过程，他虽然对佛、道多有批评，却仍试图能以"西学"来重新解读中国文化，使之能够更新、完善，由此也尝尽酸甜苦辣，深知其中不易。如是观之，王徵在严酷的现实面前只能尽其可能，希求有所作为，并没有放弃其精神追寻。这样，王徵虽身处社会、政治动荡之中，仍然尝试会通中西、圆融耶儒，盼望达致一种中西合璧的文化复兴，从而在深层面揭示出中国古代知识分子虽现实尴尬，却精神不屈的执着、顽强。

在此，丁锐中先生的新著生动描述了在这种跌宕起伏之历史岁月中王徵的奇特人生及其心路历程。在从儒家士大夫走向虔诚天主教徒的信仰转型上，王徵曾深受天主教传教士庞迪我、金尼阁、汤若望、邓玉函、艾儒略等人的影响。在当时会通中西的思想大潮中，王徵将其注意力首先是放在语言沟通、科技交流上，以实际、实用、实效为其重点之探。他为此积极参与了编印金尼阁《西儒耳目资》的工作，故而成为陈垣所言"中国人习拉丁文最先者"。丁锐中先生认为,《西儒耳目资》"这部著作凝结了中西学者的心血","真正为中西文化、科技等系统交流打开了语言之门"①。有了语言这一沟通工具,王徵进而借助于西方科技文献来探究"用穴、用气、用水、用风""用小力转大重"的技术,希望借此推动中国科技发展,形成有助于中华民族发展的"实学"。不过,王徵并没有止于"实用",而也尝试在精神信仰上同样能通过语言的会通来达到"信仰、文化的会通",并且撰写了表达其信仰意向的《畏天爱人极论》,即以"畏天爱人"这一宗旨来通贯"天人体用"的中华文化传统,使之增添"天学"蕴涵。对这一方面,丁锐中先生亦有精彩的分析,指出王徵的"畏天"乃"标示了一种独特的信仰祈向",而"爱人"则"表明了一种对仁爱的全新理解",因而"畏天爱人"乃"是崇教儒者的信仰融会,亦是对传统儒家'天人关系'的拓展"②。

除了对王徵个人信仰体验的剖析之外,丁锐中先生进而还从中西交流的大背景中更深入地阐述王徵此论的文化意义,认为王徵于此而"重新阐释了中国经典术语","更深入地融合了中西方文化","他所采用的西学帮助他完善了中国经典著述的内涵",由此证明中国儒者"能够通过吸引外来文化赋予自己传统文化新的含义"③。中西文化交流一直充满着张力,却又魅力不减,不少中外有识之士都为其付出了巨大的努力和心血,大家希望的当然是一种双赢的结果,而力求避免卷入文明的冲突之中。这种努力并没有终结,而王徵在其最初的探索中则也有着筚路蓝缕之功。

在这部《王徵评传》中,丁锐中先生不仅在微观上对王徵的生平、思想及成就有非常翔实的展示,而且还从宏观上结合明清史实及整个中西交流史的大气候来评说王徵的作为,评价其历史意义。这样,就使我

---

① 转引自丁锐中著《王徵评传》,宗教文化出版社2016年版,第70页。
② 同上书,第117页。
③ 同上书,第105页。

们可以具有超越历史的反思，并联系当今现实来吸取历史的经验教训，获得审时度势的睿智，正确、恰当处理好中外交流的复杂关系。陕西是丝绸之路上的重镇，中外政治经济及文化交流频仍，有着深厚的历史积淀，留下了王徵这样的案例和由其引发的沉思，这一宝贵历史遗产对于我们今天如何推进"一带一路"的发展仍然可以提供借鉴和对照，而且在有效帮助我们正确、妥善处理好宗教问题上尤为必要。此外，此书为读者提供了大量由王徵所写以及研究评论王徵的宝贵史料，使我们既感到其论的历史厚重，亦能体会其思的精神深邃。这不仅为我们认识王徵的历史价值提供了明证，而且还为我们当下体悟整个中外交流的文化意义带来了启迪。

是为序。

2016 年 7 月 29 日于北京密云栗林山庄

（原载丁锐中著《王徵评传》，宗教文化出版社 2016 年版。）

三十

《河北宗教史》丛书序

　　宗教史的研究在整个宗教研究中乃为基础性构建，有着非常重要的意义。我们研究宗教的一个主要使命，就是要以史为证、以史明鉴，从宗教的复杂历史变迁来展示宗教的本真，梳理其与社会的密切关联，说明其对人类政治、经济、文化、精神的深远影响。因此，宗教史研究会直接反映出宗教研究的广度和深度，显现其价值与作用。目前，在我国较为系统、颇具规模的宗教史研究仍然是方兴未艾、任重道远，人们在这一探究中尚在体悟着其筚路蓝缕的深刻蕴涵，故而在其专门研究领域鲜有鸿篇巨制问世。所以，当鞠志强先生主持编写的《河北宗教史》系列著作摆在我面前时，我既感到非常震撼，也不禁格外兴奋。我敬佩《河北宗教史》全体编写成员的胆识、勇气、功力和睿智，也感谢大家在研究探索中所体现的创新精神和取得的杰出成就！

　　《河北宗教史》系统丛书共由九部著作构成，包括《河北佛教史》《河北道教史》《河北伊斯兰教史》《河北天主教史》《河北基督教史》《河北民间宗教史》《河北宗教简史》《河北宗教史图集》和《河北宗教史编写纪实》等，整套丛书共400多万字，约2000幅图片，是全国哲学社会科学规划的重要研究项目。这一系列丛书的问世，基本上完成了对河北宗教历史全貌的系统梳理和整体研究，使人们对河北各种宗教起源、发展、演变、革新的脉络神髓及历史轨迹清楚可寻、洞若观火，而对其宗教的社会存在、政治参与、文化价值和历史意义的把握亦可层次分明、统摄全局。丛书各卷所呈现的历史画卷、搜集的丰富资料、展示的古今图景、表达的真知灼见,给我们带来了洞古观今的知识、思考和启迪。

河北在中国的政治、文化上定位独特、举足轻重。其古代以纵横燕赵之地而谱写了中华史诗的重要篇章,其当今则以环绕京津之要而担负着中国发展的引领使命。"中国梦"的源远流长、博大精深,"中华魂"的千古萦绕、回肠荡气,在河北都可感受其极为生动的写照。河北宗教的发展从一个重要方面反映了河北社会的发展及其文化历史,也是中国社会信仰生活、中华宗教文化不可或缺的、具有标志性的缩影。回溯远古,河北这块大地曾孕育、流传过多种宗教;追寻历史,不少外来宗教也在传入这里后得以生根、融合、同化、拓展,成为中华文化的有机构成。因此,对河北宗教史的勾勒和研究,是对其文化史的重要描述和界说,这对于认识中国传统文化中的基本内容、精神蕴涵和宗教信仰等亦很有帮助。而且,通过透彻把握宗教的社会属性,摸清其随社会发展而演变、转型的历史线索,也有利于我们对古今宗教作出客观评价和求是说明。可以说,对河北宗教史的科学探究和真实还原,是深入研究河北社会文化史以及整个中国宗教史的有机组成部分。这种历史研究不仅有助于我们认清中华文化的宗教信仰资源,而且有利于我们今天对宗教适应中国社会主义社会的积极引导,有益于推动宗教有效参与中国和谐社会的构建和当代和谐世界的发展。从这一意义上来看,《河北宗教史》为我们全面、深入、客观、科学地认识和评价宗教提供了一个范本,带来了建设性的思路。

在《河北宗教史》的整体布局中,既有各个宗教的专史研究,体现其微观探索之深入细致,亦有全省宗教的综合总论,展示其宏观把握之高屋建瓴。这种专史之探包括对河北佛教、道教、伊斯兰教、天主教、基督教、民间宗教等的分门别类、条分缕析,使各教历史都有着鲜活的呈现,让人们领略到其栩栩如生的发展进程。而其综合性宗教简史的表述则使各种宗教的历史发展得以有机关联,共汇一流,合聚一体,使人们意识到宗教之间的相遇、碰撞、对话、交流、沟通、融会,可以审视河北宗教交融互动、有机共构的整体之貌。此外,宗教史并不是孤立的信仰历史，这里还有着其与社会、政治、经济、民族、思想、文化的多层次关联和全方位交织，也是社会基层、民俗生活的真实反映和生动表现。所以，从《河北宗教史》的研究成果上，我们可以加深对宗教与社会复杂共构的印象，加强我们对宗教与社会关系具体问题具体分析、紧紧抓住宗教意识反映其社会存在这一根本认知。其基本思路和整体布局给我们的一个重要启迪，就是不能脱离社会实际来看宗教，不能无视历史真实来论宗教。在这种整体把握中，其系列著作还专门设有河北宗教史的图集，以众多的历史图片来还原历史、再现其重要场景，从而达到了以图文并茂来叙说历史的极佳效果。

《河北宗教史》还生动地勾勒出河北宗教的特色。这些特色至少包括如下一些方面：其一，河北宗教门类齐全，佛教、道教、伊斯兰教、天主教、基督教这五大宗教都在河北广泛流传，东正教亦曾传入河北、留下印痕，而中国本土出现的各种民间宗教更是格外活跃，在河北社会基层影响广远。其二，河北宗教历史悠久，有着"神州第一佛塔"南宫普彤塔，亦因诞生太平道而为中国道教的发祥地之一；河北还是天主教在华最早立足点，同样也是许多民间宗教的发轫之地。其三，河北宗教名人辈出，涌现了被誉为"佛教中国化第一人"的释道安，临济宗的创始人义玄，全真道创始人丘处机，新道教开山者刘德仁，伊斯兰新文化开创者王浩然，"近代经学教育第一人"马松亭，天主教"独立自办教会"开路人赵振声，当代中国天主教领袖傅铁山，"中国基督教会"创立者杨宝慈和张伯苓等，甚至中国禅宗实际创始人六祖慧能亦与河北有着渊源关系。其四，河北宗教有独特影响，如正定临济寺，赵州柏林寺，承德外八庙，献县天主教印书房等都具有国际影响，而当代河北宗教现状亦受到国内外的普遍关注。仅从这些方面来看，河北的宗教就值得寻根溯源、整体把握，就理应认真梳理、系统研究。

当然，研究宗教有其复杂性和敏感性，在人文社会科学研究中是最困难的领域之一。这在河北宗教史的探究中亦不例外，其困惑、纠结也值得我们高度重视。河北宗教与河北社会乃至整个中国社会是什么样的关系，河北宗教在中国宗教的整体大框架中有着什么定位、起着什么作用，以及河北宗教文化在中外文化交流中扮演着什么角色，这些都是我们应该认真思考、冷静分析的。同其他地区的宗教生存与发展一样，河北的宗教亦有着曲折、复杂的发展历程，其中既经历过"血"与"火"的阶级斗争、政治纷争，见证过"刀光剑影"的文明冲突，也参与过"和"与"爱"的文化交流、文明对话，传播过"丝路花雨"的各族友谊。河北宗教有过境外文化侵略、政治渗透的阴影，也显现过自养自传、爱国爱教的光芒。由此而论，河北的宗教历史犹如一面镜子，折射出中华民族的心路历程，反映了中国社会的苦难辉煌。显然，我们回顾、描述这一历史，不只是要"发思古之幽情"、缅怀过去，总结经验教训，更是要以史鉴今，将之作为"后事之师"来思考我们今天社会发展的文化战略，积极引导宗教转型、宗教革新，使之能以正功能、正能量、正效益来参与我们当前的社会建设和文化建设，自觉投身于尽早实现中华民族伟大复兴之"中国梦"的努力之中。所以，我们在写史中除了注重史料的搜集和运用之外，还应以现代意识来研究宗教历史，立足当今中国社会主义社会这一基本现实，立意于以宗教史的研究来推动中国宗教的和谐发展及与中国社会的和谐共存这一研究目标。在这种认知上，一切历史也都是现代史，具有当代和当下意义。同样，河北宗教史的研究也告诫我们要看到信仰的力量，关注人们的精神生活，体悟其绵延不绝的文化传承和文明特质，从而能在今天以一种文化自觉、政治睿智来理解宗教、善待宗教，因势利导地搞好宗教管理工作，使宗教能为我们的社会文化发展作出其积极贡献。

面对这套颇有厚重感、思想性的宗教历史著作，我们感谢《河北宗教史》编写者的努力、执着和不凡成果，也希望广大读者能体悟其匠心独运的研究，欣赏其辛勤工作的成就。

是为序。

2014 年 4 月 13 日于北京建国门内

（原载鞠志强主编《河北宗教史》丛书，宗教文化出版社 2016 年版。）

三十一

《江苏基督教史》序

姚兴富博士寄来其新作《江苏基督教史》，我颇有先睹为快之感，也很佩服姚兴富博士的勤奋、努力。掩卷细思，中国基督教历史那曲折复杂的图景在我脑际久久不能散去，而其在江苏的历史又最具典型意义，更感其研究的必要和重要。因此，当我们走进历史，看到那一幕幕发展变迁时，总会将其与现实的关系连接起来。历史是真实的生动写照，而且会为未来的发展埋下伏笔、留下影响。所以，我们不能忘了历史，而必须以古观今，窥其堂奥，发现当代走向的历史渊源，总结其经验教训。从这一意义上讲，姚兴富博士的新著以其历史的厚重感，给我们带来了体悟其详情时心境的沉重，以及让思绪起着通贯作用的启迪。这对于我们反思基督教在华的过去，观察其当下的处境，以及预测其未来的发展，都有着特殊的价值和警醒意义。

从古今来看，江苏都是中国基督教大省。自天主教始，基督教各派及其边缘发展或变异就有了在江苏跌宕起伏的经历，也使我们对之有着极为复杂的审视。对这一历史的微妙，姚兴富博士有着认真的爬梳、细致的描述、谨慎的评说。基督教在这一历史变迁中或许既经受到颇为特别的"苦难"，也有过极为异样的"辉煌"，而在当代其发展的"中国化"过程中又起过引领作用。自利玛窦等西方天主教传教士进入江苏、来到南京等地，其传教设堂似乎就并不顺利。利玛窦最初到南京是无果而返，后来耶稣会士虽然在此稍许有些成功，却又遇上了著名的"南京教案",最早一批来江苏传教的王丰肃等人被捕遭驱,元气大伤。而此后基督教得以大举入华传教,则是得益于最早的不平等条约即1842年《南京条约》的签订,使"鸦片战争"后中国人的灾难加剧,而基督教从此也有了"洋教"甚至"帝国主义文化侵略"的污名。江苏则正是这一历史剧变的见证地,目睹了基督教在华传教性质的重大变化,而江苏当时也成为西方基督教在华传播的首选和重要地区。但约十年之后更有戏剧般的发展在此出现,给整个中华民族的历史都带来震撼。此即以基督教信仰结合中国民俗传统而成立的基督教边缘化或异化组织"拜上帝会"所发起的"太平天国"运动,其起义军太平军于1853年攻克南京,在此建都称帝,号称天京。而天王洪秀全则正是受到基督教的启发才发起了这一声势浩大的农民起义运动,有着"反清""反孔""反帝"的明确政治态度。虽然当时的基督教会不承认太平天国为基督教正宗,而洪秀全也没被允许受洗入教,但太平天国上层有正式受洗的基督徒和基督教传教士曾任职天京却是不争的事实。所以说,在江苏曾建立过一个虽为"异端"性质的基督教王国,而这乃是中国历史上前所未有的,也是唯一存在过的基督教政权。关于"太平天国的基督教",姚兴富博士在这部著作中也有着非常客观的描写。

在中国基督教的近现代发展中,江苏基督教同样也有着举足轻重的地位。按照姚兴富博士的说法,"江苏自近代至今属于中国经济开放、文化繁荣地区,其基督教发展在全国起到领头羊的作用"。在文化教育上,基督教最大的神学院金陵神学院是在南京创立;而在与佛教等中国传统宗教对话上,则出现了南京景风山基督教丛林,亦有着非常独特的文化比较及交流意义。中华人民共和国成立以来,丁光训、陈泽民等神学家在基督教"中国化"的发展上渐露头角,其所探索的适应中国传统文化及当代社会处境的"中国神学建设"也取得了初步成效,在一定程度上对全国基督教的发展方向都起着指导和引领作用。对于丁光训、陈泽民等人的神学思想建设之努力,姚兴富博士从"教会在思考"这一理论角度进行了阐述。此外,姚兴富博士还特别指出,这些基督徒的努力不只是在理论上,而且还付诸实践,如建基于南京的爱德基金会和江苏基督教爱心公益基金的社会慈善服务及福利公益事业,则体现为"教会在行动"。总之,姚兴富博士把江苏基督教的发展历史与当前状况有机结合起来展开研究,以具有典型意义的江苏基督教历史演进来折射中国基督教新教二百多年来的发展历程,并通过其生动的描述而旨在一方面"从纵向上把握江苏基督教的来龙去脉、盛衰得失,为中国基督教的健康发展和前景展望提供经验和思想",另一方面"从横向上了解江苏基督教与本地政治、社会、文化的复杂关系",希望"既能为党和政府如何引导宗教与社会主义社会相适应建言献策,也能为爱国爱教的广大信众在改革开放的大潮中积极发挥自己应有的作用提供参考"[①]。这一主旨贯穿在其全著写作的始末,其立意和用心体现出正能量的发挥,难能可贵。

姚心富博士的这部新书可以说是非常接地气,而且有着与时俱进的追求。关于基督教"中国化"的话题,当前社会上有不少讨论和争议,这就要求我们冷静地回顾基督教在华传播的历史事实和曲折经历,认真地思考基督教与中国社会政治及文化的关系,客观地总结基督教在华发展的经验教训,做到"前事不忘、后事之师"。这是我们展望中国基督教未来发展的基础和前提。因此,姚兴富博士的《江苏基督教史》乃一面透明的镜子,让我们可以将之加以对照、比较,获得清醒的认识和正确的评价。目前中国基督教在改革开放的新时期亦遇到了其适应、更新的好机会,时不我待,应争朝夕。所以,阅读姚兴富博士这一新著,会使我们获益匪浅,增强促进基督教与时俱进、适应社会发展、努力实现"中国化"的决心和信心。

是为序。

2016 年 7 月 2 日于北京建国门内

(原载姚兴富著《江苏基督教史》,社会科学文献出版社 2018 年版。)

[①] 序中引文参见姚兴富著《江苏基督教史》,社会科学文献出版社 2018 年版,"导言"。

三十二

《基督教中国化探究》序

　　自"坚持我国宗教中国化方向"这一原则确定以来,中国当代政界、学界和教界在理论及实践上开始了富有意义的探讨。特别是在中国基督教研究领域,这一方面的探索和尝试卓有成效,出现创新发展,在一定程度上起到了开拓和引领作用。2016年11月24日至26日,中国社会科学院世界宗教研究所与北京市基督教两会共同主办了"基督教中国化与中华民族命运共同体的建设高层论坛",取得了很大的学术成功,并引起了积极的社会反响。2017年9月5日至6日,我们两个机构再次合作,在北京举办了"宗教改革与社会发展"国际学术研讨会,使之成为探究"宗教革新"系统学术会议之中的重要一环。摆在读者面前的这本学术论文集,正是结合这两次学术研讨会并采撷其中最新的代表性文章汇编而成,反映出中国基督教研究领域的新发展及新成果。

　　基督教的中国化探讨有着较为久远的历史,积累了不少理论及实践上的经验,也留下了一些非常值得反思的历史教训。我们今天重论基督教的中国化,既是对以往经验教训的总结和反省,更是在新形势下的探索与创新。从国际方面来看,中国当代社会以"改革开放"之姿而重新步入国际社会,并在逐步走入世界舞台的中心,发挥着越来越大的作用。就基督教而言,境外基督教开始重新与中国基督教交流,特别是以美国为主要代表的西方基督教恢复了与中国基督教的联系,中国"三自爱国"教会也重新进入世界基督教联合会并成为其重要成员。众所周知,在这一进程中美国率先有着"破冰之旅"的举动,美国总统尼克松于1972年主动访华,从此风行"尼克松主义",开始中美交往。而在所谓"尼克松主义"中,其实就有着美国基督教新教关注中国发展及其对华思想的重要影响。但面对当前这一全新的形势,我国基督教的中国化努力出现了与20世纪50年代前后完全不同的局面,其形势更为复杂,其任务亦更加艰巨。随着最近中美关系因"贸易战"而带来的可能恶化,中国教会"独立自主"、坚持中国化方向的要求也更为迫切、更加必要。从国内发展来看,中国基督教属于改革开放以来发展最快的宗教之一,其信徒人数也从1949年前后的70万人左右发展至今天的3800万之众。于是,中国当代社会对基督教的发展走向自然会有更多的关注,也会对其坚持中国化方向有着更明确、更强烈的要求。这样,如何做好基督教的中国化努力,对于中国教会而言既迫在眉睫又义不容辞。

当前做好基督教中国化的工作,一方面需要我们党和政府积极引导宗教,社会各界正确对待宗教;于此,持守"政治上团结合作,信仰上相互尊重"这一统战原则至关重要。另一方面则需要我国宗教界的积极适应,真正与当代社会主义的中国社会相适应;这里,基督教中国化的主要任务也应该是在政治、社会、文化这三个层面的积极适应,在当代中国即努力争取基督教"对中国政治的认同、对中国社会的适应、对中国文化的表达"。当然,在这一中国化进程中,政治认同虽然是最表层的,但也是最基本、最为迫切的,即应该最早实现的;此乃其他层面之中国化的前提和基础。社会适应是中国化在其建构层面的实现,也是宗教中国化达至其结构重构的中层领域。而文化表达则是其中国化的核心层面,表明其真正融入了中国文化,有了其自觉的文化性质、文化特色和文化标识,这也是最根本、最彻底和最能持久的中国化,但所需时间也最久、最长。

在基督教文化历史传统中,宗教改革运动的一大特点,就是体现出其民族教会的特性及其多元表达,这被视为基督教本土化、民族化、处境化的时代突破，为基督教的近现代发展奠定了基础，凸显其典型的地域文化特色及本土发展方向。因此，我们回顾、反思、研究、纪念宗教改革运动，其中一个重要内容就是对其本土化、民族化进程的体悟、理解。而基督教这种在地化的发展，在中国社会则理所当然是其中国化。这样，我们亦可将基督教中国化的探究与对基督教宗教改革运动的内涵及外延之研讨有机关联。

本论文集根据上述两次国际会议的主题及其发表的论文，形成了四大板块，包括理论研究、历史研究、文化研究和现状研究。其理论层面的探究涉及基督教中国化与中华民族命运共同体建设的构想，基督教跨界对话中所触及的"非宗教"与"无神论"理解，宗教改革的多元性与基督教中国化的关联，基督教中国化的神学构建，以及基督教中国化的思考维度、发展路径等内容。其历史回顾的范围包括在国际层面对德国宗教改革与国家统一关系的梳理，卫斯理宗对宗教改革运动精神的继承和发扬；在国内层面则从考查景教尚医传统与命运共同体建构的关系这一寻根溯源的探究入手，进而有对殷继增家族在基督教中国化进程中的作用和吴耀宗关于基督教中国化的理论思考及社会实践等个案研究。其文化关注的重点在于研究基督教对中国儒家文化认同方面的进展与张力，基督教中国化在基督教圣经文化传统中的思想基础和传播依据，以及吴经熊等人在翻译阐释圣经时的中华文化表达之意义及特色等。而其现状研究的视域则涵括基督教学科前沿研究的报告，基督教艺术中国化的梳理综述，以及从社会学方法、人类学田野调研等层面对基督教中国化与中华民族命运共同体建设的密切关联及发展路径展开评述。应该指出的是，这些论文的作者既有学术界的宗教学探究，也有基督教界之内的神学思考；既有国内学者的深入探索，也有海外学人的观察评述。其视角、观点各有特色，不尽相同，对此我们应该本着"百花齐放、百家争鸣"的方针来审视、看待和评价，体现"海纳百川"的学术禀赋及涵养。

这些会议论文的搜集整理和结集出版，得到了中国社会科学院世界宗教研究所、北京市基督教两会和宗教文化出版社的大力支持，蒋淼博士具体实施了论文集的汇总整理工作。对于各界朋友的热心帮助和全力支持,特表示我们的衷心感谢!

(原载卓新平、蔡葵主编《基督教中国化探究》,宗教文化出版社2018年版。)

三十三

《中西元典对读》序

石衡潭博士长期致力于基督教与儒家比较对话研讨，在当代耶儒对话中另辟蹊径，有着自己的见解和探究，形成了其独特风格，颇给人独树一帜之感。其新作《中西元典对读》正是这种探求的最新成果和鲜明见证。在当前中西文化对话与交流深入开展之际，石衡潭博士的读典新语所激起的思想涟漪对这种范围广泛的文化对话显然有着推波助澜之效，会引起各种关注和遐想。

对中国传统儒家今天究竟应该持什么样的态度，这是当代中国社会并没有根本解决好的一个重大问题。我们讲文化自知、自觉和自信，如果不能彻底解决好关于儒家在中国的历史定位和现代价值问题，则谈不上这种知、觉、信真正体现出其"自我"意识及真实存在。对此，中西学者上千年的解读和论说，值得我们认真研究和深刻反思。其实，这种解读大致有两种情况，一是皓首穷经，低头于自己文化传统的思想历史之爬梳和沉思，自然可达精、深、专、独之境；但往往缺少一种对比和参照，容易滑向孤芳自赏或孤独自表，无论是赞赏还是批判，视域都可能过于狭窄。二是对比借鉴，放眼于不同文化传统的精神沟通和比较对话，即体现为一种"对读"，有着更多的参照、参考和借鉴、反思；但也可能出现或是以本有文化传统来认识外来文化流传，或是用外来文化精神来印证或批判自我文化传统的复杂现象。如何将二者有机结合，达到比较恰当之度，是一种理解的艺术和思想的智慧。对此，真正达到其理想之境的仍为凤毛麟角。

显然，石衡潭博士的中西元典对读属于后者，有着不同文化思想比较对照的基本定位，其视野自然比较开阔，言述亦比较开放。至于这种比较对照的基本立意和主观选择，读者可能智者见智、仁者见仁，个中真实定位大概也只有作者本身才心知肚明、意向清晰，但对于眼光敏锐的观察者而言也是可以体悟、不言而喻的。在对比、对话或对立、对抗中持有一定态度，属于理论界、学术界、思想界的常情，我们至少应在学术研讨及学术争鸣中对此持包容、理解的态度。

从基督教的基本情况来看，则给我们勾勒出一幅深邃、广博、悠远的历史画卷。因为基督教迄今仍然作为世界第一大宗教，确实有着其深远的涵括、丰富的蕴涵。虽然人们今天习惯将基督教视为西方文化思想的代表，其实在基督教精神蕴涵中有着多种文化的集合与综合。基督教原初始于亚洲，在其所继承的犹太教文化中已经包蕴了亚、非、欧多种文化元素，有其历史的厚重；而其作为文化代表的奠立则是经过了古罗马帝国鼎盛与衰落、欧洲中世纪文化的构建与形成的历史洗礼，至此才铸就其鲜明的西方特色。而在基督教的全球传播中，其文化内涵并没有终止，而是仍在不断扩大，由此积累起其作为世界第一大宗教的文化思想资源及资本。因此，我们审视基督教文化虽然要基于西方，但不能止于西方，而需要有更广远的视野、更深刻的洞见。

至于基督教与中国文化的复杂关系，则需要我们回溯千年之久的历史交流。今天我们谈"一带一路"、谈"人类命运共同体"，都离不开基督教与中国思想文化相遇、碰撞、对话、交流、沟通、融合这一话题。当景教入华之始，基督教就开始了与中国宗教文化的对话，过去人们比较注重景教与佛教、道教的关联或混淆，其实景教关于"孝道""匠帝"等思想则已经开始了与儒家或儒教的对话与沟通。明清之际是基督教与中国文化对话、交流的历史高峰，尤其是耶儒对话曾达到高潮，很难说今天就已经超过或超越了这一高度。以耶稣会为代表的西方天主教传教士在耶儒对话上花费了很大工夫，其联儒、补儒、超儒的想法及实践使之与儒家有着独特的关联和关系。一方面，他们曾试图用基督教文化来解读中国古代文化，其中法国耶稣会"索隐派"的努力最为典型。但另一方面，他们客观上也在学习、吸纳中国思想文化，从利玛窦由"西僧"转为"西儒"的"中国方法"到后来波及罗马教宗和康熙皇帝的"中国礼仪之争"，这种努力及其张力可见一斑。而来华的东正教、基督新教也都延续了这一传统，并取得过不同程度的突破。所以说，基督教的"中国化"有史可寻，但其道理的确曲折复杂。这种努力最明显的见证，则是世界上仍然处于显学的"海外汉学"研究，其历史渊源就可追溯到来华基督教传教士的种种努力。历史是面镜子，我们可以从中窥见历史的真貌，找到这种耶儒对话的踪影。

俱往矣！今天历史已经掀开全新的一页。中西对话在今天的世界仍然居于首要之位，而其思想的交流或交锋则也不离耶儒对话的身影。我们不可仅仅重复昨天的故事，而理应书写今天的新章。于此，石衡潭博士呈现给大家的这部《中西元典对读》或许能够带给我们深刻的思考和启迪。

是为序。

2018 年 1 月 31 日

（原载石衡潭著《中西元典对读》，中国社会科学出版社 2018 年版。）

三十四

《由人而圣而希天：清儒刘沅思想研究》序

对于儒家思想的研究，当下已成为人们从各个角度来关注的"显"学。在众多的儒学探索中，较为集中的则是儒家思想的核心意义、文化定位和社会价值等思考。而且，这一探究并非静态的，乃更多体现出捕捉其思想传承的动态发展，以及勾勒其留下的精神印痕和历史轨迹这种意向，由此来解说其传承或流变对中国社会文化命运的影响。正是在此方兴未艾的研讨氛围中，赵敏博士完成了其研究清儒刘沅思想的新作。

刘沅被后人尊称为"槐轩先生"，其学问则冠名为"槐轩学"。赵敏博士在我们研究所的科研工作就是展开这一方面的探讨，我虽然曾涉猎刘沅对民间信仰的影响，论及刘门教或"槐轩道"，受赵敏博士的启发而开始注意到这门传承儒家精神的学问，也与刘沅家乡双流传统文化研究会的朋友有过接触和交流，但在这一研究领域仍是知之甚微；因此，赵敏博士让我为其新作写序，实际上是激励我对之加以更为系统的了解和更加深入的探究。在通读过赵敏博士的这一专著之后，自己确实感到收获颇大，由此触发的思索亦很多。

赵敏博士的上述研究并非如传统学问的进路那样只对槐轩思想加以内涵式的考辨，其重点亦不放在条分缕析的文句诠释，而是以更为宽广的视野来用现代哲学解释学的方法来融贯古今、对比中外。其文本的解读和思绪的流涌有机地结合为一体，使这种跨文化、超时代的"视域融合"达到极致，给阅读者带来了一种整体"遍在"的场域和参与交流上通透流畅的愉悦。以槐轩先生为话题的聚焦点，我们在这里与孔子、孟子、老子、荀子、司马迁、董仲舒、韩愈、程颢、程颐、朱熹、张栻、陆九渊、王阳明、王船山、王国维、梁启超、唐君毅、牟宗三、徐复观、韦政通、梁漱溟、郭沫若、陈寅恪、钱穆、冯友兰、吕思勉、侯外庐、张光直、陈梦家、张岱年、徐梵澄、贺麟、杨向奎、南怀瑾、杜维明、余英时、何兆武、吕大吉、余敦康、薛华、马西沙、许倬云、陈来、邹昌林、金观涛、杨念群，以及苏格拉底、柏拉图、亚里士多德、卢梭、休谟、霍布斯、孟德斯鸠、康德、黑格尔、阿罗频多、奥特迦、伽达默尔、利科尔、柯林伍德、汤因比、雅斯贝斯、帕森斯、卡西尔、荣格、亨廷顿等古今先贤、中外哲师相遇、对话、争论、商榷，真正达到了一种全方位的"视域的融合"。尽管各种观点和思路很难实现"融通归一"，却让我们体悟到这种"融合"可"成为一种永无穷尽的意义之可能性的源泉"。相关的融汇既有文本与解读、历史与现实、作者与读者之间的通融，更有贯穿古今、连接中外而从原文之处境得到对读者之心境及其现实环境的启迪、昭示。所以，这种"融合"是返本与创新之融、回溯与展望之合。如此大范围的讨论、全方位的关联，使"槐轩学"不再仅为历史之思，更乃当下之智。

根据赵敏博士的分析，槐轩的思想涉及多个层面，包括天、君、师、民等定位。其思路从原初孔孟之道、经宋明理学而直通近现代儒学的发展，其思考则融通儒、佛、道三教而为精神论道之大成。其中有怀旧、思古的情结，亦不乏革新、开创的抱负。然其侧重却清晰可辨，若审视其思想体系之整全，则可看出槐轩对精神之道的探索颇具"圣人情结"，他特别强调要以"圣人之尺"来衡量人生。所以，这一复杂曲折、跌宕起伏的精神史乃世人问"道"、探"道"、求"道"之旅。但这种"道"作为"天理"而具有超越、超然、形而上之意义。按其理解，人应循道而为、以道修身，其结局根据与道的关系即"全之圣人""得半君子""背之禽兽"。槐轩的理想乃"言圣人之言，行圣人之行"，此即其思想"由人而圣而希天"的主旨。由此，"槐轩学"实质上就是"人学""仁学""神人类学"。从这一意义上来看,儒学思想从古至今一以贯之的真谛即"社会思想""政治哲学",从而与西方文化作为思辨主流的"形上思想""精神哲学"意向迥异、对比鲜明。儒家思想家基本上为政治哲学家,立意在行动,旨归在革新。不过,儒家的这一追求命运多蹇,其实践意图明确,且历史行动频仍,然而其结局却并不乐观,往往是其"思"虽存,但"行"则屡屡受挫,因而只能作为"意义理想"而得以保留,成为中国哲人难以忘怀却触之揪心的梦幻。

在儒家思想传统中,"天"显然具有形而上的神圣意蕴。与之关联,槐轩的思想立意就体现为"性与天道,以中贯之"这一主题。这里,槐轩乃用"天理""天道""天命"来表达。恰如赵敏博士所言,"槐轩的哲学高境,本质上是由'天命之源'而万事万物",即由"一理"而"散为万殊者";不过,这种"天学"在此并非形而上学,槐轩所强调的是"由'天道'而'人道'的自上而下的通贯","其目的在于朗现'人道'之真理",也就是槐轩谓之人本须有的"至真至性""诚""仁"。显然,儒家所理解的"天道"是体现"宇宙大生命"的整体观,涵容天地人世,且立足于"人得天之理以为性,养浩然之气",意在"还先天之体",达"天人合一"之境。与西方思辨精神凸显彼岸、超越、与世分殊的形而上之"上帝"这一终极本体不同,槐轩所注目的仍是儒家人学的永恒主题,即求个人"全其德"、社会"共由道"的人间关怀。相比之下,在中国思想传统中,"天道"乃失去了其绝对性,而"人道"却反而表现出了其绝对性。"道"在"天"较虚,而于"人"则较实,"天道"更主要体现其原初、原创之意,但"道成肉身"后却更为具体化,更能彰显出其实际意义。依此而论,历史上来华耶稣会传教士中的"索隐派"将"道"最初解释为"第一推动力"则好似也有其合理之处。

既然强调、突出"人道",谁来践行则特别重要。于此,槐轩对"明君""圣君"寄予厚望,希冀君王能够有"人君修德"之自觉,从而可以实施"以道统制导政统""普世宜民"的良政。如果君王难达此境界，槐轩则退而想到有"贤相治理""圣师引导"之补充。其实，中外古代历史上都有"君权神授"的思想，认为君王乃"替天行道"，故应合乎"天意"。这种超越之维乃君王神圣性之源，并非君王自然就神圣。但所谓"圣君"实乃"应然"而不一定就"实然"，槐轩以对远古圣君的缅怀表达了对现实境遇的保留。回顾人类的发展，历史的真实却不乏以君躁民、弱肉强食之例，暴君可以肆无忌惮，而民若"违君""欺君"则大逆不道，罪不容赦。一部世界政治史乃以权力之争、政权更迭为主要场景，人类在不断进步，但禽兽之为的"丛林法则"也在大行其道。槐轩深知"世不皆圣君"，但其问题是，若无"圣君"，那么"圣臣""圣师"的作用是否会黯然失色、大打折扣呢！

不过，"师"的作用既上对帝君，亦下对万民，其位于中，而且还有自我完善之"内省""内修""内圣"之责任。槐轩相信"道始于君师"，如果"明君"之道难行，那么"礼失求诸野"、立道于民，"明师""师道"的民间意义则更为重要、更加独特。在冷静分析社会政治态势之后，槐轩遂希望能有"圣师"脱颖而出。在中国文化传统中，"士"绝非只有"皮之不存毛将焉附"的处境，其相对独立性也是存在的，这一群体一直保持着"从道不从君""持道不屈"的士文化风骨。其使命就是要"正其身以正天下"，做到"己身正""全备德""仁义洽""教化行"。所谓"内圣外王"，即指这批有识之士、有志之师会"修己治人而推诸于天下"，达则"修齐治平""兼善天下"，以"学而优则仕"来出宦从政，为相为臣来治理天下；而社会环境如若不佳则仍可退而"独善其身"，以"为己之学"来"止于至善"，做"志于善道者"的"善士"。为此，槐轩对"师"这一"创造的少数"有求善、为善的理想要求和具体勾勒，让"师"保持"好善之心""求道之心"，要以"善的思想、善的词语、善的行为"来"以道自任"、洁身自好。

要想"道行天下"，仅靠"创造的少数"仍远远不够。于此，槐轩对"民"亦有期望，旨归在形成全民行道之氛围。一方面，明师行道一定要有"教化"之行。在古希腊思想传统中，柏拉图曾想当"哲学王"、建"理想国",但在严酷的现实面前他退而隐修办学、创立学院,奠立了西方的思想精神传统。其弟子亚里士多德也继而办学,在创立形而上学思想体系的过程中甚至也成为"帝王师",产生了亚历山大大帝那样的高徒。同样,中国的儒家也多有"帝王师"之愿,然其成功者却如凤毛麟角,且还不断出现屈服王权的"师帝王"者,导致一些知识分子的嬗变和躔沉。因此,在恶劣的政治环境中,寓教于民就更为重要。在儒家传统中,儒士潜于基层办书院乃颇为风行,槐轩本人最终也是步入了办学授徒之途。育民而非愚民,此乃民族生存发展之本。全民教育、终身教育对一个民族的传承与创新至关重要。在今天中华文化复兴中,书院的崛起故有其典型意义。另一方面,槐轩认为所有人都应该力争"止于至善",即"人人皆当'内而致中,外而时中'",而"致中"就是"至善",就是对人的生活有着为善行善的要求。大道之行,在明明德,槐轩认为"德本人人所有,明明德亦人人所能"。人乃立于"天地之中","为德"即形而上之"道"的形而下之"行",使"绝对理性"(天理)化为"实践理性"(人伦),亦有着"道成肉身"的相似寓意。"德"上承天理,给人带来信、望,下显人性,让人体现真、诚。这使人想起康德对信仰的二维解读,即敬畏"头上的星空"、持守"心中的道德律"。在槐轩看来,道不远人,一个民族的复兴及其未来希望就在于"养民之生、全民之性",在敬畏"天道"这一"绝对命令"的信仰下,过敬天畏天、识"举头三尺有神明"而不逾规的"神圣生活"。槐轩指出,"学以希天为至。畏天命以收放心,循天理以禁邪心,重天伦以永诚心","修道以仁,必有天地生成之量,始可为尽人合天之学"。在当今社会虚、假、空沉渣泛起之际,我们呼唤真、诚、信的回归,并寄希望于广大民众。或许,槐轩的上述思想,其蕴涵之意实可作为我们对"人民有信仰,国家有力量,民族有希望"的一种意味深长、引人深思的古典表述。

总之,赵敏博士的这一新作有着微言大义之喻、气象万千之态,以思古为缘由,却更以其现代思想意识流之势而奔涌、冲撞,碰出了许多精神火花,引发了不少当议话题。掩卷之余心不能静,故于此有感而发，当然自知难达这部著作之真谛。其动力及激励，就是让我们在精神史的摸索上，应当勇于探赜洞幽，永记学无止境。

2018 年 7 月 29 日于威海

（原载赵敏著《由人而圣而希天：清儒刘沅思想研究》，社会科学文献出版社 2018 年版。）

三十五

《当代中国宗教学研究》序

中华人民共和国成立60年，这是一段辉煌的历史。回首这一历史，我们看到了当代中国发展所取得的巨大成就，感受到中国人民奋进、拼搏的崇高精神。与各行各业一样，中国当代学术发展的辉煌，在当代中国宗教学的研究及其成果上也得到了充分体现。因此，总结、重温这段历史，梳理、探析在宗教研究上当代中国学人的所思所想，对我们发展宗教学这一学科、使其研究走向更美好的未来，就有着独特的学术价值和现实意义。

在当代中国学术进程中，宗教学属于发展最快，备受关注却多有争议的学科之一。这种处境在于宗教学本身的背景复杂、定位困难、领域广泛以及问题敏感。因此，宗教学属于仍在达成中的学科，对其内涵的理解需要不断深化，而对其外延的审视也需不断扩大。宗教学作为学科的成熟，也将标志着我国宗教研究实现了真正的飞跃。

从其背景来看，宗教学具有独立意义的亮相，始于1873年西方学者麦克斯·缪勒（F. Max Müller）所著《宗教学导论》一书的出版。在此之前，宗教的研究基本上是宗教界教内的事情，服务于其认信和宣教，因而为一种"内涵式"发展。此即传统意义上基督教"神学"、伊斯兰教"经学"、佛教"佛学"等之实际蕴涵。宗教学在西方的正式创立，始于一批人文社会科学领域的学者突破传统"神学"单一研究基督教之限而从事的比较宗教、比较神学和比较文化研究，并在这种研究进程中从最初的纵向历史研究和横向比较研究走向视野上、方法上更为多样的人类学、社会学、心理学等多层次研究，因而又不能简单地说西方宗教学纯粹是从"神学"中分化、脱离而成。此外，宗教学研究的基本要求是其研究者应"悬置"其信仰，以便能对各种宗教加以客观、中立、科学的描述和研究；但研究者队伍"教内""教外"均有，宗教学在西方学科建构中与神学也仍有一些交织，因而其信仰"悬置"仅有相对的意义。这一状况迄今在西方学术界尚未出现本质性改变。

从其定位来看，宗教学的"科学"意义仍被人所置疑，分歧意见犹存。宗教学作为一门"学科"或"学问"存在着表述上的模糊，人们多用复数"研究"或"学习"（Studies）来说明宗教研究，而早期缪勒等人曾用的单数"科学"或"学科"（science）并没获得普遍认同，而且在未来可能短期内也难以达成共识。因此，国际上宗教学的研究机构及其学会国际宗教史学会在自身名称上仍在沿用"学科"意识并不明显的"宗教史"之名，坚持以"历史"来代替"科学"定名，以强调其描述性和历史观察及分析的意义。由于宗教学不是"认信学"和"宣教学"，在西方神学学科领域中虽仍然存在却非常边缘，而神学之外的宗教学研究则分散到区别较大的哲学系、社会学系、人类学系、心理学系等精神或文化研究的院系之中，在学科上一般习用西方学术传统中内涵模糊、外延颇大的"哲学"来表明。这种状态自然也影响到我国宗教学的学科定位，在过去六十年的发展中，宗教学虽然已经有了其独立体系和建制，在高等教育的学科归类中却仍为屈尊于"哲学"之下的二级学科，从而限制了其分支领域的开拓及独立发展。

从其领域来看，宗教学从其一开始就是跨学科、多学科研究，具有学科交叉、领域广泛的特点。宗教研究触及政治学、经济学、史学、考古学、哲学、法学、语言学、文化学、现象学、社会学、人类学、地理学、生态学、心理学、美学、文学、传媒等领域，宗教学的分支学科由此也发展出具有跨学科性质的宗教史学、比较宗教学、宗教现象学、宗教社会学、宗教政治学、宗教经济学、宗教语言学、宗教考古学、宗教文化学、宗教人类学、宗教心理学、宗教哲学、宗教批评学、宗教神学、宗教地理学、宗教生态学、宗教传媒学等。这些学科不仅在人文社会科学各领域中形成跨越和交织，而且打破了社会科学与自然科学的界线。不过，这些分支学科的设立并没有获得普遍认可，人们对宗教学究竟应该是描述性学科还是规范性学科也仍有争议。

从其问题来看，宗教学不可能只是一种"纯学术"的清谈和"纯客观"的描述，而是与现实社会及其人群有着密切关联的学科。一方面，宗教学与其他学科不同，其研究者本身就有一个"信"与"不信"的价值判断和信仰取向问题，目前国际上大多数宗教研究者都有自己的信仰背景和宗教归属，相比之下中国大陆的宗教研究者则以"教外"的人文社会科学工作者为主，从而形成与国际宗教学界的明显区别。不过，国际上认信者的研究多少也会影响到我国宗教学界，由此使这一学科增加了其"敏感性"。受这种国际学术氛围的影响，国内学术界也有人谈"神"色变，似乎一触及"神学"、一研究"宗教"，就会有"认信""皈依"的种种担心，结果使不少人对这门学科望而却步，不敢深入，反而忘记了宗教学的本真应是客观、中立、科学、学术的研究。另一方面，宗教学研究的问题本身也具有"敏感性"，其研究对象触及许多"全局性、战略性、前瞻性"的理论和实践问题，其中既有宗教与政治的关联，亦有宗教与民族的交织，更有宗教与社会问题的共构；这当然会有其"敏感"和"风险"，由此而导致宗教研究"无小事"，其研究态度也必须"讲政治"的考虑。从上述意义而言，宗教学有着与其他人文社会科学明显不同的复杂性和敏感性，但因此也说明了宗教学在当代中国的重要性、必要性以及其可开拓性和广远前景。

从宗教学的问题意识出发，我们请国内学术界宗教学各领域的著名学者和在相关研究上术业有专攻的专业人员来撰写这部著作，希望能在回顾、总结中有更多的反思和辨析，以便能抓住当代中国宗教学这六十年历程的研究重点和特点。因此，不同专家在行文中会对同一问题从不同角度、不同认识来展开讨论，各抒己见。这样可能会出现在主题或内容上的重复，但各自的研究乃是独立的，所思所论也各不相同。例如，本书中讨论最多、关注最为集中的就是对马克思主义宗教观及其在中国实践中如何"中国化"和与时俱进的理解，不少学者都谈了自己的看法，其观点虽然不尽相同，甚至颇有分歧，却形成了意义深远的思想交流。在当代中国宗教研究中，目前仍有许多问题没有得到澄清，许多领域尚未被人所开拓，所以说，这种问题意识和敏锐眼光就显得格外重要。在当今"全球化"的国际局势中，文化意识和文化战略的地位已越来越突出，而在文化发展、文化建设和文化交流中，宗教研究是其最为重要的领域之一。在这一意义上，中国的宗教学必须从"险学"中走出，成为体现当今文化意识、文化沟通、文化理解及文化和谐的"显学"。对我们当代中国宗教学者而言，总结过去则正是为了更好地走向未来。宗教学的进程也与我们的文化发展密不可分。

呈现给读者的这一中国宗教学的研究概述是由多人写成，因此在问题意识、关注重点和写作风格上很难完全统一，相关的问题较多，也难以完全分开来谈。但这也恰好是本书中学者个人特色凸显、表明文责自负的一大特点。如在阅读中感到有文风、布局和构思、行文上的多元或不协调之处，尚请读者多加谅解。本书的作者分别为龚学增（第一章）、金泽（第二章）、张志刚（第三章）、罗伟虹（第四章）、徐以骅（第五章）、王晓朝（第六章）、卓新平（第七章）、李林（第八章）、魏道儒（第九章）、李刚（第十章）、马西沙、李志鸿（第十一章）、王志跃（第十二章）、郭淑云（第十三章）、傅有德、刘精忠（第十四章）、张倩红、高杨（第十五章）等。全书的立意、策划和组织工作由中国社会科学出版社统一负责。在此，特向中国社会科学出版社和陈彪编审表示崇高的敬意和诚挚的谢意！

2009 年 10 月 30 日

［原载《当代中国宗教学研究（1949—2009）》，中国社会科学出版社 2011 年版。］

三十六

《宗教与人类文明的发展取向》序

　　宗教问题在当下中国语境中极为重要，却也非常敏感，人们对之乃众说纷纭、分歧明显。然而现在的文化建设和精神理解则很难根本回避这一话题，我们正在热议的共建人类命运共同体之思考，同样亦与宗教密切关联。就此而论，对宗教的深入探讨和理论陈述又显得特别重要，且有时不我待之紧迫。因此，看到安伦先生的新作《宗教与人类文明的发展取向》出版，顿然产生出特别兴奋和钦佩之感。

　　在切身体验中国经济飞速发展和国力日益强盛之际，人们大多陶醉于这种硬实力在当代中国的形成及对眼前世界的显示，但对于作为我们可持续发展之潜在支撑的软实力，即文化、精神层面，真正关心的人却寥若晨星。究其原因，就在于若深入谈论精神、文化，则离不开信仰、宗教等议题，而大多数人对之知之甚微，且视之为禁区，往往噤若寒蝉、讳莫如深。颇为遗憾的是，迄今我们社会对宗教与人类文明密切关联有深刻体悟和独到见解者仍然如凤毛麟角，其敏锐犀利之识亦和者甚寡、难觅知音。其实，离开精神信仰、文化积淀，一个国家的经济实力究竟能够支撑多久，其综合发展会走多远，已有很多前车之鉴在提醒我们。如果仍不关心、探究这类信仰层面的问题，我们的国民素质则很难提高，我们民族的精神世界也可能出现危机。所以，安伦先生在这里所呈献给大家的，正是在透彻体悟这一处境之后而试图让人们得以警醒、达到自我超越的洞见和睿智。

三十六 《宗教与人类文明的发展取向》序

在此新作中，安伦先生首先从人类"全球化"现状来开门见山、开宗明义，论述了人类共在的不可避免，以及既然如此人类应该如何有效或颇佳共在的智谋、哲理。当前人们满足于承认社会建构、体制层面之共同体的存在，安伦先生却较早地预见到人类精神、文化层面之共同体的必要及必需。多年前他纯然出于探究宗教的兴趣而没有拘束、充满憧憬地闯入中国宗教研究的学术领域，曾率先提出了"人类宗教共同体"之说。尽管这种超前意识在当时学界没能引起共鸣，甚至还招致了一些批评的声音，质疑其"共同体"的设想，其执着和坚信却给我留下了非常深刻的印象，也被其筚路蓝缕之开拓探索的激情所感染。我曾认真拜读其相关著作，与之对话深谈，因而获益匪浅且深有同感。于是，在这一"共同体"观点的持守上，我们成了同路人，并达到了一种有机契合的心领神会。

人类历史的发展，一直存在着善与恶的争斗，与走向"天使"还是止于"野兽"的挣扎及分殊相伴随。这种"兽性"从弱肉强食的"丛林规则"延续到了当代的"帝国霸主"之风，其唯我独尊以强欺弱导致了今日世界动乱不断、战争频仍。纷争、分裂已经一次又一次地将人类拖入绝境、濒临灭亡。但历史毕竟在往前走，虽见魔高一尺，却更显道高一丈，人类正义的声音仍然汇成了社会发展的主流。随着高科技的发展，信息传播的快捷，已步入全球化时代的人类，更加感到共同存在、相互关联的必要。为此，"共同体"的思想逐渐成熟。安伦先生指出，"全球化"就是人类的共同体化，所谓的"地球村"就是正在形成的人类共同体。当然，最初共同体的形成都是一种利益共同体、生存共同体，如氏族共同体、民族共同体、国家共同体、区域共同体等，其内部有着共同的政治、经济、种族等关联。但随着人类交往的密切化程度不断提高，区域之间的接触及联络更加便捷，其关联互动之必要性的意义遂更加凸显。这样，全球范围的人类经济、政治、利益、责任等共同体开始建立并发挥作用。安伦先生认为，在此，每个共同体事实上都以人类共同体为主干而与其他维度的共同体形成关联、有着互动，其不同维度亦会影响并促进其他维度共同体的形成，这种同呼吸、共命运的处境则会有利于促进人类共同体的整体形成。

不过，当前人类共同体构建所取得的成就，主要在其"硬件"层面，而在其可持续发展的动因、潜在的精神力量之"软件"层面却仍有欠缺、不尽人意。人类命运共同体的真正建立，基于人类共同体文明意识、精神共识的达成。为此，安伦先生呼吁这种共同体应向其精神深层次拓展，这就是人类信仰、宗教、精神、价值、伦理、文化等共同体的构建。他于此表达了其警世之言：如果不能联合构建全人类的文明共同体，那么文明的冲突则可能使人类命运共同体沦为人类厄运共同体！对之我们必须全力避免。所以说，人类精神共同体的建设势在必行，其任务更为艰难，其意义则更加重大。

从这一认知出发，安伦先生进而深入到宗教领域的思考研究，探讨了宗教在现代社会潜在作用等问题。本来，宗教是人类文明的重要标志之一，体现出极为典型的人性特征。尊重和包容宗教，是一个民族人文素质成熟、人权意识明显的表现。在中华民族五千年辉煌历史中，也有宗教存在的绚丽多彩。安伦先生认为，宗教是人类独有的对无限未知的向往、敬畏、追求及其思维和行为，尽管宗教在其认知及实践过程中会有幼稚之举和错误之为，却是人类文明发展所不可避免的。人类的进化及进步是一个不断发展的过程，其途中尤其是其早期出现的幼稚、过错并不是宗教的全部，因为宗教在这种精神摸索中会不断扬弃自我、发生创新和新生。宗教和人类文明的其他形态一样会在其成长、成熟进程中促使人类始终保持超越自我之态，向精神思想的深度广度不断开拓，峰回路转、水穷云起、止于至善。

然而我们也要清醒地看到，在中国过去百年的认知发展中，其急切思变和曲折探索也出现过对中国传统精神文化的否定和对外来信仰精神文化的抵制，所导致的直接后果之一就是使中国人更多地倾向、固执在对宗教的负面看法上。从约百年前的"非宗教运动"到今天仍颇有影响的否定宗教之见乃一脉相承，使中国的当代信仰认识与国际社会形成巨大反差，形成人类精神文明景观中令人奇怪的一角。这种对宗教评价的以偏概全、先入为主，成为我们社会文化领域的一大误区，正从深层

三十六 《宗教与人类文明的发展取向》序 401

次、以潜隐的方式毁坏我们的文明大厦，挖空我们的精神根基。这种对宗教的误解和偏见，不仅会使我们的民族出现内部分歧和分裂、破坏我们社会的和谐氛围，而且还可能使我们民族在全世界绝大多数人信教的国际环境中逐渐成为人类精神大家庭中的少数派、孤立者和孤独者，离我们想要共建人类命运共同体的愿景背道而驰、渐行渐远。面对这些偏见和压力，安伦先生义无反顾地提醒人们：不要在宗教认知上陷于思想僵化而无法自拔，不要对自己人文通识教育的缺失、缺位而茫然不知、麻木不仁。在宗教认识上与世界的主流对立逆行对中华民族并非好事，排拒宗教迟早会把自己引向多事之秋。如果对宗教加以全面、客观、科学、冷静的分析，就不难看出宗教对人类文明的价值，认识到宗教与其社会存在的逻辑依属。所谓宗教的迷信呈现在宗教的发展中并不占主流，其神秘认知的局限从人类认识的不尽长河来看也在情理之中。宗教在政治社会中的存在应该以讲政治的思路来积极引导、加强管理，从统战的意义上尽可能团结绝大多数。而宗教在认识领域中的存在则不只是其恐惧、依赖、慰藉、自我投影，其更深邃、更精华的表达还在于其思想精神的无限探索、终极询问、根本关切、本质洞察，从而与哲学、科学都有着内在的逻辑关联，不可将之截然区分、割裂开来。在当前对宗教的全盘否定、绝对批判中，就可看出一种对之强行实施那违背规律、导致其与世界真实好似二元对立、水火不容的分殊。当人类行进在无限宇宙的时空之途时，宗教对存在本体、人类本性、精神本质表达了一种超越自我、无拘无束、自由思索的好奇感、穷究感、惊讶感和敬畏感，由此并将之体现在其社会生存和行为规范之中。对这种精神灵性意义的探究切不可忽视、轻视，更不要有那种井底之蛙视域的世人皆傻、唯己高明的夜郎自大。我们处于这样一种广袤、开放的寰宇，相关的观察也理应持有一种开放的心境，至少应该以一种平静、平和的心态来对这种具有终极、本原思索性质的宗教展开系统、深入的研究。

十分可惜的是，在仍然否定宗教的氛围中，人们迄今谈"宗"色变，宗教硬是成为敏感话题，而研究宗教者亦好似"氯苯那敏"之辈，一旦沾上宗教之探就会处处过敏，招致人们莫名其妙的冷眼，结果相关研究者不仅不会在今天的思想文化探究上"出类拔萃",得以公正对待,反而会被戴上有色眼镜的人们视为学界带有"原罪"者。其实,对于我们所处的无限、开放之世界加以绝对封闭的主观判断,因固执己见就好像已经洞观一切、确定一切,其本身真正反映的只能是一种无知、轻狂、僭越和唯心。若没有真正认识到宗教终极关怀的合理性及其德性自律的实践价值,则会对现实社会中宗教的磁吸效应百思而不得其解,也不可能真正做到对宗教的积极引导和发挥其积极作用。康德在构设其道德哲学体系时早已指明人类宗教向外追求"头上的星空"、于内要求"心中的道德律"这一基本蕴涵,对宗教价值有着精辟的阐述。德国哲学中的宗教批判精神实际上就意味着对宗教的扬弃、升华。中国当代的宗教批评源自德国,应该寻根溯源,返璞归真,探个究竟,真达透彻、澄明之境。人类社会具有优秀文明传统的民族及其国度都没有摒弃宗教、冷落信仰需求。非常可喜可赞的是,今天中国"人民有信仰"也终于在形成相应的共识和共鸣。本来,宗教就是人类社会存在的一种方式,是人们精神生活的一种表达,自然、正常,没有必要否认人类生活中的这种"常态""常数",更没有必要使之过于敏感。正因为如此,我才会不顾可能成为"敏感人物"的风险而不断呼吁宗教脱敏,恳请大家善待宗教或至少是正常对待宗教,让人们摘掉误判宗教真实的有色眼镜,并希望给宗教研究提供一个宽松、包容、鼓励的乐观场景。安伦先生在这部著作中同样表达了这种心情和态度。尽管"路漫漫其修远兮",但我们不会停止这种追求真理、还原真实的坚定步伐。

在对宗教的认知和判断中,安伦先生特别告诫大家要珍视中国优秀文化传统中的宗教元素,不要破坏我们文明行远持久的精神生态。过去百年,中国社会出现了一种矫枉过正,把儒道佛等中国传统宗教文化作为腐朽势力加以铲灭,实质上是把中国古代文化的神奇当作了腐朽。在选择允许中国宗教之当代存在上,甚至仍在严禁本土宗教的存在,企图杜绝我们文化寻梦中的慎终追远、民德归厚,散尽我们文化思乡的乡愁、乡恋和乡魂。无视中国基层社会有众多本土宗教信仰者的存在,这无疑会造成对我们中华文明之根的灭绝。面对这种走入歧途而对本土宗教的伤害，安伦先生建议要重建以儒道佛为主体的传统中华文化基础，在此之上依据现代社会需求和国情所允许的程度来吸纳人类文明的优秀元素，海纳百川，为我所用，对之加以现代化改造和科学规范，以构成我们与时俱进的民族精神文化共同体。

如何弘扬中华文化、形成其特色鲜明的主体意识和核心价值？这里，安伦先生对中国之"道"情有独钟，为此而主张以体现中华民族精神要素、具有中国文化符号品牌的"道"作为我们中国人的至上信仰。他进而系统探讨了"道"之思想的深邃、神奇、博大精深，梳理了源远流长的中华道统传承，展示了"问道"给世界精神哲学带来的启迪、遐思。其立意高远，通过阐发"道"之思想而旨在达成对精神性、超越性、宗教性等人类文明本质要素、基本特征的透彻了解，凸显中国文化在其中的醒目定位。在中华优秀文化传统中，认真发掘、弘扬儒道佛三教的思想精华，是完全可以为现代世界的人类社会文明、精神文明和生态文明指点迷津、作出贡献的。

千里之行始于足下，为了有效建立起人类命运共同体，其倡导者中华民族自己首先就必须建设好中华民族命运共同体及文化共同体，为之打下坚实的基础。而中华民族命运共同体的建立又基于中华民族精神文化体系的建设。在当下的文化重建中，我们应该清醒地认识到，当代中国人不会仅仅满足于物质生活的提高，亦会更多地需要精神生活，向往一种提升自我境界的精神文明。中国社会建立起具有自己民族文化特色的精神信仰体系，这才是中华民族和谐稳定、可持续发展的根本保障。

安伦先生的新著还专门论及宗教学的改进发展和中国宗教学体系的构建。他认为，在国际学术舞台要发出中国好声音，就必须走出基于一教之视野的偏执和故步自封，必须打破西方思维方法的惯性模式。我们要搜集并运用中国自己的学术资料，基于在中国社会及华人世界的田野调研，开展比较、对话研究，由此展示出中国宗教研究的特色和优长。这些见解都很有价值，其相关思路完全可以尝试、推行，在当代中国宗教学发展中得以借鉴、吸纳。在中国社会发展的新时代，宗教学研究最近已被顶层设计视为代表中国哲学社会科学发展具有重要支撑作用的基本学科之一。这种定位来之不易，令人鼓舞，我们应该以自己的学术敏锐来把握、跟进，尽快扩大其社会影响，探索出中国特色的发展道路。所以，当走过曲折而艰辛的探索道路之后，我们坚信会迎来中国宗教学兴盛繁荣的光明前景。

是为序。

2018年3月于京西宾馆

（原载安伦著《宗教与人类文明的发展取向》，台北，文史哲出版社2019年版。）

三十七

《中国基督教青年会史料汇编》序

中国改革开放给中华民族的伟大复兴带来了重大机遇和成功实现的可能，中国社会发展进入盛世，也迎来了文化、学术的繁荣。在世纪之交，我们辞旧迎新的进程有许多回顾和展望、反思和期盼，以使我们的可持续发展更加坚实、更为辉煌。为此，当前与中华历史密切关联的史料文献整理出版亦形成高潮、蔚为大观。这些文化工程得到了党和政府的热情鼓励和大力支持，所取得的成就也非常壮观感人。正是在这一令人振奋的社会境遇和文化景观中，我们开展了中国基督教青年会史料收集整理和编辑出版工作，推出了《中国基督教青年会史料汇编》丛书。

《中国基督教青年会史料汇编》工作由广州基督教青年会负责进行。近些年来，广州基督教青年会在广州市民族宗教事务局的直接领导下，在全国基督教"两会"的热情关怀下，在中华基督教青年会全国协会的有力指导下和各省市青年会的友好帮助下，集中精力、全力开展了中国基督教青年会史料收集整理和编研工作。于是，其史料搜集者的足迹遍及祖国大江南北，并通过与海外基督教青年会的广泛联系也收集到了国外馆藏的大量珍贵史料，目前其总规模已逾12万个文件，这就为其整理出版工作打下了坚实的资料基础。

就整理研究中国基督教青年会历史的意义而言，这是在中国近代社会革命、文化发展大背景下对中国基督教青年会历史的个案研究和独特审视，因为其历史与过去一百多年来的中国历史变迁密切相关、紧紧相连,既是卷入、参与这一历史进程的有机构建,也是反映、折射这一社会巨变的见证之镜。中国基督教青年会是随海外基督教入华传教的历史潮流而兴起,但其社会经历则更多地与中国近代发展的巨大变革交织在一起,由此而构成自己跌宕起伏、曲折复杂的历史演变,其信仰文化、精神理念、社会介入等,都有着与中国历史嬗变的关联,亦与中国近现代革命接触频仍,而且在中国宗教界发挥服务社会、关爱民众的作用中亦贡献突出,其成就可圈可点。在中国宗教独立自办,摆脱西方帝国主义、殖民主义影响上,中国基督教青年会曾走在前列,起过带头作用。而在中国社会主义革命及建设中,中国基督教青年会在坚持宗教中国化方向、积极与社会主义社会相适应上亦与时俱进、有新的突破和发展。因此,回顾并研究中国基督教青年会的历史,是对中国百年巨变的反思,是对过往经验教训的总结,也是对其历史地位及社会作用的客观评价和科学探究,是对老一辈爱国宗教界人士爱国爱教、造福社会的肯定和赞赏,更是对新一代宗教信众爱国爱教、服务社会的鞭策和鼓励。

基督教青年会于 1844 年在英国伦敦创立,随之于 1851 年先后在加拿大蒙特利尔和美国波士顿出现;1854 年,基督教青年会北美协会成立。在 1855 年法国巴黎召开基督教青年会第一次世界会议时已有来自英国、美国、加拿大、法国、德国、比利时、荷兰和瑞士等国的代表参加,由此建立起基督教青年会世界协会。1878 年,其总部在瑞士日内瓦设立。1885 年,基督教青年会通过"巴黎本旨",将其会定性为宗教性服务团体。

1876 年,美国基督教青年会始来中国,曾在汉口等地设立为来华外国人服务的青年会,但规模不大。1885 年被视为青年会传入中国之始,先后在福州英华书院、北京通州潞河书院成立了学校青年会;1886 年,杭州育英书院(后为之江大学)亦出现学校青年会。1895 年基督教青年会北美协会派来会理入华,为中国基督教青年会首位专职干事;同年底,天津基督教青年会成立,时称"学塾基督幼徒会",为中国第一个城市青年会。1896 年,青年会北美协会总干事及世界基督教学生同盟总干事穆德首次来华,参加天津青年会会所奠基礼;同年 6 月,出现中国青年会最早刊物《学塾月报》，后改为《学生青年报》；烟台青年会亦在此年成立。1896年11月初，上海组成"学塾青年会"，时称"中国学塾基督幼徒会"，为建立中华基督教青年会全国大会之最初尝试。1897年，天津青年会建成中国青年会第一处会所；青年会第二次全国会议在上海召开；陈敏望首次作为中国青年会的代表出席在美国诺恩菲尔德及在他国召开的世界青年会会议。1900年上海青年会创办，是为商界及职业界青年设立的第一个城市青年会。1901年，香港青年会建立。广州基督教青年会发端于1904年，1907年开始叙会，1909年正式建立。1905年，保定青年会和福州青年会成立。1906年，中华基督教留日青年会成立；1908年，南京基督教青年会筹建，青岛青年会成立；1909年，北京基督教青年会和太原青年会创立，同年留美学生青年会亦成立。1910年，成都青年会和郑州青年会成立，青年会的全国协会亦创办月刊《进步》；1911年，汉口青年会、昆明青年会、台山青年会、南京青年会和厦门青年会成立。1912年，经呈请而获准在上海正式成立中华基督教青年会全国协会，会名改称"中华基督教青年会全国组合"；而1910年成立的学生立志证道团组织亦于1912年加入青年会；同年成立的还有长沙青年会、杭州青年会、吉林青年会和沈阳青年会。1913年，济南青年会、南昌青年会和武昌青年会成立。1914年，西安青年会成立。1915年，在青年会第七次全国大会上，"中华基督教青年会全国协会"被定为其正式名称。此后，安东青年会1916年成立，锦州青年会和宁波青年会1918年成立，大连青年会和青州青年会1919年成立，苏州青年会1920年成立，汕头青年会和芜湖青年会1921年成立，重庆青年会1922年成立，汾阳青年会和旅顺青年会1923年成立，开封青年会1925年成立，哈尔滨青年会1926年成立，威海卫青年会1928年成立，大同青年会和胶州青年会1935年成立，贵州青年会1938年成立，宝鸡青年会和兰州青年会1939年成立。

在中国基督教青年会的早期发展中，曾与中国革命有一定关联，特别是与中国共产党的早期领导人周恩来、恽代英等人有过直接交往。周恩来总理在1950年《关于基督教问题的四次谈话》中就曾特别指出：

"自五四运动以来,基督教里面有进步分子,在中国革命的过程中,他们是同情中国革命的。比如大革命时期,基督教青年会以及其他宗教团体中的进步民主人士,曾掩护过一些从事职工运动的革命分子和共产党员。在抗日战争时期,基督教青年会等宗教团体也起了很好的作用。"[1] 1913 年至 1917 年,周恩来就读于南开学校,曾参加南开学校学生团体敬业乐群会、义塾服务团和基督教青年会的社会活动。周恩来于 1915 年担任南开学校《校风》周刊成员,1916 年又任《校风》文苑部部长,此间曾与南开青年会有直接来往。南开校长张伯苓是天津基督教青年会董事和会长,他非常赏识、关怀周恩来,曾免去周恩来的学费、宿费,后在 1919 年还准予周恩来免试进入新成立的南开大学文科学习。在周恩来代表共产党成功解决好"西安事变"后,张伯苓还专门为此在南开大学召开了庆祝大会,赞赏南开校友周恩来"起了很大作用,立了大功"。周恩来与张伯苓友好交往四十年,传为南开历史上意义深远的佳话。周恩来在 1917 年至 1919 年旅日期间,也与中国留日学生青年会有着密切接触,共同关注着祖国的命运。周恩来在 1919 年五四运动爆发前回到天津投身爱国运动,也曾得到基督教青年会的支持。当时天津青年会知名人士马千里、王厚斋、张伯苓、宋则久等人也都积极参加天津各界爱国运动。其青年会会所当时成为爱国青年的重要活动场所,周恩来、邓颖超等觉悟社重要成员就在那里组织、开展了大量革命宣传工作。在抗日战争期间,周恩来还特别支持和鼓励基督教青年会骨干刘良模等人推广抗日救国歌曲的工作。这些经历也使周恩来对基督教青年会有了客观的认识和积极的评价,对中国基督教在推动社会进步方面的重要作用也表示了相应的认可。

在 20 世纪 50 年代"基督教三自爱国运动"、推动基督教中国化的发展中,基督教青年会也发挥了巨大作用。担任过青年会全国协会董事及其校会部和出版部主任干事的吴耀宗就在周恩来总理的启发和支持下带头发起了"基督教三自爱国运动",联合中国基督教界爱国人士发表

---

[1] 见《周恩来统一战线文选》,人民出版社 1984 年版,第 182 页。

《中国基督教在新中国建设中努力的途径》即《三自宣言》，而全国各地的青年会亦积极参与，这些地方青年会的干事乃首批《三自宣言》的签名者，对这一极为重要的爱国爱教、独立自办运动起到了号召及引领的关键作用。自中国改革开放以来，中国基督教青年会也积极投身于这一中华民族伟大复兴的发展，在社会服务等方面做出了非常积极的贡献。

为了深入研究中国基督教青年会在近现代中国社会文明发展中的影响和作用，在今天的"新时代"更好地积极引导宗教与中国社会主义社会相适应，坚定不移地沿着"中国化"方向发展，很有必要回顾、总结过去一百多年来中国基督教青年会的发展变迁。因此，《中国基督教青年会史料汇编》工作就既有其历史意义、又有其现实价值。这一史料选编搜罗广泛、采撷宏富，其内容涉及自19世纪末基督教青年会传入中国一直到进入21世纪以来的全面发展，包括中国基督教青年会全国协会、城市青年会的年度工作报告、历年纪事、历史人物言论、早期出版物、名人传记、干事往来信函等珍贵史料。为了对之达到周全考虑、充分准备，广州基督教青年会还召开了相关专题研讨会，邀请我国宗教、哲学、历史、建筑、文献等研究领域的知名专家、学者参会，围绕"中国基督教青年会历史资料编辑出版工作"的意义和价值、方法及进展等问题进行了专题论证。经过广泛协商、多方协调，最后商定与宗教文化出版社精诚合作，计划用十年左右时间（即2019年至2029年），编辑出版这套总规模为200册的《中国基督教青年会史料汇编》丛书。

《中国基督教青年会史料汇编》丛书的编辑出版，将填补中国基督教史料整理研究方面的这一空白，也是对整个中国近现代历史文献整理研究工作极为重要的补充。这一史料选编丛书的出版发行，将会为当代社会及世界学术界了解、研究基督教青年会在中国社会的发展演变提供社会、历史、政治、经济、思想、文化、出版、教育、体育、艺术等领域的第一手材料和基础性文献；为深入、全面观察中国近现代的社会变迁提供多视角、全方位的参照；对系统研究中国基督教青年会的历史进程、社会服务及其重要贡献，以及我国基督教坚持中国化方向的积极发展等，也有着独特的思想学术价值和社会现实意义。所以，我们希望社会各界热情关注这一史料选编丛书的出版，并在此向为这套丛书编辑出版作出了积极贡献的各界朋友表示衷心感谢！

卓新平
2019 年 9 月 25 日于北京

[原载《中国基督教青年会史料汇编》（第一辑），宗教文化出版社 2019 年版。]

三十八

《湖南地区信仰民俗的文化生态及保护研究》序

对于中华传统文化，有着不同视角的回溯、反思和审视，其中基于地区文化风貌的探究和思考则更为具体、更加生动，亦更有意义。自己作为常年游迹在外的湘籍学人，读到李琳博士新著《湖南地区信仰民俗的文化生态及保护研究》，心情颇难平静，油然生出一种强烈的乡思、乡恋和乡愁。

如何守护我们的精神家园？如何保持并弘扬中华民族的文化特色？李琳博士在其新作中以家乡湖南的民间信仰为例，做出了其极为独到而且很有说服力的剖析和解答。中华民族的文化传承源远流长，丰富多彩，有着各族共构、汇通合一的特色，达成了我们整体文化的宏伟绚丽，而其中的地区文化生态之多样性和互渗性则是这种宏大景观的基本构成和必有要素，因而值得我们特别关注。例如，湖湘文化就具有典型的内陆山、水文化印痕，而且深深浸染着楚文化的巫风神韵，使之独具特色、卓尔不群，给人留下深刻的印象。李琳博士对之有着细致、生动的探究和新颖、独到的诠释，由此也触动我们对中华信仰文化及其与世界宗教精神遗传之关联和区别的思考。

中国的民间信仰探讨，首先就关涉中国文化史上究竟有无宗教的问题，进而则引申出对宗教价值的评判问题。社会上有不少人借百年之前梁启超关于"中国没有宗教""中国人不需要宗教"的暂且之论而否认中国历史上的宗教存在。其实,梁启超很快就放弃了自己这种认为中国"无宗教""不需要宗教"之说,但其观点却得以长期保留,并成为后人否定中国宗教的重要依据。由此以来,中国社会就陷入"有无宗教"的迷茫和争议之中。这里,显然就涉及如何看待并评价中国古代神话、原始巫术遗俗的问题,而其定性则会直接回答中国自远古以来究竟有无宗教的问题。对此,李琳博士以湖南为例,指出"湖南古为楚地,有所谓'南楚江湖'之称,楚文化有着与众不同的巫风色彩,古老而荒诞,浪漫而神秘。巫术至今还留存在湖南某些地区的原始宗教遗俗中"。显然,这一表述对中国远古就有宗教做了非常肯定的回答。

中华古代神话给我们留下了"朦胧之美",产生出巨大的精神魅力。这些神话实际上即一种"神话宗教",离开宗教这一基本范畴则无法解释神话。而且,远古神话与巫术遗俗有着密切关联,有时很难将之截然区分。马克思说,"任何神话都是用想象和借助想象以征服自然力,支配自然力,把自然力加以形象化"。[①] 中外神话均为借助想象来表示对自然的积极征服,中华远古神话的这种"积极征服"尤为明显。但其"想象"以及"形象化"却是宗教性的,不离"神圣""神秘"这一最根本的宗教表达。这些神话尽管幽深莫测且浪漫荒诞,却实质性地代表着古代宗教的"神学"、蕴藏着先民的哲理。因此,基于历史唯物主义的审视,我们不能否认中华文明之源中已经颇具宗教之因素。

湖湘宗教文化作为古代楚文化的重要构成,在长江流域的文化发展中发挥了巨大作用,曾影响到中华民族的南国宗风及其民众的精神生活。对其细节,李琳博士在本书中有着生动的描述,进行了具体的田野案例分析,展示了洞幽烛微的察辨。德国汉学家尉礼贤在对比中西宗教文化时曾指出,西方古希腊神话传统中有着北方主文化奥林匹斯诸神谱系与南方亚文化狄奥尼索斯酒神信仰之别,而中华古代文化同样也有着

[①] 见《马克思恩格斯文集》第 8 卷,人民出版社 2009 年版,第 35 页。

三十八 《湖南地区信仰民俗的文化生态及保护研究》序

南北楚汉之分；北方文化以黄河流域为代表，形成孔子及其儒家学说的正统发展；而南方文化则活跃在长江流域，形成老庄道家传承及吴楚文化特色。这里，南方文化更以民间文化的身姿亮相，故其信仰亦主要为民间信仰。对此，梁启超也承认南方文化更有理想主义、遁世逍遥、激进浪漫、笃信天道、醉心神秘等特点，与以儒家为正统的北方文化明显不同。尽管后来形成了儒家一统天下、"吴楚翻成华邑"这一中华文化大团圆的结局，其地域特色、地区个性却仍旧得以保留，在历史发展的长河中依然时隐时现，让人难以忘怀。而李琳博士的研究则非常具体地将这种地域文化特色、信仰遗风生动地再现出来，给我们以史为鉴、洞若观火的透明之感。

既然中华民族本有着悠久的宗教文化传承，那么我们可更加深入地探究中国宗教的独有特质和与西方宗教的不同之处。在李琳博士的新作中，对这些差异和区分也作出了比较冷静、非常恰当的解说。自华裔美国社会学家杨庆堃出版《中国社会中的宗教》、提出"弥散性"宗教这一概念以来，人们对于中国宗教的性质就有着广泛而热烈的讨论。我们暂不论以"建构性"或"弥散性"来界定中国宗教的性质是否准确，但至少可以看出中国民间信仰的"弥散性"特点乃是极为典型的。而这一信仰传统绵延至今未有根本改变，故而也使我们在观察、界定和理解当今中国社会中的宗教时应该更加客观、更为全面、更有睿智。从古今中国宗教的建构性而言，其在民众中所占比重的确不大，由此可说中国宗教是少数人的信仰。但若以这种"弥散性"的审视来关注中国的民间信仰并实事求是地肯定其宗教性的存在，那么宗教信仰在中国民众的占比、涵括可能非常之大，所以说民间信仰值得我们高度重视，其认真探索或许会带给我们关于宗教的颠覆性认知。西方文化中建构性宗教占据了其宗教景观的主要画面，而中国文化的图景则与之迥异，对此不可简单地拾西方学者的牙慧来评议中国宗教，尤其不可忽略中国民间信仰的普遍存在和悠久影响。宗教反映人的精神生活，表现出其精神状态、灵性追求和敬畏情怀，其中"宗教性"乃体认宗教的关键要素，而宗教的"建构性"则仅是其表层的。我们不应放弃对宗教社会结构层面的"建构性"

存在之研究，也不可忽略对宗教精神内在的"宗教性"现象之观察。如果无视中华民众这种"宗教性"的普遍存在或其"弥散性"的基层发展等表现，我们的宗教理解及宗教工作则可能出现失误，造成本不应该发生的损失。所以说，在今天仍有必要对比中国宗教中"建构性"与"弥散性"的交织，辨识民间信仰、民族宗教、相关地域独特的非物质文化遗产表象，以及它们与建构性宗教的异同，由此把握中国宗教的全景真相。从李琳博士的这一研究中，我们可以再思今天对中国社会宗教、对儒家宗教性以及对各种民间信仰等的定性、评价和与之相应的把握及管理。这一方面涉及对中华文化传统之精神层面的探索，另一方面则与我们当今社会工作、群众工作、统一战线工作、爱国教育工作等都直接相关。基于这种科学研究，我们理应调整好我们观察宗教、信仰等现象的视角，把握好我们宗教工作的政策及其维度。

在对中国信仰特色的比较中，李琳博士以其田野调查的丰富资料而给我们提供了有助于理论思考和体系建构的许多案例，让我们形象地领略到中西信仰景观的不同和侧重。西方在"二元分殊"世界观的影响下，其宗教思想强调"神""人"的绝对不同，"人"不可逾越这一极限而达"神"。所谓世人"成神"的宣传乃一种"逆神"的僭越和亵渎，其任何尝试都被视为极其荒唐之举。在这种"神""人"迥异的认知中，只有"神"对"人"拯救中从上而下的"道成肉身"，而不可能出现从下达上"肉身成神"的奇迹。但中华文化则有"天""人"相通、一元共在的整体世界观。因此，中国传统宗教信仰当然承认并理解"人"的成圣、成仙、成神。"神""人"之间并无不可逾越的绝对鸿沟。这种中国宗教的"积极浪漫主义"与西方宗教的"消极浪漫主义"对比鲜明，相映成趣。对于中国民间信仰中"神格"的下降和"人格"的升华，李琳博士都有生动而精彩的描述。在湘楚文化的语境中，李琳博士深刻地指出，在自古以来巫风浓厚的湖湘大地，通过各种庙会、民俗活动而使人们的信仰经历了由"敬神""拜神"到"酬神""媚神"和"娱神"的嬗变，昔日以崇拜神明为主的信仰已经演化或退化为今日以满足人们自己精神生活、达其身心愉快的娱乐！但另一方面，人间的英雄却逐渐有了神圣位格，由"人"而最终升华成"神"。从对忧国忧民而投江自尽的屈原之崇拜，从对忠诚守信的关公形象之神化，以及从对各路英雄包括农民起义英雄的敬仰上，我们都可以看到中华民族来自民间的"选神""造神"现象。就其历史价值的审视而论，很难对之加以简单的褒贬臧否。特别是在湖湘地区，诗人屈原以其家国情怀的执着、坚毅，甚至"我以我血荐轩辕"的慷慨激昂，形成了湖湘人"敢为天下先"、至死不渝的直率性格和"霸蛮"精神。从屈原到谭嗣同，这一精神可歌可泣、英勇悲壮，已经升华为"神性"而令人敬仰。所以，从中国民间信仰中，我们可以得到对于"神性""神圣性"的另一种合理解读，而且还获得国民的共鸣，由此也可以启迪人们更加深入地窥透宗教、信仰之奥秘。

"高山仰止""上善若水"。湖湘民间信仰随着文化拓展的脉搏而跳动，积聚了丰富的文化元素和深邃的精神蕴涵。洞观人类命运、领略人生意义，不可能不触及宗教。对于穿越历史千年的信仰现象及其积淀深厚的人脉资源，我们应该有更为务实的策略、更加求真的理论。对湖南民间信仰的探究与梳理，不只是沉湎于过去而怀旧的思乡曲，而更应该是当下积极弘扬中华优秀文化来行动的集结号。为此，对当代中国民间信仰的存在及发展，我们需要更多的关注、更深的思考和更好的引导，审时度势，关键在"导"。

李琳博士的这一新著既有交响音诗般的宏大叙事，也有如潺潺流水般的细腻入微，鲜活地呈现出湖湘民间信仰的古今变迁，审慎地提出了当今宗教工作的建议和构想，令人感慨万千。作为一名土家族的学者，我也特别感谢李琳博士对土家族信仰文化的生动勾勒和精彩描述，从中也体悟到"认识你自己"的意趣。今天，中华民族的伟大复兴有着宽阔的胸襟，对待世界文明展示出博大的胸怀，既体现了引领"一带一路"国际合作的气魄，更加表达出共建"人类命运共同体"的宏愿。那么，在这种"新时代"处境和"新文化"语境中，文明此刻也需要蓦然回首，真正看到并运用作为这一伟大事业之基、建好中华民族命运共同体、文化共同体所首需的"和而不同""多元包容""和实生物，同则不继""各美其美，美美与共"等中华智慧。

是为序。

2019 年 5 月 12 日于北京

（原载李琳著《湖南地区信仰民俗的文化生态及保护研究》，中国社会科学出版社 2019 年版。）

三十九

《马克思、恩格斯、列宁对无神论的阐释及当代意义研究》序

陈发扬博士的新著《马克思、恩格斯、列宁对无神论的阐述及当代意义研究》是在其博士论文的基础上修改、完善而形成的专著,旨在对马克思主义无神论的基本思想和重要观点展开比较系统、全面的研究。这一研究非常重要,过去我国学术界尚未系统展开,以往的探究主要是搜集、整理了马克思主义经典作家关于无神论的相关论述,而陈发扬博士则以这部著作来进行对马克思主义无神论主要论述的初步阐释和分析,从而有力推动了我国当代马克思主义无神论的研究。

在对马克思主义宗教观的系统研究中,我们特别强调马克思主义无神论是马克思主义宗教观理论体系的有机构成,不可将二者截然分开,因此理应对马克思主义宗教理论的这一重要部分展开系统而深入的研究。同理,中国宗教学以马克思主义为指导,自然涵括对无神论的学术研究,特别是对马克思主义无神论的专门研究。因此,无神论研究是中国宗教学的有机组成部分,是必须推动和加强的。当代中国学界意识到科学无神论研究相对薄弱而有"濒危学科"之忧,但相关探究并没有直接触及无神论研究的实质内容,而多流于比较空洞的口号或相对浅显的初探,往往是把无神论挂在口上的多,但对之真正深入扎实的探究则少,其进展不尽人意。对这一领域的突破和加强,我们一贯主张应注重如下几个方面:一要集中力量对以往无神论资料加以搜集、整理,形成

系统研究资源；二要全面开展中外无神论历史的研究，总结以往的经验教训；三要提高"无神"之论的理论深度和学术蕴涵，积极适应当今世界相关讨论的话语、处境，能够真正做到有话语权，有中国特色，让人心服口服；四要服从党和国家积极引导宗教与社会主义社会相适应的大局，更多注意无神论研究的理论及学术水平的提高，有助于我们和谐社会的构建。在此，特别是对科学无神论即马克思主义无神论的系统研究应该是其重中之重。为此，我们在对马克思主义经典作家关于宗教问题著作中涉及无神论的思想进行了初步的梳理和探究，而当陈发扬博士在考虑其博士论文选题时，我作为其指导老师而要求他对马克思主义无神论进而加以更为系统、更加全面的梳理和研究。通过几年时间的刻苦努力，陈发扬博士终于完成了这一艰巨且重要的任务，从而推出了这部摆在读者面前的新作。

　　马克思主义的基础和基本原理是历史唯物主义、辩证唯物主义，这自然也是马克思主义无神论的理论基础和基本原理。马克思主义无神论与以往的无神论虽有继承的关系，但本质有别，而且更加体现的是其突破性发展。此外，马克思主义论宗教或无神论都是相互关联的，因此二者的关系乃有机共构，而非全然分开，各自分头发展的。至于历史上以及现代西方的各种无神论，从古代"朴素无神论"、近代"战斗无神论"到近现代西方其他哲学无神论，如费尔巴哈的人本主义无神论、尼采的虚无主义无神论以及萨特的人道主义无神论等，则都不可与马克思主义无神论相等同，故而也不可称为"科学无神论"。只有体现出马克思主义理论体系的无神论才是"科学无神论"，因此这一科学表述不可随意滥用。"科学无神论"只有以历史唯物主义、辩证唯物主义为立场、方法和根基的马克思主义无神论才能够代表。而近代西方无神论包括其开端的"战斗无神论"乃多种多样，参差不齐，其中不少所谓的"战斗无神论者"后来又重返宗教，而且其代表也多为唯心论者。在陈发扬博士的这部著作中，对之即有相关梳理和分析。为此，我们宣传无神论也必须是科学宣传，突出马克思主义无神论的宣传，而不能将所有无神论都笼统等同于马克思主义无神论。可以对相关的无神论进行系统、深入的历史研究，以能构成无神论发展的历史链条；但对所论无神论的宣传则必须科学地展开，对之乃有着特定的涵括。

当前，我们必须大力宣传的理应是马克思主义无神论，而马克思主义无神论自然是马克思主义宗教观的重要构成，因此对二者的论述和应用需要有机关联，二者的研究不应分开。全国宗教工作会议精神明确指出，共产党员要做坚定的马克思主义无神论者，在强调无神论时明确说明所强调的是马克思主义无神论，这与其他无神论者是有明显区别的。至于对历史上的战斗无神论等其他无神论，虽然可以承认其历史贡献及意义，却只能批判性审视和吸纳，而不是无条件地接受或向我们中国当代社会毫无保留地推出。宣传介绍历史上的无神论很有必要，不过，必须看到历史上无神论的情况也颇为复杂，既有唯物主义的无神论、同样也有唯心主义的无神论，无神论并不与唯物论天然等同。无神论从其历史发展演变来看，乃经历了其早期的朴素无神论或原始无神论、欧洲启蒙运动和法国大革命时期的战斗无神论、马克思主义的科学无神论以及近现代以来虚无主义的无神论和存在主义的无神论等思潮。对此，我们必须加以科学鉴别和正确选择，突出马克思主义无神论的主体地位，加强对之科学研究。

马克思在论及无神论宣传的方法时特别强调要提高理论层次，应站在哲学的高度来看问题。因此，当前中国的无神论宣传必须提高理论水平，增添学术蕴涵，有理有节，把握好分寸，如果把任何反宗教的举措和普泛化的无神论宣传搞得过度则会适得其反。这里，我们要了解把握好宗教存在的社会根源及时代背景，弄清楚人类宗教发展和无神论发展的历史及规律；其实，客观、科学地研究宗教本来就属于我们无神论宣传的有机构成；我们还应该加大对自然科学史和哲学社会科学史的系统探究，并对其最新进展及发现积极跟进和及时把握，这些都是我们今天加强和扩大无神论宣传的重要内容，尤其应该在我们党内和涉及青少年的公共学校及其国民教育中大讲特讲。所以说，这种宣讲是科学的宣讲，有其丰富的内涵，而决不可不下苦功钻研，却只光喊空洞口号。

按照马克思主义经典作家的思想，科学宣传无神论只能用"纯粹的思想武器，而且仅仅是思想武器"，"用我们的书刊、我们的言论"来对宗教有神论展开批评，而且这种宣传还必须服从党的政治任务、社会主义发展的要求，掌握好尺度、把握好分寸，有利于今天我们党和政府对宗教的"积极引导"。所以，我们在新的形势下有效开展无神论宣传，就必须科学进行，要加强对无神论本身系统而深入的研究，弄清其基本内容，有知识蕴涵，且要使之符合我党构建中国和谐社会的新任务的需求。

根据上述构想和要求，陈发扬博士这部著作分六个方面对马克思主义无神论展开了认真学习和初步探究。其中第一部分主要叙述了其选题的背景及意义；第二部分则回顾了马克思、恩格斯、列宁由有神论者变为无神论者的历史过程，分析了他们发生这一重大转变的原因；第三部分是分析、归纳马克思、恩格斯、列宁著作中对无神论具体内容及其含义的阐述；第四部分是随着马克思、恩格斯、列宁的思路对历史上无神论代表人物的思想演变展开探析，涉及众多历史人物；第五部分是对马克思、恩格斯、列宁无神论思想丰富内容和深刻蕴涵加以扩展，进行多层面分析；第六部分则是概括总结马克思、恩格斯、列宁对无神论阐述的学术意义，以及其研究方法和实践价值，指出其对我们今天宣传无神论的指导意义和正确途径。尽管陈发扬博士的上述分析研究尚有待改进和完善，但这一探究毕竟是系统阅读马克思主义经典作家原著、专门梳理马克思主义无神论思想的新作，难能可贵，值得鼓励。至于对陈发扬博士书中的具体观点和见解，我们当然应该持有"百花齐放、百家争鸣"的开放和包容态度。千里之行，始于足下，希望陈发扬博士继续努力，在这一重要领域有新的开拓，取得新的成果。

是为序。

2019 年 7 月 29 日于北京

附录一

卓新平著述目录

一 个人专著（独著）

1988 年

1. 《中西当代宗教理论比较研究》（德文），彼得·朗出版社，1988 年（*Theorie über Religion im heutigen China und ihre Bezugnahme zu Religionstheorie des Westens*, Peter Lang Verlag, 1988）；

2. 《宗教与文化》，人民出版社，1988 年 10 月；

3. 《宗教起源纵横谈》，湖南人民出版社，1988 年 12 月；

1990 年

4. 《西方宗教学研究导引》，中国社会科学出版社，1990 年 7 月；

1992 年

5. 《圣经鉴赏》，中国社会科学出版社，1992 年 2 月（宗教文化出版社 2000 年 11 月版）；

6. 《世界宗教与宗教学》，社会科学文献出版社，1992 年 6 月；

7. 《尼布尔》，台湾东大图书公司，1992 年 9 月；

1995 年

8. 《基督教文化百问》，今日中国出版社，1995 年 4 月；

1998 年

9. 《当代西方新教神学》，上海三联书店，1998 年 5 月（2006 年 2 月再版）；

10.《当代西方天主教神学》，上海三联书店，1998 年 5 月（2006 年 2 月再版）；
11.《基督教犹太教志》，上海人民出版社，1998 年 10 月；

1999 年

12.《宗教理解》，社会科学文献出版社，1999 年 9 月（越南文译本：*LY GIAI TON GIAO*, Trac Tan Binh, Nguoi dich：Tran Nghia Phuong, NHA XUAT BAN HA NOI, Viet Nam, 2007）；

2000 年

13.《基督教知识读本》，宗教文化出版社，2000 年 8 月；
14.《基督宗教论》（文集），社会科学文献出版社，2000 年 9 月；

2004 年

15.《神圣与世俗之间》（文集），黑龙江人民出版社，2004 年 1 月；

2007 年

16.《当代亚非拉美神学》，上海三联书店，2007 年 1 月；
17.《当代基督宗教教会发展》，上海三联书店，2007 年 1 月；
18.《基督教与中国文化的相遇、求同与存异》，香港中文大学崇基学院出版，2007 年 3 月；

2008 年

19.《全球化的宗教与当代中国》，社会科学文献出版社，2008 年 2 月（英译本：*Global Religions and Contemporary China*, Zhuo Xinping, translated by Paulos Huang, Abraham Chen, Li Panpan and Liang Yu-long, Sanovan Press, Finland, Helsinki 2012）；

2010 年

20.《学苑漫谈——讲演集》，中国社会科学出版社，2010 年 7 月；
21.《以文会友——序文集》，中国社会科学出版社，2010 年 7 月；
22.《心曲神韵——随感集》，中国社会科学出版社，2010 年 7 月；

2011 年

23.《"间"性探幽——对话集》，中国社会科学出版社，2011 年 11 月；
24.《西哲剪影——爱智集》，中国社会科学出版社，2011 年 11 月；

25.《田野写真——调研集》，中国社会科学出版社，2011 年 11 月；

2013 年

26.《基督教与中国文化处境》，宗教文化出版社，2013 年 7 月；

27.《马克思主义宗教观探究》，中华书局，2013 年 11 月；

28.《中国宗教与文化战略》，社会科学文献出版社，2013 年 11 月（德译本：*Religion und Kultur in China, Verständnis – Entwicklung – politische Bedeutung*, übersetzung: Konstantin Hoppe und Zacharias Kraus, ibidem – Verlag, Stuttgart 2019）；

2015 年

29.《中国人的宗教信仰》，中国社会科学出版社，2015 年 5 月（英译本：*Religious Faith of the Chinese*, translated by Dong Zhao, Springer Nature Singapore Pte Ltd. And China Social Sciences Press 2018）；

30.《信仰探索——卓新平自选集》，首都师范大学出版社，2015 年 5 月；

2016 年

31.《论积极引导宗教》，甘肃民族出版社，2016 年 12 月；

2017 年

32.《马克思主义经典作家关于宗教的基本观点研究》（主编，独著），人民出版社，2017 年 12 月；

二 发表文章

1982 年

1.《现代美国新教神学的派别》，《世界宗教资料》1982 年第 2 期，6—12 页；

2.《"危机神学"的著名代表——卡尔·巴特》，《世界宗教资料》1982 年第 2 期，48—51 页；

3.《〈圣经〉是怎样一部书》，《环球》1982 年第 10 期，24—26 页；

1983 年

4.《基督复临派》，《世界宗教资料》1983 年第 1 期，52—54 页；

5.《近现代欧洲基督教思想的发展》,《世界宗教资料》1983 年第 2 期,53—58 页;

　　1984 年

6.《"世俗神学"思想家——迪特里希·朋谔斐尔》,《世界宗教资料》1984 年第 1 期,58—61 页;

　　1987 年

7.《西方宗教学的起源与形成》,《世界宗教资料》1987 年第 4 期,1—6 页;

　　1988 年

8. Theorien über Religion im heutigen China, *China Heute*, Nr. 5, 1988, S. 72 - 80;

9.《图书馆里的乐趣》,《人民日报》(海外版),1988 年 6 月 7 日,第 4 版;

10.《论朋谔斐尔的"非宗教性解释"》,《世界宗教研究》1988 年第 1 期,60—69 页;

11.《宗教现象学的历史发展》,《世界宗教资料》1988 年第 3 期,11—18 页;

12.《略论西方思想界对宗教的理解》,《世界宗教研究》1988 年第 4 期,51—57 页;

13.《论西方宗教学研究的主体、方法与目的》,《中国社会科学院研究生院学报》1988 年第 4 期,50—55 页;

　　1989 年

14. Religion im heutigen China – Ein Interview mit Dr. Xinping Zhuo, *Der geteilte Mantel*, Nr. 1, 1989, S. 16 - 18;

15.《笛卡尔与近现代西方哲学的反思——兼论西方宗教观的发展》,《中国社会科学院研究生院学报》1989 年第 3 期,37—44 页;

　　1990 年

16.《认识历史、认识国情、认识现实》,《神州学人》第 3 期,1990 年 5 月(总第 19 期),第 9 页;

17.《西方宗教学的历史与现状》，《世界宗教研究》1990 年第 3 期，139—145 页；

18.《西方传教士与中国古代文化》，《世界宗教资料》1990 年第 3 期，1—7 页；

19.《论利特的生命哲学和教育哲学》，《德国哲学》第 8 期，北京大学出版社 1990 年，140—150，283—284 页；

1991 年

20.《西方宗教社会学研究概况》，《世界宗教资料》1991 年第 1 期，1—7，36 页；

21.《范·得·列欧传略》，《世界宗教资料》1991 年第 2 期，46—47，54 页；

22.《莱因霍尔德·尼布尔》，傅伟勋主编《永恒与现实之间》，台湾正中书局，1991 年 3 月，216—239 页；

23.《在学海中遨游》，《群言》1991 年第 3 期，第 35 页；

24.《〈基督教文化面面观〉前言》，中国社科院世界宗教研究所基督教研究室编《基督教文化面面观》，齐鲁书社，1991 年 10 月；

1992 年

25.《西方的"新时代"运动与宗教复兴》，《世界宗教资料》1992 年第 1 期，1—7 页；

26.《社会科学与现代化》，《群言》1992 年第 10 期，13—15 页；

27.《基督教：欧洲发展的一面镜子》，《世界知识》1992 年第 24 期（总 1117 期），10—11 页；

28.《成功不必得意，失败不必丧气》，留学生丛书编委会编《追求奏鸣曲》，中国友谊出版公司，1992 年，第 57—60 页；

29.《中青年学者谈改革开放》，《群言》1992 年第 9 期，第 10 页；

30.《现实人生觅真情》，《神州学人》1992 年第 2 期，（总第 30 期）第 33—34 页；

1993 年

31. Der kulturelle Wert der Religion im Verständnis der Chinesen in der Ge-

genwart, *Grundwerte menschlichen Verhaltens in den Religionen*, Horst Bürkle hg., Peter Lang Verlag, Frankfurt am Main, 1993, S. 179 – 186;

32. Reflections on the Question of Religion Today, *China Study Journal*, Vol. 8, No. 2, August 1993, London, pp. 4 – 15;

33. Überlegungen zur Frage der Religion heute, *China Heute*, Jahrgang XII, 1993, Nr. 6 (70), S. 172 – 180;

34.《欧洲宗教哲学纵览》（一），《世界宗教资料》1993 年第 2 期，30—37 页；

35.《欧洲宗教哲学纵览》（二），《世界宗教资料》1993 年第 3 期，40—47 页；

1994 年

36.《归国创业过三关》，《神州学人》1994 年第 2 期，（总第 48 期）第 24—25 页；

37.《精神之探的忧思与期盼》，《群言》1994 年第 3 期，第 26—27 页；

38. Religion und Kultur aus chinesischer Sicht, *Dialog der Religionen*, 1994, Nr. 2, Michael von Brück hg., Kaiser Verlag, 1994, S. 193 – 202;

39. Original Sin in the East – West Dialogue——A Chinese View, *China Study Journal*, Vol. 9, No. 3, December 1994, pp. 11 – 15;

40.《中国宗教更新与社会现代化》，《维真学刊》1994 年第 1 期，2—7 页；

41.《改革开放与精神文明建设》，《北京青年论坛》1994 年第 1 期，7—9 页；

42.《展开多层次的宗教探究》，《世界宗教资料》1994 年第 2 期，47—49 页；

43.《宗教文化与精神文明建设》，《中国社会科学》1994 年第 3 期，21—23 页；

44.《三教圣地——耶路撒冷》，《世界宗教资料》1994 年第 4 期，37—

43 页；

1995 年

45. The Concept of Original Sin in the Cultural Encounter Between East and West, *Christianity and Modernization*, Philip L. Wickeri, Lois Cole, ed., DAGA Press, Hong Kong, 1995, pp. 91-100；

46. The renewal of religion in the modernization of Chinese society, *Religion and Modernization in China*, Proceedings of the Regional Conference of the International Association for the History of Religions held in Beijing, China, April 1992, Dai Kangsheng, Zhang Xinying, Michael Pye ed., Published for the International Association for the History of Religions, Roots and Brabches, Cambridge, England, 1995, pp. 45-51；

47.《宗教与文化关系刍议》，《世界宗教文化》1995 年春（总第 1 期），10—12 页；

48.《中西文化交流中的基督教原罪观》，《世界宗教研究》1995 年第 2 期，74—78 页（高师宁、何光沪编《基督教文化与现代化》中国社会科学出版社，1996 年 6 月，283—290 页）；

49.《当代西方宗教》，《中国宗教》1995 年第 2 期，49—50 页；

50.《十字架的象征意义》，《中国宗教》1995 年第 3 期，49 页；

51.《基督教与中国社会现代化的意义》，《维真学刊》1995 年第 3 期，32—40 页；

52.《德国慕尼黑大学汉学院》，《中国之友》1995 年第 5 期，第 55 页；

1996 年

53.《基督教文化概览》，《中国宗教》1996 年第 3 期，29—32 页；

54.《回应"社会变迁与香港、澳门天主教会的社会服务事业"》，张家兴主编《社会变迁与教会回应交流会论文集》，香港公教教研中心有限公司，1996 年 10 月，230—231 页；

55.《教会的社会服务事业：机会与局限》，张家兴主编《社会变迁与教会回应交流会论文集》，香港公教教研中心有限公司，1996 年 10 月，271—278 页；

56. Die Entwicklung des Religionsverständnisses in China seit Beginn der achtziger Jahre, *China Heute*, XV 1996, No. 4, S. 115 – 120;

57. Das Christentum und die Chinesische Kultur, *Wege der Theologie an der Schwelle zum dritten Jahrtausend*, Festschrift für Hans Waldenfels zur Vollzendung des 65. Lebensjahres, Günter Risse, Heino Sonnemans, Burkhard Thess hg., Bonifatius, Paderborn, 1996, S. 751 – 759;

58. 《呼唤社会沟通》，《神州学人》1996 年第 10 期；

59. 《选择与定位》，《神州学人》1996 年第 8 期；

60. 《处境与心境》，《神州学人》1996 年第 6 期；

1997 年

61. The Significance of Christianity for the Modernization of Chinese Society, *CRUX*: March 1997, Vol. XXXIII, No. I, pp. 31 – 39；

62. 《当代宗教问题之思》，《当代宗教研究》1997 年第 2 期，10—17 页；

63. 《后现代思潮与神学回应》，《中国社会科学院研究生院学报》1997 年第 3 期，38—45 页；

64. 《中国知识分子与基督教》，《建道学刊》7，1997 年，香港，179—189 页；

65. 《基督教与中国文化的双向契合》，《世界宗教文化》1997 年夏季号（总第 10 期），8—12 页；

66. 《欧洲基督教新动向》，《世界宗教文化》1997 年冬季号（总第 12 期），36—37 页；

67. 《新福音派神学刍议》，《世界宗教研究》1997 年第 4 期，19—27 页；

68. 《人文精神的弘扬》，《神州学人》1997 年第 8 期；

69. 《香港印象》，《神州学人》1997 年第 7 期；

70. 《中国智慧之断想》，《神州学人》1997 年第 4 期；

1998 年

71. 《索隐派与中西文化认同》，《道风汉语神学学刊》第八期，香港，

1998 年春，145—171 页；

72. 《赵紫宸与中西神学之结合》，《世界宗教研究》1998 年第 1 期，128—132 页；（唐晓峰、熊晓红编《夜鹰之志："赵紫宸与中西思想交流"学术研讨会文集》，宗教文化出版社，2010 年，第 1—11 页）；

73. 《当代中国知识分子对基督教的理解》，《维真学刊》1998 年第 1 期，26—38 页；

74. 《基督教研究概说》，《中国宗教研究年鉴 1996》，中国社会科学出版社，1998 年，279—283 页；

75. Dialog als Weisheit der Koexistenz, *An – Denken Festgabe für Eugen Biser*, Erwin Möde, Felix Unger, Karl Matthäus Woschitz hg., Verlag Styria, 1998, S. 231 – 237；

76. Die Bedeutung des Christentums für Chinas Modernisierung, *Christentum im Reich der Mitte*, Monika Gänssbauer hg., EMW, Hamburg, 1998, S. 78 – 86；

77. 《哲学家之路》，《神州学人》1998 年第 10 期；

78. 《重访慕尼黑》，《神州学人》1998 年第 6 期；

79. 《基督教观点》，何光沪、许志伟主编《对话：儒释道与基督教》，社会科学文献出版社，1998 年 7 月；

80. 《〈宗教大辞典〉序》（与任继愈、何光沪合写），任继愈主编《宗教大辞典》，上海辞书出版社，1998 年 8 月；

1999 年

81. 《中西天人关系与人之关切》，《基督教文化学刊》1999 年第 1 辑，东方出版社，1999 年 4 月，35—53 页；

82. 《20 世纪中国宗教研究的历史回顾》，《欧美同学会会刊》1999 年第 1 期，45—47 页；

83. 《揭露愚昧迷信，保护宗教信仰》，《世界宗教研究》1999 年第 3 期，1—4 页；

84. 《中国神学建设的沉思——读〈丁光训文集〉》，《中国宗教》1999

年第 1 期，60 页；

85. 《中国宗教研究百年历程》，《中国宗教》1999 年第 2 期，50—51 页；

86. 《中国基督教与中国现代社会》，《世界宗教文化》1999 年第 3 期，28—31 页；

87. 《当代中国基督宗教研究》，《基督宗教研究》（第一辑），社会科学文献出版社，1999 年 12 月，1—14 页；

88. 《论基督宗教的谦卑精神》，《基督宗教研究》（第一辑），社会科学文献出版社，1999 年 12 月，145—160 页；

89. 《赵紫宸》，《基督宗教研究》（第一辑），1999 年 12 月，196—230 页；

90. Religion and Morality in Contemporary China, *China Study Journal* Vol. 14, No. 3, December 1999, London, pp. 5 - 9；

91. 《〈中国基督教基础知识〉前言》，世界宗教研究所基督教室编《中国基督教基础知识》，宗教文化出版社，1999 年 1 月；

92. 《〈交融与会通〉（代序）》（与张西平合作），张西平、卓新平编《本色之探：20 世纪中国基督教文化学术论集》，中国广播电视出版社，1999 年 4 月；

93. 《〈基督宗教研究〉（第一辑）前言》，《基督宗教研究》（第一辑），社会科学文献出版社，1999 年 12 月；

2000 年

94. 《基督教伦理与中国伦理的重建》，许志伟、赵敦华主编《冲突与互补：基督教哲学在中国》，社会科学文献出版社 2000 年，152—172 页；

95. Kontext der Christlichen Entwicklung in China, "*Die Welt des Mysteriums*", Klaus Krämer und Ansgar Paus hg. Herder, Freiburg 2000, S. 465 - 470；

96. Das Religionsverständnis im heutigen China, "*Christsein in China*", Monika Gänssbauer hg. Hamburg 2000, S. 82 - 97；

97.《基督教神学与哲学研究百年之路》,《中国宗教研究年鉴 1997—1998》,宗教文化出版社,2000 年,432—444 页;

98.《中国基督宗教的现代意义》,《世界宗教文化》2000 年第 1 期,49—51 页;

99.《宗教对话的时代——世界宗教百年回眸》,《中国宗教》2000 年第 4 期,32—33 页;

100.《化解冲突——宗教领袖对人类和平的新贡献》,《中国宗教》2000 年第 6 期,24—25 页;

101.《〈宗教比较与对话〉前言》,《宗教比较与对话》(第一辑),社会科学文献出版社,2000 年 1 月;

102.《对话作为共在之智慧》,《宗教比较与对话》(第一辑),社会科学文献出版社,2000 年 1 月,1—10 页;

103.《〈基督宗教研究〉(第二辑)前言》,《基督宗教研究》(第二辑),社会科学文献出版社,2000 年 10 月;

104.《中国基督宗教研究的现代处境》,《基督宗教研究》(第二辑),社会科学文献出版社,2000 年 10 月,260—268 页;

105.《中国基督宗教与中国现代社会》,《宗教比较与对话》(第一辑),社会科学文献出版社,2000 年 1 月,84—95 页;

106.《中国传统伦理与世界伦理的关系》,《宗教比较与对话》(第一辑),社会科学文献出版社,2000 年 1 月,169—179 页;

107.《对话以求理解》,《宗教比较与对话》(第二辑),社会科学文献出版社,2000 年 10 月,1—6 页;

108.《民族主义,爱国主义与宗教信仰在中国》,《宗教比较与对话》(第二辑),社会科学文献出版社,2000 年 10 月,(甘肃人民出版社,2006 年)90—99 页;

109.《基督宗教在中国的文化处境》,《宗教比较与对话》(第二辑),社会科学文献出版社,2000 年 10 月,100—116 页;

110.《"基督教文化丛书"总序》,雷立柏著《圣经的语言和思想》,宗教文化出版社,2000 年 10 月;

111.《〈圣经的语言和思想〉编者序》,雷立柏著《圣经的语言和思想》,宗教文化出版社,2000年10月;

112.《"宗教与思想丛书"总序》,卓新平著《基督宗教论》,社会科学文献出版社,2000年9月;

113.《〈基督教在中古欧洲的贡献〉本书序》,杨昌栋著《基督教在中古欧洲的贡献》,社会科学文献出版社,2000年10月;

114.《〈论基督之大与小〉本书序》,雷立柏著《论基督之大与小》,社会科学文献出版社,2000年11月;

115.《〈张衡,科学与宗教〉本书序》,雷立柏著《张衡,科学与宗教》,社会科学文献出版社,2000年11月;

2001年

116.《走向21世纪的基督教——机遇与挑战》,《基督宗教研究》(第三辑),宗教文化出版社,2001年,1—5页;

117.《精神世界与精神生活》,《宗教比较与对话》(第三辑),宗教文化出版社2001年,1—12页;

118.《马礼逊汉学研习对基督新教在华发展的影响》,萧卓芬编《中澳情牵400年》,澳门,2001年,105—129页;

119.《基督教思想的普世性与处境化》,罗秉祥、江丕盛主编《基督教思想与21世纪》,中国社会科学出版社2001年,26—42页;

120.《云南旅游业与民族宗教工作》,《世界宗教研究》2001年第4期,151—155页;

121.《基督宗教四次来华的历史命运》,《中国宗教》2001年第4期,46—47页;

122.《宗教在当代中国应有的自我意识和形象》,《中国宗教》2001年第2期,37—38页;

123.《"中国当代基督宗教研究"学术研讨会综述》,《中国宗教研究年鉴1999—2000》,宗教文化出版社2001年,413—417页;

124. Discussion on "Cultural Christians" in China, "*China and Christianity*", Stephen Uhalley Jr. and Xiaoxin Wu ed. M. E. Sharp Armonk,

New York 2001, pp. 283 – 300;

125. 《〈基督教神学思想导论〉序言》,许志伟著《基督教神学思想导论》,中国社会科学出版社,2001年10月;

126. 《〈记忆与光照——奥古斯丁神哲学研究〉序》,周伟驰著《记忆与光照——奥古斯丁神哲学研究》,社会科学文献出版社,2001年4月;

127. 《〈基督宗教研究〉(第三辑)前言》,《基督宗教研究》(第三辑),宗教文化出版社,2001年10月;

128. 《〈基督宗教研究〉(第四辑)前言》,《基督宗教研究》(第四辑),宗教文化出版社,2001年10月;

2002年

129. 《全球化与当代宗教》,《世界宗教研究》2002年第3期,1—15页;

130. 《中国宗教学研究的现状与未来——宗教学研究四人谈》,(合著)《中国人民大学学报》2002年第4期,9—21页;

131. 《社会处境与神学建设》,《中国宗教》2002年第4期,42页;

132. 《当代西方基督宗教思想研究》,《国外社会科学》2002年第1期,21—28页;

133. 《西方宗教学与中国当代学术发展》,《江苏社会科学》2002年第3期,85—87页;

134. 《中国知识界对宗教与科学关系之论》,泰德·彼得斯、江丕盛、格蒙·本纳德编《桥,科学与宗教》,中国社会科学出版社,2002年5月,230—245页;

135. 《精神世界与精神文明建设》,中共中央宣传部干部局、中共中央党校培训部编《中国先进文化的理论探索与实践》,学习出版社2002年,216—223页;

136. 《全球化进程与世界宗教》,《学习时报》2002年3月11日,第5版;

137. 《精神上的温暖》,《神州学人》2002年第5期,第11页;

138. 《〈古希腊罗马与基督宗教〉序》，雷立柏著《古希腊罗马与基督宗教》，社会科学文献出版社，2002年7月；

139. 《〈超越东西方〉本书序》，吴经熊著《超越东西方》，周伟驰译，社会科学文献出版社，2002年7月，

140. 《"当代基督宗教译丛"总序》，[德]拉辛格著《基督教导论》，静也译，雷立柏校，上海三联书店，2002年6月；

141. 《〈基督教导论〉中译本序》，[德]拉辛格著《基督教导论》，静也译，雷立柏校，上海三联书店，2002年6月，22万字；

142. 《〈日本神学史〉中译本序》，[日]古屋安雄等著《日本神学史》，陆水若、刘国鹏译，卓新平校，上海三联书店，2002年6月；

143. 《〈基督宗教伦理学〉（第一、二卷）中译本序》，[德]卡尔·白舍客著《基督宗教伦理学》（第一、第二卷），静也、常宏等译，雷立柏校，上海三联书店，2002年6月；

144. 《〈基督宗教研究〉（第五辑）前言》，《基督宗教研究》（第五辑），宗教文化出版社，2002年11月；

145. 《〈20世纪中国学术大典·宗教学〉序》，任继愈主编，卓新平执行主编《20世纪中国学术大典·宗教学》，福建教育出版社，2002年9月；

146. 《全球化进程与宗教问题》，中央党校课题组编《现阶段我国民族与宗教问题研究》，宗教文化出版社，2002年9月；

2003年

147. Research on Religions in the People's Republic of China,"*Social Compass*" Vol. 50, No. 4, Dec. 2003, Oxford, pp. 441 – 448；

148. 《中国教会与中国社会》，卓新平、萨耶尔主编《基督宗教与当代社会》，宗教文化出版社，2003年8月，247—253页；

149. 《讲透"社会主义的宗教论"需要新思想》，《宗教工作的理论与实践》，宗教文化出版社，2003年6月，412—415页；

150. 《宗教与人类社会》，《宗教比较与对话》（第四辑），2003年，1—34页；

151. 《基督宗教与欧洲浪漫主义》（上），《国外社会科学》2003 年第 5 期，2—6 页；

152. 《基督宗教与欧洲浪漫主义》（下），《国外社会科学》2003 年第 6 期，6—11 页；

153. 《20 世纪中国学者的基督宗教研究及其对未来的影响》，《基督教与中国社会文化》，香港中文大学出版社 2003 年，3—15 页；

154. Die Welt des Geistes und ein Leben im Geist, "*Christentum, Chinesisch in Theorie und Praxis*", Nr. 9, EMW, Hamburg, 2003, S. 85 - 93；

155. 《问题似路》，《博览群书》2003 年第 2 期，5—7 页；

156. 《全球化与宗教问题》，《大学演讲录》第 2 辑，新世纪出版社 2003 年，33—46 页；

157. 《代前言：开创 21 世纪中国宗教学的新局面》，《中国宗教学》（第一辑），宗教文化出版社，2003 年 4 月，1—9 页；

158. 《〈耶稣会简史〉序》，[德]彼得·克劳斯·哈特曼《耶稣会简史》著，谷裕译，宗教文化出版社，2003 年 3 月；

159. The Study of Christianity by Chinese Scholars in the Twentieth Century and Its Significance for the Future, *QUEST*, Volume 2, Number 1, June 2003, the Chinese University Press of Hong Kong, pp. 49 - 61；

160. 《〈基督宗教与当代社会〉前言》，卓新平等主编《基督宗教与当代社会》，宗教文化出版社，2003 年 8 月；

161. 《〈基督宗教与中国教会大学教育〉卓新平序》，吴梓明著《基督宗教与中国教会大学教育》，中国社会科学出版社，2003 年 9 月；

162. 《〈相遇与对话〉前言》，卓新平主编《相遇与对话》，宗教文化出版社，2003 年 9 月；

163. 《〈早期基督教的演变及多元传统〉序一》，章雪富、石敏敏著《早期基督教的演变及多元传统》，社会科学文献出版社，2003 年 10 月；

164. 《"宗教研究辞典丛书"总序》，雷立柏编《基督宗教知识辞典》，宗教文化出版社，2003 年 11 月；

165. 《〈基督宗教研究〉（第六辑）前言》，《基督宗教研究》（第六辑），宗教文化出版社，2003 年 12 月；

166. 《基督宗教在当代中国社会的作用及影响》，魏泽民主编《新世纪宗教研究》2003 年 12 月第二卷第二期，台北，宗博出版社，2003 年 12 月，35—54 页；

2004 年

167. 《现代社会中宗教对话的困境与希望》，《世界宗教研究》2004 年增刊，54—62 页（《中国宗教》2005 年第 1 期，13—15 页）；

168. 《当代宗教研究中对"人"的关注》，《宗教比较与对话》（第五辑），宗教文化出版社，2004 年 11 月，235—243 页；

169. 《宗教学术研究对宗教理解的贡献》，《宗教比较与对话》（第五辑），宗教文化出版社，2004 年 11 月，1—38 页；（释了意主编《觉醒的力量——全球宗教对话与交流》，宗教文化出版社，2010 年，第一章，第 2—41 页）；

170. 《宗教研究是一门"谋心"和"谋事"之学》，《中国民族报》2004 年 9 月 3 日，第 3 版；

171. 《基督教哲学与西方宗教精神》，《基督教思想评论》（第一辑），上海人民出版社，2004 年，3—23 页；

172. 《道德意识与宗教精神》，《基督教学术》（第二辑），上海古籍出版社，2004 年，16—22 页；

173. 《宗教对社会的作用》，国家图书馆编《部级领导干部历史文化讲座》，北京图书馆出版社，2004 年 9 月，45—89 页；

174. 《〈中国宗教学〉（第二辑）前言》，《中国宗教学》（第二辑），宗教文化出版社，2004 年 12 月；

175. 《世界宗教中的人文精神》，《中国宗教学》（第二辑），宗教文化出版社，2004 年 12 月，4—29 页；

176. 《融贯神学：一种结合基督教与中国文化的尝试》，《中国宗教学》（第二辑），宗教文化出版社，2004 年 12 月，283—290 页（罗明嘉、黄保罗主编《基督宗教与中国文化》，中国社会科学出版社，2004年11月，205—218页）；

177. 《〈基督宗教研究〉（第七辑）前言》，《基督宗教研究》（第七辑），宗教文化出版社，2004年12月；

178. 《〈"好消息"里的"更新"〉序》，董江阳著《"好消息"里的"更新"》，中国社会科学出版社，2004年4月；

179. 《〈陶行知——一位基督徒教育家的再发现〉序》，何荣汉著《陶行知——一位基督徒教育家的再发现》，香港基督教文艺出版社，2004年6月（安徽教育出版社，2011年9月）；

2005年

180. Life Theology and Spiritual Theology in East – Asian Encounters, *QUEST*, Vol. 4, No. 2, November 2005, the Chinese University Press of Hong Kong, pp. 75 – 91；

181. 《复杂的历史，当前的警醒——读〈台湾基督教史〉》，《世界宗教文化》2005年第1期，59—60页；

182. 《〈耶儒对话与融合〉序》，姚兴富著《耶儒对话与融合》，宗教文化出版社，2005年5月；

183. 《当代中国人对宗教与文化的理解》，卓新平等主编《信仰之间的重要相遇》，宗教文化出版社，2005年6月，23—34页；

184. Religion and Culture in the Understanding of Contemporary Chinese,《信仰之间的重要相遇》，宗教文化出版社，2005年6月，353—366页；

185. 《基督宗教与中国现代化》，《宗教比较与对话》（第六辑），宗教文化出版社，2005年10月，49—55页；

186. 《当代基督宗教各派对话》，《宗教比较与对话》（第六辑），宗教文化出版社，2005年10月，83—123页；

187. 《"生"之精神：中国宗教中的生命意义及生存智慧》，《宗教比较与对话》（第六辑），宗教文化出版社，2005年10月，171—178页；

188. 《〈希腊哲学的 Being 和早期基督教的上帝观〉序》，章雪富著《希腊哲学的 Being 和早期基督教的上帝观》，中国社会科学出版社，2005 年 10 月；

2006 年

189. The Role of Christianity in the Construction of a Harmonious Society Today, Michael Nai – Chiu Poon ed.: *Pilgrims and Citizens: Christian Social Engagement in East Asia Today*, ATF Press, Adelaide 2006, pp. 197 – 199;

190. The Christian Contribution to China in History, Michael Nai – Chiu Poon ed.: *Pilgrims and Citizens: Christian Social Engagement in East Asia Today*, ATF Press, Adelaide, Australia, 2006, pp. 157 – 167;

191. 《民族主义、爱国主义与宗教信仰在中国》，《当代中国民族宗教问题研究》（第一集），甘肃人民出版社，2006 年 9 月，1—10 页；

192. The Significance of Christianity for the Modernization of Chinese Society, Yang Huilin and Daniel H. N. Yeung ed.: *Sino – Christian Studies in China*, Cambridge Scholars Press, Newcastle, UK, 2006, pp. 252 – 264;

193. Chinese Academic Community: On the Relationship Between Science and Religion, Chan, Tak – Kwong, Tsai, Yi – Jia and Frank Budenholzer ed.: *Religion and Science in the Context of Chinese Culture*, ATF Press, Adelaide, Australia, 2006, pp. 143 – 160;

194. 《精神与社会："爱"之蕴涵》，《竞争力》2006 年第 8 期，71—72 页；

195. 《"谦卑"精神》，《竞争力》2006 年第 9 期，67 页；

196. 《"普世"精神及全球观念》，《竞争力》2006 年第 10 期，72 页；

197. 《"超越"精神及终极关怀》，《竞争力》2006 年第 11 期，74 页；

198. 《"先知"精神及其未来洞见》，《竞争力》2006 年第 12 期，73 页；

199. 《〈赵紫宸神学思想研究〉序言》，唐晓峰著《赵紫宸神学思想研究》，宗教文化出版社，2006年11月；
200.《"当代基督宗教研究"丛书总序》，卓新平著《当代西方新教神学》，上海三联书店，2006年12月；
201.《〈文化正当性的冲突〉序》，李向平著《文化正当性的冲突》，百家出版社，2006年4月；
202.《〈池田大作的佛学思想〉序》，何劲松著《池田大作的佛学思想》，宗教文化出版社，2006年7月；
203.《〈利玛窦中国书札〉序》，利玛窦著，P. Antonio Sergianni P. I. M. E. 编，芸娸译，宗教文化出版社，2006年8月；
204.《〈基督宗教研究〉（第九辑）前言》，《基督宗教研究》（第九辑），宗教文化出版社，2006年11月；

2007年

205.《基督教信仰与中西文化》，《天风》2007年第2期，34—37页；
206.《〈道德经〉对宗教和谐的贡献——〈道德经〉与〈圣经〉比较初探》，《和谐世界 以道相通》（上），宗教文化出版社，2007年4月，129—134页；
207.《马克思主义理论体系的"宗教"理解》，冷溶主编《中国社会科学院马克思主义研究论丛》（下册），社会科学文献出版社，2007年5月，624—631页；
208.《基督教与中美关系》，《宗教与美国社会》第四辑（下），时事出版社，2007年6月，455—471页；
209.《基督教音乐在中国的传播》，《中国宗教》，2007年第8期，32—34页；
210.《宗教在当代中国的定位与发展》，《当代中国民族宗教问题研究》（第2集），甘肃民族出版社，2007年8月，15—23页；
211.《马克思主义关于宗教社会作用的论述及其当代意义》，俞可平等主编《马克思主义研究论丛·宗教观研究》（第7辑），中央编译出版社，2007年9月，35—47页；
212.《当代中国社会变迁与宗教重构》，《民族宗教研究动态》2007年第 4 期（总第 10 期）；中国统战理论研究会民族宗教理论甘肃研究基地秘书处，2007 年 9 月，14—15 页；

213. 《沙勿略：天主教远东传教和与东方文化对话的奠基者》，《文化与宗教的碰撞，纪念圣方济各·沙勿略诞辰 500 周年国际学术研讨会论文集》，澳门理工学院出版，2007 年 10 月，15—26 页；

214. Die Rolle der religiösen Ethik im spirituellen Leben der Chinesen, *Ökumenische Rundschau*, Oktober 2007, 56. Jahrgang. Heft 4, Verlag Otto Lembeck, Frankfurt am Main, S. 458 – 469；

215. Religious Studies and Cultural Exchanges in the Context of Globalization, 余国良编著《拆毁了中间隔断的墙，中美基督教交流十五年回顾与思考》，宗教文化出版社，2007 年 11 月，371—380 页；

216. 《全球化处境中的宗教研究与文化交流》，余国良编著《拆毁了中间隔断的墙，中美基督教交流十五年回顾与思考》，宗教文化出版社，2007 年 11 月，364—370 页；

217. 《宗教学的"人学"走向》，王建新、刘昭瑞编《地域社会与信仰习俗——立足田野的人类学研究》，中山大学出版社，2007 年 12 月，2—9 页（《中国社会科学院文史哲学部集刊》，社会科学文献出版社，2009 年 1 月，179—188 页）；

218. 《"拯救"精神》，《竞争力》2007 年第 1 期，73 页；

219. 《"禁欲"精神》，《竞争力》2007 年第 2 期，78 页；

220. 《"契约"精神及其律法构建》，《竞争力》2007 年第 3—4 期，153 页；

221. 《"神秘"精神及其超凡体验》，《竞争力》2007 年第 3—4 期，152 页；

222. 《爱智精神》，《竞争力》2007 年第 5 期，71 页；

223. 《数与哲学》，《竞争力》2007 年第 6 期，67 页；

224. 《柏拉图：对话与学园》，《竞争力》2007 年第 7 期，69 页；

225. 《亚里士多德：超然之探与形而上学》，《竞争力》2007 年第 8 期，69 页；

226. 《西塞罗：关注神圣》，《竞争力》2007 年第 9 期，67 页；
227. 《塞涅卡：回返心中的"天国"》，《竞争力》2007 年第 10 期，67 页；
228. 《普罗提诺：充盈与流溢》，《竞争力》2007 年第 11 期，67 页；
229. 《德尔图良：荒谬与信仰》，《竞争力》2007 年第 12 期，67 页；
230. 《〈中国五大宗教知识读本〉前言》，中国社会科学院世界宗教研究所等主编《中国五大宗教知识读本》，社会科学文献出版社，2007 年 5 月；
231. 《〈从"神圣"到"努秘"〉序》，朱东华著《从"神圣"到"努秘"》，宗教文化出版社，2007 年 9 月；
232. 《〈谢扶雅的宗教思想〉序》，唐晓峰著《谢扶雅的宗教思想》，宗教文化出版社，2007 年 10 月；
233. 《〈基督宗教研究〉（第十辑）前言》，《基督宗教研究》（第十辑），宗教文化出版社，2007 年 11 月；

2008 年

234. 《〈当代中国宗教研究精选丛书·基督教卷〉序言》，卓新平主编《当代中国宗教研究精选丛书·基督教卷》，民族出版社，2008 年 1 月；
235. 《当代中国基督宗教神学发展趋势》，卓新平主编《当代中国宗教研究精选丛书·基督教卷》，民族出版社，2008 年 1 月，3—24 页；
236. 《教堂建筑艺术漫谈》，《中国宗教》，2008 年 3 期，45—47 页；
237. 《〈公共神学与全球化〉序言》，谢志斌著《公共神学与全球化：斯塔克豪思的基督教伦理研究》，2008 年 4 月，5—10 页；
238. 《基督教思想文化及其对中国的影响》，中央国家机关团工委编《名家谈哲学》，人民出版社，2008 年 6 月，206—242 页；
239. 《〈基督教与中国文化〉导读》，吴雷川《基督教与中国文化》，上海古籍出版社，2008 年 7 月，1—38 页（商务印书馆，2015 年 11 月，228—272 页）；

240.《学术神学：中国当代基督教研究的一种新思路》，金泽、邱永辉主编《中国宗教报告（2008）》，社会科学文献出版社，2008年7月，130—156页；

241.《当代中国宗教研究：问题与思路》，金泽、邱永辉主编《中国宗教报告（2008）》，社会科学文献出版社，2008年7月，1—15页；

242.《和谐之音，始于对话》，陈声柏主编《宗教对话与和谐社会》，中国社会科学出版社，2008年8月，1—11页；

243.《"全球化"时代的中国政教关系》，《民族宗教研究动态》第14、15期，2008年9月，27—36页；

244.《中国宗教的当代走向》，《学术月刊》2008年第10期，5—9页；

245. China – von eine geschlossenen zur offenen Gesellschaft, Michael von Brück（Hg.）: *Religion Segen oder Fluch der Menschheit?* Verlag der Weltreligionen im Insel Verlag Frankfurt am Main und Leipzig 2008, S. 377–397；

246.《抓住机遇，推动宗教研究的创新发展》，《中国宗教》2008年第1期，32页；

247.《全面贯彻党的宗教工作基本方针》，《中国社会科学院院报》2008年1月17日，第1版；

248.《奥利金：会通两希文明》，《竞争力》2008年第1期，67页；

249.《奥古斯丁：悔过与创新》，《竞争力》2008年第2期，71页；

250.《鲍埃蒂：苦难与慰藉》，《竞争力》2008年第3期，69页；

251.《埃里金纳：机敏与神秘》，《竞争力》2008年第4期，66页；

252.《安瑟伦：信仰与理性》，《竞争力》2008年第5期，69页；

253.《阿伯拉尔：精神与情感》，《竞争力》2008年第6期，67页；

254.《明谷的伯尔纳：爱与治疗》，《竞争力》2008年第7期，69页；

255.《索尔兹伯里的约翰》，《竞争力》2008年第8期，75页；

256.《雨格：科学分类的尝试》，《竞争力》2008年第9期，69页；

257.《格罗斯特：光之形而上学》，《竞争力》2008年第10期，71页；

258.《罗吉尔·培根：奇异博士》，《竞争力》2008年第11期，75页；

259.《大阿尔伯特：德国哲学之始》,《竞争力》2008 年第 12 期, 75 页;

260.《公共生活中的神圣之维——当代中国的宗教理解》, 江丕盛等编《宗教价值与公共领域: 公共宗教的中西文化对话》, 中国社会科学出版社, 2008 年 12 月, 304—316 页;

261.《中国基督教"爱的神学"及其社会关怀》,《中国民族报》2008 年 12 月 5 日, 14 版;

262.《海外华人的文化认同与政治认同》,《中国民族报》2008 年 12 月 30 日, 7 版;

263.《改革开放三十年来的宗教学研究》,《中国宗教》2008 年第 10 期, 39—40 页;

264.《〈诗人的神学——柯勒律治的浪漫主义思想〉序》, 李枫著《诗人的神学——柯勒律治的浪漫主义思想》, 社会科学文献出版社, 2008 年 12 月;

265.《汉语学术神学》序, 黄保罗著《汉语学术神学》, 宗教文化出版社, 2008 年 8 月;

266.《皈依·同化·叠合身份认同》序, [美] 杨凤岗《皈依·同化·叠合身份认同——北美华人基督徒研究》, 默言译, 民族出版社, 2008 年 10 月;

267.《基督宗教研究》（第十一辑）前言,《基督宗教研究》（第十一辑）, 宗教文化出版社, 2008 年 12 月;

268.《中国宗教学 30 年》序言, 卓新平主编《中国宗教学 30 年》, 中国社会科学出版社, 2008 年 10 月;

269.《"基督宗教与公共价值"丛书总序》（与江丕盛合作）, 江丕盛等编《宗教价值与公共领域: 公共宗教的中西文化对话》, 中国社会科学出版社, 2008 年 12 月;

270.《"世界宗教研究译丛"总序》, [芬] 罗明嘉著《奥古斯丁〈上帝之城〉中的社会生活神学》, 张晓梅译, 中国社会科学出版社, 2008 年 11 月;

271.《〈宗教与哲学〉序》, 张禹东、杨楹著《宗教与哲学》, 社会科学文献出版社，2008年12月，1—7页；

2009年

272. Religion and Rule of Law in China Today, *Brigham Young University Law Review*, Vol. 2009, Number 3, pp. 519 – 527；

273. 《宗教与哲学断想》，《华侨大学学报》2009年1期，1—5页；

274. 《金融危机下的信仰重建》，《绿叶》2009年第2期，38—42页；

275. 《论"政教关系"——"全球化"的宗教与当代中国》，《宗风》（己丑，春之卷），宗教文化出版社，2009年3月，32—55页；

276. 《从超越境界到欣赏包容——基督教与中国文化的深度对话》，（与梁燕城合作），《文化中国》2009年第3期，4—18页；

277. 《文化碰撞与交流——基督教在中国近代和当代的传播》，李灵、尤西林、谢文郁主编《中西文化交流：回顾与展望》，上海人民出版社，2009年4月，3—11页；

278. 《"全球化"的宗教与当代中国》，《中国宗教》2009年第4期，22—26页；

279. 《基督教与当代中国社会的关连》，卓新平、南傚伯主编《基督宗教社会学说及社会责任》，宗教文化出版社，2009年5月，3—12页；

280. 《金融危机与宗教发展》，《中国宗教报告（2009）》，社会科学文献出版社，2009年6月，23—34页；

281. 《"全球化"与当代中国宗教》，《当代中国史研究》2009年第6期，94—100页；

282. 《〈20世纪中国社会科学·宗教学卷〉序》，卓新平主编《20世纪中国社会科学·宗教学卷》，广东教育出版社，2009年7月；

283. 《"汉语神学"之我见》，何光沪、杨熙楠编《汉语神学读本》（上册），香港道风书社，2009年，339—346页；

284. 《"本土化"：基督教在中国的发展之途》，《中国民族报》2009年9月1日，6版；

285. 《中国基督教研究30年》，《30年回顾与评析：中国社会科学院纪念改革开放 30 周年学术报告集》，社会科学文献出版社，2009 年 9 月，195—228 页；

286. 《庞迪我在中国的文化"适应"及"融入"之探》，《明清时期的中国与西班牙国际学术研讨会论文集》，澳门理工学院出版，2009 年 10 月，9—15 页；

287. 《关于中国宗教现状及其发展的一些思考》，《民族宗教研究动态》第 19 期，2009 年，11—27 页；中国统一战线理论研究会民族宗教理论甘肃研究基地编《当代中国民族宗教问题研究》（第 5 集），中国社会科学出版社，2010 年 6 月，30—48 页；

288. Il pensiero filosofico occidentale e cinese nel Novecento（20 世纪中西方哲学思想 Western and chinese philosophical thought in the 20th century），*Chiesa a Cina nel Novecento*，2009 eum edizioni universita di macerate，49–60 页；

289. 《马克思主义宗教观研究论坛欢迎辞（代序）》，卓新平、唐晓峰主编《论马克思主义宗教观》，社会科学文献出版社，2009 年 10 月，1—4 页；

290. 《马克思主义宗教观的方法论探究》，卓新平、唐晓峰主编《论马克思主义宗教观》，社会科学文献出版社，2009 年 10 月，3—9 页；

291. Religionen und interreligiöser Dialog in China, Wolfram Weiβe（Hg.）：*Theologie im Plural*，eine akademische Herausforderung, WAXMANN, Münster 2009，21–32 页；

292. 《哈勒斯的亚历山大：修行与治学》，《竞争力》2009 年第 1 期，75 页；

293. 《亨利·根特：集成与求新》，《竞争力》2009 年第 2 期，75 页；

294. 《波拿文都拉：心向神圣之旅》，《竞争力》2009 年第 3 期，75 页；

295. 《托马斯·阿奎那：攀援经院哲学的顶峰》，《竞争力》2009 年第 4 期，75 页；

296. 《爱克哈特：找寻神秘之光》，《竞争力》2009 年第 5 期，75 页；

297.《但丁：对神学的"诗化"》，《竞争力》2009 年第 6 期，75 页；

298.《邓斯·司各脱：形而上学的沉思》，《竞争力》2009 年第 7 期，75 页；

299.《奥卡姆：经院哲学的"剃刀"》，《竞争力》2009 年第 8 期，75 页；

300.《库萨的尼古拉：有学识的无知》，《竞争力》2009 年第 9 期，75 页；

301.《哥白尼：颠覆"地球中心论"》，《竞争力》2009 年第 10 期，75 页；

302.《伊拉斯谟：人文主义兴起》，《竞争力》2009 年第 11 期，75 页；

303.《马基雅维里：奠立政治哲学》，《竞争力》2009 年第 12 期，75 页；

304.《宗教回归社会关爱》，香港《时代论坛》1125 期，12 版，2009 年 3 月 22 日；

305.《这个社会不要都是"快"》，香港《时代论坛》1133 期，13 版，2009 年 5 月 17 日；

306.《网民：徜徉在孤寂与公共空间》，香港《时代论坛》1140 期，13 版，2009 年 7 月 5 日；

307.《纪念中国宗教学体系的开创者任继愈先生》，《中国宗教》2009 年 8 期，26—27 页；（中国社会科学院世界宗教研究所编《纪念任继愈所长图文集》，中国社会科学出版社，2010 年 5 月，43—48 页）；

308.《〈纪念任继愈所长图文集〉序》，《纪念任继愈所长图文集》，中国社会科学出版社，2010 年 5 月；

309.《以马克思主义的基本立场看待当代中国的宗教问题》，《中国社会科学报》2009 年 8 月 11 日，第 5 版；

310.《"剑桥圣经注疏集"出版前言》，[美] 米耶斯著《出埃及记》释义，田海华译，华东师范大学出版社，2009 年 1 月；

311.《〈洗礼圣事 坚振圣事〉序》，[葡] 马丁著《洗礼圣事 坚振圣事》，萧潇译，中国社会科学出版社，2009 年 3 月；

312. 《〈基督宗教社会学说及社会责任〉序》，卓新平等主编《基督宗教社会学说及社会责任》，宗教文化出版社，2009 年 5 月；

313. 《〈水穷云起集：道教文献研究的旧学新知〉序》，郑开编《水穷云起集：道教文献研究的旧学新知》，社会科学文献出版社，2009 年 9 月；

314. 《〈徐梵澄传〉序》，孙波著《徐梵澄传》，社会科学文献出版社，2009 年 10 月；

315. 《"世界宗教研究丛书"总序》，韩秉芳等著《宗教之和 和之宗教——中国宗教之和谐刍议》，社会科学文献出版社，2009 年 11 月；

316. 《〈基督宗教研究〉（第十二辑）前言》，《基督宗教研究》（第十二辑），宗教文化出版社，2009 年 11 月；

2010 年

317. China, Daniel Patte ed.: *The Cambridge Dictionary of Christianity*, Cambridge University Press, 2010, 203 – 206 页；

318. Comprehensive Theology: An Attempt to Combine Christianity with Chinese Culture, Miikka Ruokanen and Paulos Huang ed.: *Christianity and Chinese Culture*, William B. Eerdmans Publishing Company, Grand Rapids, Michigan / Cambridge, U. K. 2010, pp. 185 – 192；

319. 《"全球化"的宗教与中国政教关系》，高师宁等主编《从书斋到田野：宗教社会科学高峰论坛论文集》（上卷），中国社会科学出版社，2010 年，115—126 页（《中国社会科学院文学哲学学部集刊》，社会科学文献出版社，2012 年 7 月，185—196 页）；

320. 《从中国社会和谐发展看基督宗教与儒家精神》，《世界宗教文化》2010 年第 1 期，1—6 页；

321. 《中国文化处境中的〈圣经〉理解》，《宗教学研究》2010 年第 2 期，93—97 页；

322. 《另一种形象——从世界汉学看传教士在沟通中西文化上的作用》，

张西平主编《国际汉学》（第十九辑），大象出版社，2010年，171—179页；

323.《马礼逊与中国文化的对话》，《世界宗教研究》2010年第3期，4—11页；

324.《澳门学与基督宗教研究》，《广东社会科学》2010年第4期，73—80页；

325.《佛教与当代中国社会文化》，《宗风》2010年夏之卷，18—27页；（《雍和宫》2012年第2期，第43—49页）；

326.《〈共建和谐：科学、宗教与发展论坛文集〉序》，国家宗教事务局宗教研究中心、巴哈伊教澳门总会编《共建和谐：科学、宗教与发展论坛文集》，新纪元国际出版社，2010年3月；

327.《〈信仰但不认同——当代中国信仰的社会学诠释〉序》，李向平著《信仰但不认同——当代中国信仰的社会学诠释》，社会科学文献出版社，2010年4月；

328.《世界宗教能否走向"共同体"——关于全球化宗教发展愿景的对话》（与安伦合作），《学术月刊》2010年第7期，5—13页；

329.《当代马克思主义宗教观研究应关注的几个问题》，《中国宗教》2010年第7期，（促进马克思主义宗教观在中国的科学发展，《当代宗教研究》2010年第2期，1—3页；《马克思主义宗教观研究》，中国社会科学出版社，2013年5月，8—11页）30—32页；

330.《世界文明与世界宗教》，吾敬东、张志平主编：《对话：哲学与宗教》，上海三联书店，2010年7月，84—110页；

331. Christianity and Dialogue between Chinese and Western Cultures（基督教与中西文化对话），郭长刚主编《全球化、价值观与多元主义》，上海三联书店，2010年8月，1—10页；

332.《当代云南民族和睦、宗教和谐发展战略研究》，金泽、邱永辉主编：《中国宗教报告（2010）》，社会科学文献出版社，2010年8月，213—237页；

333.《中国基督教"爱的神学"及其社会关怀》，《天风》2010年第10

期，20—23 页；

334. 《必须关注如何正确认识宗教的问题》，《西北民族大学学报》2010年第 4 期，1—7 页；（中国统一战线理论研究会民族宗教理论甘肃研究基地编《当代中国民族宗教问题研究》第 6 集，民族出版社 2012 年 3 月，100—109 页）；

335. 《开创乌托邦传奇》，《竞争力》2010 年第 1 期，91 页；

336. 《路德：自我"因信称义"》，《竞争力》2010 年第 2 期，91 页；

337. 《茨温利：民众神学》，《竞争力》2010 年第 3 期，93 页；

338. 《梅兰希顿："德意志之师"》，《竞争力》2010 年第 4 期，93 页；

339. 《加尔文：人谋天成的"预定"》，《竞争力》2010 年第 5 期，93 页；

340. 《布鲁诺：对宇宙的无限猜测》，《竞争力》2010 年第 6 期，93 页；

341. 《笛卡尔：我思故我在》，《竞争力》2010 年第 7 期，93 页；

342. 《科学先驱伽利略》，《竞争力》2010 年第 8 期，93 页；

343. 《斯宾诺莎：无神论和唯物论者的"摩西"》，《竞争力》2010 年第 9—10 期，120 页；

344. 《弗兰西斯·培根：知识就是力量》，《竞争力》2010 年第 9—10 期，121 页；

345. 《霍布斯：西方政主教从的倡导者》，《竞争力》2010 年第 11—12 期，120 页；

346. 《洛克：宗教宽容的倡导者》，《竞争力》2010 年第 11—12 期，121 页；

347. 《"赵紫宸与中西思想交流"学术研讨会感言》，唐晓峰、熊晓红编《夜鹰之志：赵紫宸与中西思想交流"学术研讨会文集》，宗教文化出版社，2010 年，339—344 页；

348. 《海峡两岸宗教与区域文化暨梅山宗教文化研讨会总结发言》，《湖南科技学院学报》2010 年第 9 期，9 页；

349. 《全球化宗教发展愿景对话——"宗教共同体"是否可能》（与安伦合作），《社会科学报》2010 年 7 月 15 日，第 5 版；

350. 《在〈任继愈宗教论集〉出版座谈会上的发言》,《科学与无神论》2010 年第 6 期,5—6 页;

351. 《任继愈先生与我的学术生涯》,《我们心中的任继愈》,中华书局,2010 年,第 85—87 页;

352. 《中国宗教学者的历史使命》,《中国宗教》2010 年第 3 期,63—64 页;

353. 《"基督宗教译丛"总序》,[德]何夫内尔著《基督宗教社会学说》,宁玉译,雷立柏校,华东师范大学出版社,2010 年 6 月;

354. 《〈基督宗教社会学说〉汉译本序》,[德]何夫内尔著《基督宗教社会学说》,宁玉译,雷立柏校,华东师范大学出版社,2010 年 6 月;

355. 《〈刚恒毅与中国天主教的本色化〉序》,刘国鹏著《刚恒毅与中国天主教的本色化》,社会科学文献出版社,2010 年 8 月;

356. 《〈十字架上的盼望——莫尔特曼神学的辩证解读〉序》,杨华明著《十字架上的盼望——莫尔特曼神学的辩证解读》,社会科学文献出版社,2010 年 11 月;

357. 《〈基督宗教研究〉(第十三辑)前言》,《基督宗教研究》(第十三辑),宗教文化出版社,2010 年 11 月;

2011 年

358. 《圣经文学在现代中国的意义》,梁工主编《圣经文学研究》(第五辑),人民文学出版社,2011 年,1—10 页;

359. 《〈企业家的经济作用和社会责任〉汉译本序》,[德]魏尔汉著《企业家的经济作用和社会责任》,雷立柏等译,华东师范大学出版社,2011 年 1 月;

360. 《以科学发展观研究新兴宗教》,《世界宗教文化》2011 年第 1 期,1—3 页;

361. Christianity and Contemporary Social Developments in North‐East Asia: Reflections on the Future Development of Christianity in China, Jan A. B. Jongeneel, Jiafeng Liu, Peter Tze Ming Ng, Paek Chong Ku,

Scott W. Sunquist, Yuko Watanabe eds.：*Christian Presence and Progress in North-East Asia, Historical and Comparative Studies*, Peter Lang GmbH, Frankfurt am Main 2011, pp. 20-25；

362. 《〈对话：中国传统文化与和谐社会〉序》，陈声柏主编《对话：中国传统文化与和谐社会》，中国社会科学出版社，2011年2月；

363. 《"宗教对话与和谐社会"学术研讨会致辞》，《甘肃宗教》2011年第3期，18—19页；

364. 《宗教学"十一五"研究状况与"十二五"发展趋势》，全国哲学社会科学规划办公室编《国家哲学社会科学"十一五"研究状况与"十二五"发展趋势》（中卷），社会科学文献出版社，2011年5月，1227—1270页；

365. 《徐光启：放眼看世界的先驱》，徐汇区文化局编《徐光启与〈几何原理〉》，上海交通大学出版社，2011年5月，28—37页；

366. 《〈马克思主义宗教观研究（2010年专辑）〉序二》，曾传辉主编《马克思主义宗教观研究（2010年专辑）》，社会科学文献出版社，2011年7月；

367. 《信仰包容——全球化时代的精神共存》，张志刚、严军主编《信仰与责任——全球化时代的精神反思》，宗教文化出版社，2011年9月，13—21页；

368. 《对马克思主义宗教观应从整体上理解》，《宗教与世界》2011年第6期，1—2页；

369. 《中国新十年的宗教理解与宗教理论》，文化更新研究中心（加拿大）主办《文化中国》2011年第4期，2011年12月4日，36—45页；

370. 《宗教媒体与社会和谐》，《中国宗教》2011年第1期，34—35页（《民族宗教研究动态》2011年第1期，32—33页）；

371. 《积极参与宗教对话，努力建设和谐社会》，陈声柏主编《对话：中国传统文化与和谐社会》，中国社会科学出版社，2011年，1—3页；

372.《〈学者观德教〉序》，陈景熙、张禹东主编《学者观德教》，社会科学文献出版社，2011年10月，1—3页；

373.《宗教与文化战略》，《中国社会科学报》2011年12月20日第8版；

374.《从"文化强国"战略看中国传统文化及宗教的意义》，《中国宗教》2011年第12期，28—29页；

375.《"学术神学"丛书总序》，黄保罗著《大国学视野中的汉语学术对话神学》，民族出版社，2011年12月；

376.《〈基督宗教研究〉（第十四辑）前言》，《基督宗教研究》（第十四辑），宗教文化出版社，2011年11月；

377.《〈当代中国宗教学研究〉序言》，卓新平主编《当代中国宗教学研究》（1949—2009），中国社会科学出版社，2011年12月；

2012年

378.《学术创新要超越国外与传统两种模式》，《光明日报》2012年1月5日，第3版；

379. Spiritual Accomplishment in Confucianism and Spiritual Transcendence in Christianity, Fenggang Yang and Joseph Tamney ed.：*Confucianism and Spiritual Traditions in Modern China and Beyond*, Koninklijke Brill NV, Leiden, The Netherlands, 2012, pp. 277 – 292；

380. Understanding Religion, *China Study Journal*, Autumn/Winter 2011, China Desk, Churches Together in Britain and Ireland, London, 2012, pp. 7 – 13；

381.《当代中国宗教学研究的重大意义》，《中国社会科学报》2012年1月9日B—07版；

382.《文明优势不能靠"工程"突击完成》，《光明日报》2012年1月12日，第2版；

383.《让更多的人读高雅之书》，《光明日报》2012年1月17日，第7版；

384.《〈圣经文化导论〉序言》，任东升等编著《圣经文化导论》，上海外语教育出版社，2012 年 1 月；

385. 《宗教参与社会建设的空间正在扩大》，《中国民族报》2012 年 3 月 13 日，第 5 版；

386. 《信仰不可相混，却必须对话沟通》，《东方早报》2012 年 3 月 23 日，B3 版；

387. 《不应将宗教视为中国社会的"另类"》，《阳光》2012 年第 6 期，2012 年 3 月 30 日，中国阳光杂志社，香港，24—28 页；

388. 《再论宗教与慈善公益》，《世界宗教文化》2012 年第 2 期，30—38 页；

389. 《当代中国的信仰理解与信仰包容》，《文汇报》2012 年 4 月 9 日，"文汇学人"D 版；

390. 《重视当代中国的信仰理解》，《社会科学报》2012 年 4 月 12 日，第 6 版；

391. 《基督教中国化问题政治上值得关注，学术上急需探讨，宗教上尚待摸索》，《中国民族报》2012 年 4 月 17 日，第 6 版；

392. 《〈个体生命的终极吟唱：思想史视域中的汉语神学研究〉序一》，李跃红《个体生命的终极吟唱：思想史视域中的汉语神学研究》，人民出版社，2012 年 5 月，1—3 页；

393. 《必须关注如何正确认识宗教的问题》，甘肃省宗教事务局主办：《甘肃宗教》2012 年第 4 期，9—12 页；

394. 《论恩格斯〈路德维希·费尔巴哈和德国古典哲学的终结〉的宗教观》，《世界宗教研究》2012 年第 6 期，1—9 页；

395. 《推动宗教法治首先需要正确的宗教理解》，《中国宗教》2012 年 7 月，35—36 页；

396. 《反思文化发展，促进社会和谐（序一）》，陈声柏主编《宗教对话与和谐社会》（第三辑），宗教文化出版社，2012 年 7 月，1—5 页；

397. 《"要拉进来管，不要推出去乱"》，《中国新闻周刊》2012，25 期，2012 年 7 月 16 日，56—57 页；

398.《"中华魂，归来兮"——关注宗教与文化发展》，《中国民族报》2012年8月7日，第6版；

399.《从文化战略角度看待我国的宗教存在》，《中国民族报》2012年9月25日，第6版；

400.《对宗教与中国文化的反思》，《宗教哲学》第61期，2012年9月，台湾宗教哲学研究社，19—24页；

401.《〈道成肉身：基督教思想史〉中译本序言》，[美] 玛格丽特·迈尔斯著《道成肉身：基督教思想史》，杨华明、李林译，中央编译出版社，2012年9月，2—6页；

402.《〈画说经典：西方学者眼中的中西文化〉序》，雷立柏著《画说经典：西方学者眼中的中西文化》，中国书籍出版社，2012年9月；

403.《理解宗教》，《阳光》2012年第9期，中国阳光杂志社，香港，53—55页；

404.《加强文化战略研究，提高文化软实力》，周溯源主编《社科之声——中国社会科学网访谈录》（二），中国社会科学出版社，2012年10月，406—409页；

405.《中国宗教与文化战略》，李灵、李向平主编《基督教与社会公共领域》，上海人民出版社，2012年11月，7—13页；

406.《〈凝眸云水〉序一》，袁志鸿《凝眸云水》，中国青年出版社，2012年11月；

407.《〈中国近代基督宗教教堂图录〉序》，徐敏编著《中国近代基督宗教教堂图录》，江苏美术出版社，2012年12月，2—3页；

408.《〈影像土山湾〉序》，宋浩杰主编《影像土山湾》，上海文化出版社，2012年12月，5—11页；

409.《阅读中外经典，通识人类文化》，《中华读书报》2012年12月26日，第23版；

410．贺辞，梅洛尼（Alberto Melloni）编《万里路 数百年——联结中欧的马可·波罗圣经（*IN VIA IN SAECULA La Bibbia di Marco Po-*

lo tra Europa e Cina）》，TRECCANI，Bologna，2012，XVI—XVII 页；

411.《"思源探新：论宗教与中国传统文化"致辞》，卓新平、王晓朝、安伦主编，刘国鹏执行主编《思源探新：论宗教与中国传统文化》，社会科学文献出版社，2012 年 12 月，1—5 页；

412.《〈基督宗教研究〉（第十五辑）前言》，《基督宗教研究》（第十五辑），宗教文化出版社，2012 年 12 月；

2013 年

413.《〈宗教研究指要〉（第二版）序》，张志刚主编《宗教研究指要》，北京大学出版社，2013 年 1 月，1—3 页；

414.《〈东南亚宗教与社会发展研究〉序三》，郑筱筠主编《东南亚宗教与社会发展研究》，中国社会科学出版社，2013 年 1 月，6—8 页；

415.《适应与奉献——中国社会处境中的基督宗教》，《汕头大学学报》2013 年第 1 期，5—9 页；

416.《中国文化如何走向世界》，《国际文化交流》2013 年第 1 期，15—16 页；

417.《〈中国北方农村社会的民间信仰〉序》，范丽珠、欧大年著《中国北方农村社会的民间信仰》，上海人民出版社，2013 年 2 月，1—4 页；

418.《应关注宗教的文化战略意义——卓新平访谈录》，《中国民族报》2013 年 3 月 5 日，第 08 版"宗教周刊·专题"；

419.《佛教文化在中国与时俱进》，《世界佛教论坛》（总第 46—48 期），2013 年 3 月 10 日，26—31 页；

420.《不能简单地套用西方的政教关系话语》，《中国民族报》2013 年 3 月 26 日，第 08 版"宗教周刊·专题"；

421.《实现"中国梦"要将个人抱负与国家命运相结合》，《中国社会科学报》2013 年 3 月 29 日，第 A06 版；

422.《简论西方哲学神学》，金泽、赵广明主编《宗教与哲学》（第二辑），社会科学文献出版社，2013年4月，68—73页；

423. 《正确认识和把握中国社会处境中的基督宗教》，《中国民族报》2013年4月9日，第06版"宗教周刊·论坛"；

424. 《"基督教中国化研究"丛书总序》（与张志刚合作），余国良编著《拆毁了中间隔断的墙》，宗教文化出版社，2013年5月；

425. 《〈马克思主义宗教观研究〉序》，《卓新平主编马克思主义宗教观研究》（第1辑·2011），中国社会科学出版社，2013年5月，1—2页；

426. 《〈中国信仰社会学论稿〉序》，李向平著《中国信仰社会学论稿》，甘肃民族出版社，兰州，2013年6月，1—4页；

427. 《〈当代文学理论与圣经批评〉（序一）》，梁工著《当代文学理论与圣经批评》，人民出版社，2013年6月（2014年3月），1—3页；

428. 《融自然与文化生态为一体》，《人民论坛》特辑，2013年6月，27页；

429. 《保护公民信仰自由，促进宗教服务社会》，《世界宗教文化》2013年第5期，1—5页；（《甘肃宗教》2014，壹，13—19页）；

430. 《与时俱进、推进马克思主义宗教观研究》，曾传辉主编《马克思主义宗教观研究（2012）》，社会科学文献出版社，2013年7月，18—20页；

431. 《科学研究马克思主义宗教观，发展中国宗教学》，《中国民族报》2013年8月6日第6版，宗教周刊；（研究马克思主义宗教观，发展中国宗教学，《世界宗教研究》2013年第4期，1—6页）；

432. 《第一届"宗教·法律·社会"学术研讨会致辞》，中国政法大学宗教与法律研究中心编《法治文化视域中的宗教研究》，宗教文化出版社，2013年8月，1—3页；

433. 《复兴中华民族文化意识和文化精神》，文建国主编《社科之声》（二），中国社会科学出版社，2013年10月，221—227页；

434. 《全球化的宗教与中国文化战略》，李四龙主编《人文宗教研究》

（第三辑），宗教文化出版社，2013年11月，75—90页；

435. 《关于中国宗教学研究的几个问题》，《中国宗教》2013年第11期，24—28页；

436. 《关注中国宗教的文化战略意义》，张志刚、严军主编《信仰与社会——全球化时代的精神反思》，宗教文化出版社，2013年10月，15—24页；

437. The Role of Religion in Achieving a Harmonious Society in China, Wilson Center, ARC Foundation ed.：*Religion in the Social Transition of Contemporary China：Sino - American Perspectives*, Kissinger Institute on China and the United States, Washington DC, 2013, pp. 207 - 217；

438. 《〈学术与信仰——宗教史家陈垣研究〉序》，刘贤《学术与信仰——宗教史家陈垣研究》，中国社会科学出版社，2013年11月，1—4页；

439. 《〈宗教与当代中国社会〉序》，卓新平主编《宗教与当代中国社会》，社会科学文献出版社，2013年11月，1—3页；

440. 《积极引导基督教参与和谐社会建设》，《中国民族报》2013年11月26日第7版，宗教周刊；

441. Die Beziehung zwischen Religion und Staat in der Volksrepublik China, *China - Heute* XXXII (2013), Nr. 3 (179), pp. 165 - 170；

442. 《〈马克思主义宗教观研究（2012）〉序》，曾传辉主编《马克思主义宗教观研究（2012）》，社会科学文献出版社，2013年12月，1—10页；

2014年

443. 《宗教学研究助力中国文化战略实施》，《中国社会科学报》2014年1月8日，第A07版；（贾磊磊主编《中国文化发展战略的时代抉择》，商务印书馆，2016年9月，211—218页）；

444. 《〈基督宗教研究〉（第十六辑）序言》，《基督宗教研究》（第十六辑）宗教文化出版社，2014年1月；

445. 《关注当代基督教发展及其"中国化"问题》，《基督宗教研究》

（第十六辑），宗教文化出版社，2014年1月，2—9页；

446. 《〈古代经注〉中文简体版序言》，黄锡木、卓新平主编《古代经注（1—800年）》（卷1），华东师范大学出版社，2014年1月，1—3页；

447. 《如何认识马克思主义宗教观》（四人笔谈），《世界宗教文化》2014年第2期，57—63页；

448. 《以宗教慈善扩大社会关爱》，《中国宗教》2014年第3期，56—57页；

449. 《宗教问题应该"拉进来"》（2014两会特别报道），《人物周刊》第9期，总第382期，2014年3月24日，南方人物周刊杂志社，38—40页；

450. 《中国核心价值观与宗教信仰》，《宗教学研究》2014年第3期，1—6页；

451. 《研究世界宗教 促进人类和平》，《世界宗教研究》2014年第3期，1—10页；

452. 《以社会主义核心价值观促进民族团结，宗教和谐》，《中国民族报》2014年3月18日第7版，宗教周刊（《西北民族大学学报》2014年第5期，6—10页）；

453. 《宗教文化与社会主义核心价值观》，《中国宗教》2014年第4期，24—26页；

454. 《〈世俗化与当代英国基督宗教〉序》，孙艳燕著《世俗化与当代英国基督宗教》，社会科学文献出版社，2014年4月，1—3页；

455. 《中国宗教理解的难度与希望》，《当代中国社会政治处境下的宗教研究》，专文报告系列第廿四期，2/2014，香港中文大学崇基学院宗教与中国社会研究中心、中文大学出版社，2014年，35—61页；张志刚，金勋主编《世界宗教评论》（第一辑），宗教文化出版社，2014年10月，9—35页；

456. 《不给宗教极端思想任何市场》，《人民日报》2014年5月7日，第5版；《中国宗教》2014年第5期，23页；《民族宗教——研究动态》2014 年第 3 期，27 页；

457.《积极引导宗教，反对极端思想》，《中国民族报》2014 年 5 月 27 日，第 6 版；《中国宗教》2014 年第 6 期，15 页；

458.《积极引导宗教 防范极端思潮》，《世界宗教研究》2014 年第 6 期，1—4 页；

459.《圣经中译本及其教内外审视》，《中国外语研究》（年刊）2014 年卷，中国海洋大学出版社，2014 年 11 月，任东升、雷雨田主编《宗教经典汉译研究》（第二辑），社会科学文献出版社，2016 年 5 月，63—74 页，84—89 页；

460.《对话当代中国宗教学 50 年》（合写），《世界宗教文化》2014 年 06 期，40—46 页；

461.《国际关系中的宗教文化战略》，徐以骅、邹磊主编《宗教与中国对外战略》，上海人民出版社，2014 年 6 月，1—6 页；

462.《汉译〈剑桥基督教史〉推动世界宗教研究》，《中国社会科学报》2014 年 6 月 18 日，第 B04 版；

463.《〈渤海视野：宗教与文化战略〉前言》，卓新平、王晓朝、安伦主编《渤海视野：宗教与文化战略》，社会科学文献出版社，2014 年 6 月，1—4 页；

464.《宗教法治首先需要正确的宗教理解》，《天风》，2014 年第 6 期；

465.《基督教在促进中美关系改善及中华文化发展上的作用》，《国学与西学》（国际学刊，芬兰，赫尔辛基）第 6 期（2014 年 6 月），27—31 页；

466.《正确认识宗教 善待宗教研究》，《马克思主义研究》2014 年第 7 期，126—133 页；

467.《一位和蔼而睿智的大师——忆方立天老师》，《人民政协报》2014 年 7 月 14 日 12 版；

468.《社会政治层面应对宗教问题脱敏》，《今参考》2014 年 7 月号（总 166 期），42 页；

469.《文化走出去 宗教可先行》，《中国宗教》2014 年第 7 期，16—

17页；

470.《学大师风范 为真理呼唤》，《中国民族报》2014年7月15日6版；

471.《发展中国特色社会主义宗教理论》，《中国民族报》2014年7月29日第6版（《民族宗教研究动态》2014年4期，27—31页）；

472.《"中国化"：基督教在华更新的必由之路》，《中国民族报》2014年8月5日第6版，（转载或英译：《天风》2014年第9期，13—14页；Chinization: The Essential Path to Renewal for Christianity in China, *Chinese Theological Review*: 26, Hong Kong, 2014, pp. 73-79；"中国化：基督教在华更新与复兴的必由之路"，《中国宗教》2014年第9期，32—33页；《甘肃宗教》2014年第6期，20—22页；《基督教中国化研讨会论文集》，中国基督教两会，2015年9月，36—40页）；

473.《青海省寺院管理与服务的启示》，《青海统一战线》（专刊），2014年9月30日，56—58页；（青海省委统战部主编：《青海省创建民族团结进步先进区的理论与实践》，人民出版社，2014年12月，146—151页）；

474.《中华之道 启迪世界》，《中国民族报》2014年10月14日第6版；（《新华文摘》2015年第1期34—35页转载）；

475.《中国宗教是走出去文化战略的先行者》，《中国宗教》2014年第10期，32—33页；

476.《〈宗教与可持续社区研究〉序》，卓新平等主编《宗教与可持续社区研究》，社会科学文献出版社，2014年11月，1—4页；

477.《〈基督宗教研究〉（第十七辑）序言》，唐晓峰执行主编《基督宗教研究》（第十七辑），宗教文化出版社，2014年12月；

2015年

478.《〈马克思主义宗教观研究（2013）〉序》，曾传辉主编《马克思主义宗教观研究（2014）》，社会科学文献出版社，2015年1月，1—4页；

479. 《丝绸之路的宗教之魂》，《世界宗教文化》2015 年第 1 期，21—26 页；

480. 《〈佛法王庭的光辉〉序二》，何劲松主编《佛法王庭的光辉》，社会科学文献出版社，2015 年 1 月，1—4 页；

481. 《对话宗教与"一带一路"战略》，《世界宗教文化》，2015 年第 2 期，56—59 页；

482. 《论宗教信仰》，《西北民族大学》2015 年第 3 期，37—42 页；（《民族宗教研究动态》2015 年第 2 期，4—11 页）；

483. 《中西文化交流中的澳门研究》，《澳门研究》2015 年第 2 期，77—81 页；

484. 《基督教中国化的三要素》，《中国民族报》2015 年 3 月 17 日第 7 版；

485. 《评坎特伯雷大主教韦尔比先生的讲演》，李四龙主编《人文宗教研究》2015 年第 2 册，宗教文化出版社，2016 年 2 月，68—70 页；

486. 《〈共建和谐社会〉序二》，中国国家宗教事务局宗教研究中心、巴哈伊教澳门总会《共建和谐社会——科学、宗教与发展的关系》，澳门，新纪元国际出版社，2015 年 3 月，iv—vii 页；

487. 《〈基督教与和谐社会建设〉序》，卓新平、蔡葵主编《基督教与和谐社会建设》，中国社会科学出版社，2015 年 3 月，1—3 页；

488. 《"基督教与和谐社会建设"国际论坛致辞》，卓新平、蔡葵主编《基督教与和谐社会建设》，中国社会科学出版社，2015 年 3 月，3—5 页；

489. 《丝绸之路上的景教》，《天风》，2015 年第 5 期，54—55 页；

490. 《〈试析艾香德的耶佛对话观〉序》，王鹰著《试析艾香德的耶佛对话观——基督教和佛教的相遇和互动》，宗教文化出版社，2015 年 5 月，1—4 页；

491. 《〈基督教传播与大众媒介〉序一》，许正林著《基督教传播与大众媒介》，上海世纪出版集团、上海人民出版社，2015 年 6 月，

1—4 页；

492. 《辩证看待，积极引导》，《中国民族报》2015 年 6 月 2 日第 5 版；

493. 《谈中国人的宗教信仰理解——专访宗教学家卓新平》，中央国家机关团工委编《与院士面对面》（二），中国社会科学出版社，2015 年 6 月，237—258 页；

494. 《"一带一路"上的宗教历史积淀与现实处境》，《中国宗教》2015 年第 6 期，30—31 页；

495. Chinese Religions and a Harmonious World, Paulos Z. Huang ed.: *Yearbook of Chinese Theology*, Brill, Leiden, 2015, pp. 3 - 11；

496. Western and Chinese Philosophical and Religious Thought in the Twentieth Century, Xinping Zhuo ed.: *Studies in Chinese Religions*, Volume 1, Issue 1, March 2015, pp. 91 - 98；

497. 《〈宗教慈善与社会发展〉序一》，卓新平、郑筱筠主编《宗教慈善与社会发展》，中国社会科学出版社，2015 年 7 月，1—2 页；

498. 《认真领会"四个必须"，深化"积极引导"意蕴》，《中国民族报》2015 年 7 月 28 日第 6 版；

499. 《积极引导宗教，做好四个"必须"》，《大理学院学报》2015 年第 7 期，1—5 页；

500. 《关于基督教"中国化"的再思考》，张志刚、唐晓峰主编《基督教中国化研究》（第二辑），宗教文化出版社，2015 年 8 月，2—10 页；

501. 《"中国化"：基督教在华更新与复兴的必由之路——纪念中国基督教三自爱国运动》，中国基督教两会出版《基督教中国化研讨会论文集》，（上海）中国基督教两会出版部，2015 年 9 月，36—40 页；

502. 《〈基督宗教研究〉（第 18 辑）"序言"》，宗教文化出版社，2015 年 10 月，1—3 页；

503. 《中华之道 启迪世界》，盖建民主编《道在养生》，巴蜀书社，2015 年 10 月，3—8 页；

504. 《宗教信仰与文化战略》，陈庆宗、张禹东、曾路主编《华大讲堂 2014》，社会科学文献出版社，2015 年 10 月，63—101 页；

505. 《"走出去"文化战略与中国宗教的先行作用》，蒋坚永、徐以骅 主编《中国宗教走出去战略论集》，宗教文化出版社，2015 年 11 月，1—7 页；

506. 《中国宗教团体及其社会管理》，邱永辉、陈进国编著《澳门宗教 报告》，社会科学文献出版社，2015 年 11 月，1—10 页；

507. 《伊斯兰教研究是对文化战略、政治睿智的呼唤和检验》，《中国民 族报》2015 年 11 月 10 日第 6 版；《甘肃宗教》2015 年第 6 期，27—29 页；

508. 《探索基督教"中国化"之路》，《中国民族报》2015 年 12 月 1 日 第 6 版；《民族宗教研究动态》，2016 年第 1 期，27—30 页；张志 刚、唐晓峰主编《基督教中国化研究》（第三辑），宗教文化出版 社，2016 年 7 月，40—44 页；

509. 《〈基督宗教研究〉第 19 辑"序言"》，刘国鹏执行主编《基督宗 教研究》第 19 辑，宗教文化出版社，2015 年 12 月，1—2 页；

510. 《卓新平：从宗教和谐角度推动社会发展》（记者汪仲启专访），《社会科学报》2015 年 12 月 10 日 1 版（5 版）；

2016 年

511. 《丝绸之路的宗教交流与现实影响》，《东方文化》2016 年第 1 期，香港，22—31 页；

512. 《论积极引导宗教的现实意义》，《世界宗教研究》2016 年第 1 期，1—9 页；（《新华文摘》2016 年 10 期转载，7—12 页）；

513. 《论利玛窦在儒学与中华传统文化西传中的独特贡献》，《国际儒学 研究》第二十三辑，华文出版社，2016 年 1 月，50—59 页；

514. 《〈基督宗教与近现代中国社会工作〉序》，左芙蓉《基督宗教与 近现代中国社会工作》，民族出版社，2016 年 1 月，1—3 页；

515. 《关于宗教与文化战略关系的思考》，《中国民族报》2016 年 3 月 1 日第 6 版（《甘肃宗教》2016 年 2 期，14—16 页）；

516.《"一带一路"与宗教文化交流及其现实意义》,卓新平、蒋坚永主编《"一带一路"战略与宗教对外交流》,社会科学文献出版社,2016年3月,1—11页;

517.《认真领会习近平总书记在全国宗教工作会议重要讲话的意义》,《世界宗教研究》2016年第3期,5—11页;

518.《〈心灵牧歌——新约百科赏析〉序言》,《圣经文学研究》第12辑,人民文学出版社,2016年3月,334—337页;

519.《论马克思、恩格斯〈神圣家族〉中的宗教观》,《宗教学研究》2016年第4期,1—7页;

520.《宗教服务于人类命运共同体的可持续发展》,《当代宗教研究》2016年第4期,1—4页;

521.《关于"基督教中国化"的再思考》,邱永辉主编《中国宗教报告》(2015),社会科学文献出版社,2016年4月,216—227页;

522.《积极引导宗教与社会主义社会相适应的理论创新》,《中国宗教》2016年第4期,28—31页;

523.《关于伊斯兰教中国化的思考》,《回族研究》2016年4期,5—9页(《中国穆斯林》2017年第3期,8—11页;《中国民族报》2017年7月25日,第6版);

524.《坚持和发展中国特色社会主义宗教理论——学习习近平总书记在全国宗教工作会议上的重要讲话》,《中国社会科学报》,2016年4月26日第1版;

525.《〈河北宗教史〉丛书序》,鞠志强主编《河北宗教史》丛书,宗教文化出版社,2016年6月;

526.《当代中国宗教工作理论发展的全新里程碑》,《中国宗教》2016年第6期,37—39页;

527.《积极引导宗教的关键在于"导"》,《人民日报》2016年7月10日第5版;

528.《发展中国特色的宗教学》,《中国社会科学报》2016年8月16日第4版;

529.《丁光训与基督教的中国化探索》，中国基督教两会《基督教中国化研讨会论文集（二）》，2016年9月，114—122页；

530.《人类命运共同体与整体思维》，张志刚、谷雪主编《美美与共——人类文明交流互鉴的回顾与展望》，宗教文化出版社，2016年9月；

531.《学贯中西，道通天下——祝贺四川大学宗教学研究所建所35周年》，盖建民主编《回顾与展望：青城山道教学术研究前沿问题国际论坛文集》，巴蜀书社，2016年9月，17—19页；

532.《全球化的宗教与中国文化战略》，中共山东省委省直机关工作委员会编《从历史文化传统中走来》（下），泰山出版社，2016年9月，1—29页；

533.《科学宣传无神论，团结更多信教群众》，《环球时报》2016年10月9日14版；

534.《〈基督宗教研究〉第20辑"序言"》，唐晓峰执行主编《基督宗教研究》第20辑，宗教文化出版社，2016年10月，1—3页；

535.《我国宗教坚持中国化方向的必要性》，《中国宗教》2016年第10期，38—39页；

536.《〈王徵评传〉序》，丁锐中著《王徵评传》，宗教文化出版社，2016年10月，1—4页；

537.《保护公民宗教信仰自由有独特意义》，《人民政协报》2016年11月10日第3版；

538.《基督教文化及其中国化发展》，潘兴旺主编《传承文化 见证文明——基督教中国化论文集》，宗教文化出版社，2016年12月，1—18页；

539.《〈基督宗教研究〉第21辑"序言"》，刘国鹏执行主编《基督宗教研究》第21辑，宗教文化出版社，2016年12月，1—3页；

540.《宗教慈善是社会慈善的有机组成部分》，唐晓峰、姜宗强、郑哪哒主编《宗教慈善与社会关爱》，宗教文化出版社，2016年12月，1—6页；

2017 年

541. 《基督教中国化与中华民族命运共同体建设》，《中国宗教》2017年第 1 期，42—43 页；

542. 《科学宣传无神论 保护宗教信仰自由》，《世界宗教研究》2017 年第 1 期，1—8 页；

543. 《宗教与人类命运共同体的可持续发展》，《中国民族报》2017 年 2 月 14 日第 6 版；（《民族宗教研究动态》2017 年 1 期，6—10 页）；

544. 《亚洲宗教与文明对话》，《国际汉学》2017 年春之卷（总第 10 期，2017.03），12—16 页；（亚洲宗教多样性及其文明对话，载滕文生主编《亚洲价值 东方智慧——亚洲文明交流互鉴北京国际学术研讨会论文集》，人民出版社，2019 年 4 月，36—44 页）；

545. 《全球化的宗教与中国文化战略——对中国宗教问题的思考》，李四龙主编《宗教与人文价值》，宗教文化出版社，2017 年 3 月，25—38 页；

546. 《中国宗教研究的重要贡献——评鞠志强主编的〈河北宗教史〉丛书》，《河北学刊》2017 年第 4 期，224 页；

547. 《探索道之奥秘——读安伦〈老子指真〉》，《世界宗教研究》2017 年第 3 期，177—179 页；

548. 《当代社会变迁之中的基督宗教》，《澳门理工学报》，2017 年第 4 期，72—80 页（李向玉、刘泽生主编《中西文化》，社会科学文献出版社，2018 年 4 月，47—60 页）；

549. 《〈马克思主义宗教观研究（2014）〉序》，曾传辉主编《马克思主义宗教观研究（2014）》，社会科学文献出版社，2017 年 5 月，1—8 页；

550. 《搞好宗教学学科建设》，《中国社会科学报》，2017 年 7 月 31 日，2—3 版；

551. 《践行统战实践 做好宗教工作》，《中国民族报》2017 年 8 月 15 日 6 版；

552. 《以中华优秀传统文化为引领，推进我国宗教工作发展》，《中央社会主义学院学报》2017 年第 6 期，108—112 页；

553. 《20 世纪中西哲学思想》，《当代世界中的基督宗教》，卓新平、竺易安主编，执行主编刘国鹏，社会科学文献出版社，2017 年 9 月，15—23 页；

554. 《"当代世界中的基督宗教"序》，《当代世界中的基督宗教》，卓新平、竺易安共同主编，执行主编刘国鹏，社会科学文献出版社，2017 年 9 月，1—3 页；

555. 《落实〈宗教事务条例〉依法管理宗教事务》，《中国宗教》2017 年第 9 期，18—19 页；(《光明日报》2017 年 9 月 12 日)

556. 《宗教中国化必须正确评价中华优秀传统文化》，《中国民族报》2017 年 9 月 12 日 6—7 版；(《中央社会主义学院学报》2017 年第 5 期，15—16 页；《中华文化学院二十周年纪念专刊》2017 年 11 月，75—78 页)；

557. 《〈中国天主教教区沿革史〉序》，刘志庆著《中国天主教教区沿革史》，中国社会科学出版社，2017 年 10 月，1—13 页；

558. 《祝贺宗教哲学研究社成立 40 周年》，《宗教哲学》第 82 期，锦达传播文化事业有限公司，台北市信义路三段 200 号 9 楼，2017 年 12 月，9—10 页；

2018 年

559. 《"士"的担当与宗教学的未来》，《中国文化研究》2018 年第 1 期，42—56 页；

560. 《党的十九大对新时代宗教工作的指引》，《世界宗教研究》2018 年第 1 期，1—7 页；

561. 《大道至简，春风化雨——纪念卿希泰先生》，《宗教学研究》2018 年第 2 期，22—23 页；

562. 《对主教任命与中梵关系的新思宏论》，《中国宗教》2018 年第 3 期，80—82 页；

563. 《在敬天爱神之间中西对话的可能——一种跨文化思考》，《船山学刊》2018 年第 4 期，1—6 页；

564. Religions and the Sustainable Development of a Human Community with a Shared Destiny, in: *Toward a Shared Sustainable Future, The Role of Religion, Values and Ethics*, Zhuo Xinping, Qiu Zhonghui, Philip L. Wickeri and Theresa Carino (eds.), published by The Amity Fundation 2018, Clear Cut Publishing & Printing Co. Hong Kong, pp. 3 – 10.

565. 《当代中国社会心态与宗教信仰处境》,《福州大学学报》哲学社会科学版, 2018 年第 4 期, 13—18 页;

566. 《习近平总书记关于宗教工作的论述的重大现实意义》,《中国宗教》2018 年第 4 期, 17—19 页;

567. 《〈梅州香花仪式及其宗教艺术象征研究〉序》, 张小燕著《梅州香花仪式及其宗教艺术象征研究》, 社会科学文献出版社, 2018 年 4 月;

568. 《〈中西元典对读〉序》, 石衡潭著《中西元典对读》, 中国社会科学出版社, 2018 年 4 月;

569. 《"在王卡先生追思会上的讲话"》, 尹岚宁编《王卡纪念文集》, 社会科学文献出版社, 2018 年 5 月, 22—24 页;

570. 《马克思宗教观的形成与发展》,《中国宗教》2018 年第 5 期, 26—29 页;

571. 《营造读书氛围, 为重塑中华之魂提供气场》, 黄德志主编《书香岁月》, 中国社会科学出版社, 2018 年 6 月, 21—33 页;

572. 《生态文明与佛教文化的关联与历史渊源》,《中国宗教》2018 年第 7 期, 54—56 页;

573. 《宗教学研究的新时代与新任务》,《中国宗教》2018 年第 9 期, 10—13 页;

574. 《基督教"中国化"问题的政治意义》,《中国宗教》2018 年第 12 期, 34—35 页;

575. 《〈由人而圣而希天——清儒刘沅思想研究〉序》, 赵敏著《由人而圣而希天——清儒刘沅思想研究》, 社会科学文献出版社, 2018

年 8 月；

576. 《〈基督教中国化探究〉序》（与蔡葵合作），卓新平等主编《基督教中国化探究》，宗教文化出版社，2018 年 8 月；

577. 《基督教中国化与中华民族命运共同体的建设》，卓新平等主编《基督教中国化探究》，宗教文化出版社，2018 年 8 月；

578. 《努力开创 21 世纪中国宗教研究新局面》，中国社会科学院直属机关党委主编《繁荣发展新时代中国特色哲学社会科学》，中国社会科学出版社，2018 年 10 月，127—132 页；

579. 《海外华人信仰对中华民族文化共同体的意义》，《中国民族报》2018 年 11 月 13 日，6 版；

580. 《〈江苏基督教史〉序》，姚兴富著《江苏基督教史》，社会科学文献出版社，2018 年 12 月；

2019 年

581. 《"人类命运共同体"观念的中西比较》，《南国学术》2019 年第一期，149—156 页；

582. 《改革开放 40 年来的基督宗教研究》，《中国宗教》2019 年第 1 期，16—19 页；

583. 《重新认识宗教学之源端——麦克斯·缪勒评传》，《世界宗教文化》2019 年第 1 期，1—6 页；

584. 《亚洲文明对世界文明的贡献》，《中国民族报》2019 年 5 月 21 日，第 05 版；

585. 《〈宗教与人类文明的发展取向〉序》，安伦著《宗教与人类文明的发展取向》，台北，文史哲出版社，2019 年 6 月；

586. 《新中国成立 70 年来宗教学研究的创新发展》，《中国宗教》2019 年第 8 期，16—18 页；

587. 《基督教视域下的家国情怀要落实在中国化》，《中国宗教》2019 年专刊，36—37 页；

588. 《〈中国基督教青年会史料汇编〉序一》，广州基督教青年会编《中国基督教青年会史料汇编》（第一辑），宗教文化出版社，

2019 年 10 月，1—5 页；

589.《关于中国宗教学"三大体系"发展的思考》，《世界宗教文化》2019 年第 5 期，1—7 页；

590.《坚持基督教中国化的现实必要性》，《中国宗教》2019 年第 10 期，21—23 页；

591.《中国宗教与生态文明》，《宗教学研究》2019 年第 4 期，1—6 页。

三 主编著作

1.《基督教文化面面观》，齐鲁书社，1991 年 10 月。
2.《本色之探：20 世纪中国基督教文化学术论集》，共同主编，中国广播电视出版社，1999 年 4 月；
3.《基督宗教研究》（第一辑），共同主编，社会科学文献出版社，1999 年 12 月；
4.《宗教：关切世界和平》，共同主编，宗教文化出版社，2000 年 8 月；
5.《宗教比较与对话》（第一辑），社会科学文献出版社，2000 年 1 月；
6.《宗教比较与对话》（第二辑），社会科学文献出版社，2000 年 10 月；
7.《基督宗教研究》（第二辑），共同主编，社会科学文献出版社，2000 年 10 月；
8.《基督宗教研究》（第三辑），共同主编，宗教文化出版社，2001 年 10 月；
9.《基督宗教研究》（第四辑），共同主编，宗教文化出版社，2001 年 10 月；
10.《宗教比较与对话》（第三辑），宗教文化出版社，2001 年 10 月；
11.《基督教小辞典》，上海辞书出版社，2001 年 12 月；
12.《20 世纪中国学术大典·宗教学》，执行主编，福建教育出版社，2002 年 9 月；
13.《基督宗教研究》（第五辑），共同主编，宗教文化出版社，2002 年

11 月；

14. 《宗教比较与对话》（第四辑），宗教文化出版社，2003 年 8 月；

15. 《基督宗教与当代社会》，共同主编，宗教文化出版社，2003 年 8 月；

16. 《相遇与对话》，宗教文化出版社，2003 年 9 月；

17. 《基督宗教研究》（第六辑），共同主编，宗教文化出版社，2003 年 12 月；

18. 《宗教比较与对话》（第五辑），宗教文化出版社，2004 年 11 月；

19. 《基督宗教研究》（第七辑），共同主编，宗教文化出版社，2004 年 12 月；

20. 《信仰之间的重要相遇》，共同主编，宗教文化出版社，2005 年 6 月；

21. 《中国基督教基础知识》，宗教文化出版社（1999 年 1 月第 1 版），2005 年 7 月；

22. 《宗教比较与对话》（第六辑），宗教文化出版社，2005 年 10 月；

23. 《基督宗教研究》（第八辑），共同主编，宗教文化出版社，2005 年 11 月；

24. 《基督教文化 160 问》，东方出版社，2006 年 6 月；

25. 《基督宗教研究》（第九辑），共同主编，宗教文化出版社，2006 年 11 月；

26. 《马克思主义研究论丛·宗教观研究》，共同执行主编，中央编译出版社，2007 年 9 月；

27. 《基督宗教研究》（第十辑），共同主编，宗教文化出版社，2007 年 11 月；

28. 《当代中国宗教研究精选丛书·基督教卷》，民族出版社，2008 年 1 月（英译版：Zhuo Xinping ed.：*Christianity*, Translated by Chi Zhen & Carolin Mason, Brill, Leiden, Boston, 2013）；

29. 《基督教小辞典》（修订版），上海辞书出版社，2008 年 7 月；

30. 《中国宗教学 30 年》，中国社会科学出版社，2008 年 10 月；

31.《基督宗教研究》（第十一辑），共同主编，宗教文化出版社，2008年12月；

32.《基督宗教社会学说及社会责任》，共同主编，宗教文化出版社，2009年5月；

33.《20世纪中国社会科学·宗教学卷》，广东教育出版社，2009年7月；

34.《论马克思主义宗教观》，共同主编，社会科学文献出版社，2009年10月；

35.《基督宗教研究》（第十二辑），共同主编，宗教文化出版社，2009年11月；

36.《基督宗教研究》（第十三辑），共同主编，宗教文化出版社，2010年11月；

37.《基督宗教研究》（第十四辑），共同主编，宗教文化出版社，2011年11月；

38.《当代中国宗教学研究（1949—2009）》，中国社会科学出版社，2011年12月（英译本：*Contemporary Religious Studies in China*, translated by Chi Shuai, Paths International Ltd. U. K. 2020）；

39.《基督宗教研究》（第十五辑），共同主编，宗教文化出版社，2012年12月；

40.《思源探新：论宗教与中国传统文化》，共同主编，社会科学文献出版社，2012年12月；

41.《马克思主义宗教观研究》（第1辑·2011），中国社会科学出版社，2013年5月；

42.《宗教与当代中国社会》（中国社会科学论坛2011.宗教学），社会科学文献出版社，2013年11月；

43.《马克思主义宗教观研究》（第2辑·2012），中国社会科学出版社，2014年3月；

44.《渤海视野：宗教与文化战略》，共同主编，社会科学文献出版社，2014年6月；

45.《基督宗教研究》(第十六辑),共同主编,宗教文化出版社,2014年1月;

46.《宗教与可持续社区研究》,共同主编,社会科学文献出版社,2014年11月;

47.《基督宗教研究》(第十七辑),共同主编,宗教文化出版社,2014年12月;

48.《基督教与和谐社会建设》,共同主编,中国社会科学出版社,2015年3月;

49.《宗教慈善与社会发展》,共同主编,中国社会科学出版社,2015年7月;

50.《基督宗教研究》(第18辑),执行主编唐晓峰,宗教文化出版社,2015年10月;

51.《基督宗教研究》(第19辑),执行主编刘国鹏,宗教文化出版社,2015年12月;

52.《"一带一路"战略与宗教对外交流》,与蒋坚永共同主编,社会科学文献出版社,2016年3月;

53.《基督宗教研究》(第20辑),执行主编唐晓峰,宗教文化出版社,2016年10月;

54.《基督宗教研究》(第21辑),执行主编刘国鹏,宗教文化出版社,2016年12月;

55.《当代世界中的基督宗教》,与竺易安共同主编,执行主编刘国鹏,社会科学文献出版社,2017年9月;

56.《基督宗教研究》(第22辑),主编,执行主编唐晓峰,宗教文化出版社,2017年12月;

57. *Toward a Shared Sustainable Future*, *The Role of Religion*, *Values and Ethics*, Zhuo Xinping, Qiu Zhonghui, Philip L. Wickeri and Theresa Carino (eds.), published by The Amity Fundation 2018, Clear Cut Publishing & Printing Co. Hong Kong;

58.《基督教中国化探究》,卓新平,蔡葵主编,宗教文化出版社,北京

2018 年 8 月；

59.《基督宗教研究》（第 23 辑），执行主编刘国鹏，宗教文化出版社，2018 年 9 月；

60.《基督宗教研究》（第 24 辑），执行主编唐晓峰，宗教文化出版社，2018 年 12 月；

61.《中国宗教学 40 年（1978—2018）》，中国社会科学出版社，2019 年 1 月；

62.《当代中国宗教学研究（1949—2019）》，中国社会科学出版社，2019 年 10 月；

四 参与合著

1.《当代基督新教》，于可主编，东方出版社，1993 年 7 月，24—90 页；

2.《简明中国大百科全书》，中国大百科全书出版社，1997 年；

3.《简明华夏百科全书》（"宗教学"分科主编），华夏出版社，1998 年；

4.《宗教大辞典》（分科主编），任继愈主编，上海辞书出版社，1998 年 8 月；

5.《当代新兴宗教》，戴康生主编，东方出版社，1999 年 12 月，279—292 页；

6.《现阶段我国民族与宗教问题研究》，中央党校课题组编，宗教文化出版社，2002 年 9 月，34—65 页；

7.《当代世界民族宗教》，李德洙、叶小文主编，中共中央党校出版社，2003 年 12 月，117—126 页；

8.《基督教词典》（撰写约 5 万字），文庸等主编，商务印书馆，2005 年 2 月；

9.《宗教研究指要》（第四章 基督教），张志刚主编，北京大学出版社，2005 年 6 月，110—166 页；

10.《中国大百科全书》（第二版），中国大百科全书出版社，2009 年

3 月；

11. 《宗教词典》（修订本），任继愈主编，上海辞书出版社，2009 年 12 月；

12. 《宗教研究指要》（修订版）（撰写第四章 基督教，106—153 页），张志刚主编，北京大学出版社，2013 年 1 月；

13. 《大辞海·宗教卷》，分科主编王作安，（负责基督教部分的修订），上海辞书出版社，2013 年 12 月；

五 译文

1. 《宗教学的结构与任务》，《世界宗教资料》1989 年第 3 期，13—19 页；

2. 《宗教社会学》，《世界宗教资料》1992 年第 2 期，36—39 页；

3. 《现代化和宗教的辩证法》，《世界宗教资料》1992 年第 4 期，46—50 页；

4. 《现代化和宗教对未来的展望》，《世界宗教资料》1992 年第 4 期，51—58 页；

5. 《基督教与现代文明的危机》，《基督教文化与现代化》，中国社会科学出版社，1996 年，9—22 页；

6. 《跨越第三个千年的门槛——基督宗教能否成功迈入？》，《宗教比较与对话》（第一辑），2000 年，11—27 页；

7. 《文化相遇的诠释——基督宗教与中国思想：个案研究》，《宗教比较与对话》（第一辑），2000 年，28—50 页；

8. 《和解他者：美国巴哈伊信仰作为基督宗教与伊斯兰教的成功综合》，《宗教比较与对话》（第一辑），2000 年，51—69 页；

9. 《20 世纪基督宗教的哲学辩护》，《宗教比较与对话》（第一辑），2000 年，110—121 页；

10. 《巴哈伊的宗教进步本质观》，《宗教比较与对话》（第一辑），2000 年，202—206 页；

11. 《今日犹太研究》，《宗教比较与对话》（第一辑），2000 年，207—231 页；

12.《教会与当代文化及社会的对话》,《基督宗教与当代社会》2003年,6—9页;

13.《德国在克服贫穷上的变革》,《基督宗教与当代社会》2003年,55—67页;

14.《德国教会与神学的当代思潮》,《基督宗教与当代社会》2003年,81—89页;

15.《宗教社团与国家:合作的障碍和机遇:欧洲之经验》,《基督宗教与当代社会》2003年,113—115页;

16.《从公益的角度看宗教/教会与政府机构之间合作的前景及困难》,《基督宗教与当代社会》2003年,136—143页;

17.《教会与国家》,《基督宗教与当代社会》2003年,153—171页;

18.《基督宗教在当今世界社会中的义务》,《基督宗教与当代社会》2003年,182—189页;

19.《米索尔友爱团结基金会在中国的发展合作:问题—挑战—展望》,《基督宗教与当代社会》,2003年,190—196页;

20.《瑞士教会与国家合作共存之道》,《基督宗教与当代社会》2003年,244—246页;

21.《非洲的教会与国家》,《基督宗教与当代社会》2003年,307—312页;

22.《玻利维亚的教会与公民社会》,《基督宗教与当代社会》2003年,313—315页;

23.《全球化与团结一致》,卓新平、南僛伯主编《基督宗教社会学说及社会责任》,宗教文化出版社,2009年,153—159页;

24.《人性权利要求下的社会与国家》,《基督宗教社会学说及社会责任》,2009年,168—171页;

25.《基督宗教社会伦理的基础及其对社会公正理念的贡献》,《基督宗教社会学说及社会责任》,2009年,222—246页;

26.《文化—多种文化:文化间对话与发展合作》,《基督宗教社会学说及社会责任》2009年,255—268页;

27.《基督宗教社会伦理中人的尊严与人的形象作为教会政治咨询的背景》,《基督宗教社会学说及社会责任》,2009 年,318—331 页;

六 主编丛书

(一)"基督教文化丛书":宗教文化出版社

1.《圣经的语言和思想》,雷立柏著,2000 年 10 月;
2.《圣经鉴赏》,卓新平著,2000 年 11 月;
3.《圣经与欧美作家作品》,梁工主编,2000 年 11 月;
4.《基督教的礼仪节日》,康志杰著,2000 年 12 月;
5.《基督教音乐》,杨周怀著,2001 年 1 月;
6.《基督教文学》,梁工主编,2001 年 1 月;
7.《耶稣会简史》,哈特曼著,谷裕译,2003 年 3 月;
8.《耶儒对话与融合》,姚兴富著,2005 年 5 月;
9.《赵紫宸神学思想研究》,唐晓峰著,2006 年 11 月;
10.《从〈神圣〉到〈努秘〉》,朱东华著,2007 年 9 月;
11.《谢扶雅的宗教思想》,唐晓峰著,2007 年 10 月;
12.《公共神学与全球化:斯塔克豪思的基督教伦理研究》,谢志斌著,2008 年 4 月;
13.《汉语学术神学》,黄保罗著,2008 年 8 月;
14.《夜鹰之志:"赵紫宸与中西思想交流"学术研讨会文集》,唐晓峰、熊晓红编,2010 年 12 月;

(二)"宗教与思想丛书":社会科学文献出版社

1.《基督宗教论》,卓新平著,2000 年 9 月;
2.《基督教在中古欧洲的贡献》,杨昌栋著,2000 年 10 月;
3.《张衡,科学与宗教》,雷立柏著,2000 年 11 月;
4.《论基督之大与小》,雷立柏著,2000 年 11 月;
5.《记忆与光照——奥古斯丁神哲学研究》,周伟驰著,2001 年 4 月;
6.《超越东西方》,吴经熊著,周伟驰译,2002 年 7 月;
7.《古希腊罗马与基督宗教》,雷立柏著,2002 年 7 月;

8.《早期基督教的演变及多元传统》，章雪富、石敏敏著，2003 年 10 月；

9.《诗人的神学》，李枫著，2008 年 12 月；

10.《"全球化"的宗教与当代中国》，卓新平著，2008 年 2 月；

11.《十字架上的盼望——莫尔特曼神学的辩证解读》，杨华明著，2010 年 11 月；

（三）"宗教研究辞典丛书"：宗教文化出版社

1.《基督宗教知识辞典》，雷立柏编，2003 年 11 月；

2.《拉丁成语辞典》，雷立柏编，2006 年 4 月；

3.《汉语神学术语辞典》，雷立柏编，2007 年 2 月；

4.《基督教圣经与神学词典》，卢龙光主编，2007 年 5 月；

5.《古希腊罗马及教父时期名著名言辞典》，雷立柏编，2007 年 10 月；

6.《拉—英—德—汉法律格言辞典》，雷立柏编，2008 年 8 月；

7.《中国基督宗教史辞典》，雷立柏编，2013 年 10 月；

8.《托马斯·阿奎那哲学名言选录》，雷立柏编译，2015 年 10 月；

（四）"当代基督宗教译丛"：上海三联书店

1.《基督宗教伦理学》（第一、第二卷），白舍客著，静也、常宏等译，雷立柏校，2002 年 6 月；

2.《日本神学史》古屋安雄等著，陆水若、刘国鹏译，卓新平校，2002 年 6 月；

3.《基督教导论》，拉辛格著，静也译，雷立柏校，2002 年 6 月；

（五）"当代基督宗教研究丛书"：上海三联书店

1.《当代西方新教神学》，卓新平著，2006 年 12 月；

2.《当代西方天主教神学》，卓新平著，2006 年 12 月；

3.《当代东正教神学思想》，张百春著，2006 年 12 月；

4.《当代基督宗教社会关怀》，王美秀著，2006 年 12 月；

5.《当代亚非拉美神学》，卓新平著，2007 年 1 月；

6.《当代基督宗教教会发展》，卓新平著，（董江阳、张雅平参与合作）2007 年 1 月；

（六）"基督宗教与公共价值丛书"（合作主编）：中国社会科学出版社

1. 《宗教价值与公共领域：公共宗教的中西文化对话》，江丕盛等编，2008 年 12 月；
2. 《科学与宗教对话在中国》，江丕盛等编，2008 年 12 月；

（七）"世界宗教研究译丛"：中国社会科学出版社

1. 《道德自我性的基础，阿奎那论神圣的善及诸美德之间的联系》，[美] 德洛里奥著，刘玮译，2008 年 11 月；
2. 《奥古斯丁〈上帝之城〉中的社会生活神学》，[芬] 罗明嘉著，张晓梅译，2008 年 11 月；
3. 《宗教的科学研究》上下册，[美] 英格著，金泽等译，2009 年 6 月；
4. 《多元主义中的教会》，[德] 卫弥夏著，瞿旭彤译，2010 年 1 月；

（八）"世界宗教研究丛书"：社会科学文献出版社

1. 《徐梵澄传》，孙波著，2009 年 10 月；
2. 《宗教之和和之宗教—中国宗教之和谐刍议》，韩秉芳等著，2009 年 11 月；
3. 《藏区宗教文化生态》，尕藏加著，2010 年 5 月；
4. 《刚恒毅与中国天主教的本色化》，刘国鹏著，2010 年 8 月；
5. 《宗教文化青年论坛（2010）》，中国社会科学院世界宗教研究所编，2010 年 11 月；
6. 《马克思主义宗教观研究（2010 年专辑）》，曾传辉主编，2011 年 7 月；
7. 《宗教与国家——当代伊斯兰教什叶派研究》，王宇洁著，2011 年 8 月；
8. 《信仰的内在超越与多元统一——史密斯宗教学思想研究》，李林著，2011 年 8 月；
9. 《西部非洲伊斯兰教历史研究》，李维建著，2011 年 8 月；
10. 《道教天心正法研究》，李志鸿著，2011 年 8 月；
11. 《20 世纪 50 年代西藏的政治与宗教》，曾传辉著，2011 年 10 月；

12.《自由与创造——别尔嘉耶夫宗教哲学导论》,石衡潭著,2011年11月;
13.《佛教护国思想与实践》,魏道儒主编,2012年6月;
14.《思源探新:论宗教与中国传统文化》,卓新平、王晓朝、安伦主编,2012年12月;
15.《马克思主义宗教观研究(2011年)》,曾传辉主编,2013年7月;
16.《宗教与当代中国社会》,卓新平主编,2013年11月;
17.《马克思主义宗教观研究(2012年)》,曾传辉主编,2013年12月;
18.《渤海视野:宗教与文化战略》,卓新平、王晓朝、安伦主编,2014年6月;
19.《马克思主义宗教观研究(2013年)》,曾传辉主编,2015年1月;
20.《马克思主义宗教观研究(2014年)》,曾传辉主编,2017年5月;

(九)"剑桥圣经注疏集"(译丛):华东师范大学出版社

1.《〈出埃及记〉释义》,[美]米耶斯著,田海华译,2009年1月;
2.《〈雅各书〉〈犹大书〉释义》,[美]布罗森特二世著,敬华译,2009年2月;
3.《〈哥林多前后书〉释义》,[美]科纳著,郜元宝译,2010年11月;

(十)基督宗教译丛:华东师范大学出版社

1.《基督宗教伦理学》(第一、第二卷),修订版,[德]白舍客著,静也、常宏译,2010年3月;
2.《基督宗教社会学说》,[德]何夫内尔著,宁玉译,2010年3月;
3.《企业家的经济作用和社会责任》,[德]魏尔汉著,雷立柏等译,2010年3月;

(十一)学术神学丛书:民族出版社

1.《大国学视野中的汉语学术对话神学》,黄保罗著,2011年12月;
2.《大国学视野中的汉语学术圣经学》,黄保罗著,2012年8月;

(十二)基督教中国化研究丛书,与张志刚联合总主编(唐晓峰执行主编):宗教文化出版社

1.《拆毁了中间隔断的墙》,余国良编著,2013年5月;

2.《基督教中国化研究》（第一辑），张志刚、唐晓峰主编，2013年6月；

3.《麦芒上的圣言》，吴飞著，2013年7月；

4.《明末天主教与儒学的互动》，孙尚扬著，2013年7月；

5.《改革开放以来的中国基督教及研究》，唐晓峰著，2013年7月；

6.《基督教与中国文化处境》，卓新平著，2013年7月；

7.《儒、道、易与基督信仰》，梁燕城著，2013年10月；

8.《试析艾香德的耶佛对话观》，王鹰著，2015年5月；

9.《民国时期基督教社会服务研究》，蓝希峰著，2015年5月；

10.《会通与转化：基督教与新儒家的对话》，梁燕城著，2015年6月；

11.《基督教中国化研究》（第二辑），张志刚、唐晓峰主编，2015年8月；

12.《当基督遇到儒道佛》，梁燕城著，2016年5月；

13.《基督教中国化的社会学研究》，李向平著，2016年5月；

14.《信德与德性：耶儒伦理思想的会通与转化》，韩思艺著，2016年7月；

15.《中国天主教本地化神学论集》，中国天主教"一会一团"研究室编，2016年7月；

16.《基督教中国化研究》（第三辑），张志刚、唐晓峰主编，2016年7月；

17.《中国化视野下的山西天主教史研究》，刘安荣著，2017年12月；

18.《主教任命制的历史嬗变及其对国际关系的影响》，刘金光著，2017年12月；

19.《基督教中国化研究》（第四辑），张志刚、唐晓峰主编，2017年12月；

20.《赵紫宸神学思想研究（修订版）》，唐晓峰著，2018年5月；

（十三）宗教与文化战略丛书：社会科学文献出版社

1.《东正教与俄罗斯社会》，张雅平著，2013年11月；

2.《中国宗教与文化战略》，卓新平著，2013年11月；

3.《中国基督教田野考察》，唐晓峰著，2014年4月；

4.《世俗化与当代英国基督宗教》，孙艳燕著，2014年4月；

（十四）宗教中国化研究丛书：与张志刚联合总主编，宗教文化出版社

1.《"宗教中国化"义理研究》，张志刚著，2017年12月；
2.《"宗教中国化"研究论集》，张志刚、张祎娜主编，2018年2月；
3.《基督教中国化理论研究》，唐晓峰著，2018年11月；

（十五）中国社会科学院基督教研究中心丛书，与唐晓峰联合总主编，民族出版社

1.《东正教研究》（第一辑），石衡潭、李栋材主编，2017年6月；

（十六）《中国西北宗教文献》（全54卷），与杨富学共同主编，读者出版集团、甘肃民族出版社，2012年7月；

（十七）《古代经注（1—800年）中文版》，与黄锡木共同主编，华东师范大学出版社，2014年1月；

（十八）《中国基督教青年会史料汇编》，宗教文化出版社，2019年10月；

七 主编杂志

（一）*Studies in Chinese Religions*, Routledge Taylor & Francis Group,

  1. Volume 1, Issue 1, March 2015.

  2. Volume 1, Issue 2, June 2015.

  3. Volume 1, Issue 3, September 2015.

  4. Volume 1, Issue 4, December 2015.

（二）世界宗教研究：1999—2019.

附录二

卓新平学术简历

卓新平，男，土家族，1955年3月31日生于湖南慈利，1972年初曾短期在湖南常德师范进修学习，1972年5月至1974年7月就读于湖南常德师专英语专科，1974年8月至1978年9月任湖南常德师专英语科教师，其间曾于1977年11月至1978年1月在湖南大学英语培训班、湖南师范学院英语系进修。

1978年10月至1981年9月在中国社会科学院研究生院世界宗教研究系读基督教专业硕士研究生，1981年获哲学硕士学位；1981年8月至1983年5月任中国社会科学院世界宗教研究所助理研究员；1983年5月至1988年11月留学德国慕尼黑大学，1987年获哲学博士学位，1988年9月当选为德国（欧洲）宗教史协会终身会员；1988年11月至1992年8月任中国社会科学院世界宗教研究所副研究员，1989年至1993年任中国社会科学院世界宗教研究所基督教研究室副主任，1991年被国家人事部和国家教委评为"有突出贡献的留学回国人员"，自1992年8月为中国社会科学院研究员和享受国务院政府特殊津贴专家，1993年9月至1998年9月任中国社会科学院世界宗教研究所副所长，基督教研究室主任，自1994年任中国社会科学院研究生院教授，硕士生导师，同年当选为中国国际文化交流中心理事和中国统一战线理论研究会理事。

1995年至2001年任中国宗教学会副会长，1996年至2003年任中国社会科学院研究生院世界宗教研究系主任，1996年任中国社会科学院研究生院学术委员会委员，博士生导师，1996 年至 2016 年任中国社会科学院基督教研究中心主任，1996 年评为国家级有突出贡献的中青年专家和"新世纪百千万人才工程"国家级人选，当选为欧洲科学与艺术院院士。

1998 年至 2018 年初担任中国社会科学院世界宗教研究所所长，1999 年至 2019 年任《世界宗教研究》主编，1999 年当选为中国统一战线理论研究会副秘书长，常务理事，2000 年至 2004 年任联合国教科文组织下属国际哲学与人文科学理事会副主席，自 2001 年为中国宗教学会会长，2002 年任清华大学伟伦特聘访问教授，美国伯克利联合神学研究院苏吉特·辛格学术讲座主讲，2003 年 8 月至 2004 年 7 月任英国伯明翰大学佩顿研究员（访问学者），自 2003 年任国家社会科学基金宗教学评审组组长，评为优秀留学回国人员，任香港中文大学庞万伦基督教与中国文化讲座主讲，2003 年至 2009 年任美国亚洲基督教高等教育联合董事会董事，2004 年入选中宣部首批"四个一批"人才，连任中国统一战线理论研究会常务理事，为中国统一战线理论研究会民族宗教理论甘肃研究基地研究员。

2005 年任中国社会科学院学位委员会委员，2006 年 8 月当选为中国社会科学院学部委员；2007 年 12 月参加中共中央第十七届政治局第二次集体学习，与牟钟鉴教授共同就"当代世界宗教和加强我国宗教工作"问题进行了讲解；2008 年 3 月当选为十一届全国人大常委，民族委员会委员，代表资格审查委员会委员，2008 年至 2019 年任国务院学位办哲学组成员；2011 年当选为中国社会科学院学部主席团成员，兼任浙江大学全球化文明研究中心主任。

2013 年 3 月当选为十二届全国人大常委，民族委员会委员，代表资格审查委员会委员。2013 年 6 月 26 日当选为太湖世界文化论坛第二届理事会副主席。2014 年至 2019 年聘为中华文化交流协会常务理事，国家宗教事务局宗教工作专家库特聘专家；2014 年起担任中国宗教界和平委员会理事，入选首批国家万人计划（国家高层人才特殊支持计划）"哲学社会科学领军人才"系列。2016 年当选中国人权研究会理事。

2018 年当选为十三届全国人大常委，民族委员会委员，代表资格审查委员会委员。2018年连任中国社会科学院学部主席团成员。2019年当选新中国70年百位湘湘人物。已出版个人学术著作30多部,合著及主编著作数十部,发表学术文章500多篇。